IRRETROATIVIDADE TRIBUTÁRIA MATERIAL:
Definição, Conteúdo e Eficácia

CASSIANO MENKE

IRRETROATIVIDADE TRIBUTÁRIA MATERIAL:
Definição, Conteúdo e Eficácia

IRRETROATIVIDADE TRIBUTÁRIA MATERIAL:
Definição, Conteúdo e Eficácia
© Cassiano Menke

ISBN 978-85-392-0311-6

Direitos reservados desta edição por
MALHEIROS EDITORES LTDA.
Rua Paes de Araújo, 29, conjunto 171
CEP 04531-940 – São Paulo – SP
Tel.: (11) 3078-7205 – Fax: (11) 3168-5495
URL: www.malheiroseditores.com.br
e-mail: malheiroseditores@terra.com.br

Composição
PC Editorial Ltda.

Capa
Criação: Vânia Lúcia Amato
Arte: PC Editorial Ltda.

Impresso no Brasil
Printed in Brazil
09.2015

*À minha esposa, Andréia
e às minhas filhas, Laura e Luiza,
por revelarem-me a experiência do amor incondicional;*

*ao Professor Humberto Ávila,
por mostrar-me por onde e como eu deveria andar;*

*e a Deus,
por estar sempre ao meu lado nesta jornada.*

AGRADECIMENTOS

Agradeço, em primeiro lugar, à minha família. Agradeço à Andréia, à Laura e à Luiza. Sem seu apoio permanente, as linhas que seguem adiante escritas teriam ficado apenas no plano da imaginação, do desejo. Dedicar-se a um projeto como o presente exige boa dose de isolamento. E quando não se é mais apenas um, mas, sim, quatro, o isolamento exige compreensão e comunhão de propósitos. Obrigado, queridas, por fazerem dos meus sonhos também os seus.

Aos meus pais, Mário e Tânia Menke, obrigado, sobretudo, pela formação pessoal que me deram, ensinando-me a dar valor à família, ao trabalho e aos laços de amizade.

Meu agradecimento, também, aos colegas de escritório Renato Meister, Raquel Bernardes de Freitas, Yasmim Pozzebon e Jessika Calleya. Minha distância foi sempre compreendida e apoiada por vocês. De modo especial, agradeço a Alexandre Marder, com o qual caminho há anos, lado a lado. Seus conselhos serenos e precisos foram essenciais em momentos importantes da minha jornada.

Meu agradecimento também ao Prof. Doutor Daniel Mitidiero, pela preciosa orientação que recebi quanto ao tema envolvendo a superação dos precedentes. Suas ideias muito contribuíram para que eu pudesse me debruçar sobre os problemas da retroatividade com relação às decisões das Cortes Supremas.

Agradeço, por outro lado, aos colaboradores da Secretaria do Programa de Pós-Graduação em Direito da Universidade Federal do Rio Grande do Sul.

Finalmente, merece minha especial gratidão o Prof. Doutor Humberto Ávila. Tenho razões de sobra para lhe agradecer. Seu incentivo acadêmico já nos anos do curso de mestrado me impulsionou decisivamente para chegar até aqui. Desde que o conheci, ele sempre pregou e viveu a liberdade de pensar. Como destacado Mestre do *saber*, suas orientações, além de me mostrarem o caminho seguro para buscar a solução de dúvidas cruciais, sempre me impressionaram e me encantaram pelo profundo conhecimento do Direito nelas revelado. Nunca saí dos nossos encontros de orientação como entrei. Sempre os deixei cheio de entusiasmo pelo estudo e pela carreira acadêmica. E como verdadeiro Mestre do *ser*, seus conselhos e sua amizade alimentaram em mim, a cada encontro, a certeza de que, na vida, o esforço e a dedicação são passos necessários em busca dos objetivos que queremos alcançar. Obrigado, Prof. Humberto, por tudo.

Afinal, se o sentido de um evento passado pudesse ser alterado ou o sentido de um evento planejado pudesse ser modificado ao arbítrio de um ato presente, a validade dos atos humanos estaria sujeita a uma insegurança e uma incerteza insuportáveis.

(Tércio Sampaio Ferraz Junior, "Anterioridade e Irretroatividade no Campo Tributário", in Heleno Taveira Torres (Coord.), *Tratado de Direito Constitucional Tributário: estudos em homenagem a Paulo de Barros Carvalho*, São Paulo, Saraiva, 2005, p. 235)

PREFÁCIO

A Ciência do Direito Tributário brasileira é geralmente o subproduto de duas correntes de pensamento relacionadas entre si: o positivismo e o normativismo.

O positivismo filosófico ou cientificismo exprime a corrente geral de pensamento segundo a qual só há ciência quando a manifestação do cientista é ou pode ser revestida de objetividade, sendo esta assegurada por meio de enunciações emitidas com neutralidade valorativa sobre uma base empírica observável e, por isso mesmo, testável. Daí ser a ciência uma ciência empírica, que se manifesta mediante juízos de fato expressos por proposições descritivas controláveis com base na experiência e, desse modo, dotadas dos valores de verdade ou falsidade.

O positivismo jurídico, metodológico ou conceitual, exprime a corrente específica de pensamento conforme a qual o que distingue o Direito é sua positividade, isto é, ser ele produto do homem, e não da razão, constituindo sua identificação uma atividade puramente cognitiva, empirista e antimetafísica. Daí ser o Direito um fato cognoscível de modo avalorativo, cabendo ao cientista descrever o Direito posto, tal como é, mediante atos de conhecimento exercidos por dedução e expressos por proposições descritivas, sem prescrever como deve ou deveria ser, mediante atos de vontade traduzidos em enunciados interpretativos decisórios ou formulações normativas.

O positivismo, nas duas acepções aqui descritas sucintamente – entre outras tantas que esse termo eminentemente equívoco admite –, produz uma série de limitações à análise do Direito. Com relação ao objeto, ele confina o exame do cientista ao Direito *posto*, o Direito tal como escrito, isto é, formulado de maneira canônica por meio de dispositivos expressos que guiam diretamente a conduta. Por conseguinte, exclui o Direito *pressuposto*, o Direito tal como deve ou deveria ser, e não escrito, isto é, reconstruído com base na conjugação de diferentes disposições por meio de distintos raciocínios. Com relação ao método empregado no processo de análise, ele circunscreve a investigação do cientista ao raciocínio dedutivo, de natureza necessária – portanto, lógica –, o qual indica a inferência que repete na conclusão o que já consta da premissa. Por consequência, exclui o raciocínio indutivo, de natureza argumentativa e retórica – portanto, apenas pseudológico –, que introduz elementos não previstos na premissa. Por fim, com relação ao estatuto lógico do produto da análise, ele delimita a manifestação do cientista ao discurso cognitivo, baseado na descrição de significados a partir de proposições descritivas e assente no pressuposto de que cada disposição legal possui um só significado, cabendo ao intérprete revelá-lo, ou mais de um significado, cumprindo ao intérprete descrevê-los sem optar por qualquer deles. Esse modo de análise exclui, por conseguinte, os discursos de natureza mais ou menos prescritiva, estribados na escolha ou na proposição de significados a partir de enunciados interpretativos decisórios e formulações normativas, e fundados no pressuposto de que as disposições legais comportam potencialmente mais de um significado alternativo ou simultâneo que precisam ser contextualizados diante de casos hipotéticos ou concretos.

O normativismo, por sua parte, exprime a corrente específica de pensamento segundo a qual o Direito é um conjunto de normas cuja função consiste em modificar o comportamento dos destinatários, mesmo contra a sua vontade, cabendo à Ciência do Direito limitar-se a descrever seu conteúdo. Daí constituir a norma prescritiva – de conduta, geral, abstrata, dotada de estrutura hipotético-condicional – o modelo-base de norma jurídica.

O normativismo também produz uma série de limitações à análise do Direito. Especificamente com relação às normas, ele circunscreve o Direito ao conjunto de normas prescritivas ou o caracteriza em função delas. Normas prescritivas são aquelas que manifestam um ato intencional de uma autoridade, formulado de maneira expressa por meio de uma hipótese, que se refere a uma classe de circunstâncias de fato, e de uma consequência, que se refere a uma classe de consequências jurídicas. A limitação do Direito às normas prescritivas, ou sua compreensão em torno desse sentido estrito e minimalista de norma, exclui normas de natureza e estrutura diversas, ou não lhes atribui a devida importância. Exclui, entre outras, as normas costumeiras (assim entendidas aquelas normas decorrentes da regularidade comportamental), na medida em que nem revelam um ato intencional de autoridade, nem são estatuídas de maneira expressa pelo legislador. Exclui as normas constitutivas (assim entendidas aquelas normas que criam efeitos jurídicos), na medida em que não guiam diretamente a conduta por meio de hipóteses que refiram os fatos em presença dos quais deve ser aplicada a consequência. Exclui as normas de interpretação e de aplicação (assim entendidas aquelas normas que determinam como devem ser as fontes interpretadas e as normas aplicadas), na medida em que não guiam diretamente a conduta por meio de hipóteses e consequências. Exclui os princípios (assim entendidas aquelas normas que determinam diretamente a realização de fins sem predeterminar os meios que lhes são adequados e necessários), na medida em que ou não possuem uma hipótese, ou a possuem de modo aberto, o que permite sua concretização de modos alternativos e diversos. Finalmente, exclui as normas implícitas (assim entendidas aquelas normas não formuladas expressamente por meio de disposições normativas), na medida em que não são explicitamente estatuídas nem referem diretamente os fatos em presença dos quais deve ser aplicada determinada consequência.

Os pressupostos epistemológicos do positivismo fizeram com que o intérprete circunscrevesse sua análise exclusivamente às regras expressas, gerais, abstratas e dotadas de estrutura hipotético-condicional, pois que apenas estas supostamente poderiam ser objeto de uma análise científica assente na dedução e na descrição objetiva por parte do intérprete, expressas mediante proposições descritivas dotadas dos valores de verdade ou falsidade. Regras implícitas, porque não formuladas expressamente por meio de dispositivos, e regras constitutivas, metanormas e princípios, porque não portadores nem de hipóteses que refiram diretamente comportamentos, nem de consequências determinadas, não seriam suscetíveis do referido modo de análise.

A definição minimalista de norma jurídica decorrente do normativismo de cunho prescritivista fez com que o intérprete cingisse sua análise unicamente aos comandos gerais e abstratos dotados de estrutura hipotético-condicional, pois que apenas estes teriam a função de dirigir a conduta por meio de regras sancionadas ou coativas. Normas não prescritivas, como os princípios, as metanormas de interpretação e de aplicação e as regras costumeiras, permissivas, definitórias, interpretativas, ab-rogativas, de reenvio, de eficácia e de conflito, não se revestiriam das mencionadas características.

Ocorre que os pressupostos epistemológicos do positivismo foram sendo, ao longo dos últimos tempos, criticados por alguns autores, inclusive por mim, nas obras que serviram de base à presente tese e que tiveram por objeto a teoria do sistema tributário, a teoria dos princípios e a teoria da argumentação. Primeiro, chegou-se à conclusão de que a atividade interpretativa não envolve apenas a descrição de significados, mas também a decisão a respeito de significados e a introdução de novos significados. Desse modo, manifesta-se o intérprete não apenas por meio de proposições normativas, mas igualmente por enunciados interpretativos decisórios e formulações normativas criativas. Segundo, chegou-se ao resultado de que a objetividade pode ser não apenas semântica, concernente à independência do intérprete com relação ao objeto de interpretação, mas também metodológica, relativa à independência do intérprete ante os critérios aplicáveis ao processo discursivo. Por consequência, pode o conteúdo de verdade das manifestações do intérprete ser aferido não apenas pelo critério da correspondência, no caso de proposições descritivas de significados já consolidados, mas também por critérios de transparência e consistência argumentativas, no caso dos enunciados interpretativos decisórios e das formulações normativas criativas.

Também a definição minimalista e estrita de norma do normativismo foi sendo, mais recentemente, criticada por alguns autores, entre os quais novamente me incluo, em obras que foram referidas pela presente tese e que versaram sobre a teoria dos princípios, a teoria da igualdade e a teoria da segurança jurídica. Primeiro, chegou-se à conclusão de que, além das normas prescritivas, assim compreendidas aquelas que estatuem comandos gerais e abstratos dotados de estrutura hipotético-condicional com a finalidade de modificar a conduta de seus destinatários, também há outras normas de natureza não prescritiva, como os princípios e as metanormas de interpretação e de aplicação e as regras costumeiras, permissivas, definitórias, interpretativas, ab-rogativas, de reenvio, de eficácia e de conflito. Segundo, chegou-se ao resultado de que os princípios e as metanormas exercem uma função fundamental para a reconstrução do sistema jurídico, por justificarem a interpretação e a aplicação de outras normas, por gerarem outras normas e por poderem ser concretizadas de diferentes formas.

* * *

As considerações anteriores são essenciais para demonstrar por que determinadas normas, como a relativa à segurança jurídica e à irretroatividade, por exemplo, não haviam recebido a devida atenção e o devido tratamento pela doutrina: elas não se enquadram na definição estrita e minimalista de norma preconizada pelo normativismo, nem são suscetíveis de análise científica com base nos pressupostos do positivismo.

A irretroatividade não se enquadra na definição estrita e minimalista de norma preconizada pelo normativismo, em primeiro lugar, porque é uma metanorma, isto é, uma norma sobre a produção do Direito, no que se refere especificamente à sua eficácia, cujo objeto são os atos legislativos

– à diferença do modelo-base de norma prescritiva, cujo objeto é diretamente a conduta. Em segundo lugar, porque é uma norma implícita, isto é, uma norma privada de disposição expressa e decorrente da conjugação sistemática de vários dispositivos – distintamente do modelo-base de norma prescritiva, resultante de ato intencional e expresso de autoridade.

Em terceiro lugar, porque é uma norma-princípio, na medida em que é fundamental, por justificar outras normas; genérica, por poder ser aplicada de modos alternativos; e indeterminada, por não possuir um âmbito de aplicação rigidamente fixado – diversamente do modelo-base de norma prescritiva, que contém uma hipótese a indicar a classe de fatos e uma consequência a qualificar deonticamente o comportamento e determinar o efeito a ser aplicado.

E precisamente por ser a irretroatividade uma metanorma, uma norma-princípio e uma norma implícita, não é ela suscetível de ser analisada com fulcro nos pressupostos do positivismo. Como estabelece a finalidade a ser promovida sem regular diretamente a conduta a ser adotada, ela pode ser concretizada de modos diversos e alternativos. Tal característica faz com que ela exija a formulação de outras normas que a concretizem, reconstruídas não dedutivamente, mas indutivamente, sobretudo por meio de raciocínios por implicação. O processo de interpretação exige, portanto, a introdução de normas por meio de formulações normativas, de que são exemplo as regras de transição para os casos de mudanças drásticas e bruscas de regime jurídico, não previstas expressamente, mas reconstruídas, por implicação, no processo de especificação do princípio da segurança jurídica. Como essas regras concretizadoras precisam ser produzidas pelo intérprete em razão do caráter genérico dos princípios, a objetividade como independência do sujeito frente ao objeto de conhecimento resulta insuficiente, mais ainda do que em todos os outros casos, sendo imprescindível a objetividade como independência do sujeito frente aos critérios do processo discursivo. E, também por isso, a verdade por correspondência não se revela o critério adequado para atestar o rigor dos enunciados emitidos pelo intérprete, sendo antes necessária a verdade por meio da transparência e da consistência da estrutura argumentativa.

Essas razões explicam por que a doutrina, de modo geral, circunscreveu a análise da irretroatividade ao disposto na alínea "a" do inciso III do artigo 150 da Constituição Federal, de acordo com a qual não se pode cobrar tributos em relação a fatos geradores ocorridos antes do início da vigência da lei que os houver instituído ou aumentado. Como a interpretação desse dispositivo produz uma regra, expressa, capaz de ser reconstruída a partir de uma estrutura hipotético-condicional, relacionada diretamente à conduta estatal, a doutrina de orientação positivista e normativista delimitou a análise da irretroatividade ao conteúdo desse dispositivo, obtido por meio de dedução, em detrimento de eventuais sentidos indiretos obtidos por meio de indução. O *caput* do artigo 150 da Constituição Federal, contudo, "não exclui outras garantias asseguradas aos contribuintes". Cabia à doutrina reconstruí-las, com base em pressupostos diversos daqueles preconizados pelo positivismo e em um conceito de norma diferente daquele modelo-base do normativismo.

Exatamente por isso, construí a teoria da segurança jurídica partindo de uma concepção argumentativa do Direito calcada na transparência argumentativa. Por meio dela, reconstruí os vários sentidos da expressão "segurança jurídica" no tocante a seus elementos estruturais, com fulcro em seus fundamentos constitucionais diretos e indiretos, obtidos tanto por dedução quanto por indução. E, examinando suas várias dimensões – presente, de transição do passado ao presente e do presente ao futuro –, inseri a proibição de retroatividade em sua dimensão subjetiva, ampliando-lhe o âmbito de aplicação para além da vedação de alcançar fatos geradores consumados antes do início da vigência da nova lei, sempre alicerçado em critérios relacionados ao exercício dos direitos fundamentais por parte dos contribuintes.

* * *

Pois precisamente com base nos critérios desenvolvidos na referida teoria é que foi elaborada esta obra fundamental para o Direito Tributário brasileiro, de autoria do admirado professor e respeitado advogado gaúcho CASSIANO MENKE, defendida como tese de doutoramento perante exigente banca arguidora formada na centenária Faculdade de Direito da Universidade Federal do Rio Grande do Sul. Seguindo a trilha aberta pelo estabelecimento dos mencionados novos pressupostos epistemológicos e pela adoção da referida nova concepção normativa, esta tese rompe, em pontos cruciais, com a concepção tradicional, tanto doutrinária quanto jurisprudencial, de que a irretroatividade se esgota na regra expressa que proíbe a lei de atingir fatos geradores consumados antes do início de sua vigência. Entre tantos diferenciais que o leitor encontrará no presente trabalho, alguns merecem ser destacados.

Em primeiro lugar, a clareza expositiva. Com efeito, não emprega o autor uma linguagem rebuscada e obscura, própria de quem pretende apartar-se do leitor e criar a falsa aparência de erudição, com isso impedindo a discussão crítica. Aposta, antes, em uma linguagem clara, direta e específica, que possibilita ao leitor acompanhar e criticar os raciocínios que a justificam, abrindo-se corajosamente ao debate, tão incomum na doutrina quanto essencial para o seu desenvolvimento.

Em segundo lugar, a estrutura. Partindo de uma tipologia da retroatividade e adotando uma sistematização material assente na coerência substancial por suporte e por justificação recíproca, a tese reconstrói a irretroatividade como regra formal e como princípio constitucional material com base em seus fundamentos diretos e indiretos, obtidos por dedução e por indução. Valendo-se dessa estratégia argumentativa, e de critérios precisos e funcionais, o autor logra recriar com grande detalhamento e profundidade, tanto do ponto de vista doutrinário quanto da jurisprudência, o conteúdo e a eficácia da irretroatividade material. O resultado surpreende positivamente, não apenas pela consistência e coerência argumentativas, mas também pela transparência.

Em terceiro lugar, o parâmetro em função do qual é reconstruída a irretroatividade. No lugar de centrar a análise da irretroatividade na ocorrência e completude do fato gerador, como costumeiramente procedem a doutrina e a jurisprudência ao interpretar o disposto na alínea "a" do inciso III do artigo 150 da Constituição Federal, o texto concentra o foco de sua investigação no exercício, na medida e na irreversibilidade dos atos de disposição dos direitos fundamentais de liberdade e de propriedade. O ângulo de análise deixa, portanto, de ser o fato ocorrido para passar a ser a conduta exercida. Com base nessa estratégia argumentativa, a tese amplia sensivelmente o âmbito normativo de aplicação da irretroatividade, expandindo-o para campos não abrangidos pela regra formal de irretroatividade, com expressivos resultados teóricos e práticos.

Em quarto lugar, a orientação prática e a natureza propositiva. Longe de resumir-se a uma mera compilação de trechos doutrinários ou de decisões judiciais, o trabalho ora apresentado ordena e unifica a jurisprudência e os precedentes sobre o tema, cuidadosamente selecionados e profundamente examinados, adotando critérios destinados ao seu aprimoramento e, em alguns casos, à sua superação.

* * *

Todas essas razões e outras mais que o sensível leitor irá perceber tornam esta obra fundamental para a compreensão da irretroatividade em toda a sua complexa dimensão normativa.

Pela consistência e coerência de seus fundamentos e pela adoção de novos pressupostos epistemológicos e de uma nova concepção normativa, estou convicto de que esta extraordinária tese contém as qualidades necessárias e suficientes para romper progressiva e decisivamente com a concepção tradicional, formal e restritiva acerca da irretroatividade tributária, por ora – mas não por muito – dominante na doutrina e na jurisprudência pátrias.

São Paulo, 27 de setembro de 2015.

HUMBERTO ÁVILA
Professor Titular de Direito Tributário
da Universidade de São Paulo
e da Universidade Federal do Rio Grande do Sul

SUMÁRIO

PREFÁCIO DE HUMBERTO ÁVILA 11

CONSIDERAÇÕES INTRODUTÓRIAS
1. *Justificativa e objeto* 23
2. *Método* 33
3. *Plano do trabalho* 35

1ª PARTE
**DEFINIÇÃO E DIMENSÃO NORMATIVA
DA IRRETROATIVIDADE MATERIAL
A PARTIR DA CONSTITUIÇÃO FEDERAL DE 1988**

1. IRRETROATIVIDADE E SEUS ASPECTOS PRINCIPAIS

1.1 **Tipologia da retroatividade formal**
    1.1.1 *Considerações iniciais sobre a irretroatividade* 41
    1.1.2 *Retroatividade própria (genuína)* 45
    1.1.3 *Retroatividade imprópria (retrospectividade)* 47
    1.1.4 *Análise crítica* 53

1.2 **Retroatividade: um problema de liberdade** 58

1.3 **Reconstrução da irretroatividade: da irretroatividade formal à irretroatividade material**
    1.3.1 *Considerações iniciais* 62
    1.3.2 *Irretroatividade formal: uma análise crítica* 63
    1.3.3 *Irretroatividade material: uma proposta* 79
        1.3.3.1 Interpretação e sistematização 81
        1.3.3.2 Argumentação e fundamentação 86

2. DIMENSÃO NORMATIVA E FUNDAMENTOS DA IRRETROATIVIDADE "MATERIAL" NA CONSTITUIÇÃO FEDERAL DE 1988

2.1 Como regra jurídica
    2.1.1 Considerações iniciais 92
    2.1.2 Proibição de restrição do ato jurídico perfeito, do direito adquirido e da coisa julgada 93
    2.1.3 A proibição de retroatividade no Direito Tributário 97
2.2 Como princípio jurídico constitucional
    2.2.1 Métodos de elaboração do princípio 97
    2.2.2 Fundamentos indiretos por dedução
        2.2.2.1 Estado de Direito 99
        2.2.2.2 Princípio da liberdade jurídica 102
        2.2.2.3 Princípio da dignidade humana 103
        2.2.2.4 Princípio da liberdade de exercício de qualquer trabalho, ofício ou profissão e liberdade de exercício de atividade econômica 105
        2.2.2.5 Princípio da propriedade 107
        2.2.2.6 Princípio da igualdade 109
        2.2.2.7 Princípio da segurança jurídica
            2.2.2.7.1 Considerações iniciais 112
            2.2.2.7.2 Irretroatividade e dimensão estática da segurança jurídica 112
            2.2.2.7.3 Irretroatividade e dimensão dinâmica da segurança jurídica 114
    2.2.3 Fundamento indireto por indução
        2.2.3.1 Princípio da moralidade 118
        2.2.3.2 Regra da legalidade 121
        2.2.3.3 Regras da irretroatividade 122
    2.2.4 Princípio geral da irretroatividade material 123

3. CONCEITO DE IRRETROATIVIDADE

3.1 Considerações iniciais 125
3.2 Conceito de irretroatividade de acordo com a CF/1988 (sentido, dimensão normativa, beneficiários, destinatários e conceito final)
    3.2.1 Quanto ao sentido da palavra "irretroatividade" 127
    3.2.2 Quanto à dimensão normativa 130
    3.2.3 Quanto aos sujeitos que devem garantir a irretroatividade e quanto aos beneficiários dos deveres inerentes a ela 132
    3.2.4 Conceito final 133

2ª PARTE
CONTEÚDO E EFICÁCIA
DA IRRETROATIVIDADE MATERIAL
NO SISTEMA CONSTITUCIONAL TRIBUTÁRIO

4. IRRETROATIVIDADE TRIBUTÁRIA COMO LIMITAÇÃO AO PODER DE TRIBUTAR

4.1 Considerações iniciais 137
4.2 O subsistema "aberto" das limitações constitucionais ao poder de tributar na CF/1988 138
4.3 Irretroatividade tributária na CF/1988: das regras ao princípio jurídico 142
4.4 Regra da irretroatividade tributária: art. 150, inciso III, "a", da CF/1988
    4.4.1 Considerações gerais 147
    4.4.2 "Fatos geradores ocorridos"? 148
    4.4.3 "Lei que os houver instituído ou aumentado"? 154
4.5 Regra da irretroatividade geral no Direito Tributário: art. 5º, XXXVI, da CF/1988 157

5. PRINCÍPIO DA IRRETROATIVIDADE MATERIAL TRIBUTÁRIA E SEU CONTEÚDO NORMATIVO

5.1 Princípio da irretroatividade tributária como norma concretizadora da proteção da confiança 159
5.2 Âmbito de aplicação do princípio 164
5.3 Eficácia jurídica interna e externa 167
5.4 Conteúdo do princípio
    5.4.1 Quanto aos "fins": o estado de coisas a ser promovido e protegido
        5.4.1.1 Liberdade e confiança 169
        5.4.1.2 Liberdade, propriedade, dignidade humana, da legalidade, moralidade, igualdade e segurança jurídica 170
    5.4.2 Critérios delimitadores dos comportamentos necessários à realização do estado ideal de coisas
        5.4.2.1 Considerações gerais 172
        5.4.2.2 Critérios relacionados à confiança em ato estatal
            5.4.2.2.1 Grau da confiança do contribuinte 173
        5.4.2.3 Critérios relacionados ao exercício de direitos e à sua restrição

5.4.2.3.1 Grau de intensidade e de extensão do
 comportamento do contribuinte.......... 195
5.4.2.3.2 Grau de intensidade da restrição aos
 direitos fundamentais........................ 197
5.4.2.3.3 Tributos periódicos.............................. 203
5.4.2.4 Critérios relacionados à atuação estatal retroeficaz
5.4.2.4.1 Finalidades dos atos retroativos.......... 205
5.4.2.4.2 Grau de intensidade dos efeitos retroativos (modificações bruscas e drásticas) 210
5.4.2.5 Ponderação e força normativa do princípio......... 213
5.4.2.6 Aplicação do princípio independentemente de
 ponderação.. 223

6. EFICÁCIA DA IRRETROATIVIDADE TRIBUTÁRIA COMO LIMITAÇÃO AO EXERCÍCIO DO PODER POR PARTE DO ESTADO

6.1 *Considerações iniciais*.. 229
6.2 *Com relação ao Poder Legislativo*
  6.2.1 *O problema da retroatividade da lei interpretativa*....... 230
  6.2.2 *Aplicação imediata da "lei procedimental"*.................. 238
6.3 *Com relação ao Poder Executivo*
  6.3.1 *Considerações gerais*.. 244
  6.3.2 *Atuação administrativa geral e abstrata*.................. 248
  6.3.3 *Atuação administrativa individual e concreta*............ 256
  6.3.4 *Considerações finais*... 264
6.4 *Proibição de retroatividade e o Poder Judiciário: a mudança com relação aos precedentes*
  6.4.1 *Considerações iniciais*....................................... 265
  6.4.2 *Os precedentes e a sua força normativa como base para o exercício da confiança*........... 267
  6.4.3 *Conceito de mudança retroativa dos precedentes*........ 273
  6.4.4 *Aplicação da irretroatividade em caso de mudança de precedentes*..................... 283

7. CONCLUSÕES 296

REFERÊNCIAS BIBLIOGRÁFICAS 307

CONSIDERAÇÕES INTRODUTÓRIAS

1. Justificativa e objeto. 2. Método. 3. Plano do trabalho.

A autonomia se opõe a uma vida feita de escolhas forçadas.
(Joseph Raz, *The Morality of Freedom*, Oxford, Clarendon, 1986, p. 371)

A mim, parece-me que nós temos um encontro marcado – para repetir aquilo que eu disse – com esse tema, até porque parece abusiva essa alteração que se faz no final do exercício financeiro com repercussão sobre tudo que já ocorreu.
(Trecho do voto do Min. Gilmar Mendes no RE 183.130/PR, Rel. Min. Teori Zavascki, Tribunal Pleno, *DJe* 14.11.2014 – p. 74 do acórdão)

1. Justificativa e objeto

A irretroatividade do Direito envolve um problema, fundamentalmente, de liberdade. Trata do respeito à autonomia do indivíduo que, no passado, fez escolhas e planos em função de certas consequências jurídicas estabelecidas pelo Direito.[1] Visa a produzir estabilidade temporal quanto às ações humanas irreversíveis. Diz respeito à conduta do homem e ao Direito no tempo. Irretroatividade refere-se às modificações do ordenamento jurídico que repercutem sobre ações humanas passadas baseadas no próprio Direito.

A CF/1988 deu destaque à proteção do cidadão em face de atos estatais retroativos. Não bastassem as referências diretas sobre o tema

---

1. Hans Gribnau, "Legal certainty: a matter of principle", in *Retroactivity of Tax Legislation*, European Association of Tax Law Professors-EATLP International Tax Series, v. 9, 2013b, p. 81; Hans Gribnau, "Equality, legal certainty and tax legislation in the Netherlands: fundamental legal principles as checks on legislative power: a case study", *Utrecht Law Review*, v. 2, mar. 2013a, Disponível em: <http://www.utrechtlawreview.org>, p. 54.

constantes do rol dos direitos e das garantias fundamentais (art. 5º, XL e XXXVI), a vedação às normas jurídicas retroativas foi estabelecida especificamente no âmbito do Direito Tributário (art. 150, III, "a"). Além dessas disposições expressas, o texto constitucional contém referências indiretas à proibição de retroatividade. Ao instituir a segurança jurídica como "valor supremo" da sociedade (preâmbulo) e como direito fundamental (art. 5º, *caput*), a CF visou a assegurar um estado de coisas de proteção da confiança daquele indivíduo que acreditou no ordenamento jurídico. No âmbito normativo do princípio do Estado de Direito, tradicionalmente compreendido em conexão com a segurança jurídica, instituiu limitações ao exercício arbitrário do poder em relação aos fatos exauridos no passado.[2] E no que diz respeito aos direitos fundamentais, estabeleceu, dentre outros, a liberdade e a propriedade como princípios jurídicos cuja promoção das suas finalidades exige que o Direito seja estável no tempo. Ou seja, a irretroatividade está alicerçada em fundamentos diretos e indiretos.[3]

No entanto, em que pese o referido realce de proteção estabelecido pelo texto constitucional em relação à irretroatividade, é possível afirmar que, atualmente, vive-se um *estado de desproteção* em face dos atos estatais retroativos. Três são, pelo menos, os fatores que contribuem para esse quadro de insegurança e que, por isso, justificam a realização do presente trabalho.

Em primeiro lugar, boa parte das decisões judiciais do Supremo Tribunal Federal, nas quais o tema é enfrentado, acabam restringindo o campo de atuação da irretroatividade. Há situações em que as mudanças normativas atingem restritivamente as condutas humanas realizadas com base no Direito modificado e, ainda assim, são tratadas como casos em que não há retroatividade a ser afastada. O tribunal tem entendimento, conforme será demonstrado ao longo deste trabalho, no sentido de que a tutela do contribuinte, em face de atos estatais retroeficazes, está restrita às hipóteses expressamente enunciadas pela CF. Vale dizer: somente haveria proteção ao particular nos casos em que há coisa julgada, direito adquirido, ato jurídico perfeito e fato gerador ocorrido antes de a nova lei passar a viger. O critério adotado para solução dos casos é o da "consumação" desses fatos e atos, segundo a completude dos seus requisitos legais. Nesse aspecto, o Supremo Tribunal Federal tem posicionamento pacífico no sentido de que o aumento da alíquota do imposto de importação

---

2. Gribnau, 2013a, p. 53.
3. Fabrizio Amatucci, *L'Efficacia nel Tempo dela Norma Tributaria*, Milão: Giuffrè, 2005, pp. 7 e ss.

aplica-se às operações já iniciadas, mas cujos fatos geradores (ocorridos, segundo a legislação, na data do desembaraço aduaneiro) ainda estejam pendentes de consumação.[4] Note-se que o importador assina um contrato de importação levando em conta a incidência do imposto sob a alíquota "x", estabelecida por determinado ato estatal, porém, acaba tendo sua operação regulada pela incidência do tributo sob a alíquota "x+1", estabelecida por um novo ato do Poder Público. Embora a conduta humana desse contribuinte seja adotada ao tempo em que o Direito prescrevia a alíquota "x", seu comportamento é, na realidade, regulado pelo Direito que passou a prescrever, em outro tempo, a alíquota "x+1".

    O Supremo Tribunal Federal também tem posicionamento tradicionalmente assentado no sentido de que, no caso da contribuição sobre o lucro líquido, respeitada a regra da anterioridade tributária, o aumento da alíquota ocorrido ao longo do seu ciclo anual de apuração pode ser aplicado à integralidade dos atos praticados pelo contribuinte durante tal período de tempo. Em outras palavras: a alíquota aumentada é aplicável às operações realizadas antes de a nova lei passar a viger.[5] Note-se que o contribuinte realiza operações econômicas em determinado período do ano em vista de que terá de pagar o tributo sob a alíquota "x", estabelecida pela legislação então vigente à época, porém, tais operações acabam sendo tributadas sob a alíquota "x+1", fixada pela lei nova. Assim como no caso anterior, neste também há um problema envolvendo ação humana e efeitos jurídicos previstos pelo Direito no tempo. O indivíduo age no tempo em que o Direito estabelecia certa consequência jurídica para os seus atos, mas é regulado por uma nova disciplina jurídica criada em tempo posterior. A lei que passa a viger no final do exercício financeiro acaba tendo, injustamente, repercussão sobre tudo que já ocorreu nesse mesmo exercício. Por essa razão, aliás, foi que o Min. Gilmar Mendes, conforme mencionado preambularmente nas presentes considerações introdutórias, afirmou haver um "encontro marcado" "com esse tema." Em outras palavras: é necessário reexaminá-lo, pois a jurisprudência do STF parece precisar evoluir.

    Em segundo lugar, os problemas relacionados à referida desproteção acentuam-se em razão de que os Poderes de Estado atuam, com frequência, por meio de atos retroativos que restringem a liberdade exercida no

---

    4. RE 225.602, Rel. Min. Carlos Velloso, j. 25.11.1998, Tribunal Pleno, *DJU* 6.4.2001. No mesmo sentido: AI 533.386-AgR, Rel. Min. Celso de Mello, j. 2.3.2010, 2ª Turma, *DJe* 26.3.2010.

    5. RE 197.790, Rel. Min. Ilmar Galvão, Tribunal Pleno, *DJU* 21.11.1997; RE 218.947-AgR/CE, Rel. Min. Dias Toffoli, 1ª Turma, *DJe* 25.2.2014.

passado. Alguns deles vêm "disfarçados" de atos meramente prospectivos. Parecem, à primeira vista, não serem retro-operantes. Contudo, o exame mais detido em relação aos seus efeitos revela que há problemas sérios no que se refere à sua retroeficácia em prejuízo ao cidadão. Alguns exemplos demonstram isso.

No dia 4.12.2014, foi aprovado, pelo Congresso Nacional, o projeto que alterou a Lei das Diretrizes Orçamentárias da União vigente em 2014 (Lei 12.919, de 24.12.2013). O ponto cuja análise aqui interessa é o seguinte: a LDO/2014 previa uma meta para o superávit primário de cerca de R$ 116 bilhões (art. 2º, *caput*, da Lei 12.219/2013).

O superávit primário, em apertada e simplificada síntese, é a quantia que, depois de o governo pagar suas despesas, deve "sobrar" nas contas da União visando ao adimplemento dos juros da dívida pública. Trata-se, em outras palavras, de uma "economia" para honrar compromissos com credores.

Desses R$ 116 bilhões, a lei originalmente aprovada permitia que o governo descontasse até R$ 67 bilhões para serem utilizados no Programa de Aceleração do Crescimento (PAC), o que já reduziria a referida economia destinada a atender os interesses dos credores. Todavia, a alteração aprovada nos últimos dias de 2014 passou a permitir que o governo abatesse não mais os R$ 67 bilhões acima referidos, mas a totalidade dos gastos havidos no PAC durante o ano. Permitiu, igualmente, o abatimento do montante equivalente às desonerações fiscais concedidas pela União em tal período anual. Na prática, como as despesas com o PAC, de janeiro a outubro de 2014, já haviam chegado a R$ 127 bilhões, a alteração produzida na legislação deu permissão para o governo esvaziar completamente o cofre com relação à quantia que seria utilizada para pagar os juros aos credores da União.

À primeira vista, a referida modificação normativa até poderia parecer neutra relativamente ao exercício passado da liberdade. Isso porque ela estaria a dispor sobre questões referentes às diretrizes para fechamento das contas públicas dentro do período anual. Como o ano ainda não se encerrara, os efeitos da nova lei seriam, então, apenas prospectivos. Contudo, a análise mais detalhada da medida aprovada pelo Congresso Nacional evidencia uma prática capaz de abalar a confiança que os investidores depositaram nos atos estatais. A alteração da LDO/2014, sobretudo porque realizada a poucos dias do ano se encerrar, frustrou a expectativa alimentada pelos credores quanto ao pagamento dos juros da dívida pública. A lei que prevê, no início do exercício financeiro, o superávit primário, tende a servir de base causal para a adoção de comportamentos econômicos. Os investidores agem contando com a promessa estatal com relação ao pagamento da referida dívida. Porém, se, ao aproximar-se do momento de cumprir a referida promessa, o governo muda radicalmente de posição, como ocorreu em tal caso, eventuais ações humanas que foram adotadas no passado à espera do cumprimento da "palavra dada" terminam por ser desvalorizadas. Essa quebra radical do compromisso assumido provoca efeitos tanto individuais, quanto gerais: ela compromete planos pessoais realizados com base na confiança, assim como abala a credibilidade do governo e do próprio ordenamento jurídico perante o mercado econômico.[6]

Outro exemplo que pode ser colhido da história brasileira recente é o que diz respeito ao seguinte caso: o art. 36 da Lei 10.637/2002 estabelecia a possibilidade de o contribuinte diferir o pagamento com relação ao imposto de renda e à contribuição social sobre o lucro líquido. Tal diferimento seria possível quanto à incidência desses tributos sobre o ganho de capital gerado em reorganizações societárias. Ocorre, contudo, que o referido dispositivo foi revogado pela Lei 11.196/2005 sem que fossem estabelecidas regras de transição por parte do legislador tributário. As reorganizações que haviam sido iniciadas antes de a lei ser alterada, mas que ainda não estavam concluídas quando do advento da nova disciplina jurídica, acabaram sendo atingidas restritivamente. Os indivíduos que planejaram negócios contando com os efeitos do diferimento tributário e que, nesse sentido, dispuseram dos seus direitos, tiveram sua liberdade de escolha desvalorizada. A lei nova, a pretexto de dispor para o futuro, acabou atingindo, também, o passado.

Esses exemplos, além de indicarem os problemas gerados pelos atos estatais retroativos, revelam, igualmente, o seguinte: as questões relacionadas à proibição de retroatividade são complexas e exigem o exame de outros elementos que não apenas aqueles relacionados à ocorrência das situações jurídicas enunciadas textualmente nos arts. 5º, XXXVI, e 150, III, "a", da CF/1988. Nem todos os casos podem ser solucionados segundo o raciocínio corrente, empregado de modo repetido pelo Poder Judiciário, segundo o qual, para aplicar a irretroatividade, bastaria examinar a data de início da vigência da lei e a consumação de requisitos formais e objetivos referentes ao direito adquirido, à coisa julgada, ao ato jurídico perfeito e ao fato gerador ocorrido. Há casos em que, como demonstrado acima, a liberdade e a propriedade cuja disposição ocorreu no passado são restringidos pela modificação normativa, ainda que os requisitos formais e objetivos antes referidos não tenham se completado.

6. Gribnau, 2013b, p. 81, p. 69.

É preciso, nesse contexto, ir além. É necessário considerar também questões relacionadas à disposição dos aludidos direitos e à confiabilidade do ordenamento jurídico como base causal para as ações do contribuinte.

Em *terceiro lugar*, cumpre destacar, no âmbito da doutrina jurídica, que o objeto que vem sendo investigado no que diz respeito à irretroatividade tributária é limitado. Uma boa parte dos estudos doutrinários que tratam do tema o examina deixando em segundo plano, e, por vezes, até mesmo de fora da análise, aqueles que efetivamente são os seus pontos principais: os direitos fundamentais e a proteção da confiança.[7] A análise da irretroatividade tem sido estruturada a partir da perspectiva centrada na regularidade formal e na completude de atos e de fatos jurídicos, não no exercício dos direitos fundamentais. No campo da retroatividade dos atos do Poder Executivo, por exemplo, a análise envolvendo a proteção da confiança é feita principalmente mediante a investigação sobre a "aparência de legitimidade" da base normativa. Analisa-se essencialmente sua regularidade formal, não a restrição que o ato estatal retroativo causa aos direitos do cidadão.[8] A análise acaba ficando, por assim dizer, "presa" aos elementos textuais dos dispositivos constitucionais acima citados. Ela, com isso, trata apenas de parte do objeto que, na realidade, deveria estar sendo estudado. E a doutrina acaba deixando de cumprir uma de suas importantes funções, que é a de fornecer critérios adequados para aplicação do Direito pelo Poder Judiciário.[9]

Desconsidera-se que a proibição de retroatividade é, segundo pretende-se demonstrar nesta obra, um instrumento para a tutela da liberdade e da propriedade. E que, igualmente, ela visa a proteger a confiança exercida pelo cidadão com base no Direito e a promover a cognoscibilidade, a confiabilidade e a calculabilidade como elementos da segurança jurídica. É nesse ângulo que o tema precisa ser examinado.

Por outro lado, a irretroatividade é tratada pelos tribunais e por alguns estudos doutrinários com certa imprecisão relativamente a sua

---

7. Exceção deve ser feita a trabalhos de alta qualidade que tratam do tema e que enfocam a proteção da confiança e os direitos fundamentais, tais como: Humberto Ávila, *Teoria da Segurança Jurídica*, 3ª ed., São Paulo: Malheiros Editores, 2014b, pp. 424-458; Misabel Abreu Machado Derzi, *Modificações da Jurisprudência no Direito Tributário*, São Paulo: Noeses, 2009; Luís Eduardo Schoueri, *Direito Tributário*, 3ª ed., São Paulo: Saraiva, 2013, pp. 322-327.

8. No sentido de considerar a restrição aos direitos fundamentais, vide: Ávila, ob. cit., p. 463.

9. Sobre a influência exercida pela doutrina em relação ao Poder Judiciário, vide: Aleksander Peczenik, *Scientia Juris: Legal Doctrine as Knowledge of Law and as a Source of Law*, Dordrecht: Springer, 2005, pp. 6-7.

definição, sua qualidade normativa e sua eficácia. Com relação às definições, a irretroatividade é tratada como norma jurídica; como "garantia".[10] De outra sorte, o fenômeno da retroatividade é identificado com denominações diversas. Ele é associado aos termos "retroatividade própria" e "imprópria" (retrospectividade), "genuína" e "não genuína", "absoluta" e "relativa", "material" e "formal", dentre outros.[11] Não há, contudo, uma definição uniforme no sentido de precisar em quais casos são verificados, na realidade, efeitos retroativos que devem ser afastados. Quanto à dimensão normativa, há referências à irretroatividade como "postulado";[12] como "princípio";[13] e como "princípio geral" do ordenamento jurídico brasileiro.[14] Note-se, a respeito da sua dimensão normativa e sua eficácia, que, em alguns casos nos quais a irretroatividade é tratada pelo Supre-

10. Súmula 654 do STF. Também como "garantia": RE 486.825, Rel. Min. Ayres Britto, j. 6.9.2011, 1ª Turma, *DJe* 6.2.2012.
11. Hans Gribnau e Melvin Pauwels, "General report", in *Retroactivity of Tax Legislation*, EATLP International Tax Series, v. 9, 2013a, p. 43; Johanna Hey, "National report: Germany", in *Retroactivity of Tax Legislation*, EATLP International Tax Series, v. 9, 2013, p. 237; Crouy-Chanel, "National Report: France", *Retroactivity of Tax Legislation*, EATLP International Tax Series, v. 9, 2013, p. 229; Pedro M. Herrera e Ana Belén Macho, "National report: Spain", in *Retroactivity of Tax Legislation*, EATLP International Tax Series, v. 9, 2013, p. 351; Fabrizio Amatucci, "National report: Italy", in *Retroactivity of Tax Legislation*, EATLP International Tax Series, v. 9, 2013, p. 309; Tina Rabel-Ehrke, "National report: Austria", in *Retroactivity of Tax Legislation*, EATLP International Tax Series, v. 9, 2013, p. 171; Aage Michaelsen e Jacob Graff Nielsen, "National report: Denmark", in *Retroactivity of Tax Legislation*, EATLP International Tax Series, v. 9, 2013, p. 211; Hans Gribnau e Melvin Pauwels, "National report: Netherlands", in *Retroactivity of Tax Legislation*, EATLP International Tax Series, v. 9, 2013b, p. 321; Katarina Fast, Peter Melz e Anders Hultqvist, "National report: Sweden", in *Retroactivity of Tax Legislation*, EATLP International Tax Series, v. 9, 2013, p. 359; Billur Yalti, "National report: Turkey", in *Retroactivity of Tax Legislation*, EATLP International Tax Series, v. 9, 2013, p. 373; Bruno Peeters e Ethel Puncher, "National report: Belgium", in *Retroactivity of Tax Legislation*, EATLP International Tax Series, v. 9, 2013, p. 177; Daniel Deak, "National report: Hungary", in *Retroactivity of Tax Legislation*, EATLP International Tax Series, v. 9, 2013, p. 290; Glória Teixeira, "National report: Portugal", in *Retroactivity of Tax Legislation*, EATLP International Tax Series, v. 9, 2013, p. 345; Piotr Karwat, "National report: Poland", in *Retroactivity of Tax Legislation*, EATLP International Tax Series, v. 9, 2013, p. 337.
12. RE 816.899-AgR/SC, Rel. Min. Celso de Mello, 2ª Turma, *DJe* 21.8.2014.
13. RE 626.489/SE, Rel. Min. Roberto Barroso, Tribunal Pleno, 23.9.2014; ADI 605-MC/DF, Rel. Min. Celso de Mello, Tribunal Pleno, *DJU* 5.3.1993; ADI 712-MC/DF, Rel. Min. Celso de Mello, Tribunal Pleno, *DJU* 19.2.1993; RE 157.482/ES, Rel. Min. Celso de Mello, 1ª Turma, *DJU* 3.9.1993.
14. Hugo de Brito Machado, *Curso de Direito Tributário*, 36ª ed., São Paulo: Malheiros Editores, 2015, p. 284.

mo Tribunal Federal como princípio jurídico, sua aplicação é realizada mediante o exame da correspondência entre o "conceito da norma" e o "conceito do fato". O STF reconduz a fundamentação do "princípio" aos enunciados dos arts. 5º, XXXVI, e 150, III, "a", da CF e justifica sua aplicação tal como se fosse regra jurídica.[15] Ou seja: o tribunal, por vezes, chama a proibição de retroatividade de "princípio", mas a aplica como regra. Há, por outro lado, casos em que, aí sim, a irretroatividade é aplicada como princípio jurídico. Ela atua, em tais situações, em conexão com a segurança jurídica, com o princípio do Estado de Direito, com a proteção da confiança e com a liberdade.[16]

A combinação de todos esses fatores conduz à constatação de que é preciso reexaminar a irretroatividade tributária no Direito brasileiro. Há, como demonstrado, justificativas para uma nova e diferente pesquisa. Não se trata, é verdade, de um tema novo. A Constituição brasileira do Império, de 1824, já estabelecia a proteção dos cidadãos em face de leis retroativas. Contudo, é preciso recanalizá-lo, levando-se em conta "novos" objetos de sistematização e partindo-se de uma perspectiva de estudo diversa, conforme será apresentado a seguir. Tal necessidade de reexame assume relevância ainda maior no Direito Tributário. Isso, em razão de que as normas tributárias produzem efeitos patrimoniais que restringem a disponibilidade do contribuinte sobre os bens protegidos por sua liberdade e propriedade. Diversas ações humanas são adotadas levando-se em conta a continuidade dos efeitos tributários conectados a ela pelo Direito. O contribuinte planeja o seu curso de ação em face dos benefícios fiscais dos quais poderá fruir e, normalmente, exerce direitos calculando os tributos que terá de pagar. O legislador tributário, de sua parte, age, muitas vezes, como afirma Gribnau, de modo "instrumentalista": ele "seduz o contribuinte a comportar-se de acordo com os seus fins".[17] Em outras

---

15. RE 144.756, Rel. p/ o ac. Min. Moreira Alves, j. 6.6.2012, Tribunal Pleno, *DJ* de 18.3.1994; no mesmo sentido: RE 687.007, Rel. Min. Luiz Fux, decisão monocrática, j. 31.5.2012, *DJe* 11.6.2012. Vide: RE 601.590-AgR, Rel. Min. Marco Aurélio, j. 25.2.2014, 1ª Turma, *DJe* 19.3.2014; ADC 29, ADC 30 e ADI 4.578, Rel. Min. Luiz Fux, j. 16.2.2012, Tribunal Pleno, *DJe* 29.6.2012.

16. ACO 79, Rel. Min. Cezar Peluso, j. 15.3.2012, Tribunal Pleno, *DJe* 28.5.2012; (MS 22.315, Rel. Min. Gilmar Mendes, j. 17.4.2012, 2ª Turma, *DJe* 16.5.2012. Vide, também: RE 566.621, Rel. Min. Ellen Gracie, j. 4.8.2011, Tribunal Pleno, *DJe* 11.10.2011, com Repercussão Geral. No mesmo sentido: RE 732.370-AgR, Rel. Min. Cármen Lúcia, j. 22.4.2014, 2ª Turma, *DJe* 6.5.2014; RE 535.436-AgR, Rel. Min. Dias Toffoli, j. 30.10.2012, 1ª Turma, *DJe* 5.12.2012; AI 737.987, Rel. Min. Dias Toffoli, decisão monocrática, j. 20.3.2012, *DJe* 23.3.2012; RE 596.673-AgR, Rel. Min. Celso de Mello, j. 7.2.2012, 2ª Turma, *DJe* 23.2.2012.

17. Gribnau, 2013b, p. 82.

palavras, o legislador induz os comportamentos do particular por meio das normas tributárias e, com isso, torna-se responsável pela manutenção dos efeitos delas decorrentes. A não retroatividade dos atos estatais no âmbito tributário tem um papel importantíssimo para que o indivíduo possa exercer planejadamente sua liberdade.

É, portanto, no contexto de todas essas justificativas que o problema a ser investigado no presente estudo passa a ser delimitado nos seguintes termos: quais são os aspectos principais e qual é a definição da irretroatividade na CF? Em quais dimensões normativas ela se apresenta no ordenamento jurídico brasileiro? O que deve ser entendido por um ato estatal "retroativo"? Por quais razões a tutela do cidadão em face da retroatividade dos atos estatais tem ficado limitada à consideração dos elementos expressamente previstos pelos enunciados normativos dos arts. 5º, XXXVI, e 150, III, "a", da CF? Quais são as conexões de fundamentação que a irretroatividade estabelece com outras normas jurídicas do ordenamento jurídico pátrio? Mais precisamente no âmbito tributário, qual é o conteúdo normativo da irretroatividade tributária e qual é a sua eficácia jurídica? Como se dá sua atuação em face dos atos dos Poderes Executivo, Legislativo e Judiciário?

Essas e outras questões serão enfrentadas ao longo do presente trabalho. Desde logo, contudo, é possível afirmar que a tese aqui defendida é a de que a irretroatividade é uma norma jurídica que visa, essencialmente, a intangibilizar as situações individuais por razões fundamentalmente materiais e subjetivas, relacionadas aos direitos fundamentais e à proteção da confiança. Como tal, ela estabelece um relacionamento de combinação material, vale dizer, de harmonização axiológica com as normas jurídicas que a suportam, a saber, princípios da liberdade, da propriedade, do Estado de Direito, da segurança jurídica, da igualdade, dentre outros. Em razão dessa relação argumentativamente estruturada em uma cadeia coerente de fundamentos, a irretroatividade apresenta-se em, pelo menos, duas dimensões normativas: regra e princípio. Como *regra*, ela protege o cidadão nas hipóteses previstas nos enunciados normativos dos arts. 5º, XXXVI, e 150, III, "a", da CF, por razões preponderantemente formais e objetivas; como *princípio*, ela visa à promoção de um estado de coisas de intangibilidade do exercício passado e orientado da liberdade por meio da adoção de condutas eficacialmente implicadas a esse fim, atuando em âmbito normativo não compreendido pelas regras da irretroatividade (como, por exemplo, nos casos de mudanças normativas que prejudicam o cidadão quanto aos fatos geradores pendentes); ainda como *princípio*, ele fornece critérios para estruturação do ordenamento jurídico e tem atuação interpretativa sobre outras normas, de tal modo que os atos estatais sejam interpretados *conforme* seu conteúdo e, sendo assim, para que esses atos preservem os direitos fundamentais cuja disposição ocorreu no passado. Nesse contexto, a análise a ser feita neste trabalho pretende romper com o modo tradicional de examinar a irretroatividade, preso aos elementos textuais dos arts. 5º, XXXVI, e 150, III, "a", da CF. Far-se-á a análise do tema levando-se em conta também outros elementos textuais da CF, assim como os elementos extratextuais pressupostos por eles. Essa ruptura, que se buscará fazer logo de início, possibilitará a ampliação do campo de atuação da irretroatividade (a ser concebida como regra e princípio). Com isso, seu sentido prático também será aumentado. Casos como aqueles inicialmente citados, nos quais o STF entendeu inexistir proteção ao indivíduo, passarão a ser examinados também à luz do âmbito normativo do princípio da irretroatividade. A consideração da liberdade como elemento central na análise do tema propiciará a ressignificação da "retroatividade": passar-se-á de um modelo conceitual dual e qualitativo de *retroatividade/não retroatividade* para um modelo não classificatório, mas sim gradual, de retroatividade *mais* ou *menos* intensa, de acordo com a *maior* ou *menor* restrição dos direitos fundamentais. Essa ressignificação implicará, por sua vez, abandono das definições que, como afirma Hey, são "bifurcadas", ao estabelecerem a diferença entre retroatividade e retrospectividade (retroatividade imprópria).[18] Buscar-se-á, igualmente, apresentar critérios de aplicação do princípio da irretroatividade tributária, assim como se demonstrará a eficácia jurídica desse princípio. A atuação da irretroatividade-princípio em sua função normativa-interpretativa permitirá que se rompa com a definição tradicional empregada à expressão "fato gerador ocorrido": passar-se-á de um conceito com foco nos requisitos de conclusividade do fato gerador para uma definição centrada na completude do comportamento do contribuinte.

Finalmente, com relação ao objeto do trabalho, a investigação focalizará a irretroatividade tributária como limitação ao poder de tributar na Constituição brasileira. O presente estudo a decompõe, para examinar sua definição, seu conteúdo e sua eficácia. Ele abrange, igualmente, as normas jurídicas constitucionais que mantêm relacionamento material com a irretroatividade, conforme exposto acima.

A base normativa desta pesquisa é, portanto, o ordenamento jurídico brasileiro. A doutrina estrangeira é consultada, não para simplesmente "importar" as soluções adotadas com relação ao tema em outros países,

18. Hey, 2013, p. 252.

mas, isto sim, para analisar se os argumentos utilizados no exterior podem contribuir para a redefinição da irretroatividade e para a identificação das suas dimensões normativas e da sua eficácia. Com relação às decisões judiciais, são examinados diversos casos julgados pelo Supremo Tribunal Federal. Nem todos eles tratam de matéria tributária. Ainda assim, sua utilização é valiosa para o presente estudo, pois permite analisar quais elementos vêm sendo considerados e quais vêm sendo desprezados na concretização das regras e do princípio a serem estudados.

2. Método

O método empregado no presente trabalho é o analítico-aplicativo ou analítico-funcional. Segundo ele, a irretroatividade será examinada a partir da decomposição dos seus elementos constitutivos, sem perder de vista sua funcionalidade como limite ao exercício do poder de tributar. Trata-se, por isso, de um método voltado à prática.[19] Busca-se, com ele, o esclarecimento conceitual de cada um dos referidos elementos constitutivos e a demonstração das suas relações não apenas lógico-formais, verificadas em um plano abstrato de investigação, mas principalmente as suas relações materiais, verificadas em um plano concreto de análise. Nesse contexto, a irretroatividade será analisada com base nos direitos fundamentais e nas restrições a eles causadas pelos atos estatais retroativos. Essa análise funcional determina que, além dos elementos textuais da CF diretamente referidos à proibição de retroatividade, sejam também investigados os enunciados normativos a partir dos quais são reconstruídas outras normas jurídicas que estabelecem conexões de fundamentação com a irretroatividade, tais como a segurança jurídica e os princípios da liberdade e da propriedade.[20]

A utilização desse método implica examinar, igualmente, elementos extratextuais pressupostos pelas normas jurídicas investigadas. É preciso analisar os *efeitos* jurídicos que os atos estatais retroativos causam no conteúdo dos direitos fundamentais; cumpre considerar os *costumes administrativos* que interferem na formação da confiança do contribuinte; é necessário levar em consideração os *atos* e *fatos* que materializam a disposição orientada de direitos havida pelo particular no passado; e é indispensável verificar quais são as finalidades dos atos estatais retroe-

---

19. Humberto Ávila, *Sistema Constitucional Tributário*, 5ª ed., São Paulo: Saraiva, 2012, p. 641.
20. Sobre a utilização do presente método no estudo dogmático do Direito Tributário: ibid., p. 638.

ficazes, visando a saber se eles são realmente adequados e necessários. Sem a consideração de todos esses elementos, não é possível investigar o problema da irretroatividade por inteiro, tal como se pretende.

Frise-se, ainda, que a presente obra analisará a proibição de retroatividade sob a perspectiva jurídico-dogmática. Buscar-se-á saber, por meio da reconstrução de um sistema jurídico axiologicamente harmonizado, coerente e logicamente consistente, o seguinte: *o que é* a irretroatividade e *quais são os deveres* que ela impõe aos Poderes de Estado a partir da CF. Essa pesquisa não será, por isso, uma análise histórica sobre o tema. Ela não buscará investigar a evolução conceitual da proibição de retroatividade, tampouco se ocupará de demonstrar como se desenvolveu a doutrina e a legislação a respeito do tema ao longo do tempo. De outro lado, a análise sucedida também não será feita sob uma perspectiva econômica do Direito. Isso porque ela privilegiará não o estudo de critérios cuja verificação dependa da observação efetiva e factualmente observável de estados de fato. O que será privilegiado é a identificação de determinados critérios teóricos aptos a indicar a potencialidade para a promoção dos estados de coisas prescritos pela CF com relação à irretroatividade.

A referida análise jurídico-dogmática será feita mediante a adesão ao paradigma epistemológico denominado de estruturalista-argumentativo.[21] Segundo o referido paradigma, o conhecimento no Direito é obtido por meio do discurso racional de interpretação de textos e de elementos não textuais. Com base nele, entende-se que a ressistematização a ser aqui realizada é fruto do trabalho reconstrutivo do intérprete. Adota-se, nesse contexto, um padrão interpretativo segundo o qual a interpretação é um processo discursivo que envolve atividades decisórias e criativas. Interpretar é adscrever e reconstruir[22] significados por meio de escolhas estruturadas por métodos e justificadas por argumentos.[23]

21. Humberto Ávila, "Função da Ciência do Direito Tributário: do formalismo epistemológico ao estruturalismo argumentativo", *Revista Direito Tributário Atual*, São Paulo, n. 29, pp. 181-204, 2013, p. 203; Humberto Ávila, "Ciência do Direito Tributário e discussão crítica", *Revista Direito Tributário Atual*, São Paulo, n. 32, pp. 159-197, 2014a, pp. 189 e ss.; Riccardo Guastini, *L'Interpretazione dei Documenti Normativi*, Milão: Giuffrè, 2004, p. 140.
22. O termo "reconstruir" é aqui utilizada no sentido de que o intérprete, embora contribua para a determinação do significado dos dispositivos interpretados, sua atividade tem como ponto de partida a estrutura sintática do texto analisado e os núcleos de significado dos termos utilizados no discurso do legislador. Portanto, o intérprete não realiza uma atividade construtiva livre de pressupostos. Ele parte desses pressupostos para reconstruir racionalmente os significados (Ávila, 2014a, p. 188).
23. Pierluigi Chiassoni, *Tecnica dell'Interpretazione Giuridica*, Bolonha: Il Mulino, 2007, p. 80.

Tal padrão interpretativo implica tomada de decisões interpretativas, vale dizer, implica escolhas de certos significados baseadas em argumentos. Ele é aqui adotado porque parte-se, no presente trabalho, da premissa de que o Direito não é um objeto pronto e acabado, passível de apreensão pela mera observação. Os enunciados normativos, impregnados pela vagueza e pela ambiguidade, embora sejam o ponto de partida para o trabalho do intérprete, são fragmentos cuja definição do seu sentido exige o uso do discurso interpretativo. Nesse contexto, o intérprete assume não uma posição neutra e meramente observacional em face da realidade textual e extratextual. Ele desempenha, isto sim, papel ativo, que exige tomada de decisão quanto: aos objetos da interpretação (textos, fatos, atos, finalidades, efeitos, costumes etc.); aos métodos de interpretação a serem empregados (dedutivo e indutivo); aos argumentos a serem preferencialmente utilizados (sistemático, finalístico etc.); e ao significado a ser estipulado ao elemento analisado.

Com base em tais considerações, é possível perceber que a reconstrução da irretroatividade a ser proposta utilizará a interpretação do tipo decisório, que consiste em atribuir a uma expressão certo significado em detrimento de outro.[24] Do mesmo modo, serão empregados os métodos indutivo e dedutivo de interpretação, conforme ficará claro ao longo do trabalho, mais precisamente na estruturação dos fundamentos da irretroatividade no Direito brasileiro.

É, portanto, a partir desse paradigma epistemológico estruturalista-argumentativo, por meio do referido método analítico-funcional e mediante o emprego do tipo de interpretação decisória, que se buscará fazer a análise do presente tema.

3. Plano do trabalho

O trabalho está estruturado em duas partes. Esse plano reflete a utilização do método analítico-funcional e a adoção da perspectiva jurídico-dogmática de investigação. Visa a permitir que se identifique *o que é* (1ª Parte) e *como funciona* (2ª Parte) a irretroatividade no Direito brasileiro, mais precisamente no Direito Tributário.

Na 1ª Parte são apresentados, inicialmente, os tipos de retroatividade reconhecidos em geral pela doutrina. Tal apresentação visa a demonstrar que a tipologia da irretroatividade foi concebida a partir de uma experiência jurídica estrangeira, que não pode ser simplesmente importada

24. Guastini, 2004, p. 45.

para o Brasil. Em seguida, a liberdade jurídica é trazida para o centro da investigação, buscando-se, com ela, a ressignificação da ideia de retroatividade. Passa-se, então, à demonstração das razões pelas quais o sentido prático da norma jurídica em estudo acabou sendo reduzido no Direito brasileiro. Busca-se demonstrar os problemas causados pela utilização de paradigma epistemológico empirista para examinar o presente tema. Quanto a esse ponto, aliás, são consultadas obras de autores estrangeiros que sustentaram esse paradigma do conhecimento. Registre-se, contudo, que tal exame não pretende ser exaustivo com relação às ideias defendidas em torno do empirismo lógico. Busca-se, isto sim, apenas ilustrar um dos seus aspectos principais, para, então, demonstrar sua adoção por autores brasileiros e sua aplicação no Direito Tributário no Brasil. Após esse exame crítico, é apresentada uma proposta para resistematizar o tema. Nela, são delimitados mais precisamente os objetos da investigação e são expostos os alicerces constitutivos da referida proposta, buscando-se configurar a irretroatividade como norma jurídica que tutela situações subjetivas principalmente por razões materiais. Daí por que falar-se em princípio da irretroatividade *material*.

Em seguida, a obra apresenta os fundamentos implícitos e explícitos da irretroatividade na CF. São demonstradas as relações materiais de fundamentação por suporte e de justificação recíproca que ela estabelece com outras normas construídas a partir do ordenamento jurídico. Com base nesses fundamentos, é estruturada a significação da irretroatividade e são expostas as suas qualidades normativas. Em tal ponto, é demonstrada a existência de um princípio geral de Direito Constitucional que proíbe a retroeficácia dos atos estatais em prejuízo ao cidadão. No final, considerados os elementos da irretroatividade decompostos e ressignificados, seu conceito é apresentado. Quanto a ele, cumpre frisar que este estudo opta não por uma definição qualitativa e dual da retroatividade: retroatividade-não retroatividade. Opta-se, em vez disso, por um conceito de maior ou menor retroatividade, tendo em vista o critério da maior ou menor restrição aos direitos fundamentais, não o critério da consumação de fatos jurídicos.

Na *segunda parte*, a irretroatividade é investigada no Direito Tributário. Busca-se demonstrar que a CF, nesse âmbito da disciplina jurídica, protegeu com ênfase o cidadão em face de atos estatais retroeficazes. A seguir, apresenta-se proposta de reconstrução do conteúdo da regra da irretroatividade tributária fundamentada no art. 150, III, "a", da CF, de tal modo a ressignificar a definição de "fato gerador ocorrido". É examinado, então, o conteúdo do princípio da irretroatividade tributária material

CONSIDERAÇÕES INTRODUTÓRIAS

sob o influxo, principalmente, da proteção da confiança e da liberdade. Nesse momento, são apresentados: seu âmbito de aplicação, sua função normativa, seu aspecto finalístico (fins visados pelo princípio) e seu aspecto instrumental (meios necessários à promoção dos fins). O trabalho busca construir, também nesse ponto, regras de aplicação do princípio em estudo, assim como passa a analisar questões referentes à sua força normativa diante de outras normas jurídicas. No final da segunda parte, apresenta, sem pretensão de ser exaustivo em tal análise, a funcionalidade da proibição de retroatividade em face de manifestações dos Poderes Executivo, Legislativo e Judiciário.

O título desta o, *Irretroatividade Tributária Material – Definição, Conteúdo e Eficácia,* foi escolhido para enfatizar a perspectiva de abordagem da irretroatividade focalizada em seus fundamentos materiais. Ele pretende enunciar a proposta defendida neste trabalho de modificar o eixo da análise com relação ao tema, para que se passe da proibição de retroatividade segundo a consumação do fato gerador para a irretroatividade segundo o exercício da liberdade e a proteção da confiança.

Enfim, é com base nesse plano de trabalho que se objetiva investigar as questões acima mencionadas. A tarefa que este estudo se propõe a realizar é desafiadora. O tema é notadamente complexo. É repleto de problemas a serem solucionados. Não se pretende, de modo algum, dar resposta categórica a todos eles. Seria demasiada ousadia querer fazê-lo. O que se quer, isto sim, é contribuir para o debate a ser estabelecido em torno de um tema tão relevante como a irretroatividade tributária, cujo reexame precisa inadiavelmente ser realizado.

1ª PARTE
DEFINIÇÃO E DIMENSÃO NORMATIVA DA IRRETROATIVIDADE MATERIAL A PARTIR DA CONSTITUIÇÃO FEDERAL DE 1988

1. *Irretroatividade e seus aspectos principais*
2. *Dimensão normativa e fundamentos da irretroatividade "material" na Constituição Federal de 1988*
3. *Conceito de irretroatividade*

1.
IRRETROATIVIDADE
E SEUS ASPECTOS PRINCIPAIS

1.1 Tipologia da retroatividade formal: 1.1.1 Considerações iniciais sobre a irretroatividade – 1.1.2 Retroatividade própria (genuína) – 1.1.3 Retroatividade imprópria (retrospectividade) – 1.1.4 Análise crítica. 1.2 Retroatividade: um problema de liberdade. 1.3 Reconstrução da irretroatividade: da irretroatividade formal à irretroatividade material: 1.3.1 Considerações iniciais – 1.3.2 Irretroatividade formal: uma análise crítica – 1.3.3 Irretroatividade material: uma proposta: 1.3.3.1 Interpretação e sistematização; 1.3.3.2 Argumentação e fundamentação.

1.1 TIPOLOGIA DA RETROATIVIDADE FORMAL

1.1.1 Considerações iniciais sobre a irretroatividade

A ideia básica que envolve o Estado de Direito é a sua capacidade de guiar o comportamento dos cidadãos por meio de normas jurídicas e de limitar o poder estatal por meio do Direito.[1] Dessa ideia decorrem alguns princípios, que Raz denomina de virtudes, dentre as quais destaca-se aquele segundo o qual *as leis devem ser prospectivas*.[2]

Norma prospectiva é a que atua no futuro sobre atos futuros. Vale dizer, é aquela que regula as condutas a serem praticadas após a sua edição. Isso porque ninguém pode ser guiado por uma norma retroativa pelo simples fato de que ela não existia ao tempo da ação.[3] Ou seja, a norma

---

1. Joseph Raz, *The Authority of Law*, 2ª ed., Oxford: Oxford University Press, 2009, p. 213.
2. Ibid., p. 214.
3. Angelo Falzea, *Ricerche di Teoria Generale del Diritto e di Dogmatica Giuridica*, Milão: Giuffrè, 1997, p. 142. Para o autor, o poder do Direito está reservado ao futuro e não ao passado.

retroativa não tem a aptidão de regular as condutas pelo claríssimo motivo de que ela não poderia nunca ser seguida.[4]

A norma *retroativa,* segundo a doutrina, é aquela que, editada no presente, atua no passado sobre fatos passados.[5] Ela produz seus efeitos sobre situações já realizadas no tempo. A norma *retrospectiva*, por outro lado, é aquela que atua no presente e no futuro, mas sobre fatos passados. Ela toma por base fatos ocorridos, exauridos ou não, e modifica sua qualificação jurídica ou os efeitos a eles atribuídos pelo ordenamento jurídico.[6]

As leis retroativas, segundo Sampford, além de contrastarem com a virtude do Estado de Direito acima referida, podem violar a exigência de *generalidade do direito,* a qual é inerente à legalidade e à igualdade. Isso porque a norma que atua sobre o passado tem a característica de um "direito particular". Ela afeta um grupo determinado de pessoas que já praticaram seus atos ao tempo da antiga legislação e com base nela.[7]

Peczenick adverte, de outro lado, que uma norma retroativa é *imoral,* "uma vez que pode causar uma perda imprevisível a uma pessoa", bem como em razão do problema de demandar o impossível a alguém.[8]

As normas retroativas impedem as pessoas de planejarem sua vida e de controlarem seu futuro. Elas comprometem a capacidade do ser humano de se autodeterminar por meio do exercício da sua liberdade, pois modificam as consequências jurídicas em razão das quais uma ação foi planejada e praticada.[9]

Ávila destaca que a lei retroativa, além de provocar a quebra da confiança normativa quanto aos atos passados, acarreta desconfiança jurídica quanto à calculabilidade de consequências futuras. O cidadão tem frustrada sua confiança relativamente aos atos que praticou no passado. Por outro lado, ele ainda passa a desconfiar a respeito da idoneidade do ordenamento jurídico para realmente produzir os efeitos que ele projeta

---

4. Brian Tamanaha, *On the Rule of Law: History, Politics, Theory*, Cambridge: Cambridge University Press, 2004, p. 97. No mesmo sentido: John Rawls, *A Theory of Justice*, Oxford: Oxford University Press, 1999, p. 208.

5. Ben Juratowitch, *Retroactivity and the Common Law*, Oxford: Hart, 2008, p. 6.

6. Ibid.

7. Charles Sampford, *Retrospectivity and the Rule of Law*, Oxford: Oxford University Press, 2006, p. 77.

8. Aleksander Peczenik, *On Law and Reason*, 2ª ed., [s.l.]: Springer, 2008, p. 312.

9. Raz, 2009, p. 221.

para o futuro.[10] Ou seja, a lei retroativa causa problemas nas transições do passado para o presente e do presente para o futuro.[11]

Essas primeiras considerações demonstram que o Direito deve ser, em regra, prospectivo. As normas jurídicas, como razões para a ação humana, devem orientar os comportamentos para o futuro.[12] Aquelas que modificam prejudicialmente ao cidadão as consequências jurídicas conectadas a situações passadas são, *prima facie*, incompatíveis com os valores e com as normas fundamentais que alicerçam o Estado de Direito.

A CF estabeleceu expressamente a irretroatividade por meio de três garantias específicas previstas ao longo do seu texto. A primeira delas destina-se à aplicação no Direito Penal e é estabelecida pelo art. 5º, incisos XXXIX e XL. Em razão das diferenças marcantes com relação ao Direito Tributário, ela não será analisada no presente trabalho.

A segunda garantia foi enunciada no capítulo reservado aos "Direitos e Deveres Individuais e Coletivos". O art. 5º, XXXVI, dispõe que a "lei não prejudicará o direito adquirido, o ato jurídico perfeito e a coisa julgada". Esse dispositivo, também aplicável em matéria tributária, é mera e fiel reprodução do que as Constituições brasileiras de 1946 e de 1967 já haviam previsto nos artigos 141, § 3º, e 153, § 3º, respectivamente.

A terceira garantia destinou-se ao âmbito do Direito Tributário. A CF estabeleceu que é vedado aos entes federados,

> sem prejuízo de outras garantias asseguradas ao contribuinte (...) cobrar tributos em relação a fatos geradores ocorridos antes da vigência da lei que os houver instituído ou aumentado (art. 150, III, "a").

Há, portanto, dois enunciados normativos na Constituição que visam a proibir a retroatividade objeto do presente estudo. As normas reconstruídas a partir deles apresentam um elemento comum: a referência a situações consumadas. As duas vedam que a modificação normativa produza efeitos gravosos capazes de atingir situações concluídas no passado, quais sejam: os fatos geradores *ocorridos* (art. 150, III, "a"), os direitos *adquiridos* em razão de *fato jurídico acabado*, os atos jurídicos

10. Ávila, 2014b, p. 425.
11. Derzi, 2009, pp. 597-598.
12. Frederick Schauer, *Playing by Rules: a Philosophical Examination of Rule-Based Decision-Making in Law and in Life*, Oxford: Clarendon, 1991, pp. 2-4.

perfeitos e a coisa *julgada* (art. 5º, XXXVI). Ou seja, as duas normas apontam a "consumação" das situações jurídicas como parâmetro para fins de enquadramento das circunstâncias concretas e, consequentemente, para fins da incidência normativa.

O Supremo Tribunal Federal utiliza esse critério nas suas decisões. O tribunal decidiu que a majoração das alíquotas do imposto de importação se aplica às operações pendentes. Isto é, aplica-se às importações contratadas ao tempo em que vigorava a alíquota menor e que ainda não haviam sido registradas na repartição aduaneira mediante declaração do importador. Isso porque, segundo o Tribunal,

o que a Constituição exige, no art. 150, III, "a", é que a lei que institua ou que majore tributos seja anterior ao fato gerador. (...) O *decreto que alterou as alíquotas é anterior ao fato gerador do imposto de importação.*

Por isso não foi reconhecida violação à irretroatividade.[13] O mesmo parâmetro de análise foi empregado no caso em que as Leis 8.030/1990 e 8.039/1990 alteraram os critérios de atualização de valores relativamente a contratos escolares assinados anteriormente à sua vigência. O STF entendeu que a nova lei não poderia ser aplicada a esses contratos, pois prejudicaria o ato jurídico perfeito.[14]

Essas decisões já demonstram que as normas da irretroatividade são aplicadas a partir da consideração de um critério formal. O Tribunal, em razão dos dispositivos examinados, compara a data do início da vigência da nova lei com a data de consumação dos fatos jurídicos. Se ela for anterior àquela, então a proibição de retroatividade poderá ser invocada para proteger o cidadão.

Com base nesse critério, e por influência do Direito alemão, a tipologia da retroatividade é apresentada pela doutrina em dois grupos: *retroatividade própria ou genuína* e *retroatividade imprópria ou não genuína (retrospectividade)*.

No próximo item, passam a ser examinadas exatamente essas duas "espécies" de atuação retroativa das normas. São explicitadas as propriedades que as identificam, bem como é demonstrado como esses casos de irretroatividade são tratados pelo STF perante a CF.

13. RE 225.602-8, Tribunal Pleno, Rel. Min. Carlos Velloso, *DJU* 6.4.2001. No mesmo sentido: RE 594.832-AgR, 1ª Turma, Rel. Min. Cármen Lúcia, *DJU* 11.4.2011; AI 533.386, 2ª Turma, Rel. Min. Celso de Mello, *DJU* 25.3.2010.
14. RE 188.366, 1ª Turma, Rel. Min. Moreira Alves, *DJU* 19.11.1999.

1.1.2 Retroatividade própria (genuína)

A retroatividade própria, genuína ou autêntica é aquela na qual o novo ato estatal modifica as consequências conectadas a fatos jurídicos que se consumaram antes do início da sua vigência.[15] Ele reconecta consequências ou efeitos jurídicos a uma circunstância ou a um conjunto de circunstâncias de fatos realizados em um momento anterior a sua entrada em vigor.[16]

Na realidade, o efeito retroativo não modifica o passado. Nem poderia fazê-lo. O que *foi* não deixará de *ter sido*. O efeito retroativo altera, no presente, as consequências jurídicas que a norma modificada atribuíra aos fatos que já ocorreram.[17] Provoca retroatividade própria, por exemplo, uma lei que amplia a alíquota de um tributo cujo fato gerador foi concluído antes do início da sua vigência.[18]

Esse tipo de retroatividade foi proibido pela CF. As normas construídas a partir dos enunciados normativos dos arts. 150, III, "a", e 5º, XXXVI, vedam que a nova lei atinja situações jurídicas consumadas. *Se o fato gerador ocorreu*, de acordo com o momento que caracteriza o "aspecto temporal" da norma jurídica de incidência tributária;[19] *se o direito foi formalmente adquirido*, a partir da consumação das circunstâncias exigidas por lei para que ocorra o fato jurídico do qual esse direito é uma consequência normativa; *se o ato jurídico se perfectibilizou*, de acordo com os requisitos de validade que lhe são próprios; e *se a sentença se estabilizou por força da coisa julgada, então* as consequências jurídicas conectadas a cada uma dessas situações não podem ser suprimidas ou alteradas por

---

15. Hey, 2013, p. 244; Schoueri, 2013, p. 324; Ávila, 2014b, p. 441; Patrícia Baptista, "A tutela da confiança legítima como limite ao exercício do poder normativo da Administração Pública: a proteção às expectativas legítimas dos cidadãos como limite à retroatividade normativa", *RDE* 3/159, Rio de Janeiro, 2006; Valeria Mastroiacovo, "L'efficacia della norma tributaria nel tempo", in Augusto Fantozzi e Andrea Fedele (Org.), *Statuto dei Diritti del Contribuente*, Milão: Giuffrè, 2005b, pp. 93-124, p. 109.

16. Riccardo Guastini, *Le Fonti del Diritto e L'Interpretazione*, Milão: Giuffrè, 1993, p. 280.

17. Pontes de Miranda, *Comentários à Constituição de 1967, com a Emenda n. 1, de 1969*, 3ª ed., Rio de Janeiro: Forense, 1987, p. 80.

18. Amatucci, 2005, p. 8; Klaus Tipke, La retroattività nel Diritto Tributário, in *Trattato di Diritto Tributario*, Padova: Cedam, 1994, v. 1, pp. 437-447, p. 440.

19. RE 242688 AgR, Rel. Min. Sepúlveda Pertence, 1ª Turma, 17.10.2006. No mesmo sentido: Maria Luiza Vianna Pessoa de Mendonça, "a Consorciação entre os princípios constitucionais da irretroatividade e da anterioridade da lei tributária", *Revista da Escola Paulista da Magistratura*, São Paulo, v. 1, jan./abr. 1997, p. 96.

norma cuja vigência se iniciou posteriormente a elas. Então, é vedado que, para tais situações, seja aplicada uma nova norma que aumente ou que crie tributos; que crie novos requisitos para fruição de um direito ou que altere a sua eficácia; que modifique os requisitos de validade de um ato jurídico ou seus efeitos; e que modifique a validade ou a eficácia de atos praticados em razão de uma sentença transitada em julgado.

O STF, nesse contexto, proibiu a aplicação de nova norma relativamente à Contribuição Social sobre o Lucro aos exercícios sociais encerrados antes da vigência da lei modificadora.[20] E rejeitou a possibilidade de aplicação de alíquotas de imposto de importação majoradas quanto às operações já registradas (isto é, quanto ao fato gerador já ocorrido).[21] O STF também reconheceu a ofensa à proibição em exame no caso em que foi promovida alteração normativa depois de encerrado o período de apuração do imposto sobre a renda. A síntese do raciocínio do Tribunal foi a seguinte:

> a Corte possui firme entendimento no sentido de que viola o princípio da irretroatividade a introdução de mudanças na sistemática de apuração do tributo capazes de majorá-lo, se o período de apuração estava encerrado.[22]

O STF igualmente decidiu proibir a aplicação do aumento de 3% para 18% da alíquota do imposto incidente sobre a renda oriunda de operações incentivadas ocorridas no passado. O Tribunal entendeu que o fato gerador do imposto de renda no caso dessas operações induzidas pelo governo é, excepcionalmente, não o dia 31 de dezembro, mas a data em que a operação incentivada é consumada. A cada operação incentivada que se realiza, um fato gerador é praticado. Por essa razão, a lei nova que aumenta a alíquota do tributo não pode atingir as operações concluídas.[23]

São, portanto, enquadrados nesse grupo apenas os casos envolvendo leis que atingem fatos consumados cujos efeitos a eles conectados foram igualmente exauridos no passado.

Na Alemanha, a retroatividade genuína também é chamada pela Corte Constitucional de "modificação retroativa das consequências jurí-

---

20. RE 218.947-AgR, 1ª Turma, Rel. Min. Dias Toffoli, DJe 26.2.2014.
21. ED no AgR no RE 234.954, Tribunal Pleno, Rel. Min. Maurício Corrêa, DJU 24.6.1988.
22. ARE 660.173-AgR, 1ª Turma, Rel. Min. Dias Toffoli, DJe 28.11.2013.
23. RE 183.130/PR, Tribunal Pleno, Rel. Min. Teori Zavascki, DJe 14.11.2014.

dicas". Trata-se da situação em que a nova lei altera os fatos e os efeitos produzidos antes da sua existência.[24] Na Espanha, a retroatividade própria é chamada de "retroatividade em grau máximo ou absoluta" e é, em regra, vedada.[25] Na Itália, o fenômeno também é reconhecido pela doutrina e pelo Tribunal Constitucional. Fatos aperfeiçoados no tempo não podem ter os seus efeitos alterados por uma nova lei.[26] A retroatividade própria também é reconhecida (e é separada da imprópria) na França,[27] na Polônia[28], na Suécia[29] e em Portugal.[30] O critério utilizado nesses países para agrupar os casos também é, de um modo geral, o da consumação das situações atingidas pela lei retroeficaz.

1.1.3 Retroatividade imprópria (retrospectividade)

A retroatividade imprópria, não genuína, não autêntica, também denominada de *retrospectividade*, é aquela na qual a nova lei atinge três tipos de situações não completamente acabadas no passado: I – situações em que os fatos jurídicos foram consumados no passado, mas seus efeitos se verificaram somente depois da nova lei; II – situações em que os fatos se iniciaram no passado e consumaram-se depois da alteração legislativa; III – situações cuja causa relevante para a realização do fato jurídico encontra-se no passado, mas cujo fato jurídico em si é consumado somente após o início da vigência da nova lei.

I – *A primeira situação* é aquela em que a retrospectividade da lei se dá mediante a alteração das consequências jurídicas futuras associadas a ações e a eventos do passado. Entre a ação e a aplicação das consequências jurídicas conectadas a ela, há uma nova lei que muda, total ou

---

24. Hey, 2013, p. 237; Ávila, 2014b, pp. 426-427 e p. 441.

25. Herrera e Belén Macho, 2013, p. 351; José María Suárez Collía, *La Retroactividad: Normas Jurídicas Retroactivas e Irretroactivas*, Madri: Editorial Universitaria Ramón Areces, 2005, pp. 122 e ss. O STF já utilizou a nomenclatura "retroatividade máxima" em uma de suas decisões. Por ocasião da análise da ADI 493, o Ministro Moreira Alves identificou-a como aquela em que a nova lei modifica as situações cujos fatos e cujos efeitos foram exauridos no passado. Vide: ADI 493, Tribunal Pleno, Rel. Min. Moreira Alves, *DJU* 4.9.1992.

26. Amatucci, 2013, p. 311; Valeria Mastroiacovo, *I Limiti alla Retroattività nel Diritto Tributario*, Milão: Giuffrè, 2005a, p. 66.

27. Crouy-Chanel, 2013, p. 229.

28. Karwat, 2013, p. 337.

29. Fast, Mel e Hultqvist, 2013, p. 368.

30. Teixeira, 2013, p. 346.

parcialmente, as referidas consequências.[31] Trata-se da "ligação retroativa de hipótese de incidência I", ou da "referência retroativa a situações preexistentes", conforme define o Tribunal Constitucional alemão.[32] Os espanhóis tratam esses casos como de "retroatividade de grau mínimo".[33]

Nessas hipóteses, o ato jurídico torna-se perfeito, e o direito é adquirido sob a vigência da lei anterior, mas os efeitos jurídicos somente se verificam após a edição da nova lei. Isto é, os requisitos de validade de um ato jurídico são preenchidos ou as condições para o exercício de determinado direito são completadas de acordo com uma base normativa. Porém, os efeitos jurídicos conectados pela norma ao ato jurídico que se perfectibilizou e ao direito que foi adquirido ocorrem posteriormente à alteração da lei, a qual os modifica.

A CF também proibiu esse tipo de retroatividade. O STF aplica, nesses casos, a regra constitucional que protege as situações consumadas (o direito adquirido e o ato jurídico perfeito). A solução dada pelo STF é a mesma empregada para as hipóteses de retroatividade genuína. Ou seja, se os fatos jurídicos se completaram formalmente segundo a legislação alterada, então é vedado que a nova lei modifique as consequências normativas associadas a esses fatos. Não importa se elas se verificaram concretamente ou não. O que importa, para o Tribunal, é se o fato jurídico se consumou. O Tribunal parte, portanto, da premissa de que o *fato jurídico* e seus *efeitos* são elementos indissociáveis. Duas decisões do STF ilustram seu posicionamento a respeito do assunto.

Em razão do disposto no art. 243 da Lei 8.112, de 11.12.1990, os servidores públicos federais foram convertidos de celetistas em estatutários. Por força dessa conversão, foi assegurado a eles o direito à contagem do tempo de serviço, com o aproveitamento do período anterior à aludida transformação. E lhes foi garantido o direito também para fins de percepção do adicional por tempo de serviço e para fruição da licença-prêmio. Ocorre, contudo, que, antes de as consequências jurídicas serem verificadas, vale dizer, antes de os servidores fruírem tais benefícios, o art. 7º, I e III, da Lei 8.162, de 80.1.1991, modificou a regra anterior. O referido dispositivo vedou o aproveitamento do período já trabalhado para fins de gozo do adicional de tempo de serviço e para fins de licença-prêmio.

---

31. Sampford, 2006, p. 22. No mesmo sentido: na Bélgica, v. Peeters e Puncher, 2013, p. 177; no Canadá, Geoffrey Loomer, "National Report: Canada", in *Retroactivity of Tax Legislation*, EATLP International Tax Series, v. 9, 2013, p. 198.

32. Ávila, 2014b, pp. 443-446; Klaus Tipke e Joachim Lang, *Direito Tributário (Steuerrecht)*, trad. Luiz Dória Furquim, 18ª ed., Porto Alegre: Fabris, 2008, p. 250.

33. Herrera e Belén Macho, 2013, p. 351; Suárez Collía, 2005, pp. 122 e ss.

Ou seja, a nova norma modificou o conteúdo do Direito antes de as suas consequências se sucederem. O STF aplicou a regra da irretroatividade. E, com base nela, julgou inconstitucionais as alterações promovidas, "exatamente porque violam o direito adquirido dos servidores (art. 5º, inc. XXXVI, da CF)".[34]

Em outro caso, o STF julgou inconstitucionais dispositivos da Lei 8.177, de 1º.5.1991. Por meio de tais enunciados, foi alterado o critério de reajuste dos contratos de financiamento habitacional celebrados sob as regras emanadas de lei anterior. Decidiu o Tribunal que

> se a lei alcançar os efeitos futuros de contratos celebrados anteriormente a ela, será essa lei retroativa (retroatividade mínima) porque vai interferir na causa, que é um ato ou fato ocorrido no passado.

E concluiu que

> ofendem o ato jurídico perfeito os dispositivos impugnados que alteram o critério de reajuste das prestações nos contratos já celebrados[35] (grifos nossos)

Nos dois casos acima referidos, o STF decidiu que a norma posterior não poderia alterar o conteúdo do direito adquirido e os requisitos de validade do ato jurídico perfeito. Isso porque o direito havia sido *adquirido* segundo as condições normativas vigentes e o ato jurídico tornara-se *perfeito* com o preenchimento dos requisitos de validade exigidos pela norma a ele aplicáveis. O elemento decisivo para o julgamento foi a completude das condições e dos requisitos para a aquisição do direito e para que o ato jurídico fosse considerado "perfeito". O servidor público adquiriu o direito à contagem de prazo mediante o preenchimento das condições de eficácia estabelecidas pela norma jurídica constitutiva vigente à época da sua aquisição. E os mutuários preencheram os requisitos de validade previstos pela hipótese da norma vigente quanto aos contratos por eles celebrados. A circunstância de os efeitos atribuídos pelo ordenamento jurídico ao direito adquirido e ao ato jurídico perfeito terem ocorrido depois da modificação normativa não afasta a proteção constitucional.

---

34. Súmula 678 do STF. No mesmo sentido: RE 221.946-4, Tribunal Pleno, Rel. Min. Sydney Sanches, *DJU* 26.2.1999.

35. ADI 493, Tribunal Pleno, Rel. Min. Moreira Alves, *DJU* 4.9.1992. No mesmo sentido, em caso semelhante: RE 208.987, 1ª Turma, Rel. Min. Sydney Sanches, *DJU* 6.6.1997.

Como se vê, até aqui o critério da consumação das situações jurídicas previsto nos dispositivos da CF é suficiente para limitar a retroatividade. Os problemas passam a ficar sem solução nas hipóteses de fatos jurídicos consumados posteriormente à modificação normativa. É o que passa a ser demonstrado.

II – *A segunda situação* é aquela em que fatos e atos se iniciam sob uma base normativa, mas completam-se somente após a nova lei ter entrado em vigor. Ou seja, a lei nova, editada para viger prospectivamente, acaba atingindo situações cujos fatos se iniciaram antes da sua vigência, mas consumaram-se somente após o momento em que ela passou a viger. Em outras palavras: uma parte dos requisitos de validade de um ato jurídico, das condições para o exercício de um direito e dos elementos da hipótese de incidência tributária ocorre antes da modificação normativa. Porém, a sua consumação se dá somente após a referida alteração. A nova lei atinge, portanto, fatos considerados "pendentes" à época em que passou a viger.

Essa hipótese de retroatividade é também denominada pelo Tribunal Constitucional alemão de "referência retroativa a situações preexistentes".[36] Em tal país, ela é, em geral, permitida no âmbito tributário, haja vista a adoção do critério da consumação do fato gerador tributário pela Corte Constitucional alemã como parâmetro para aplicar a irretroatividade.[37]

Em relação a essas situações não consumadas, as normas da CF examinadas acima não protegem o contribuinte. Isso porque não há "fatos geradores ocorridos", direitos formalmente "adquiridos", ato jurídico "perfeito", nem "coisa julgada" antes do início da vigência da nova lei. O STF entende, por isso, que não há violação às normas constitucionais em tais ocasiões.

Um caso ilustrativo desse tipo de retroatividade é o dos tributos periódicos. Em relação a eles, o fato gerador não é instantâneo. Em vez disso, ele se desenvolve ao longo de determinado período de tempo. Com relação à CSLL, por exemplo, o fato gerador é tido como temporalmente consumado somente no dia 31 de dezembro. Contudo, para verificar sua constituição, são considerados diversos eventos ocorridos durante o ano. Em que pesem essas circunstâncias, o STF tem entendimento pacífico

---

36. Ávila, 2014b, p. 446.
37. Hey, 2013, pp. 250 e ss. Na Itália, a retroatividade não autêntica também é permitida no direito tributário. Em tal país, ela é deduzida da capacidade contributiva. Como o fato gerador se consuma após o advento da nova lei, haveria capacidade contributiva atual para suportar a incidência modificada (Amatucci, 2005, p. 41).

de que a lei que majora a alíquota desses tributos e que passa a viger em meio ao período de apuração deve ser aplicada ao fato gerador a ser consumado em 31 de dezembro. Esse posicionamento ficou muito claro no caso em que a Medida Provisória 86, de 25.9.1989 (converida a Lei 7.856, de 24.10.1989), aumentou a alíquota da CSLL de 8% para 10%. O referido aumento passou a viger em 24 de dezembro de 1989. O Tribunal decidiu que:

> Se é assim, no que tange ao lucro da recorrente, apurado em 31 de dezembro de 1989, não sobra espaço para falar-se em irretroatividade da lei majoradora da alíquota (Lei de conversão n. 7.856/89), se passou ela a incidir a partir de 24 de dezembro (...).[38]

O STF julgou irrelevante o fato de a lei ter passado a viger seis dias antes apenas (24.12.1989) de o período de apuração do tributo ser encerrado (31.12.1989). O Tribunal entendeu serem desprezíveis todos os diversos eventos realizados ao longo dos outros 359 dias do ano para fins de apurar a retroatividade da lei. Isso porque o critério de aplicação da regra constitucional é, como visto, o "ponto" no tempo em que o fato gerador se considera ocorrido.

Entendimento semelhante foi manifestado pelo STF no caso envolvendo a extinção de crédito tributário mediante compensação. O contribuinte pagara indevidamente contribuição previdenciária sobre a remuneração de autônomos. Tais pagamentos indevidos foram realizados antes da vigência da Lei 9.129, de 20.11.1995, a qual limitou a compensação a 30% do valor a ser recolhido em cada competência. Ou seja, a partir de então, o contribuinte só poderia extinguir 30% do crédito tributário a pagar mediante a utilização do montante recolhido indevidamente no passado. O Tribunal entendeu que, embora o "efeito extintivo revestido pelo *indebitum*" tenha se realizado antes da vigência da Lei 9.129/1995, o crédito passível de extinção se constituiu após o advento da lei limitadora. O direito do contribuinte à compensação somente teria sido adquirido na data da extinção do crédito. Logo, segundo o Tribunal, não houve ofensa à irretroatividade tributária.[39]

Nesse segundo caso, o STF julgou irrelevante o fato de que parte das condições para o exercício do direito à compensação havia se realizada

---

38. RE 197.790, Tribunal Pleno, Rel. Min. Ilmar Galvão, *DJU* 21.11.1997. No mesmo sentido, 195712-3, 2ª Turma, Rel. Min. Mauricio Correa, *DJU* 16.2.1996; AgR no AI n. 333.209-9, 1ª Turma, Rel. Min. Sepúlveda Pertence, *DJU* 22.6.2004.
39. RE 254.459-1, 1ª Turma, Rel. Min. Ilmar Galvão, *DJU* 10.8.2000.

antes do advento da lei modificadora. O critério central para o Tribunal foi, mais uma vez, o da completude do fato jurídico ("aquisição" do direito de extinguir o crédito tributário por compensação).

III – *A terceira situação* é aquela em que os fatos e os seus efeitos jurídicos são verificados somente após o início da vigência da nova lei, porém a causa da realização desses fatos está situada no passado. Trata-se dos chamados "fatos pré-causados".[40]

Aqui, também não incidem as regras da CF acima mencionadas. Isso porque não há fato gerador ocorrido, direito adquirido, ato jurídico perfeito e coisa julgada antes da vigência da nova lei. O que há é apenas a causa dessas situações no passado. Por isso, o Supremo Tribunal Federal não reconhece a existência de retroatividade a ser impedida.

Um caso ilustrativo dessa situação foi aquele em que o contribuinte celebrou contrato de importação de veículo ao tempo em que a alíquota do imposto de importação era de 32%, em razão do disposto no Decreto 1.391, de 10.2. 1995. Contudo, antes de o automóvel ser desembarcado no Brasil, o que ocorreu em 3.4.1995, o Decreto 1.427, de 29.3.1995, elevou a alíquota do tributo para 70%. O contribuinte sustentou, perante o Poder Judiciário, que o segundo Decreto era retroativo. Não poderia ser aplicado ao seu caso. O STF, porém, entendeu que a norma modificadora não implicava retroatividade.[41] O Tribunal entendeu ser irrelevante o fato de a assinatura do contrato de importação ter acontecido antes da vigência da nova norma. O elemento decisivo para a análise realizada foi, novamente, a data da consumação do fato gerador. Sendo ela posterior à modificação normativa, não haveria proteção a ser invocada pelo contribuinte com base nas normas da irretroatividade construídas a partir da CF/1988.[42]

40. Ávila, 2014b, pp. 448-449.
41. RE 224.285-9, Tribunal Pleno, Rel. Min. Maurício Corrêa, *DJU* 28.5.1999.
42. O entendimento do STF é irradiado para os Tribunais Regionais Federais. Um exemplo disso é a decisão cuja ementa segue abaixo transcrita. Embora o caso trate de direitos *antidumping*, o raciocínio empregado pelo TRF-4ª, é o mesmo que foi acima referido: *Direitos antidumping. Compra e venda celebrada anteriormente à publicação da Resolução instituidora. Irrelevância. Despacho aduaneiro. Registro da Declaração de Importação. Termo "a quo".* 1. Os direitos antidumping não têm natureza tributária. Contudo, para efeitos de fixação da competência jurisdicional, a matéria deve ser analisada pelas Turmas da 1ª Seção deste Tribunal (CC 2007.04.00.004868-4, *DE* 4.7.2007). 2. É irrelevante a data de celebração do contrato de compra e venda da mercadoria para efeitos de aplicação dos direitos antidumping. Estes não incidem sobre o negócio jurídico, mas sobre a importação – que se dá em momento posterior à celebração da avença e tem o procedimento iniciado com o Registro da Declaração de Importação (TRF-4ª, AC 2003.71.00.008245-9, 2ª Turma, Rel. Des. Eloy Bernst Justo, *DE* 30/7/2008).

Enfim, todas as considerações acima demonstram que o STF tem um padrão aplicativo previsível para a irretroatividade diante da tipologia apresentada. Como se viu, as soluções dadas pelo Tribunal são insuficientes para cobrir a diversidade de casos verificada. Diante disso, passa-se, agora, a analisar criticamente o modelo classificatório bivalente antes exposto, para, depois, relacionar o problema da retroatividade com o seu principal aspecto: o exercício da liberdade.

1.1.4 Análise crítica

A tipologia da aplicação da irretroatividade foi concebida a partir da experiência jurídica alemã. O enquadramento dos casos nos grupos e subgrupos acima apresentados se deu com base num ordenamento jurídico diferente do brasileiro. A CF apresenta certas peculiaridades em relação ao tema que impedem a mera "importação" do modelo adotado no País europeu, conforme se passa a demonstrar.

O modelo classificatório-aplicativo dualista da (ir)retroatividade – "retroatividade genuína" e "retroatividade não genuína" – foi concebido pela 1ª Turma do Tribunal Constitucional alemão em decisão datada de 31.5.1960. Mais tarde, em 14.5.1986, a 2ª Turma do Tribunal empregou variações terminológicas para identificar os mesmos fenômenos.

O referido modelo alemão foi concebido a partir de um sistema constitucional que enuncia expressamente a proibição da retroatividade apenas em relação à lei penal.[43] O art. 103 (2) da Constituição menciona o "fato cometido" como critério para verificar se a norma é ou não é retroativa em tal âmbito da disciplina jurídica. Especificamente quanto ao Direito Tributário, não há dispositivo constitucional tratando do assunto. Não há, portanto, texto estabelecendo os critérios de aplicação da irretroatividade tributária, diferentemente do que ocorre no Brasil. Aqui, a CF previu especificamente os critérios do "fato gerador ocorrido" e da "vigência da lei" como parâmetros para definir um tipo de proteção do qual dispõe o contribuinte.

Nesse contexto, a tutela do cidadão em face de leis tributárias retroativas foi configurada, na Alemanha, pelas decisões do Tribunal Constitucional. A Corte germânica estruturou a irretroatividade nesse âmbito a partir da proteção da confiança. E, nos casos concretos, sopesou os bens jurídicos, os interesses e os valores relacionados, de um lado, à confiança

---

43. 103.2. Um fato somente pode ser punido se a punibilidade foi estabelecida por lei antes de seu cometimento.

e, de outro, às normas estatais que visam a promover o interesse público. Isto é, foi feita uma ponderação de bens. A partir dela, os critérios para o referido controle judicial foram estabelecidos mediante as particularidades reveladas pelas situações concretas.[44]

O critério objetivo adotado para etiquetar os casos de retroatividade própria e imprópria foi o "fato cometido". A partir do dispositivo destinado à matéria penal, a Corte judicial passou a definir os casos segundo a completude de requisitos do fato jurídico (fato gerador).[45] Com base nesse critério, o TCA posicionou-se pela presunção de ilegitimidade das leis retroativas nas hipóteses de retroatividade genuína. Contudo, criou algumas exceções a essa proteção, segundo as quais a retroeficácia legal estaria excepcionalmente autorizada.[46] Nas hipóteses de retroatividade não genuína, por outro lado, o TCA posicionou-se pela presunção de legitimidade das leis retroativas.

O critério temporal para aferição dos atos consumados que a jurisprudência alemã apontou não foi a vigência da lei, mas, preponderantemente, a sua publicação no diário oficial. Entretanto, também em relação a esse momento, o Tribunal estabeleceu exceções. Isso em razão de que a Corte constitucional leva em consideração as particularidades do procedimento legislativo (apresentação e adoção do projeto de lei pelo parlamento). Elas constituem fatores capazes de minimizar a proteção da confiança do cidadão e, com isso, de legitimar uma lei retroativa.[47] Ainda, as notícias de reformas legislativas anunciadas pela imprensa podem, segundo o Tribunal, impedir a tutela dos contribuintes. Isso por enfraquecerem a alegação de que a mudança foi surpreendente.

As soluções adotadas pelo TCA diante das leis retroativas são, como visto, particularizadas em razão das exceções criadas pela Corte. Por isso, elas são flexíveis e pouco previsíveis diante dos casos envolvendo o tema. A classificação binária construída pelo Tribunal é criticada por não permitir, em geral, a proteção da confiança nos casos de retrospectividade.[48]

44. Tipke e Lang, 2008, p. 249; Hey, 2013, pp. 237 e ss.
45. Hey, 2013, p. 237.
46. Eis as exceções: 1) quando o direito vigente é obscuro, confuso ou aparentemente inválido; 2) a partir do momento da adoção das leis no parlamento; 3) quando há razões atreladas ao interesse público que tornam necessária a retroatividade; 4) quando o prejuízo sofrido pelo contribuinte é desprezível (Tipke e Lang, 2008, p. 249; Hey, 2013, pp. 248-249).
47. Hey, 2013, p. 242.
48. Ibid., p. 251.

Em que pese isso, mudanças no entendimento do Tribunal têm ocorrido nos últimos anos. Nesse aspecto, a decisão do TCA datada de 7.7.2010 foi importantíssima. Isso porque o Tribunal reconheceu a inconstitucionalidade de uma lei retrospectiva. A lei aumentara de dois para dez anos o prazo aquisitivo para gozar do direito à determinada isenção. O benefício tributário dizia respeito ao não pagamento de imposto de renda sobre ganho de capital havido na alienação imobiliária. O contribuinte que permanecesse na propriedade do bem por dois anos teria, pelo regime modificado, direito à isenção. A pretexto de se aplicar apenas para os casos posteriores à sua vigência, a lei acabou atingindo as situações em que tais prazos estavam em andamento. E atingiu em cheio os contribuintes que ainda não haviam alienado o seu imóvel. O TCA decidiu, pois, afastar da aplicação da referida lei os casos nos quais os contribuintes já haviam preenchido o prazo aquisitivo antes de a modificação normativa ocorrer. Ou seja, o Tribunal protegeu a confiança mesmo em uma situação de retroatividade imprópria. Essa decisão, além de representar um avanço na proteção do contribuinte em matéria de retroatividade, indicou, segundo Hey, que a distinção rígida entre os dois grupos de casos tende a perder sua utilidade.[49]

Em que pese essa evolução jurisprudencial, a existência da classificação binária é vista, por parte da doutrina alemã, como uma garantia de proteção. Segundo Hey, embora

> não exista diferença categórica entre leis tributárias retroativas e retrospectivas, a maioria dos autores reafirma o conceito bifurcado de retroatividade/retrospectividade principalmente porque eles receiam que, caso contrário, a proteção contra mudanças retroativas poderia ser enfraquecida.[50]

Essas considerações evidenciam que o conceito binário de retroatividade genuína e não genuína foi concebido na Alemanha a partir de um esforço do TCA para universalizar os parâmetros de controle das leis retroativas. Isso foi feito pelo Poder Judiciário daquele País justamente em razão da ausência de critérios predefinidos pelo legislador constituinte para tanto. Foi preciso, portanto, que o TCA desenvolvesse o âmbito de aplicação da norma em sua casuística.

Diferentemente dessa realidade, a CF/1988 contém, como visto, duas regras da irretroatividade. Em seus âmbitos normativos, elas deslegiti-

---

49. Hey, 2013, pp. 238-239.
50. Ibid., p. 252.

mam o Poder Judiciário a realizar a ponderação horizontal tal como faz o TCA. As normas construídas a partir do art. 5º, XXXVI, e do art. 150, III, "a", tornaram irrelevante a análise das razões relacionadas ao "bem comum" e ao "interesse público" nos casos em que elas incidem. Ou seja, se os fatos e os atos se consumaram antes da vigência da nova lei, então a sua retroatividade é vedada. Não há sopesamento de bens a fazer. A CF "blindou" o indivíduo nesses casos. E o fez por meio de certos critérios que evidenciam diferenças importantes em relação ao modelo alemão.

Em primeiro lugar, a CF/1988 definiu o *início da vigência da lei* como critério para demarcar o que é "o passado" e o que é "o futuro" em matéria de irretroatividade. Os fatos jurídicos ocorridos antes desse momento são protegidos pelas regras. Aqueles consumados depois, não. Fatores como "publicação da lei" e o seu "anúncio prévio na imprensa" são irrelevantes para fins de aplicação das aludidas normas.

Em segundo lugar, a CF não separou os fatos jurídicos dos seus efeitos. Lembre-se que, na Alemanha, essa separação é aceita. O TCA identifica o primeiro subgrupo da retroatividade imprópria (fatos consumados no passado com efeitos verificados somente no futuro) exatamente a partir dela. A Corte judicial germânica admite que as consequências jurídicas verificadas após a modificação normativa sejam atingidas pela nova lei. No Brasil, todavia, a dissociação entre hipótese de incidência e consequência normativa não é admitida. Isso porque o fato só é jurídico em razão das consequências que a norma conecta à referida hipótese. Há uma implicação lógica recíproca entre fato jurídico e efeitos, de modo que mudar os efeitos jurídicos conectados ao fato é o mesmo que mudar o próprio fato. Essa, aliás, é a lição de Derzi. Para a autora, o fato jurídico, como é o fato gerador tributário,

> não é uma categoria ontológica, que subsiste de per si. É uma categoria funcional que se explica na medida em que produza efeitos jurídicos.[51]

A CF adotou a indissociabilidade acima mencionada ao dispor que a lei não prejudicará o "direito adquirido" (art. 5º, XXXVI). É importante notar que os direitos são adquiridos como consequência de um fato jurídico ocorrido. Preenchidas as condições estabelecidas pela norma que o prevê, é imputada a aquisição do direito como uma consequência jurídica.

51. Derzi, 2009, p. 434. No mesmo sentido: Aliomar Baleeiro, *Limitações Constitucionais ao Poder de Tributar*, 8ª ed., Notas de Mizabel Machado Derzi, Rio de Janeiro: Forense, 2010, pp. 271-272.

Tais direitos são, nesse contexto, os "efeitos" atribuídos pelo ordenamento jurídico ao fato que se consumou.[52] O que a CF fez foi dispor que o cidadão tem direito aos "efeitos adquiridos" pela realização do fato jurídico. A regra constitucional "protegeu" o direito segundo o momento da sua aquisição, e não segundo o momento do seu exercício. A previsão não é de que a lei não prejudicará *direito exercido*, mas *direito adquirido*. Com base nisso, o que importa, para se saber se houve retroatividade, não é o momento do exercício do direito (verificação do efeito), mas o momento da sua aquisição (verificação do fato jurídico).[53]

O entendimento do STF quanto ao tema é exatamente no sentido acima exposto. O Tribunal decidiu que, realizado o fato que torna o ato jurídico "perfeito", os seus efeitos não podem ser modificados por norma posterior. No julgamento da ADI 493, o Tribunal entendeu que,

> "se a lei alcançar os *efeitos futuros de contratos celebrados anteriormente a ela, será essa lei retroativa* (retroatividade mínima) *porque vai interferir na causa, que é um ato ou fato ocorrido no passado*"[54] (grifo nosso).

O STF decidiu, em outras palavras, que modificar os efeitos do contrato é o mesmo que modificar o próprio contrato.

Essas considerações revelam que as dessemelhanças existentes entre os ordenamentos jurídicos brasileiro e alemão desautorizam a importação, sem reservas, das soluções e do padrão classificatório utilizados naquele País. Como visto, o referido padrão é resultado do emprego de um método de aplicação normativa e da consideração de critérios que retratam outra

---

52. Neste sentido, o Min. Ayres Britto manifestou-se, nos autos da ADI 3.105: "Mas o direito adquirido ou exaurido, não precisa dizê-lo, só se caracteriza como situação tutela, invulnerável à eficácia da lei nova, quando haja norma jurídica que o contemple como tal segundo membro de sua estrutura linguística (proposição normativa), *como consequência jurídica* da perfeita realização histórica (*fattispecie* concreta*)* do fato hipotético previsto, como tipo (*fattispecie* abstrata), no primeiro membro da proposição normativa" (ADI 3.105, Rel. Min. Cezar Peluso, Plenário, *DJU* 18.2.2005).
53. Pontes de Miranda, 1987, pp. 67-68.
54. ADI 493, Tribunal Pleno, Rel. Min. Moreira Alves, *DJU* 4.9.1992. No mesmo sentido: "A incidência imediata da lei nova sobre os efeitos futuros de um contrato preexistente, precisamente por afetar a própria causa geradora do ajuste negocial, reveste-se de caráter retroativo (retroatividade injusta de grau mínimo), achando-se desautorizada pela cláusula constitucional que tutela a intangibilidade das situações jurídicas definitivamente consolidadas" (AI 292.979-ED, Rel. Min. Celso de Mello, 2ª Turma, *DJU* de 19.12.2002.).

realidade. Todavia, seja na realidade alemã seja no contexto do ordenamento jurídico brasileiro, a classificação da irretroatividade segundo o modelo apresentado padece de outro problema. A referida classificação despreza aquela que é a questão central em matéria de retroatividade: o exercício da liberdade. É esse o tema do qual o próximo item se ocupa.

1.2 RETROATIVIDADE: UM PROBLEMA DE LIBERDADE

A rotulação da retroatividade baseada em um dualismo de estados de coisas como *retroatividade genuína/retroatividade não genuína* é inadequada e insuficiente para enfrentar as questões inerentes ao tema.[55] Reitere-se, por oportuno: a classificação examinada propõe fundamentalmente dois grupos de casos.

O primeiro grupo recebe a "etiqueta" de "retroatividade genuína", pois abarca situações consumadas; o segundo recebe a "etiqueta" de "retroatividade não genuína", vale dizer, recebe o rótulo que identifica os acontecimentos que, por não estarem consumados, não seriam propriamente casos de retroatividade. Contudo, a retroatividade é um fenômeno que não se resume à ideia bivalente "fatos e efeitos consumados" e "fatos e efeitos não consumados". A retroatividade implica, preponderantemente, problema de exercício da liberdade, o qual não pode ser avaliado a partir da completude de um único evento, conforme se passa a demonstrar.

A liberdade jurídica significa o direito de *escolher* sobre fazer ou não fazer aquelas alternativas de ação que o Direito permite. Ela pressupõe autonomia individual para se autodeterminar por meio da liberdade de pensamento, de expressão, de ação, de crença, de exercício profissional, dentre outros conteúdos que o referido direito apresenta. Vale dizer, cuida-se de um direito que é condição para a eficácia jurídica dos demais. Com perdão à redundância e à aparente circularidade do argumento, trata-se da "liberdade como condição para ser livre".

Nesse contexto, uma pessoa é livre na medida em que não lhe estão vedadas as opções de ação.[56] Em outras palavras, é juridicamente livre o cidadão ao qual é assegurado o direito de eleger qual curso comportamental deseja adotar em vista das consequências jurídicas que o Direito conecta a ele.[57] Nesse contexto, como afirma Tamanaha, o "elemento-

---

55. Quanto à referida simplificação, vide: Amatucci, 2005, p. 40.
56. Gribnau, 2013b, p. 73.
57. Tamanaha, 2004, p. 34.

-chave" para o exercício da liberdade é a previsão que o indivíduo pode fazer quanto aos efeitos jurídicos futuros das suas ações presentes.[58] Sendo assim, o ser humano livre é aquele que pode escolher o curso de ação a ser adotado. Ele pode adotar ou o curso de ação "A" ou o curso de ação "B", sabendo, antecipadamente, em razão da previsão legal, que, ao adotar o curso "A", terá a consequência "x" e, ao adotar o curso "B", terá a consequência "y".[59] Diante dessas opções, o cidadão escolhe determinado curso de comportamento. Sua escolha se dá precisamente porque a esse curso de ação estão atreladas certas consequências jurídicas que não podem ser dele dissociadas.

Ao longo de tais cursos de ação, são praticados atos em torno dos quais o indivíduo dispõe dos seus direitos. Isto é, ele dispõe dos bens jurídicos que esses direitos protegem (ações, qualidades, propriedades, condições ou posições jurídicas). Planos são feitos, compromissos são firmados, negócios são estruturados no contexto dos quais o cidadão se compromete, patrimonialmente, em relação a esses eventos. Eles não são, via de regra, eventos pontuais. Em vez disso, são lineares e entrelaçados, de modo que "o ponto" em que uma determinada relação jurídica formalmente se constitui, ou em que um determinado direito é adquirido nem sempre é independente de fatos anteriores.[60] Como afirma Luneburg, as condutas futuras geralmente têm raízes no passado.[61] Ou seja, o momento da consumação dos pressupostos normativos atinentes à realização dos fatos jurídicos não coincide, necessariamente, com o momento da prática desses atos de disposição de liberdade. Este, em não raras vezes, antecede aquele. No entanto, se, no momento da prática desses atos, existe uma consequência jurídica que futuramente é modificada pelo próprio Direito, o cidadão age esperando uma consequência e, na verdade, é regulado por outra norma que modifica essa mesma consequência. Se liberdade é exercício autônomo da razão, com a possibilidade de escolha entre alternativas de ação e respectivas consequências, a mudança, no futuro, das regras vigentes no passado, com influência sobre os atos praticados no passado, faz com que o cidadão seja submetido a uma escolha "forçada". Ou seja, a ele é aplicada uma consequência diversa daquela que previra inicialmente, sem que lhe tenha sido assegurada a liberdade de evitá-la

---

58. Ibid., p. 66.
59. Ibid., pp. 34-36 e p. 66.
60. Pontes de Miranda, 1987, p. 82.
61. William V. Luneburg, "Retroactivity and Administrative Rulemaking", *Duke Law Journal*, pp. 106-165, 1991, disponível em: <http://scholarship.law.duke.edu/dlj/vol40/iss1/3>, p. 157.

por meio da escolha de um curso alternativo de comportamento. Ou melhor, o indivíduo fica incapacitado de reagir, vale dizer, fica impedido de evitar os efeitos indesejados.[62] E aquilo que era para ser autodeterminação se transforma, na realidade, em "heterodeterminação". Com razão, nesse aspecto, Ávila, ao afirmar que a retroatividade elimina o caráter que o Direito deve apresentar de orientar o exercício da liberdade. É que o cidadão age orientado por uma norma, mas é regulado por outra, que inexistia ao tempo da sua ação.[63]

Exatamente nesse contexto é que se torna indispensável analisar se, em que pese a não verificação de efeitos e a não consumação de fatos jurídicos, ainda assim, há atos de disposição da liberdade praticados no passado que não são mais reversíveis e que envolveram o exercício da autonomia privada com base no direito.[64] O foco central do exame deve ser o comportamento do cidadão ao longo do tempo, e não a consumação de fatos jurídicos.

A classificação binária da retroatividade, todavia, desconsidera esses atos de disposição da liberdade como eventos relevantes e dignos de proteção.[65] Isso porque o critério (da completude) por ela utilizado para agrupar os casos de retroatividade é inadequado. Ele não está relacionado com o exercício passado da liberdade. Vale dizer, ele é inapto para avaliar a restrição que a norma modificadora causa sobre os direitos fundamentais. Note-se que, segundo o aludido critério formal, a proteção do conteúdo dos direitos fundamentais se dá apenas como consequência reflexa e contingente à aplicação da "regra da irretroatividade". Isto é, se os atos de disposição da liberdade configurarem fatos jurídicos completados dentro do *âmbito temporal de vigência* da norma modificada, então haverá proteção. Se, porém, esses atos ocorrerem durante a vigência da norma modificada e o fato jurídico se consumar durante a vigência da norma modificadora, então não se poderá falar em violação à irretroatividade. E, por consequência, não haverá proteção dos direitos individuais envolvidos. Uma decisão do STF confirma essa constatação. No julgamento envolvendo o aumento da alíquota do imposto de importação, o Tribunal decidiu que a nova lei poderia ser aplicada às operações em andamento.[66] Isto é, em razão de o fato gerador não ter sido exaurido

62. Ávila, 2014b, p. 494.
63. Ibid.
64. Ferraz Junior, 2005, p. 235.
65. Jill E. Fisch, "Retroactivity and legal change: an equilibrium approach", *Harvard Law Review*, v. 110, pp. 1055-1123, 1997, p. 1072.
66. RE 225.602-8, Tribunal Pleno, Rel. Min. Carlos Velloso, *DJU* 6.4.2001.

durante o período de vigência da lei anterior, aplicou-se a lei nova. Assim, a liberdade e a propriedade dos importadores deixaram de ser protegidas.

Essas considerações demonstram que é ilusória a segurança conferida por uma linha que busca demarcar, qualitativamente, as zonas da retroatividade e da retrospectividade.[67] Isso porque ela despreza os objetos principais que a irretroatividade visa a proteger: os direitos fundamentais. Convém, portanto, que se passe de um modelo classificatório centrado na *consumação de fatos, atos* e *efeitos* para um modelo não classificatório, alicerçado, principalmente, na *disposição irreversível e juridicamente relevante da liberdade e da propriedade*.

O deslocamento do foco de análise para o exercício da liberdade ressignifica a ideia de retroatividade. A distinção entre retroatividade própria e imprópria (retrospectividade) perde a sua importância. Pauwels está com razão ao sustentar que "não há distinção rígida, mas somente uma distinção gradual".[68] Ou, como afirma Fisch, o exame de grau "converte a avaliação das leis retroativas de uma questão binária para uma análise quantitativa".[69] Sampford igualmente afirma que a definição sobre se uma norma produz efeitos para o passado (retroativos ou retrospectivos) não é apenas uma questão de tempo e de "consumação", mas, principalmente, de grau.[70] Não basta definir o espectro temporal de eficácia da nova lei e verificar quais fatos jurídicos foram ou não foram formalmente consumados antes desse espectro. É preciso ir além disso. É necessário verificar a extensão e a intensidade dos efeitos provocados pelas normas sobre o exercício da liberdade. Ou, como afirma Canotilho, trata-se de verificar os "graus de referência ao passado".[71] Retroatividade não existe apenas quando a nova norma jurídica atinge fatos e atos consumados com base na norma jurídica antiga. Ela também ocorre quando a lei nova atua restritivamente sobre atos de disposição de direitos realizados antes da sua edição.[72]

67. Fisch, ob. cit., pp. 1070-1073.
68. Pauwels, Melvin, "Retroactive and retrospective tax legislation: a principle--based approach; a theory of priority principles of transitional law and the method of the catalogue of circumstances" in *Retroactivity of Tax Legislation*, EATLP International Tax Series, v. 9, 2013, p. 102. No mesmo sentido: Juratowitch, 2008, pp. 5-13; Hey, 2013, p. 252; Luneburg, 1991, p. 157.
69. Fisch, 1997, p. 1072.
70. Sampford, 2006, p. 29.
71. J. J. Gomes Canotilho, *Direito Constitucional*, 5ª ed., Coimbra: Almedina, 1991, p. 379.
72. Ávila, 2014b, p. 438. A "atuação restritiva" aqui referida é a aquela capaz de indisponibilizar, mais ou menos intensamente, os bens jurídicos protegidos pelos direitos fundamentais.

Sendo assim, os casos que, até então, são qualificados pela palavra "imprópria", como se não fossem genuinamente de retroatividade, passam a ser casos, sim, de retro-operância normativa. Por exemplo: se a lei que aumenta a alíquota de um tributo periódico prejudicar o exercício da liberdade ocorrido antes da sua entrada em vigor, há retroatividade. O fato de, a esses casos, não se aplicarem, primariamente, as "regras da irretroatividade" não significa que não haja o fenômeno em estudo. Se retroatividade envolve o exercício passado da liberdade, como demonstrado, então é forçoso concluir que, fora do âmbito das situações consumadas regradas pela CF, também pode haver retroeficácia normativa.

Em face dessas questões, a pergunta que exige resposta é a seguinte: se a retroatividade é um problema que pressupõe, como mencionado, atos de disposição da liberdade, por que motivo esse pressuposto não vem sendo considerado pelo Supremo Tribunal Federal em suas decisões? O que levou o Tribunal a resumir o fenômeno da irretroatividade às duas normas constitucionais explícitas acima mencionadas?

O enfrentamento dessas e de outras questões é feito no tópico a seguir.

1.3 RECONSTRUÇÃO DA IRRETROATIVIDADE: DA IRRETROATIVIDADE FORMAL À IRRETROATIVIDADE MATERIAL

1.3.1 Considerações iniciais

As considerações lançadas anteriormente demonstram que o elemento central que envolve a irretroatividade vem sendo deixado de lado: a liberdade. O exame sobre a produção dos efeitos normativos em relação ao passado foi circunscrito, sobretudo, pelo STF, aos elementos textuais do art. 5º, XXXVI, e do art. 150, III, "a", da CF. E a irretroatividade foi aplicada para intangibilizar situações individuais apenas por razões formais, vale dizer, foi concretizada apenas como "irretroatividade formal". Com isso, somente alguns problemas que resultam das leis retroativas foram resolvidos. Muitos casos, porém, permanecem sem uma solução aceitável, como, por exemplo, aqueles nos quais os fatos são iniciados antes da lei modificadora, para se completarem somente após o início da sua vigência.

O que passamos a defender é uma reconstrução da irretroatividade. Tal tarefa reconstrutiva exige a reflexão sobre questões da mais alta relevância, envolvendo a função da Ciência do Direito e a estruturação de um processo discursivo capaz de apresentar soluções suficientes aos problemas constatados. No presente tópico, são investigadas as razões que levaram ao reducionismo do objeto e do sentido prático da irretroatividade no Direito brasileiro. É analisado o paradigma epistemológico que deve ser modificado em vista da necessidade de reconstrução da proibição de retroatividade. Por fim, são apresentados os alicerces sobre os quais a proposta reconstrutiva, ora defendida, deve ser sustentada e os elementos cuja análise tais alicerces impõem.

1.3.2 Irretroatividade formal: uma análise crítica

O problema envolvendo a análise da proibição de retroatividade no Direito Tributário brasileiro não se situa no plano do discurso do legislador. O problema não é a ausência de fontes a partir das quais pode ser reconstruída e estruturada a norma da irretroatividade. A CF apresenta fundamentos suficientes para que sejam apresentadas as soluções aos diversos casos que a tarefa de proteção dos direitos fundamentais impõe. O problema situa-se, em grande parte, no plano epistemológico. E, consequentemente, coloca-se nos planos da interpretação e da argumentação relativamente a esse discurso legislativo e aos outros elementos por ele pressupostos (fatos, atos e finalidades). O problema reside no paradigma utilizado para conhecer o Direito – *meramente verificacionalista da correspondência entre norma e texto*. Além disso, há problemas com relação à teoria empregada para se realizar a interpretação textual do direito – *meramente descritivista dos significados que estariam prontos nesse texto positivado*.

Esse paradigma epistemológico verificacionalista, desenvolvido pelo chamado Círculo de Viena, foi denominado de *empirismo lógico*. Dentre as diversas reflexões relacionadas à filosofia da ciência e ao reconhecimento da importância da lógica, ele pregava que as proposições científicas deveriam ter consequências verificáveis empiricamente. O conhecimento seria obtido essencialmente a partir da experiência.[73] Ao se referir ao que denominou de "principal característica" da filosofia da ciência da época, Carnap destacou o "método experimental". Segundo ele, "o conhecimento empírico repousa finalmente sobre observações".[74] Frank igualmente destacou que o cientista é aquele que recolhe dados a

---

73. Friedrich Stadler, *El Círculo de Viena: Empirismo Lógico, Ciencia, Cultura y Política*, trad. de Luis Felipe Segura Martínez, México: Universidade Autónoma Metropolitana/Fondo de Cultura Económica, 2010, pp. 15 e ss.

74. Rudolf Carnap, *An Introduction to the Philosophy of Science*, New York: Dover, 1995, p. 40.

partir da observação para formular as suas proposições científicas.[75] Elas, por sua vez, seriam checadas e testadas a partir da experiência.[76] Hahn, embora fazendo algumas ressalvas quanto à aplicação do empirismo lógico à matemática, afirmou que "a tese fundamental do empirismo é que a experiência é a única fonte capaz de fornecer-nos o conhecimento do mundo e dos fatos".[77] Prosseguiu o autor: "*todo esse conhecimento se origina no que é imediatamente experienciável*".[78] Nesse contexto, as proposições sobre a realidade deveriam implicar certo procedimento por meio do qual fosse possível testar a sua verdade. E essas proposições, para serem cientificamente válidas, deveriam se referir apenas a dados observacionais.[79]

No Direito, tal filosofia verificacionalista da ciência significou o seguinte: o discurso científico deve se limitar a descrever, com objetividade e exatidão, o que está positivado, vale dizer, o que é apreensível por observação.[80] A ciência do direito deve se restringir, portanto, a enunciar proposições descritivas quanto ao conteúdo do direito, mais precisamente quanto ao conteúdo do texto posto pela lei. O que não está positivado (escrito) não pode ser objeto do conhecimento, haja vista a impossibilidade de sua observação empírica. Kelsen construiu a sua "Teoria Pura do Direito" alicerçado nessas bases epistemológicas. Ao apresentar os propósitos dessa teoria, o autor afirmou que

> Como uma teoria, seu propósito exclusivo é conhecer e descrever seu objeto. A teoria tenta responder à questão sobre o que e como o Direito é, não como ele deve ser. É uma Ciência do Direito, não politica do Direito.[81]

A preocupação de Kelsen foi a de emitir proposições declarativas de um objeto tal como ele é encontrado a partir da sua observação, vale

---

75. Philipp Frank, *Philosophy of Science: the Link between Science e Philosophy*, New York: Dover, 2004, p. 297.

76. Ibid.

77. Hans Hahn, *Empiricism, Logic and Mathematics*, Dordrecht: Vienna Circle Collection Reidel, 1980, p. 39.

78. Ibid.

79. Alexander Peczenik, *On Law and Reason*, Dordrecht: Springer, 2009, pp. 214-216; Carnap, ob. cit., p. 40.

80. André Folloni, *Ciência do Direito Tributário no Brasil*, São Paulo: Saraiva, 2013, p. 203; Ávila, 2013, p. 182.

81. Hans Kelsen, *Pure Theory of Law*, trad. da 2ª ed., por Max Knight, Berkeley: University of California, 1967, p. 156.

dizer, de descrevê-lo sem emitir estimativas de valor quanto a esse objeto. Antes de Kelsen, Austin já havia estruturado seu pensamento positivista defendendo a ideia de que "o objeto próprio da Ciência do Direito" é o direito positivo:

> O objeto próprio da Ciência do Direito, em qualquer dos seus diferentes departamentos, é o direito positivo: entendendo-se por direito positivo o direito estabelecido ou posto em uma sociedade politica independente, por meio da expressa ou tácita autoridade da sua soberania ou do seu governo supremo.[82]

O referido trecho ilustra o posicionamento do autor com relação ao objeto do cientista do direito: o direito posto, observável. Questões éticas relacionadas à "bondade" ou à "maldade" das leis não eram objeto de estudo pela referida ciência.[83] Segundo Austin, o objeto exclusivo da Ciência do Direito é a exposição dos princípios abstraídos dos sistemas positivos.[84]

Esse paradigma empirista foi incorporado no Brasil por Lourival Vilanova, na Teoria Geral do Direito, e por Alfredo Augusto Becker e por Paulo de Barros Carvalho, na Ciência do Direito Tributário. Vilanova defendeu a ideia segundo a qual o conhecimento no Direito toma como ponto de partida o "dado", isto é, o direito positivo, ou, como denomina o autor, o "direito objeto".[85] As estruturas formais do direito positivo compõem a "experiência base" para o conhecimento cientifico.[86] Segundo Vilanova,

> As proposições da ciência dogmática tomam as proposições normativas do direito positivo e destas enunciam predicados empiricamente verificáveis.[87]

Quanto à atividade da qual se ocupa o cientista do Direito, Vilanova afirmou que

---

82. John Austin, *Lectures on Jurisprudence or Philosophy of Positive Law*, 8ª ed., Londres: Murray, 1904, v. 2, p. 148.
83. Austin, 1904, p. 149.
84. Ibid.
85. Lourival Vilanova, "Lógica, Ciência do Direito e Direito", *Justitia*, v. 35, n. 81, pp. 191-211, 1973, p. 191.
86. Ibid., p. 196.
87. Ibid., p. 208.

A uma ciência teorética do direito positivo cabe descrever o prescritivo.[88]

Para Vilanova, "o ponto de partida é, sempre, a experiência da linguagem do direito positivo (e a experiência da linguagem com que a Ciência-do-Direito procede para conhecer o direito)".[89]

A Ciência do Direito teria, segundo Vilanova, uma função precipuamente descritiva de uma realidade verificável pela experiência, qual seja, a estrutura formal do direito positivo.

Becker, por sua vez, sustentou, no Direito Tributário, que, ao intérprete do Direito, caberia apenas conhecer o objeto posto pelo legislador. Valorações estariam fora do campo da sua análise, como é possível verificar do seguinte trecho extraído da sua obra:

> As valorações dos interesses em conflito num problema prático e o critério de preferência que inspiraram a solução legislativa (mediante a criação de determinada regra jurídica) participam da objetividade desta (da regra jurídica) e não podem ser reexaminados pelo intérprete sob o pretexto de uma melhor adequação à realidade histórica.[90]

Mais recentemente, Carvalho reverberou as ideias mencionadas acima. Para ele, o direito positivo e a Ciência do Direito "são dois mundos que não se confundem".[91] À Ciência do Direito caberia descrever o direito positivo, ordenando-o, declarando sua hierarquia. Segundo Carvalho,

> o direito posto é uma linguagem prescritiva (prescreve comportamentos), enquanto a *Ciência do Direito é um discurso* descritivo *(descreve normas jurídicas).*[92]

Quanto à interpretação, o paradigma descritivista em questão apregoou a atribuição de um papel neutro ao intérprete. Interpretar textos jurídicos seria uma atividade de mera cognição. Uma atividade por meio da qual seria "encontrado" o significado correspondente ao texto.

---

88. Ibid.
89. Lourival Vilanova, *Lógica Jurídica*, São Paulo: Bushatsky, 1976, p. 116.
90. Alfredo Augusto Becker, *Teoria Geral do Direito Tributário*, São Paulo: Saraiva, 1963, p. 71.
91. Paulo de Barros Carvalho, *Curso de Direito Tributário*, 23ª ed., São Paulo: Saraiva, 2011, p. 33.
92. Ibid., p. 35.

Ao defender a neutralidade do cientista do direito diante do objeto da sua análise, Carvalho afirma que

> as proposições normativas se dirigem para a região material da conduta, ao passo que as científicas simplesmente descrevem seu objeto, sem nele interferir.[93]

Segundo essa matriz interpretativa, o intérprete apenas observa o texto e o descreve como um objeto dessa observação. É levada em conta apenas a dimensão estrutural desse objeto, não os seus pressupostos materiais.[94] O indivíduo que interpreta não emite juízos críticos, tampouco decide sobre qual significado deve prevalecer, na hipótese em que mais de um sentido possível seja "encontrado". Ou seja, sua tarefa é notadamente caracterizada por um formalismo descritivista.[95] Fala-se apenas do *ser*, não daquilo que, concretamente, *deve ser*.[96]

Como destaca Aarnio, essas ideias foram reforçadas em razão de que o estudo doutrinário do Direito incorporou um pensamento ancorado nos aspectos lógico-formais que caracterizam o Estado de Direito. Exemplificativamente, podem ser destacados os seguintes aspectos: (*i*) a doutrina da separação dos poderes e a independência formal das Cortes de Justiça; (*ii*) a proteção do indivíduo não apenas contra outro indivíduo, mas também contra o Estado; (*iii*) a exaltação das formas e o reconhecimento de que elas estão em posição-chave no Estado Constitucional, o que é representado, por exemplo, pela igualdade formal e pela legalidade como limitação formal ao exercício do poder do Estado; (*iv*) a ideia de raciocínio jurídico imparcial, isto é, afastado dos aspectos morais e sociais; (*v*) o pensamento jurídico dominado pela ideia positivista, segundo a qual o direito, por ser formalmente válido, deve ser obedecido e aplicado independentemente de razões morais.[97] Essa lista, longe de ser exaustiva e sem ignorar que a ideologia do Estado de Direito contempla não apenas aspectos formais, mas também materiais, representa um pequeno rol de elementos enfatizados pelos estudos da doutrina do Direito.

93. Ibid., p. 36.
94. Arthur Maria Ferreira Neto, "Fundamentos materiais da tributação: comutação, restauração, distribuição, reconhecimento e participação", in Humberto Ávila (Org.), *Fundamentos do Direito Tributário*, São Paulo: Marcial Pons, 2012, pp. 104 e ss.
95. Ávila, 2014a, pp. 178 e ss.
96. Folloni, 2013, p. 23.
97. Aulis Aarnio, *Essays on the Doctrinal Study of Law*, Dordrecht: Springer, 2011, p. 117.

A aplicação desse paradigma epistemológico empirista e formal ao exame da irretroatividade tributária provocou uma consequência da mais alta relevância. Ao reduzir o objeto de investigação da Ciência do Direito em relação ao tema, o referido paradigma acabou limitando sensivelmente o seu sentido prático. Em outras palavras: elementos relevantes que deveriam ser analisados (atos de disposição dos direitos fundamentais, finalidade das normas modificadoras e confiança) foram desprezados. A realidade complexa foi deixada de lado. Em seu lugar, foi investigada uma realidade idealizada, formada apenas por uma parte dos elementos envolvidos no problema.[98] E, assim, diversos casos permaneceram sem uma solução coerente e aceitável. As decisões do STF sobre a irretroatividade e alguns estudos doutrinários no âmbito do Direito Tributário demonstram exatamente isso. O paradigma atual de investigação do problema é notadamente reducionista. É adotado um *conceito muito estrito de conhecimento* e um *espectro muito reduzido de interpretação*.[99]

O *conceito de conhecimento* é muito estrito, porque as análises sobre o tema partiram da premissa de que o objeto de conhecimento é, exclusivamente, a realidade positivada no texto constitucional. Elementos que estão fora dessa "realidade" não podem servir para um exame científico do assunto. Mais precisamente, os objetos de investigação foram apenas os enunciados do art. 5º, XXXVI, e do art. 150, III, "a", da CF/1988, como se a irretroatividade no ordenamento jurídico brasileiro se resumisse exclusivamente a eles. Afirmações como a seguinte ilustram essa ideia reducionista do objeto do conhecimento em matéria de irretroatividade:

> Tirante a vedação à retroatividade penal (art. 5º, XL), a proteção ao direito adquirido, ao ato jurídico perfeito e à coisa julgada (art. 5º, XXXVI) e, ainda, a garantia da irretroatividade tributária (art. 150, III, *a*), não é constitucionalmente vedada, em tese, a edição de normas retroativas. Portanto, não é possível afirmar a existência de um princípio geral de irretroatividade normativa.[100]

O problema agravou-se em razão de que tais enunciados, conforme apontado acima, vincularam a irretroatividade apenas às situações consumadas. Esse foi o critério previsto textualmente pela CF/1988, de modo que somente ele poderia ser objeto de conhecimento e de aplicação por

---

98. Folloni, 2013, p. 365.
99. Ávila, 2013, p. 200. Sobre o "reducionismo radical" causado pela crença de que cada significado é equivalente a uma construção lógica sobre os termos relativos à experiência imediata, vide: Peczenik, 2005, p. 175.
100. Baptista, 2006, p. 158.

parte dos Tribunais. Ou seja, a irretroatividade, no Direito brasileiro, foi resumida a uma norma que condiciona a eficácia temporal das leis, exclusivamente, segundo um critério de completude de fatos. Vale dizer, ela foi resumida a uma norma de limitação apenas formal do poder do Estado.

Afora isso, não haveria proteção aos cidadãos em face dos atos normativos que produzem efeitos, mais ou menos intensamente, para o passado. Estudos doutrinários incorporaram esse perfil para a irretroatividade, como se ele fosse o único.[101] E os enunciados que foram estabelecidos na CF/1988, visivelmente, para *reforçar e ampliar* a proteção do cidadão contra leis retroativas, acabaram, contudo, *atenuando e reduzindo* o grau dessa proteção. Isso em razão do paradigma restritivo do conhecimento empregado para a compreensão do tema.

Nessa linha de raciocínio, o Supremo Tribunal Federal circunscreveu o espectro do seu conhecimento e das suas decisões a dois "momentos": o momento *M1* – da consumação do fato jurídico *F*; e o momento *M2* – em que a lei nova passou a viger. A partir deles, foi realizado um exame puramente lógico-formal e, permitido um exagero linguístico, praticamente "automatizado". Segundo os parâmetros aplicados nesse exame, se *M1* anteceder cronologicamente *M2*, então, a lei nova não pode produzir efeitos sobre *F*. As decisões seguiram um padrão puramente silogístico-dedutivo de aplicação do Direito, tomando o raciocínio acima como o conteúdo da sua "premissa normativa".[102]

Ao examinar o caso do aumento das alíquotas do imposto de importação em relação às operações não concluídas (fatos geradores "pen-

---

101. Quanto à doutrina: Paulo de Barros Carvalho, "As Normas Interpretativas no Direito Tributário", in *Derivação e Positivação no Direito Tributário*, São Paulo: Noeses, 2011, p. 43; Amilcar de Araújo Falcão, *Fato Gerador da Obrigação Tributária*, 7ª ed., São Paulo: Noeses, 2013, p. 102; Roque Antonio Carrazza, *Curso de Direito Constitucional Tributário*, 30ª ed., São Paulo: Malheiros Editores, 2015, p. 394.

102. No âmbito da aplicação do direito aos casos concretos, as ideias epistemológicas acima apresentadas tiveram fluxo por meio de um modelo de raciocínio subsuntivo por mera inferência lógico-dedutiva. A pretexto de simplificar o processo de concretização das normas e de reduzir a arbitrariedade, bastaria deduzir consequências prescritas pela norma a partir da correspondência de um fato existente a uma classe de fatos prevista pela hipótese normativa (Pierluigi Chiassoni, *Tecnica dell'Interpretazione Giuridica*, Bolonha: Il Mulino, 2007, p. 19). Vide a crítica feita a esse "modo automático" de concretização, no qual o aplicador-intérprete realiza uma atividade avalorativa (neutra): Claus-Wilhelm Canaris, *Pensamento Sistemático e Conceito de Sistema na Ciência do Direito*, 3ª ed., trad. de A. Menezes Cordeiro, Lisboa: Calouste Gulbenkian, 2002, p. 33. Ainda sobre a atitude formalista de raciocínio lógico: Jerzy Wróblewski, *The Judicial Aplication of Law*, Dordrecht: Kluwer, 1992, p. 117.

dentes"), o Tribunal realizou essa aplicação automatizada. Em segunda instância, o Tribunal Regional Federal da 5ª Região acolhera a pretensão do contribuinte. O fundamento da decisão foi o de que a segurança jurídica o protegeria quanto às operações pendentes. O STF, todavia, reformou o acórdão e deixou de reconhecer a existência de violação à irretroatividade. Isso porque, segundo o STF, o fato gerador do imposto de importação se considera ocorrido no momento do desembaraço aduaneiro das mercadorias (momento previsto pela legislação tributária). Note-se que, ao fundamentar a decisão, o Tribunal enfatizou os aspectos textuais do art. 150, III, "a", da CF/1988 como limites insuperáveis à análise do tema:

> o que a Constituição exige, no art. 150, III, "a", é que a lei que institua ou que majore tributos seja anterior ao fato gerador. É isto o que está no citado dispositivo constitucional – art. 150, III, "a".[103]

Esse estrito conceito de conhecimento implicou um espectro de interpretação e, consequentemente, de sistematização muito reduzido.[104] Além disso, ele pressupôs um tipo de interpretação inadequado para resolver os problemas de vagueza e de equivocidade inerentes à linguagem jurídica.

Em primeiro lugar, a redução do espectro interpretativo deveu-se ao seguinte motivo: como a irretroatividade foi estudada e aplicada isoladamente a partir dos dois enunciados normativos da CF referidos acima, esqueceu-se de combinar a sua análise com outros dispositivos. Foram deixados de lado enunciados normativos a partir dos quais são reconstruídos elementos materiais importantíssimos, tais como os direitos fundamentais. Esse menosprezo ao caráter sistemático e orgânico que deve ser dado ao discurso do legislador resultou em uma interpretação *acontextual.* Ela ficou muito evidente no âmbito específico do Direito Tributário. Isso porque foi desconsiderada a abertura normativa do Sistema Tributário Nacional estabelecido pela CF/1988. O art. 150 não arrolou, exaustivamente, as garantias asseguradas ao contribuinte. Ele indicou apenas algumas. E, expressamente, conectou-as aos princípios e aos direitos fundamentais ao estabelecer certas vedações "sem prejuízos de outras garantias asseguradas ao contribuinte". Por força dessa conexão, a restrição causada pelos efeitos das normas tributárias à liberdade individual é uma questão fundamental. Ela até pode parecer desimportante sob a perspectiva formal e objetiva de investigar a irretroatividade na CF (fato

---

103. RE 225.602-8, Rel. Min. Carlos Velloso, Tribunal Pleno, *DJU* 6.4.2001.
104. Sobre o referido reducionismo, vide: Folloni, 2013, p. 202.

jurídico ocorrido e vigência normativa). Mas, torna-se essencial sob uma perspectiva material e subjetiva de análise do tema.

Ignorou-se, ainda nesse contexto, que a sistematização do tema exige a consideração não apenas dos elementos textuais. Os elementos extratextuais pressupostos pelas normas, tais como fatos, atos, costumes, finalidades e efeitos, também devem ser considerados.[105] Interpretar *fatos* significa, essencialmente, conjecturar uma explicação causal de um evento.[106] Significa investigar os seus efeitos. Com relação à irretroatividade, é necessário analisar abstratamente quais são os eventos capazes de promover o estado de coisas protegido pelo princípio da confiança. Vale dizer, é preciso verificar quais são as circunstâncias que "encorajam" o contribuinte a agir em razão de uma determinada base normativa, confiando na sua estabilidade. Elementos como tempo e pretensão de permanência das normas, bem como a modificação brusca e drástica de uma disciplina jurídica são importantíssimos para a configuração da confiança e para a sua proteção. Por outro lado, devem ser concretamente interpretadas as circunstâncias de fato que envolvem a confiança do contribuinte, bem como as circunstâncias que dizem respeito à completude das ações do contribuinte, visando a verificar, quanto às últimas, segundo a sua relevância e a sua suficiência com relação ao fato gerador, se elas podem ser qualificadas como fatos jurídicos ocorridos.[107]

A interpretação de atos também é essencial. Ela impõe a análise dos motivos e das intenções do agente.[108] Com relação à irretroatividade, é necessário investigar, abstratamente, os atos de disposição da liberdade e da propriedade que são praticados pelos contribuintes em razão de uma base normativa aparentemente confiável.[109] Cumpre saber em que medida esses atos de disposição aumentam o grau de confiança a ser protegida por força da segurança jurídica. Concretamente, é preciso interpretar os atos jurídicos efetivamente realizados para saber sobre a sua reversibilidade

105. Ávila, 2013, p. 203.
106. Riccardo Guastini, *Interpretare e Argomentare*, Milão: Giuffrè, 2011, p. 9.
107. Mastroiacovo, 2005a, p. 75 e p. 242. Sobre a utilização do critério da relevância na interpretação: Aulis Aarnio, *The Rational as Reasonable*, Dordrecht: Kluwer, 1987, p. 143.
108. Guastini, 2011, p. 5.
109. Em sentido contrário e ilustrativo da visão reducionista acima referida, Mendonça afirma que, em matéria de irretroatividade tributária, é desimportante examinar elementos que não aqueles previstos na legislação tributária. A intenção do agente é, por isso, irrelevante. Em razão de uma obrigação tributária ser *ex lege*, o que importa é verificar o critério da consumação do fato gerador segundo dispuser a legislação tributária (Mendonça, 1997, p. 94).

em face da mudança normativa operada. Atos irreversíveis consolidados no passado tendem a aumentar o grau de proteção do contribuinte contra leis retroativas.[110] Ou seja, esses elementos são da mais alta importância. A interpretação dos *costumes* é igualmente relevantíssima. Ela "consiste na reconstrução de normas adscrevendo sentido a uma prática social".[111] Em outras palavras: as práticas sociais são fontes a partir das quais podem ser inferidas normas. Com relação ao tema da irretroatividade, a interpretação dos costumes exige investigar abstratamente os comportamentos habituais da Administração Tributária, como aqueles referidos pelo enunciado do art. 100 do CTN. As práticas reiteradas formalizadas por meio de procedimentos de Consulta, por exemplo, geram confiança nos contribuintes. Por tal motivo, elas configuram situações em que se impõe a proteção das situações subjetivas daqueles que guiaram as suas ações em razão delas. Do mesmo modo, dispositivos como o art. 146 do CTN[112] protegem o contribuinte nas hipóteses em que a Administração Tributária modifica o seu entendimento quanto à interpretação da legislação. Essas mudanças não podem retroagir. Concretamente, é preciso averiguar em que medida tais práticas reiteradas encorajaram o contribuinte a adotar determinado curso de ação à espera de certas consequências. Isto é, cumpre analisar o grau de eficácia que a base normativa revelada pelo costume teve ao longo do tempo. Isso porque práticas reiteradas, cuja eficácia se postergou longamente pelo tempo, tendem a aumentar o grau de proteção do contribuinte contra modificações normativas para o passado.[113]

A interpretação de *finalidades* e de *efeitos* é também uma tarefa da mais alta relevância. A irretroatividade visa a promover um estado de coisas específico em que o cidadão seja livre para decidir sobre o seu curso de ação e para dispor da sua propriedade dentro de um espectro de consequências jurídicas previsíveis. As finalidades dos princípios, como dignidade humana, liberdade, propriedade e segurança jurídica indicam estados de coisas que condicionam a aplicação da proibição de retroatividade das normas. Isto é, tais princípios apontam para fins que

110. Pauwels, 2013, pp. 109-112.
111. Guastini, 2011, p. 11.
112. "Art. 146. A modificação introduzida, de ofício ou em consequência de decisão administrativa ou judicial, nos critérios jurídicos adotados pela autoridade administrativa no exercício do lançamento somente pode ser efetivada, em relação a um mesmo sujeito passivo, quanto a fato gerador ocorrido posteriormente à sua introdução."
113. Ávila, 2014b, p. 398; Derzi, 2009, pp. 480 e ss.

delimitam o âmbito de atuação da irretroatividade. A eficácia desses princípios pressupõe que as normas não sejam retroativas. E a eficácia da garantia de irretroatividade pressupõe a existência da dignidade humana, da liberdade, da propriedade e da segurança jurídica.

Mais do que isso – e ainda na análise das finalidades e dos efeitos –, o exame relativamente aos efeitos normativos para o passado impõe a consideração das finalidades das normas retroativas. Normas tributárias que visam a finalidades fiscais diminuem o grau de legitimação da mudança das situações passadas. Normas tributárias que visam a finalidades extrafiscais realmente necessárias podem elevar o grau dessa legitimação.[114]

No plano da concretização dos direitos fundamentais, o exame da retroatividade implica verificar o grau de oneração que o ato estatal retro--operante provoca em relação ao contribuinte. Isto é, cumpre investigar, de acordo com critérios jurídicos, os efeitos da modificação normativa sobre o conteúdo protegido pelos direitos individuais. Há efeitos suaves, intermediários e excessivos. Quanto maior for a oneração do direito, maior deverá ser a proteção conferida pela irretroatividade.

A maioria dos elementos acima destacados, porém, não foi objeto de consideração pelo Supremo Tribunal Federal em suas decisões. Isso em razão do paradigma cientifico acima referido. Em vez de considerá-los, o Tribunal restringiu-se a reafirmar os limites impostos pelo texto constitucional quanto ao objeto da investigação. Isto é, insistiu em frisar que

> o princípio da irretroatividade "somente" condiciona a atividade jurídica do estado nas hipóteses expressamente previstas pela Constituição.[115]

Ou seja, só há "conhecimento" do problema da irretroatividade a partir dos enunciados linguísticos expressos pela CF/1988.

Em segundo lugar, quanto ao tipo de interpretação empregado e quanto aos problemas por ele causados, cumpre referir o seguinte: a teoria da interpretação adotada foi a cognitivista, e o tipo de interpretação, o cognitivo. Vale dizer, foi empregada uma espécie de interpretação por meio da qual o intérprete se limita a "encontrar" significados por ato

---

114. Marina Gigante, *Mutamenti nella Regolazione dei Raporti Giuridici e Legittimo Affidamento: tra Diritto Comunitario e Diritto Interno*, Milão: Giuffrè, 2008, p. 36.

115. ADI 605-MC, Rel. Min. Celso de Mello, Tribunal Pleno, *DJU* de 5.3.1993.

de descrição avalorativa daquilo que o texto expressamente enuncia.[116] Ocorre, porém, que os textos apresentam problemas de equivocidade e de vagueza. Diante deles, interpretar não se resume ao ato de, meramente, "encontrar" um significado que estaria, previamente, positivado no enunciado normativo.[117] Como destaca Aarnio, "o significado é dado, não encontrado".[118] Interpretar envolve praticar juízos de valoração e tomar certas decisões.[119] Envolve decidir, de acordo com um código hermenêutico, qual dos significados alternativos e racionalmente aceitáveis é o que está mais fortemente suportado por razões relevantes, suficientes e razoáveis, construídas a partir do ordenamento jurídico.[120] Envolve, ainda, um discurso argumentativo para justificação da decisão acima referida.

A equivocidade inerente ao texto e a necessidade de realizar atos de valoração e de decisão, no curso do processo interpretativo, podem ser demonstradas. Para tanto, basta examinar, mais detidamente, a expressão "fato gerador ocorrido", que consta no enunciado do art. 150, III, "a", da CF. Pergunta-se: o significado dessa expressão é unívoco? Há apenas um significado possível para ser atribuído a ela? A resposta às duas perguntas é "não". Isso porque a expressão "fato gerador ocorrido" é ambígua. Ela admite significados alternativos que podem ser racional e coerentemente suportados por determinadas razões. É preciso, contudo, escolher qual dos significados deve prevalecer.

A referida expressão pode significar que os fatos geradores ocorridos são aqueles cujos eventos realizados pelo contribuinte, além de preencherem as condições materiais e espaciais predispostas pela lei tributária, preencheram, necessariamente, a condição temporal por ela estabelecida. Por exemplo, no caso de uma importação, a condição temporal é preenchida, segundo prevê a legislação, no ato de desembaraço aduaneiro do produto importado. Só nesse momento é que o fato está "ocorrido". Por outro lado, "fato gerador ocorrido" pode também significar a realização, no passado, dos eventos que se caracterizam como *circunstâncias materiais necessárias a que o fato produza os efeitos que normalmente lhe são próprios* (art. 116, I, do CTN). Isso independentemente de essas

116. Guastini, 2011, p. 31, p. 37, p. 337 e p. 410.
117. Chiassoni, 2007, p. 56.
118. Aulis Aarnio, *Reason and Authority: a Treatise on the Dynamic Paradigm of Legal Dogmatics*, Aldershot: Ashgate 1997, p. 53.
119. Aarnio, 1987, p. 47; Karl Larenz, *Metodologia da Ciência do Direito*, 3ª ed., trad. de José Lamego, Lisboa: Calouste Gulbenkian 1997, p. 441; Aleksander Peczenik, *On Law and Reason*, 2ª ed., Springer, 2008, p. 196.
120. Chiassoni, ob. cit., p. 80; Guastini, 2011, pp. 27 e ss.

circunstâncias terem, todas, se consumado no tempo previsto pela lei tributária. No caso de uma importação, diversos – senão praticamente todos – efeitos que são *próprios* desse negócio jurídico podem ser verificados desde o momento em que o contrato de importação é assinado e a mercadoria é embarcada rumo ao Brasil. Ou seja, efeitos que são próprios à importação ocorrem antes do desembaraço aduaneiro, isto é, antes da chegada do produto ao seu destino. De tal sorte, a partir da realização das circunstâncias materiais apontadas, já é possível afirmar que o fato reuniu os pressupostos inerentes à produção das consequências jurídicas a ele conectadas. Em outras palavras: o fato já é *jurídico,* mesmo que, perante a regra de incidência do imposto de importação, ele ainda não esteja "completo". Isso porque nem todo fato precisa estar acabado, segundo os pressupostos normativos, para ser jurídico.[121]

Os dois significados exigem do intérprete uma decisão sobre qual deles deve ser estipulado ao texto. Exigem também que haja decisão sobre quais argumentos serão privilegiados para sustentar a conclusão quanto ao significado escolhido. Essas decisões, por sua vez, evidentemente, não são isentas de valoração. Se for dado privilégio, por exemplo, aos argumentos sistemáticos jurisprudenciais, o intérprete estará atribuindo mais peso à promoção de um estado de coisas de uniformidade de tratamento dos casos submetidos ao Poder Judiciário. Nessa hipótese, provavelmente, o significado escolhido será o primeiro, o da "consumação formal" do fato gerador. Por outro lado, se for dado privilégio ao argumento sistemático contextual, o resultado será outro. Isto é, se a escolha buscar o significado mais coerente com a dimensão material do Estado de Direito, da liberdade e da propriedade, o intérprete provavelmente elegerá o segundo significado. Ele privilegiará a "consumação material" do fato gerador. E, com essa segunda escolha, terá revelado a preferência pela promoção dos valores fundamentais previstos pela CF/1988.

O que essas ligeiras considerações querem demonstrar, longe de exaurirem as questões inerentes ao controle das escolhas argumentativas, é o seguinte: a interpretação de textos jurídicos exige valoração e decisão. Seja no âmbito dos estudos doutrinários, seja com relação à aplicação judicial do Direito, a escolha é necessária. A interpretação exige escolha de significados e seleção de argumentos de acordo com teorias e ideologias incorporadas pelo intérprete.[122] Sem realizar escolhas, não é possível lidar, na maioria dos casos, com a equivocidade e com a vagueza inerentes à linguagem.

121. Ferraz Júnior, 2005, p. 239.
122. Wróblewski, 1992, p. 33.

Essa realidade revela que o tipo de interpretação (descritivista) tradicionalmente empregada para analisar a irretroatividade na CF/1988 é incapaz de aparelhar o discurso doutrinário e judicial na sua tarefa de apresentar soluções compatíveis com a complexidade que o assunto impõe.

Ter resumido o trabalho do intérprete à descrição avalorativa dos textos criou, finalmente, problemas com relação à abertura do sistema jurídico. Processos discursivos limitados de interpretação levam a sistematizações insuficientes. Eles conduzem a sistematizações incapazes de tornar o pensamento jurídico mais preciso. E impedem de orientá-lo, funcionalmente, à solução dos problemas revelados pelos mais diversos casos verificados ao longo do tempo.[123] A sistematização ficou, nesse aspecto, comprometida. É que a interpretação limitada à descrição dos textos "fechou" o sistema. Ela não permitiu que fossem considerados os elementos morais e os fatos sociais que atuam nas mudanças inerentes a qualquer ordem jurídica.[124] A interpretação, pode-se afirmar, foi *originária*, não evolutiva.

A irretroatividade há muito tempo é aplicada ao Direito Tributário a partir do critério formal já examinado (fato gerador ocorrido). Mesmo sem haver dispositivo específico nas Constituições de 1946 e de 1967, proibindo os efeitos normativos para o passado no âmbito tributário, o contribuinte foi protegido com base nesses critérios. A proteção foi realizada naquela época a partir da vedação de prejuízo ao ato jurídico perfeito. O STF adotou o modelo de decisão baseado no critério da consumação de fatos e de atos.[125] O Tribunal incluiu o fato gerador na categoria de ato jurídico perfeito e praticou exame idêntico ao que vem implementando na atualidade.[126] Ou seja, a interpretação não foi evolutiva e não atentou para o compromisso de que o estudo doutrinário do Direito deve ser ajustado às experiências e às modificações decorrentes das situações práticas.[127] Daí a importância da afirmação de Aarnio, segundo a qual também o tempo pode demonstrar que "chegou a hora de uma nova matriz".[128]

123. Aarnio, 2011, pp. 177-178.
124. Aarnio, 1997, p. 53; Canaris, 2002, pp. 111-112.
125. Com relação à CF de 1946, art. 141, § 3º: RMS 15.471, Rel. Min. Pedro Chaves, Tribunal Pleno, *DJU* 8.6.1966. Com relação à CF de 1967, art. 153, § 3º: Rp 1.451, Rel. Min. Moreira Alves, Tribunal Pleno, *DJU* 24.6.1988.
126. AI 578.372 AgR, Rel. Min. Ellen Gracie, 2ª Turma, *DJe* 12.3.2010.
127. Aarnio, 2011, p. 197.
128. Ibid., pp. 197-198.

A propósito da necessidade de mudança relativamente à irretroatividade, parece que o STF, ainda que em pronunciamentos isolados, tem consciência de que o seu posicionamento está ultrapassado. Ao apreciar a questão envolvendo o aumento da alíquota da CSLL de 10% para 30%, ocorrido em meio ao ano de 1996, o STF permitiu que fosse cobrado o tributo, segundo o percentual maior, sobre o lucro apurado ainda no ano de 1996. Todavia, a então Ministra Ellen Gracie afirmou a necessidade de

"revisão do posicionamento do Supremo Tribunal Federal quanto à aplicação da irretroatividade". Segundo ela, "as garantias de irretroatividade e de anterioridade têm caráter substancial e não meramente formal".[129]

A Ministra parece ter constatado que é preciso mudar o entendimento do Tribunal para um enfoque material da irretroatividade, não apenas formal. Ao se deparar com a questão dos fatos geradores periódicos, em que a liberdade do contribuinte é visivelmente desprotegida, a Ministra fez a referida afirmação. Todavia, o entendimento não foi modificado. A pergunta que se impõe, nesse quadro, é a seguinte: por que não houve mudança de posicionamento? Por que razão não houve evolução na jurisprudência? A conclusão a que se chega é que o paradigma científico adotado para examinar as questões referentes ao tema impede que haja uma verdadeira evolução. Ele não permite que sejam transpostas as barreiras acima apontadas quanto aos aspectos textuais envolvendo a proibição de retroatividade. Ou seja, sabe-se que precisa haver mudança, mas o paradigma científico utilizado limita a sua operacionalização. Esse parece ser o problema central.

Mais recentemente, o STF deu novos sinais de que é preciso reconsiderar seu posicionamento tradicional a respeito do aumento da alíquota dos tributos periódicos, como o Imposto de Renda, ocorrido em meio ao período base de apuração. Tratou-se do caso, mencionado anteriormente, em que a Lei 7.988, de 29.12.1989, majorou de 3% para 18% a alíquota do imposto incidente sobre a renda oriunda de operações incentivadas ocorridas no passado. O referido aumento seria, pela lei, aplicável já às operações ocorridas no ano-base 1989. O Tribunal acabou decidindo, por maioria de votos e com base, principalmente, nas razões alinhadas pelo Min. Nelson Jobim, que o aumento não deveria ser aplicado às exportações incentivadas já ocorridas. Segundo o referido voto,

---

129. RE 587.008/SP, Tribunal Pleno, Min. Rel. Dias Toffoli, *DJU* 5.5.2011.

no caso do IR ser utilizado com caráter extrafiscal, a configuração do fato gerador dá-se em outro momento.[130] (...) Para as operações incentivadas, o fato gerador deu-se quando da realização de tais operações.[131]

Embora questões relativamente à confiança do contribuinte tenham sido invocadas pelo aludido Ministro, a fundamentação do voto centrou-se no aspecto referente à conclusividade do fato gerador. No ensejo da análise específica com relação às operações incentivadas, contudo, o Min. Gilmar Mendes acabou acenando para a necessidade de o tema geral envolvendo o aumento dos tributos periódicos ocorrido em meio ao período de apuração ser reavaliado pelo Tribunal:

> A mim, parece-me que nós temos um encontro marcado – para repetir aquilo que eu disse – com esse tema, até porque parece abusiva essa alteração que se faz no final do exercício financeiro com repercussão sobre tudo que já ocorreu.[132]

Em que pese a referida manifestação do Min. Gilmar Mendes, ficou consignado no acórdão que a decisão então proferida não implicava, por ora, alteração do entendimento tradicional do STF com relação ao problema mencionado pelo Min. Mendes. Vale dizer, o Tribunal apenas criou uma exceção no que diz respeito ao seu posicionamento geral, sem, no entanto, modificá-lo.

Todas as considerações feitas até aqui, portanto, põem à luz elementos obscurecidos por conta dos critérios reducionistas empregados para investigar o tema. Elas acabam também confirmando a constatação de Ávila de que o modelo empirista lógico da Ciência é inadequado para a investigação dos fenômenos que o Direito apresenta. Um paradigma epistemológico meramente descritivista da realidade observacional pode servir às investigações praticadas pelas ciências naturais. Em relação a elas, descrever um objeto físico por meio de proposições lógico-formais pode ser uma tarefa apropriada e suficiente.[133] Mas esse paradigma é inadequado para examinar o Direito, caracterizado por uma realidade

---

130. RE 183.130/PR, Min. Rel. Teori Zavascki, Tribunal Pleno, *DJe* 14.11.2014, p. 43 do acórdão.
131. Ibid., p. 41 do acórdão.
132. Ibid., p. 74 do acórdão.
133. Canaris, 2002, pp. 29-33 e p. 38.

discursiva visivelmente impregnada pela equivocidade e pela vagueza.[134] O seu conhecimento não é suscetível de ser obtido por mera correspondência entre enunciados normativos e proposições descritivas. Isso porque o objeto da investigação, como demonstrado acima, vai muito além do texto. É preciso, portanto, mudar de paradigma.

É com base em uma mudança de paradigma epistemológico e interpretativo que a irretroatividade passa a ser analisada.

1.3.3 Irretroatividade material: uma proposta

O que a presente monografia propõe a partir daqui é a reconstrução da irretroatividade com base em um paradigma estruturante, com ênfase, fundamentalmente, em razões materiais e subjetivas. O problema da irretroatividade não é apenas de relacionamento das leis no tempo e de consumação de situações. O problema da irretroatividade envolve principalmente a não restrição arbitrária dos direitos fundamentais.[135] A perspectiva principal da análise do tema deve ser não a eficácia das leis, mas a eficácia dos direitos fundamentais; não a consumação de fatos em um ponto no tempo, mas os atos de disposição da liberdade e da propriedade praticados ao longo do tempo.

O eixo da fundamentação da irretroatividade, como já se vê, deve ser modificado. Ele deve se deslocado das "regras" da proibição da retroatividade tributária e da proteção ao direito adquirido, ao ato jurídico perfeito e à coisa julgada para os "princípios" do Estado de Direito, da dignidade humana, da segurança jurídica (proteção da confiança) e para os direitos fundamentais.

Essas modificações de perspectiva e de fundamento provocam, pelo menos, três consequências marcantes. A *primeira* é que elas afetam o conceito corrente da retroatividade das leis. Passa-se de um critério de definição estritamente formal-qualitativo (com referência a eventos

---

134. Peczenik, 2008, pp. 17-18. Sobre o problema da ambiguidade no Direito, vide: Neil MacCormick, *Legal Reasoning and Legal Theory* (1978), Oxford: Oxford University Press, 2003, pp. 65 e ss.

135. Derzi foi precisa ao afirmar que "as Constituições da República não admitem atos atentatórios à liberdade. Em especial, a Constituição de 1988, que proclama a dignidade da pessoa humana, a liberdade e a igualdade como seus fundamentos e objetivos primaciais. E mais, o art. 5º, XLI, decreta: *'a lei punirá qualquer discriminação atentatória dos direitos e liberdades fundamentais'*. Somente dentro desse contexto, poderá ser compreendido o princípio da irretroatividade das leis" (Derzi, 2009, p. 428).

pontuais ocorridos) para um critério material-quantitativo (com referência ao grau de atingimento das situações passadas).[136] Isto é, a definição da retroatividade deve considerar o grau de afetação das ações humanas realizadas, total ou parcialmente, no passado ou causadas por motivos a ele referentes. A *segunda* consequência marcante é que, como já anunciado acima, as classificações correntes quanto ao tipo de retroatividade (própria ou imprópria) perdem o seu sentido e a sua utilidade. Isso porque o cerne da investigação passa a ser uma questão de grau de restrição de direitos fundamentais e de grau de confiança em uma base normativa. O momento da consumação dos fatos jurídicos torna-se, com isso, um critério lateral para configurar a proteção das situações individuais. A *terceira* consequência é quanto à proteção que a CF/1988 destinou ao cidadão em geral. Em razão de o eixo de fundamentação passar a ser os direitos fundamentais, é forçoso concluir que, da eficácia desses direitos, emana um dever de irretroatividade material. Ou seja, fora do âmbito normativo das regras que proíbem a retroatividade na CF, também há tutela do indivíduo, conforme será demonstrado adiante.

A proposta é, portanto, *de passar da intangibilidade das situações individuais por razões apenas formais e objetivas para um modelo de intangibilidade das situações individuais por razões fundamentalmente materiais e subjetivas*. Ou seja, a tese aqui defendida é a de edificar o que se propõe chamar de *irretroatividade material*.

Essa nova perspectiva de sistematização da irretroatividade na CF/1988 parte não da concepção empirista de Ciência acima criticada; ela incorpora, isto sim, um paradigma estruturante segundo o qual a Ciência do Direito exerce uma atividade reconstrutiva e adscritiva. Essa atividade, por sua vez, visa à obtenção do conhecimento por meio do discurso interpretativo racional.[137] Ou seja, ela se vale de um discurso capaz de reconstruir e adscrever significados por meio de proposições suportadas por razões consistentes e coerentes.[138] É um discurso de interpretação dos textos, dos fatos, dos atos, dos costumes, das finalidades e dos efeitos pressupostos pelas normas. Exatamente por isso é que este

---

136. Ávila, 2014b, p. 456.
137. Aarnio, 2011, pp. 143-144
138. Aarnio e Peczenik apresentam outras "precondições" para o discurso jurídico racional, tais como liberdade, respeito, sinceridade etc. Entretanto, são destacadas acima apenas aquelas consideradas mais relevantes para os propósitos deste estudo. Sobre as condições do discurso jurídico racional, vide: Aarnio, 2011, pp. 142 e ss.; Peczenik, 2009, pp. 152 e ss.

trabalho se alinha à proposta estruturalista-argumentativa da Ciência Jurídica defendida por Ávila.[139]

Nesse contexto, portanto, a *irretroatividade material* passa a ser estruturada sobre os seguintes alicerces: interpretação e sistematização; argumentação e fundamentação.

1.3.3.1 Interpretação e sistematização

A reconstrução da irretroatividade impõe o uso da interpretação do tipo decisório, que entrelaça atividades descritivas, adscritivas e criativas. Impõe, igualmente, como se verá adiante, a adoção de um discurso interpretativo (argumentação) para justificação das decisões interpretativas a serem tomadas.[140]

Por meio desse tipo de interpretação, é necessário redefinir o significado dos enunciados normativos do art. 5º, XXXVI, e do art. 150, III, "a", da CF/1988 e construir o conteúdo do princípio da irretroatividade tributária nessa CF. Do mesmo modo, é necessário interpretar os fatos e os atos relacionados às ações humanas praticadas ao longo do tempo. É preciso construir o fato jurídico, ou seja, decidir sobre qual *ângulo* ele deve ser considerado pelo Direito. Considerada a perspectiva material de análise, este estudo opta por dar preferência aos aspectos dos fatos cuja consideração privilegia a promoção das finalidades protegidas pelos princípios constitucionais sobrejacentes. Ou seja, ela privilegia a promoção da liberdade, da propriedade e da segurança jurídica, conforme adiante justificado.

Com relação à *metodologia* da interpretação, é adotada a combinação dos métodos dedutivo e indutivo, o que fica muito claro no ponto destinado a alicerçar o "princípio da irretroatividade". Como norma implícita, ela é construída por dedução, isto é, a partir de princípios constitucionais sobrejacentes (que visam a finalidades mais amplas). Mas também é construída por indução, a partir de regras e princípios subjacentes (que visam a fins mais específicos).

A atividade interpretativa aqui desenvolvida visa, pois, a (re)sistematizar a irretroatividade na CF/1988 de acordo com *critérios* e com *objetos de sistematização*.

139. Ávila, 2013, pp. 203-204.
140. Sobre a argumentação como "parte integrante do discurso interpretativo", vide: Guastini, 2011, p. 14.

Os *critérios de sistematização* adotados são o da *unidade do ordenamento jurídico* e o da *coerência* – mais precisamente, quanto ao último, da *coerência substancial*.

A *unidade do ordenamento jurídico* é um postulado hermenêutico que exige o relacionamento entre a parte e o todo. O todo não deve ser entendido como uma enumeração desconexa de elementos. E as partes não devem ser investigadas isoladamente.[141] Pelo contrário, elas devem ser concatenadas e combinadas de modo que, juntas e reconduzidas a determinados (sobre)princípios gerais aglutinadores (como, por exemplo, Estado de Direito, dignidade humana e segurança jurídica), haja uma ordenação axiológica (do todo).[142] A irretroatividade tributária deve, por isso, ser investigada, necessariamente, em combinação com as normas do Estado de Direito, da liberdade, da propriedade, da dignidade humana e da segurança jurídica.[143] Tais normas, por sua eficácia principiológica interna indireta e externa objetiva, dão sentido aos elementos pressupostos pela irretroatividade para que haja a efetiva proteção dos valores fundamentais previstos pela CF.[144]

A combinação de elementos acima referida é mais precisamente estruturada por um "subcritério" da unidade, vale dizer, a *coerência*. Trata-se de um postulado hermenêutico que estabelece uma condição para o conhecimento a ser preenchida na interpretação dos textos normativos. Diz respeito às relações, segundo parâmetros formais e materiais, a serem estabelecidas entre as proposições utilizadas no discurso interpretativo.[145] Especificamente no plano material, a coerência substancial exige que as

---

141. Peczenik, 2005, p. 118.
142. Canaris, 2002, pp. 77 e p. 85.
143. Ávila, 2012, p. 201.
144. Ávila, *Teoria dos princípios: da Definição à Aplicação dos Princípios Jurídicos*, 16ª ed., São Paulo: Malheiros Editores, 2015, pp. 122-128. É importante destacar, aqui, a *função eficacial rearticuladora* que esses princípios exercem relativamente à irretroatividade. O princípio da segurança jurídica, por exemplo, faz com que a irretroatividade seja ressignificada normativamente, de modo que irretroatividade-segurança jurídica não implique somente proteção de fatos consumados, mas também a proteção de fatos em desenvolvimento, praticados em razão da previsibilidade de efeitos jurídicos e da confiança de estabilidade de uma base normativa. Sobre o assunto, vide: Humberto Ávila, *Teoria da Segurança Jurídica*, 3ª ed., São Paulo: Malheiros Editores, 2014b, p. 654. Sobre a função interpretativa dos princípios sobrejacentes: Guastini, 2011, p. 191.
145. Peczenik, 2008, pp. 131-133; sobre a necessidade de integrar as diferentes normas e regulações dentro de um corpo coerente do Direito: Joseph Raz, *Between Authority and Interpretation*, New York: Oxford, 2010, p. 318.

proposições mantenham entre si um relacionamento recíproco, de modo que o conteúdo de uma atue sobre o conteúdo da outra e vice-versa. Elementos que integram o conteúdo da dignidade humana e da liberdade dão sentido à irretroatividade e vice-versa. Esse relacionamento substancial é graduável quanto ao seu nível de intensidade, isto é, quanto mais combinações recíprocas entre as normas houver, mais coerente será a sistematização. Os critérios de verificação da coerência substancial aqui utilizados são a *fundamentação por suporte* e a *justificação recíproca* entre as proposições.[146]

Quanto à *fundamentação por suporte*, a irretroatividade (em sua dimensão de princípio, como é visto abaixo) é suportada por uma extensa cadeia de fundamentos. É extensa na medida em que há um elevado número de princípios constitucionais sobrejacentes que especificam o conteúdo da norma em exame. O Estado de Direito, a dignidade humana, a segurança jurídica, a liberdade geral e de exercício de atividade profissional, a propriedade e a igualdade são fundamentos que suportam a irretroatividade.[147] Esta, por sua vez, é reconduzida a esses sobreprincípios e princípios axiologicamente superiores.[148] O estado de coisas visado pelo "princípio da irretroatividade" tem o seu conteúdo definido pela decisiva atuação dessas normas sobrejacentes. E as condutas que tal princípio impõe ao Poder Executivo, ao Poder Legislativo e ao Poder Judiciário são delimitadas em razão dessas finalidades. Por exemplo, um estado de coisas em que o cidadão possa se autodeterminar e livremente escolher o seu curso de ação é uma finalidade da irretroatividade definida a partir do conteúdo da dignidade humana. Por isso, é vedado ao Poder Legislativo editar leis com efeito retroativo, isto é, leis com efeitos que comprometam o alcance desse fim.

A irretroatividade tributária material aqui apresentada é, portanto, irretroatividade-Estado de Direito, irretroatividade-segurança jurídica, irretroatividade-liberdade, irretroatividade-propriedade e assim por diante

---

146. Peczenik, 2008, pp.132 e ss.; Ávila, 2012, pp. 84 e ss.; Aarnio, 1997, p. 200. Embora sem a referência à nomenclatura acima indicada, tais critérios são tratados em Canaris, 2002, pp. 92-93.

147. Sobre a coerência, MacCormick explica, referindo-se àquilo que ele denomina de "coerência normativa", que: "In short, the coherence of a set of norms is a function of its justificability under higher-order principles and values, provided that the higher-or highest-order principles and values seem acceptable as delineating a satisfactory form of life, when taken together".

148. Guastini, 2011, pp. 170 e 293; sobre a harmonização axiológica: Wróblewski, 1992, p. 103.

com relação aos demais princípios que a suportam. Ou seja, é a irretroatividade *harmonizada axiologicamente* com os princípios que lhe são superiores.[149] Daí por que dizer que a eficácia da irretroatividade depende, essencialmente, da sua sistematização material.[150]

É importante destacar que, embora todos esses princípios sobrejacentes integrem a rede de suporte da irretroatividade, eles estruturam cadeias de premissas logicamente independentes entre si. Ou seja, mesmo que, por exemplo, o princípio da propriedade seja afastado da fundamentação, ainda assim a irretroatividade se mantém firmemente suportada pelas demais normas sobrejacentes. Isso porque, entre tais cadeias, não há uma relação de dependência lógica (por consistência), mas de sustentação por conteúdo (por coerência material).[151] Tal afirmação torna o "microssistema" da irretroatividade ainda mais coerente.[152]

Por outro lado, o suporte da proibição de retroatividade tende a apresentar um elevado grau de coerência em razão de existir a *justificação recíproca empírica, analítica* e *normativa* entre os seus elementos.[153]

Há uma *justificação recíproca empírica,* porque, por exemplo, a segurança jurídica é uma condição fática necessária para a existência da irretroatividade, e esta, por sua vez, é uma condição fática igualmente necessária para que exista segurança jurídica. De fato, sem estabilidade não há irretroatividade e, sem irretroatividade, também não se pode falar num estado minimamente estável e seguro.

Há, de outra parte, *fundamentação recíproca analítica,* porque a dignidade humana, a liberdade e a propriedade, por exemplo, são condições conceituais necessárias para a existência de irretroatividade, e a última é uma condição conceitual necessária para esses princípios. O conceito da irretroatividade é integrado por elementos que compõem o conceito da dignidade humana, da liberdade e da propriedade, e vice-versa.

Há, finalmente, *fundamentação recíproca normativa,* na medida em que a irretroatividade, como enunciado mais específico em relação aos

---

149. Sobre a harmonização axiológica entre as normas: Guastini, ob. cit., p. 292.

150. Mastroiacovo, 2005a, p. 10; sobre a importância da sistematização material (valorativa): Canaris, ob. cit., pp. 27 e ss.

151. Sobre esse relacionamento dedutivo referente ao conteúdo, e não de inferência lógica, vide: Paul Thagard, *Coherence in Thought and Action,* [s.l.]: Bradford Book, 2002, p. 132. Sobre a diferença entre consistência e coerência, vide: MacCormick, 2005, p. 230.

152. Aarnio, 2011, p. 145; Peczenik, 2008, p. 135.

153. Sobre os três tipos de fundamentação recíproca, vide: Peczenik, 2008, p. 137.

direitos fundamentais da dignidade humana, da liberdade, da propriedade, e ao princípio da segurança jurídica, é por eles suportada, por dedução. Por outro lado, os aludidos princípios constitucionais podem ser, por indução, construídos a partir da irretroatividade. Ou seja, as normas gerais fundamentam, por dedução, as mais específicas e estas fundamentam aquelas por indução.

De outra sorte, com relação aos *objetos* da sistematização da irretroatividade, eles podem ser agrupados em objetos *textuais* e objetos *extratextuais*.

Os *objetos textuais* são os enunciados normativos a partir dos quais podem ser reconstruídas as regras, os princípios e os sobreprincípios cuja consideração se impõe para análise do tema. São objetos textuais, nesta obra, os enunciados do art. 5º, XXXVI, e do art. 150, III, "a", dos quais são reconstruídas as "regras da irretroatividade" na CF/1988. Além deles, são objetos textuais os enunciados do art. 1º (Estado de Direito), do preâmbulo da CF/1988 e do art. 5º, *caput* (segurança jurídica), do art. 1º, III (dignidade da pessoa humana), do art. 5º, *caput* e incisos XXII e XXIII, do art. 170, II e III (propriedade e propriedade prevista especificamente na ordem econômica), dos arts. 1º, 5º, XIII, 150, II, e 170, *caput* (livre iniciativa, liberdade de exercício de qualquer trabalho, ofício ou profissão e liberdade jurídica), do art. 5º *caput* e inciso I (igualdade), do art. 5º, II, e do art. 150, I (legalidade) e do art. 37 (moralidade), a partir dos quais podem ser reconstruídos os princípios e os sobreprincípios jurídicos dignos de exame.

São incluídos, no grupo dos elementos textuais, os postulados normativos aplicativos, tais como a proporcionalidade, a proibição de excesso e a razoabilidade. Eles visam a preservar a eficácia dos direitos fundamentais em face dos efeitos interventivos produzidos pelas normas tributárias.[154] Embora não haja enunciação normativa literal na CF em relação a eles, tais postulados atuam como elementos métodicos que estabelecem critérios de aplicação dos princípios e das regras acima mencionadas. Por exemplo, é vedada a edição de norma jurídica tributária retroativa cujo efeito por ela produzido provoque uma restrição excessiva sobre o conteúdo da liberdade empresarial.[155] Os postulados hermenêuticos, como o da coerência e o da unidade do ordenamento jurídico, são igualmente relevantes à reconstrução da irretroatividade material ora sustentada, conforme demonstrado acima.

154. Ávila, 2015, pp. 184 e ss.; Cassiano Menke, *A Proibição aos Efeitos de Confisco no Direito Tributário*, São Paulo: Malheiros Editores, 2009, pp. 91-97.
155. Menke, 2009, pp. 76 e ss.

O segundo grupo objeto da sistematização é o dos *elementos extratextuais*. Isto é, trata-se daqueles elementos pressupostos pelas regras, pelos princípios e pelos sobreprincípios examinados por ocasião da investigação material da irretroatividade. São eles:

a) *Fatos e atos*: trata-se dos eventos que envolvem a prática de atos de disposição dos bens protegidos pelos direitos fundamentais. São consideradas as circunstâncias que encorajam as ações humanas (relacionadas à confiança), as circunstâncias que dizem respeito à atuação estatal e as circunstâncias relacionadas à oneração do conteúdo dos direitos fundamentais. Com relação, precisamente, aos atos de disposição dos direitos fundamentais, cumpre investigar o grau de diminuição da disponibilidade dos bens jurídicos protegidos por esses direitos (ações, propriedades, situações e posições jurídicas) em razão dos efeitos provocados pela modificação normativa retroeficaz.[156]

b) *Costumes*: os costumes são enfocados como elementos geradores de confiança. As práticas reiteradas, sobretudo aquelas oriundas dos poderes Executivo e Judiciário, podem configurar situações que exigem a proteção do contribuinte.

c) *Finalidades e efeitos*: o exame das finalidades perseguidas pelas normas jurídicas é importantíssimo, conforme demonstrado por ocasião da análise da coerência substancial. Mais precisamente quanto às normas tributárias, as suas finalidades (fiscais e extrafiscais) interferem na ponderação a ser estruturada entre a proteção dos direitos fundamentais e a promoção das finalidades estatais.

1.3.3.2 Argumentação e fundamentação

A argumentação é "o conjunto de razões empregadas para sustentar uma interpretação pré-escolhida".[157] Ela envolve, também, a demonstração dos critérios segundo os quais o intérprete classifica e valora os argumentos utilizados. Ou seja, argumentação pressupõe não apenas utilizar razões, mas estruturá-las segundo critérios de preferência controláveis, de modo que um argumento seja utilizado em detrimento de outro segundo dado parâmetro de justificação.[158] A argumentação jurídica, nesse contexto, visa a racionalizar e a legitimar o discurso interpretativo.

---

156. Alexy, Robert, *Teoría de los Derechos Fundamentales*, Madri: Centro de Estudios Constitucionales, 2001, p. 188; Gilmar Ferreira Mendes, *Direitos Fundamentais e Controle de Constitucionalidade*, 3ª ed., São Paulo: Saraiva, 2006, p. 17.
157. Guastini, 2011, p. 14.
158. Ávila, 2013, p. 204.

São utilizados, neste estudo, dois níveis complementares de discurso justificatório: a *justificação interna* e a *justificação externa*.[159]

A *justificação interna* é aquele raciocínio dedutivo estruturado em premissas normativas, premissas fáticas e em uma conclusão. Ele garante a validade lógica da conclusão. Considere-se, por exemplo, o seguinte raciocínio: I) é vedado cobrar tributos em relação a fatos geradores ocorridos antes do início da vigência da lei que os houver instituído ou aumentado (premissa normativa – art. 150, III, "a", da CF/1988); II) a lei "L", vigente a partir de 30 de junho do ano "x", aumentou a alíquota da CSLL (premissa fática 1); III) o fato gerador da CSLL relativamente à empresa "E" ocorreu somente no dia 31 de dezembro do ano "x", haja vista a existência de dispositivo assim definindo (premissa fática 2); IV) a Lei "L" não é retroativa em relação ao fato gerador da CSLL praticado pela empresa "E" no dia 31 de dezembro do ano "x" (conclusão).

Esse raciocínio é lógico e visa à consistência da justificação. Embora necessário, ele não é suficiente. Isso em razão dos problemas de equivocidade, de vagueza e de suscetibilidade do conhecimento jurídico já apresentados.[160] Não basta escolher certas premissas. É preciso, além de escolhê-las, dizer o porquê de tal escolha, bem como realizar atividades reconstrutivas e adscritivas para estipular o seu significado.

A *justificação externa* é esse raciocínio geralmente não dedutivo pelo qual se dá suporte à escolha das premissas internas e ao seu significado. É nesse nível de argumentação que são estruturadas as cadeias de argumentos por justificação recíproca e por fundamentação por suporte. Daí a sua importância para o presente trabalho.

Com relação aos critérios de escolha e de valoração dos argumentos aqui adotados, cumpre fazer as seguintes considerações. Diversos são os tipos de argumento utilizados na interpretação. Embora o objetivo aqui pretendido não seja o de apresentar as diversas classificações adotadas pela doutrina, cumpre referir que há argumentos que têm como ponto de referência a linguagem textual e contextual do ordenamento jurídico

---

159. Guastini, 2011, p. 258; Riccardo Guastini, *Il Diritto come Linguaggio*, Turim: Giappichelli, 2001, pp. 177-183; Aarnio, 1987, pp. 198-199. Sobre o conceito de justificação em geral, vide: Guastini, *Teoria del Diritto: Approccio Metodologico*, Modena: Mucchi, 2012, pp. 54-55.

160. Segundo Alexy, "unicamente com os meios da análise lógica e da dedução lógica não se podem alcançar novos conteúdos normativos" (Robert Alexy, *Teoria da Argumentação Jurídica: a Teoria do Discurso Racional como Teoria da Justificação Jurídica*, trad. de Zilda Hutchinson Schild Silva, 2ª ed., São Paulo: Landy, 2005, p. 247).

vigente, bem como os seus valores e a sua estrutura. São eles: argumentos linguísticos (semânticos e sintáticos) e argumentos sistemáticos (contextuais e jurisprudenciais). Há, de outro lado, outros argumentos ligados ao ordenamento, porém referentes à época da sua formação e ao sentido dos seus dispositivos históricos no passado. São eles: argumentos históricos e argumentos genéticos (semânticos e teleológicos).[161] Além de existirem outros argumentos relacionados a esses acima apresentados (argumento topográfico, comparativo, da constância terminológica, da vontade da lei e do legislador etc.), há argumentos não ligados ao ordenamento jurídico, tais como os argumentos práticos (relacionados aos julgamentos pessoais políticos, econômicos e/ou éticos do intérprete).[162]

Nesta obra optamos por privilegiar a utilização dos argumentos linguísticos e sistemáticos em relação aos demais argumentos. Isso em face de *duas razões* principais.

A *primeira razão* é de que, em um Estado Democrático de Direito como o instituído pela CF/1988, a atribuição de mais peso aos argumentos que remetem ao ordenamento jurídico vigente é um "comportamento" exigido pela eficácia dos princípios constitucionais fundamentais. A interação entre os princípios Republicano, do Estado de Direito (art. 1º), Democrático, da separação dos Poderes (art. 2º) leva a estabelecer um estado de coisas em que o poder do povo seja exercido por meio da ideia de representação política de interesses. Nessa atividade de representação política de interesses, o Poder Parlamentar estabelece os elementos textuais e pressupõe diversos elementos extratextuais a partir dos quais se reconstrói o sistema jurídico. Esses elementos não podem, por isso, ser menosprezados. Pelo contrário, devem ser priorizados.[163]

A *segunda razão* relaciona-se aos critérios de sistematização adotados para investigar a irretroatividade: a *unidade* e a *coerência substancial*. A reconstrução da irretroatividade, segundo a unidade e a coerência, exige que sejam privilegiados os argumentos linguísticos e sistemáticos. Isso porque eles elaboram as relações a serem estabelecidas entre os elementos textuais do ordenamento. Além disso, tais argumentos estruturam a relação deles com os elementos extratextuais, todos eles objetos cuja análise combinada é importantíssima para o estudo do presente tema.

---

161. Humberto Ávila, "Argumentação jurídica e a imunidade do livro eletrônico", *Revista Dialogo Jurídico*, v. 1, n. 5, p. 7, ago. 2001.

162. Alexy, 2005, pp. 67-68.

163. Ávila, "Teoria giuridica dell'argomentazione!", in Riccardo Guastini, Paolo Comanducci (Orgs.), *Analisi e Diritto 2012*, Madri: Marcial Pons, 2012, pp. 11-40, pp.17 e ss.; Peczenik, 2008, pp. 28-29.

IRRETROATIVIDADE E SEUS ASPECTOS PRINCIPAIS

A força desses argumentos é decisiva para promover as finalidades dos princípios do Estado de Direito, da segurança jurídica, da dignidade humana, da liberdade e da propriedade. Isso em razão de que, como visto acima, tais princípios mantêm relação de fundamentação por suporte e de justificação recíproca com a irretroatividade.

Em que pese a importância dessas duas razões, o privilégio dado aos argumentos linguísticos e sistemáticos não assegura, por si só, uma interpretação coerente e livre de dúvidas em matéria de irretroatividade. Ocorre que os referidos argumentos podem atuar em diferentes direções. Os argumentos sistemáticos (jurisprudenciais) podem levar à conclusão, por exemplo, de que são dignas de proteção apenas as condutas humanas consumadas antes do advento da nova lei. Isto é, as condutas em desenvolvimento (não acabadas) não estariam protegidas em face da mudança normativa. Argumentos sistemáticos (contextuais) vinculados à proteção da liberdade e da propriedade podem, por outro lado, levar ao resultado de que as condutas em formação devem, sim, ser protegidas. O mesmo pode ser dito quanto aos argumentos sistemático-teleológicos. Eles podem levar, por um lado, à promoção de uma finalidade estatal supostamente perseguida pela norma retroativa (atingir operações de importação pendentes para proteger o mercado interno). E, por outro lado, podem levar à realização dos fins estabelecidos pela liberdade de exercício de atividade econômica (liberdade de realizar negócios jurídicos, liberdade de obtenção de lucro etc.).

Diante dessa interação multidirecional dos argumentos, este estudo opta pela seguinte proposta: devem ser escolhidos os significados e as soluções mais fortemente suportados pelos princípios constitucionais axiologicamente sobrejacentes à irretroatividade.[164] Isto é, devem ser preferidas as conclusões que promovem mais intensamente as finalidades relacionadas à dignidade humana, à liberdade, à propriedade, à segurança jurídica etc. Em outras palavras: serão adotados os resultados interpretativos que promovam o exercício autônomo da razão, a capacidade humana de planejar o futuro, a liberdade de exercer uma profissão ou atividade econômica, o dever de edição de leis gerais e não individuais, o desenvolvimento estável do ordenamento jurídico, sem mudanças bruscas e drásticas, etc.

Por força de os princípios do Estado de Direito, da segurança jurídica e da proteção à dignidade humana serem princípios fundamentais, eles atribuem um peso maior aos subprincípios que os concretizam (como

---

164. Chiassoni, 2007, p. 109; Ávila, 2012, p. 211.

o da irretroatividade). Consequentemente, atribuem um peso maior aos argumentos que suportam conclusões compatíveis com o seu conteúdo. A recondução de tais argumentos aos direitos e às garantias fundamentais afasta a multidirecionalidade acima referida. E cria um relacionamento unidirecional e coerente entre eles.[165] Ou seja, cria um alinhamento entre os argumentos em direção às finalidades de tais princípios.[166]

A solução proposta, portanto, implica reconhecer uma regra argumentativa de preferência. Ou seja, ela prescreve que sejam preferidas a proteção da confiança e a liberdade sobre as finalidades estatais que, supostamente, poderiam justificar a edição de uma norma retroativa. Isso porque a CF/1988 assim estabeleceu.

A irretroatividade está firmemente alicerçada nos valores fundamentais acima mencionados, os quais a suportam em conjunto e individualmente. Seus fundamentos revelam que, no Estado de Direito, a retroatividade das normas destoa da fisionomia valorativa constitucional. Por isso é que é correto afirmar que há um princípio geral da irretroatividade. Ele visa à promoção de um estado de coisas em que esses valores sejam realizados o mais intensamente possível. A ênfase que a CF/1988 deu à proteção da confiança e à liberdade, em matéria de leis retroativas, ficou ainda mais clara no âmbito tributário. Isso em razão de que, no Sistema Constitucional Tributário, a CF estabeleceu uma regra de proteção adicional do contribuinte.[167] É que, nesse âmbito normativo, a liberdade e a propriedade são restringidas por força da eficácia interventiva das obrigações tributárias. E a disposição desses direitos é planejada em razão da confiança na manutenção dos efeitos tributários prometidos. Ficou evidente, pois, a preocupação da CF/1988 em (hiper)proteger os direitos individuais.

Essas considerações confirmam, de acordo com o que afirmou Wróblewski, que as regras ou diretivas de argumentação não servem apenas para dirigir formalmente o trabalho do intérprete. Mais do que isso, elas servem para *"fixar os valores que a interpretação deve implementar"*.[168] Cria-se, com elas, uma "ideologia/teoria da interpretação". Isto é, um grupo de regras coerentes por meio das quais são reconstruídos os sentidos normativos em vista de certas finalidades constitucionalmente

165. Peczenik, 2005, p. 118.
166. Raimo Siltala, *Law, Truth, and Reason: a Treatise on Legal Argumentation*, [s.l.]: Springer, 2011, pp. 54 e ss.
167. José Souto Maior Borges, "O princípio da segurança jurídica na criação e aplicação do tributo", *RDT* 63/206-210, 1995, p. 207.
168. Wróblewski, 1992, p. 96.

protegidas. A "teoria da interpretação" privilegiada pela CF/1988, para estruturar a aplicação da irretroatividade, parece ser clara: a teoria cujo critério fundamental para selecionar argumentos é a proteção e a promoção do direito de liberdade. Vale dizer, a partir dos fundamentos extraídos do ordenamento jurídico, conforme acima exposto, fica evidente que a proibição de retroatividade dos atos estatais é uma garantia que visa a tutelar a liberdade do indivíduo.

Finalmente, quanto ao último alicerce sobre o qual é edificada a presente proposta de reconstrução da irretroatividade na CF, a *fundamentação*, cumpre ressaltar o seguinte: a legitimação das decisões interpretativas adotadas segundo as regras de argumentação acima referidas exige a apresentação dos fundamentos da decisão. Ou seja, é preciso realizar um processo discursivo para *demonstrar* o processo de justificação interna e externa percorrido pelo intérprete. Não basta escolher o significado de acordo com regras e argumentos. É preciso publicizar essa escolha por meio do discurso. É por meio da fundamentação que a interpretação se torna realmente controlável e racionalmente comunicativa.[169]

Apresentados, pois, os alicerces sobre os quais está edificada a irretroatividade material, cumpre, agora, avançar para a demonstração das suas dimensões normativas na CF/1988.

---

169. Aarnio, 1987, pp. 189 e ss.

2.
DIMENSÃO NORMATIVA E FUNDAMENTOS DA IRRETROATIVIDADE "MATERIAL" NA CONSTITUIÇÃO FEDERAL DE 1988

2.1 Como regra jurídica: 2.1.1 Considerações iniciais – 2.1.2 Proibição de restrição do ato jurídico perfeito, do direito adquirido e da coisa julgada – 2.1.3 A proibição de retroatividade no Direito Tributário. 2.2 Como princípio jurídico constitucional: 2.2.1 Métodos de elaboração do princípio – 2.2.2 Fundamentos indiretos por dedução: 2.2.2.1 Estado de Direito; 2.2.2.2 Princípio da liberdade jurídica; 2.2.2.3 Princípio da dignidade humana; 2.2.2.4 Princípio da liberdade de exercício de qualquer trabalho, ofício ou profissão e liberdade de exercício de atividade econômica; 2.2.2.5 Princípio da propriedade; 2.2.2.6 Princípio da igualdade; 2.2.2.7 Princípio da segurança jurídica: 2.2.2.7.1 Considerações iniciais; 2.2.2.7.2 Irretroatividade e dimensão estática da segurança jurídica; 2.2.2.7.3 Irretroatividade e dimensão dinâmica da segurança jurídica – 2.2.3 Fundamento indireto por indução: 2.2.3.1 Princípio da moralidade; 2.2.3.2 Regra da legalidade; 2.2.3.3 Regras da irretroatividade – 2.2.4 Princípio geral da irretroatividade material.

2.1 COMO REGRA JURÍDICA

2.1.1 Considerações iniciais

A irretroatividade assume, em primeiro lugar, uma dimensão normativa preponderantemente de regra jurídica. Pode-se chegar a essa constatação a partir dos enunciados normativos do art. 5º, XXXVI, e do art. 150, III, "a". Eles possibilitam a elaboração de duas normas que prescrevem, descritivamente, os comportamentos que devem ser adotados pelos seus destinatários. Vale dizer, trata-se de normas que prescrevem "aquilo que deve ser feito."[1]

---

1. Sobre as regras como normas do que se deve fazer ("ought to do"), vide: Aarnio, 2011, p. 124; Aarnio, 1997, p. 183. Sobre a estrutura e o conceito das regras, vide: Ávila, 2014b, pp. 101-102.

Com relação ao seu âmbito de aplicação (o "conceito da norma"), a CF/1988 intangibilizou, em ambos os casos, as situações individuais, por razões objetivas e formais; objetivas, porque tais regras estabelecem um âmbito de aplicação relacionado apenas aos objetos (direitos, atos jurídicos, coisa julgada e fato gerador), e não aos sujeitos (atos humanos de disposição de liberdade e de propriedade); e formais, porque, para predicação desses objetos, são levadas em consideração apenas as questões referentes ao preenchimento dos requisitos legais que constituem o ritual para a sua consumação. Ou seja, são levados em conta apenas requisitos relacionados à forma. Elementos materiais, como liberdade, propriedade e confiança, não são mencionados, diretamente, pelas duas regras.

O "dever mediato" estabelecido por essas normas diz respeito à fidelidade aos princípios superiores, tais como os princípios do Estado de Direito, da Segurança Jurídica, da Liberdade e da Propriedade.[2] Em outras palavras, a conduta prescrita pelas duas regras (a vedação de o legislador atingir situações consumadas) são comportamentos necessários à concretização do estado de coisas que tais princípios visam a promover.

Passa-se a examinar o conteúdo da proibição de retroatividade estabelecida a partir do art. 5º, XXXVI, da CF/1988. Com relação à norma fundamentada no art. 150, III, "a", a referida análise será feita na segunda parte do presente trabalho.

2.1.2 Proibição de restrição do ato jurídico perfeito, do direito adquirido e da coisa julgada

A partir do disposto no art. 5º, XXXVI, a CF protege o ato jurídico perfeito, o direito adquirido e a coisa julgada com relação às modificações legais desfavoráveis ao cidadão.

Com relação ao conteúdo dessa regra constitucional, cabem ser feitas *duas observações* principais.

A *primeira* é a de que ela estabelece uma proteção, na realidade, aos *fatos jurídicos* ocorridos e, consequentemente, aos efeitos jurídicos (aos direitos) a eles conectados.[3] Nos três casos, pode-se afirmar que a

---

2. Sobre a regra da irretroatividade como meio para promoção da segurança jurídica, vide: Borges, 1995, p. 207.

3. Carlos Mário da Silva Velloso, "A irretroatividade da lei tributária – Irretroatividade e anterioridade – Imposto de Renda e Empréstimo Compulsório", *Revista Jurídica* 133/5-16, nov. 1988, p. 6. Sobre a proteção se destinar, na realidade, aos fatos jurídicos acabados, o Min. Ayres Britto pronunciou-se nos autos da ADI 3.105, Rel. Min. Cezar Peluso, Tribunal Pleno, *DJU* 18.2.2005: "O art. 5º, XXXVI, ao pres-

Constituição protege "direitos adquiridos" em razão de fatos jurídicos realizados por completo. Isso porque o ato jurídico perfeito e a coisa julgada são constituídos a partir do preenchimento de determinados requisitos segundo os quais eles podem ser identificados como fatos jurídicos. Isto é, preenchidos os requisitos legais, os eventos pelos quais esses objetos se exteriorizam são enquadrados na categoria de fato *jurídico*. E, como tais, tornam-se aptos a produzir os efeitos que o ordenamento a eles conectou.[4] Vale dizer, eles se tornam aptos a gerar direitos adquiridos.

A presente regra da irretroatividade proíbe, portanto, que a lei que passou a viger após a constituição definitiva desses *fatos jurídicos* modifique retroativamente os seus requisitos de validade e/ou as suas consequências normativas. Os atos jurídicos perfeitos são aqueles que se consumaram de acordo com a base normativa vigente ao tempo em que foram realizados. Por exemplo, o STF entende que os contratos constituídos ao tempo de certa base normativa não podem ter os seus requisitos de validade alterados por lei posterior, sob pena de prejuízo ao ato jurídico perfeito.[5] Os direitos adquiridos, de outra sorte, são aqueles cujas condições de eficácia previstas em lei foram devidamente preenchidas. O STF entende, por exemplo, que o servidor público que preencheu os requisitos legais ao ter convertido o seu *status* de celetista para estatutário adquiriu o direito ao aproveitamento do tempo de serviço para licença-prêmio.[6] E a coisa julgada, por sua vez, analisada pela doutrina sob a perspectiva formal e material, é, no âmbito formal, a qualidade da sentença que a torna imutável no processo em que a mencionada decisão judicial foi proferida, em razão de contra ela não ser mais cabível recurso.[7] Sob o ponto de vista material, a coisa julgada consiste na qualidade que torna "a sentença indiscutível entre as partes, impedindo que os juízes dos processos futuros novamente se pronunciem

crever que 'a lei não prejudicará o direito adquirido, o ato jurídico perfeito e a coisa julgada', protege, em homenagem ao princípio fundamental de resguardo da confiança dos cidadãos perante a legislação, enquanto postulado do Estado de Direito, os titulares dessas situações jurídico-subjetivas consolidadas contra a produção de efeitos normativos gravosos que, não fosse tal garantia, poderiam advir-lhes da aplicação da lei nova sobre fatos jurídicos de todo realizados antes do seu início de vigência".
4. Pontes de Miranda, 1987, p. 67.
5. RE 552.272-AgR, Rel. Min. Cármen Lúcia, 1ª Turma, *DJe* 18.3.2011; AI 292.979-ED, Rel. Min. Celso de Mello, 2ª Turma, *DJU* de 19.12.2002.
6. RE 221.946-4, Tribunal Pleno, Rel. Min. Sydney Sanches, *DJU* 26.2.1999.
7. Sérgio Gilberto Porto, *Comentários ao Código de Processo Civil*, vol. 6: *Do Processo de Conhecimento, arts. 444 a 495*, São Paulo: Ed. RT, 2000, pp. 159-160.

sobre aquilo que fora decidido".[8] Dessa forma, a coisa julgada *material* acaba por criar uma norma individual e concreta que estabiliza a própria relação jurídica de direito material levada ao juízo pelas partes. Dela – a coisa julgada – emergem direitos que não podem ser prejudicados por lei posterior. A respeito do assunto, o STF considerou parcialmente inconstitucional a Emenda Constitucional 62, de 9.12.2009, em razão de ela ter alterado os critérios de correção monetária dos valores inscritos em precatórios. Ocorre que o índice de correção havia sido definido em sentenças já transitadas em julgado antes do início da vigência da aludida emenda constitucional. O tribunal reconheceu, portanto, dentre outras violações à CF/1988, a ofensa à cláusula que protege a coisa julgada em face da irretroatividade.[9]

Por outro lado, o STF tem entendimento consolidado no sentido de que não há direito adquirido a regime jurídico. Por isso, as leis novas que alteram os requisitos legais de aquisição de direitos se aplicam de imediato. E atingem os casos daqueles que, ao tempo do início da sua vigência, ainda não haviam satisfeito os pressupostos aquisitivos do referido direito. Nesse sentido, aliás, é o teor da Súmula 359 do STF:

> Ressalvada a revisão prevista em lei, os proventos da inatividade regulam-se pela lei vigente ao tempo em que o militar, ou o servidor civil, reuniu os requisitos necessários.[10]

A segunda observação a ser feita diz respeito ao sentido da palavra "lei" disposta pela Constituição. À primeira vista, ela vincularia apenas o poder parlamentar relativamente à lei em sentido formal, isto é, à lei como resultado do procedimento legislativo estabelecido pela CF. Apenas a lei capaz de disciplinar o futuro por meio da sua generalidade é que estaria impedida de ser retroeficaz. Uma decisão judicial, por exemplo, por visar à solução de conflitos "do passado", não estaria impedida de produzir efeitos sobre esse passado. Contudo, o Supremo Tribunal Federal já invocou a cláusula constitucional em exame para proibir o Poder Judiciário de emitir decisões retroativas capazes de violar o ato

---

8. Ovídio A. Baptista da Silva, *Curso de Processo Civil*, v. 1: *Processo de Conhecimento*, 5ª ed., São Paulo: Ed. RT, 2000, p. 485.

9. ADI 4.425, Rel. Min. Ayres Britto, Redator p/Acórdão Min. Luiz Fux, Tribunal Pleno, *DJe* 18.12.2013.

10. No sentido da inexistência de direito adquirido a regime jurídico: MS 27.342, Rel. Min. Carmen Lúcia, 2ª Turma, *DJe* 6.8.2014; ARE 693.822, Rel. Min. Rosa Weber, 1ª Turma, *DJe* 23.6.2014; AI 410.946, Rel. Min. Ellen Gracie, Tribunal Pleno, *DJe* 6.5.2010.

jurídico perfeito. A Turma Recursal da Seção Judiciária do Rio de Janeiro havia desconsiderado os efeitos do Termo de Acordo criado pela Lei Complementar 110/2001. Por meio desse acordo, os titulares de contas vinculadas do FGTS receberiam os valores a que faziam jus por força de expurgos de índices inflacionários. O STF entendeu que "a decisão recorrida efetivamente afrontou a garantia do ato jurídico perfeito".[11] Isso porque o ato jurídico estava perfeito e acabado, realizado de acordo com os requisitos de validade prescritos pela legislação. Decisão semelhante foi adotada pelo STF no caso em que o Tribunal de Contas da União determinou a supressão de vantagem pecuniária incorporada por servidor público aos seus proventos de aposentadoria. Tal vantagem havia sido garantida, previamente, por decisão judicial transitada em julgado. O STF entendeu que a decisão do TCU não poderia prejudicar a coisa julgada. Segundo o STF, "o Tribunal de Contas da União não poderia afrontar a coisa julgada, dado que nem a lei poderia fazê-lo (CF, 5º, XXXVI)".[12] Por outro lado, o STF protegeu o direito adquirido de construir em face de ato administrativo que revogou a licença para edificação já concedida.[13]

Sem aprofundar a análise sobre a retroatividade das decisões judiciais, o que é feito na segunda parte da presente obra, importa, por ora, registrar que o STF utiliza a aludida regra constitucional para limitar não apenas os atos do Poder Legislativo. Com relação à atividade do Poder Executivo, cumpre igualmente destacar que ela também tem o potencial de violar o ato jurídico perfeito, o direito adquirido e a coisa julgada.[14] Os atos administrativos que revogam ou anulam outros atos e os Decretos que visam a regulamentar a lei são capazes de fazer isso. O certo é que, como acertadamente afirma Derzi ao abordar o tema, "o que a lei não pode fazer, muito menos poderão os regulamentos de execução".[15]

Este estudo defende, como já referido acima, não uma concepção de que o Direito está pronto diante do intérprete, ao qual caberia apenas descrevê-lo. O que se defende é uma concepção argumentativa do Direito, segundo a qual o intérprete deve reconstruir os possíveis sentidos

---

11. RE 418.918-6, Rel. Min. Ellen Gracie, Tribunal Pleno, *DJU* 1.7.2005.
12. MS 25.460-2, Rel. Min. Carlos Velloso, Tribunal Pleno, *DJU* 10.2.2006.
13. RE 85.002, Rel. Min. Moreira Alves, 2ª Turma, *DJU* 17.9.1976.
14. Nesse sentido: Ives Gandra da Silva Martins, "Processo Administrativo: Decisão que anula outra anterior, com base na lei complementar – Irretroatividade da lei ordinária", *RDDT* 171/165-185, dez. 2009, p. 180.
15. Derzi, 2009, p. 455.

das normas por meio de um discurso interpretativo. Cabe a ele decidir, dentre os sentidos possíveis, aquele que está mais fortemente suportado pelos princípios constitucionais sobrejacentes.

No presente caso, a palavra "lei" não deve ser compreendida apenas segundo o seu conteúdo semântico. A ela deve ser dado um conteúdo passível de ser reconduzido aos princípios da segurança jurídica, da liberdade, da propriedade e da dignidade humana. Considerando que as manifestações dos três Poderes podem "prejudicar" o ato jurídico perfeito, a coisa julgada e o direito adquirido, então, os atos emitidos por todos eles estão impedidos de retroagir restritivamente. Os efeitos normativos dos atos desses três Poderes são capazes de violar os direitos e as garantias fundamentais que suportam a proibição de retroatividade. Por isso, o sentido da palavra "lei" deve ser ajustado de modo que se torne capaz de proteger também os direitos individuais em face de outras manifestações estatais, que não apenas a lei como ato do poder parlamentar.[16]

2.1.3 A proibição de retroatividade no Direito Tributário

A partir do disposto no art. 150, III, "a", pode ser reconstruída a regra da irretroatividade vinculada ao fato gerador. Na segunda parte deste trabalho, a referida norma será analisada mais precisamente. Por ora, cumpre apenas apresentá-la como regra jurídica que intangibiliza as situações individuais em relação a fatos jurídicos também consumados.

2.2 COMO PRINCÍPIO JURÍDICO CONSTITUCIONAL

2.2.1 Métodos de elaboração do princípio

A irretroatividade, em segundo lugar, assume a dimensão normativa de princípio jurídico. Como tal, é uma norma implícita à CF/1988. Não há um fundamento textual (um dispositivo) ao qual ela possa ser diretamente reconduzida. Sua elaboração é obra do intérprete, que a reconduz a outros enunciados normativos presentes no texto constitucional. Por esse motivo, os seus fundamentos são aqui denominados de *indiretos*.[17]

---

16. Misabel de Abreu Machado Derzi, "Mutações, complexidade, tipo e conceito, sob o signo da segurança e da proteção da confiança", in Heleno Taveira Torres (Org.), *Estudos em Homenagem a Paulo de Barros Carvalho,* São Paulo: Saraiva, 2007, pp. 245-284, p. 279 e p. 280.

17. Guastini, 2011, p. 70 e p. 155; Guastini, 1993, p. 280.

O *princípio da irretroatividade* é construído a partir de dois métodos: o dedutivo e o indutivo.[18]

O *método dedutivo* possibilita elaborá-lo a partir de normas jurídicas que estabelecem finalidades mais abrangentes, para a promoção das quais a irretroatividade cumpre um papel instrumental. Por exemplo, a Segurança Jurídica é um sobreprincípio que impõe a realização de estados de confiabilidade e de calculabilidade. Para a promoção desses estados de coisas, conforme é demonstrado a seguir, é proibido que a lei seja retroeficaz.

Por outro lado, o *método indutivo* possibilita estruturar o princípio da irretroatividade a partir de normas jurídicas que estabelecem finalidades mais específicas. Essas normas prescrevem a adoção de determinados comportamentos que cumprem uma função instrumental para a realização de fins mais gerais.[19] Ou seja, a partir dos fins mais específicos, pode-se induzir os fins mais gerais. E, no caminho inverso, os fins mais gerais constituem uma justificação axiológica para os mais específicos. Por isso, aliás, é que Guastini afirma que

> um princípio (implícito) seria portanto uma norma geral da qual muitas normas particulares (explícitas) poderiam ser deduzidas.[20]

Por exemplo, a regra da legalidade implica a adoção de um comportamento por parte do legislador, segundo o qual devem ser elaboradas leis *gerais*. Vale dizer, as leis devem abranger um número indeterminado de situações hipotéticas e de pessoas. É vedado dirigi-las a regular casos concretos e escolhidos e a pessoas determinadas. A partir da necessidade de busca desse ideal de generalidade da lei, é possível inferir a necessidade de promoção de um fim mais amplo, qual seja: as leis não devem atingir atos de disposição concretizados no passado por pessoas já conhecidas. Ou seja, o dever de edição de leis gerais é um meio para concretizar a proibição de retroatividade.

A seguir, são apresentados os fundamentos indiretos por dedução e por indução, segundo os quais a dimensão principiológica da irretroatividade é construída.

18. Guastini, 2011, pp. 186-188.
19. Aarnio, 2011, p. 122; Guastini, 2011, pp. 188-189.
20. Guastini, 1993, p. 454.

2.2.2 Fundamentos indiretos por dedução

2.2.2.1 Estado de Direito

A CF/1988 dispõe, em seu primeiro artigo, que a República Federativa do Brasil se constitui em "Estado Democrático de Direito". O sobreprincípio do Estado de Direito estabelece, em suas dimensões formal e material, certas finalidades a partir das quais é deduzido o princípio da irretroatividade. Trata-se do Estado cuja atuação se dá por meio do direito e que objetiva, fundamentalmente, a proteção dos direitos fundamentais.

Em sua dimensão preponderantemente formal, o Estado de Direito apresenta como ideia básica a aptidão de governar as pessoas por meio de normas jurídicas claras, gerais (não particulares), temporalmente prospectivas e estáveis, isto é, por normas capazes de serem obedecidas.[21]

Trata-se do governo *sob* o Direito e *por meio* do Direito. *Sob* o Direito, porque o poder do Estado deve ser exercido de acordo com normas básicas do sistema jurídico, tais como a que veda a retroatividade. *Por meio* do Direito, porque o governo deve funcionar por normas gerais e abstratas, destinadas a casos gerais e a pessoas inominadas. Em sua dimensão preponderantemente material, essa atuação estatal objetiva criar condições para a proteção e promoção de finalidades fundamentais, como a dignidade humana (art. 1º, III) e a liberdade (art. 1º, IV). O governo que age por meio das leis está conectado às normas fundamentais e aos valores prevalentes em uma sociedade de cidadãos que merecem respeito à sua dignidade. Princípios jurídicos como os acima referidos, bem como aqueles que ordenam a proteção de outros direitos fundamentais, podem ser considerados como definidores da "fundação normativa de todo o Direito" em uma sociedade democrática.[22] A sua eficácia jurídica não somente limita o exercício do poder por parte do Estado, mas também indica as finalidades do exercício desse poder.[23] Nesse contexto, o Estado de Direito visa, portanto, não apenas a estabelecer normas capazes de serem obedecidas. Ele visa, principalmente, a governar por meio de normas capazes de implementar os valores fundamentais de uma determinada sociedade.

---

21. Joseph Raz, "The rule of law and its virtue" (1977), in *The Authority of Law: Essays on Law and Morality*, Oxford: Oxford University Press, 2005, pp. 220-221; Tamanaha, 2004, p. 91.
22. Gribnau, 2013b, p. 75.
23. *Eficácia* é aqui utilizada como a capacidade de produção de efeitos jurídicos.

Essa atuação *sob o* e *por meio do* Direito, comprometida com a realização dos direitos fundamentais, se impõe não apenas ao Poder Parlamentar. No exercício das suas funções jurisdicional e executiva, o Estado também deve estar comprometido com o desenvolvimento de uma ordem jurídica estável, previsível e protetiva dos direitos individuais. Ou seja, o legislador, o governo e o julgador devem atuar com respeito à confiança que o cidadão deposita nas instituições estatais para planejar sua vida. Isso porque os planos de ação são executados exatamente em razão das consequências normativas previstas pelos atos emitidos por tais instituições.

Essas considerações demonstram que o princípio da irretroatividade é um pressuposto necessário à promoção das finalidades formais e materiais do sobreprincípio do Estado de Direito. Isso porque a retroeficácia das normas jurídicas torna a atuação do Estado instável e não cognoscível (porque o cidadão é regido por uma lei que não conhecia ao tempo em que decidiu agir). Além disso, há uma quebra da confiança depositada na manutenção da base normativa em razão da qual o indivíduo decidiu agir. Não bastassem esses problemas, a retroatividade ainda implica a produção de uma lei individual para um fato que já ocorreu,[24] bem como torna inviável o planejamento da vida com base no exercício juridicamente orientado da liberdade. Nesse contexto, aliás, foi que Fuller afirmou que "uma lei retroativa é verdadeiramente uma monstruosidade".[25] Ela causa aquilo que Raz denomina de manifestação arbitrária do poder, prática vedada pelo Estado que deve agir *por meio do* e *sob o* Direito.[26] O princípio da irretroatividade atua, portanto, como um instrumento para a concretização das finalidades do Estado de Direito, ao impedir a referida arbitrariedade com relação à atuação estatal em suas funções legislativas, executivas e judiciárias. Vale dizer, ele visa a promover uma atuação normativa estável, previsível, cognoscível, geral e protetiva da liberdade e da dignidade humana.

Pelos mesmos motivos, é possível afirmar, por outro lado, que a irretroatividade é também importante para a promoção das finalidades do Estado de Direito concebido como Estado Social. A CF/1988 assegurou o exercício de direitos sociais (art. 7º). Também fundamentou o Estado nos valores sociais do trabalho (art. 1º, IV), bem como indicou como finalidade da ordem econômica a promoção da existência humana digna,

---

24. Sampford, 2006, p. 77.
25. Lon L. Fuller, *The Morality of Law,* New Heaven-Londres: Yale University, 1969, p. 53.
26. Raz, 2005, p. 219.

"conforme os ditames da justiça social" (art. 170, *caput*). Esses dispositivos revelam que a CF instituiu um Estado *Social* de Direito. Isso significa que, além de proteger os direitos fundamentais, o Estado deve realizar o planejamento e a ordenação social. Ele deve realizar medidas que possibilitem ao cidadão ter uma existência humana digna. Em outras palavras: ao Estado cabe a implementação de medidas positivas capazes de criarem um ambiente em que a pessoa possa se autodeterminar.[27] Nesse aspecto, o princípio da irretroatividade, por ordenar a adoção de condutas que respeitem a pessoa como um ser livre, impõe ao Estado o planejamento social e econômico responsável. As mudanças normativas devem ser acompanhadas de regras de transição que protejam o exercício passado da liberdade.

Da conjugação dos sobreprincípios do Estado de Direito e do Estado Social de Direito pode ser deduzida a proibição de retroatividade. O Estado que tolera a retroatividade normativa em prejuízo do cidadão é uma instituição que transige com a restrição arbitrária de direitos.

Isso, aliás, é o que vem ocorrendo em casos antes examinados. Há situações enfrentadas pelo STF que envolvem a produção de efeitos normativos sobre o passado, nas quais, porém, o STF não limita tais efeitos. Isso porque, como visto, inexistiria norma jurídica na CF/1988 para tanto. Vale dizer, há casos, como os de "retroatividade imprópria", em que as finalidades protegidas pelo sobreprincípio do Estado de Direito vêm sendo restringidas sem que haja critérios reguladores da atividade estatal. Não é exercido o controle dos atos retroeficazes quanto a esses casos, o que, por si só, já revela a violação ao referido princípio fundamental. O "mero" reconhecimento, pelo tribunal, de que não há meios para controlar as normas jurídicas em tais situações implica violação ao sobreprincípio do Estado de Direito. Isso porque, como visto, o referido sobreprincípio impõe que haja normas para limitação do exercício do poder. A eficácia dos direitos fundamentais exige que essa limitação seja estabelecida. Tal constatação revela, portanto, que as decisões judiciais em que os efeitos retroativos são declarados legítimos acabam violando, reflexamente, o sobreprincípio do Estado de Direito.

Por todas essas razões, é possível afirmar que o princípio da irretroatividade está fundamentado nos princípios do Estado de Direito e do Estado Social de Direito.

27. Ingo Wolfgang Sarlet, "As dimensões da dignidade da pessoa humana: construindo uma compreensão jurídico-constitucional necessária e possível", in Ingo Wolfgang Sarlet (Org.), *Dimensões da Dignidade: Ensaios de Filosofia do Direito e Direito Constitucional*, Porto Alegre: Livraria do Advogado, 2005a, pp. 13-43, p. 32.

2.2.2.2 Princípio da liberdade jurídica

A CF/1988 foi enfática ao assegurar a liberdade. O preâmbulo dispõe que o Estado é destinado a proteger a liberdade. Nos princípios fundamentais, a livre iniciativa é arrolada como fundamento do Estado (art. 1º, IV) e como seu objetivo (art. 3º, I). No capítulo destinado aos "direitos e deveres individuais e coletivos", a liberdade é garantida como direito fundamental em diversos dispositivos, tais como aqueles que asseguram a liberdade de pensamento, a liberdade de crença e de consciência, a liberdade de locomoção, a liberdade de exercício de atividade profissional, a liberdade de associação etc. No capítulo no qual constam os "princípios gerais da atividade econômica", a livre iniciativa figura como fundamento da ordem econômica brasileira.

A liberdade aqui referida é a liberdade não patrimonial.[28] Trata-se do direito de escolha que envolve os demais direitos específicos de liberdade. Seu papel relativamente ao problema envolvendo a retroatividade foi demonstrado no item 1.1.2 supra. Como se viu naquele momento, o conteúdo da liberdade é inegavelmente comprometido em razão das normas retroativas. A retroatividade impede que o cidadão se autodetermine por meio de escolhas quanto às consequências jurídicas que terá de suportar em razão das suas ações.

Por ser um pressuposto para o exercício dos direitos patrimoniais, a consideração da liberdade jurídica traz para o centro do debate os direitos fundamentais. Nesse contexto, é possível afirmar que o princípio da irretroatividade é um pressuposto para a promoção do estado de coisas estabelecido pela liberdade jurídica. Por conseguinte, ele também é pressuposto para a protetividade dos atos de disposição dos direitos fundamentais realizados pelo individuo que confiou no Estado. A liberdade, por tudo o que já foi anteriormente exposto, constitui-se como uma norma que fundamenta o princípio da irretroatividade.[29]

Uma última observação ainda é necessária: a liberdade ora examinada não se destina a impedir a evolução do ordenamento jurídico e a mudança da legislação. Mudanças podem e devem ser feitas, como se verá adiante. O que a liberdade exige é que essas modificações sejam feitas com respeito ao indivíduo que, no passado, dispôs dos seus direitos com base no Direito.

---

28. Alexy, 2001, pp. 211-217.
29. Mastroiacovo, 2005a, p. 47.

2.2.2.3 Princípio da dignidade humana

Além de envolver um problema de liberdade, a retroatividade provoca um obstáculo à promoção da dignidade humana, a qual também é um dos seus fundamentos.

A promoção de uma existência humana digna está intimamente ligada ao exercício autônomo da razão.[30] A pessoa humana deve ser vista como um ser capaz de planejar seu futuro por meio da sua autonomia. A autonomia é a capacidade de se autogovernar, a capacidade do indivíduo de fazer escolhas segundo determinadas reflexões, levando em consideração os efeitos dessas escolhas.[31] Autonomia não de escolher qualquer coisa que o indivíduo queira, mas de modelar a sua vida de acordo com as alternativas que o Direito lhe possibilita. A autonomia pessoal, portanto, refere-se à condição de que o indivíduo possa efetivamente ser quem ele quer ser, e não quem o Estado quer que ele seja.[32] Ou, como explica Gribnau, refere-se à "condição de um homem cujas escolhas e ações são expressão das suas próprias preferências e aspirações".[33]

A dignidade humana, nesse contexto, assegura ao indivíduo a prática das condutas necessárias ao desenvolvimento da sua personalidade e da sua autodeterminação.[34] A autodeterminação da pessoa, segundo Barzotto, é um dos bens dos quais o indivíduo é merecedor tão somente pela sua condição humana.[35] Sem ela, isto é, sem liberdade de autodeterminação para plasmar a sua vida, não há espaço para se falar em ser humano digno, mas em um *ser* que se torna mero objeto de arbítrio e injustiças.[36]

Raz adverte que a autonomia e, consequentemente, a dignidade humana podem ser violadas pelo Estado por meio de arbitrariedades que implicam aquilo que ele denominou de "escravidão". A referida

---

30. Kant, *Fundamentação da Metafísica dos Costumes,* trad. de Paulo Quintela, Coimbra: Coimbra, 1960, pp. 189-190.

31. Juratowitch, 2008, p. 49.

32. Tamanaha, 2004, p. 36; Gribnau, 2013b, p. 74.

33. Gribnau, 2013b, p. 74.

34. Donato Messineo, *Garanzia del Contenuto Essenziale e Tutela Multilivello dei Diritto Fondamentali.* [s.l.]: Edizioni Simple, 2010, p. 118.

35. Luiz Fernando Barzotto, "Justiça social: gênese, estrutura e aplicação de um conceito", *Revista da Presidência da República* 48/1-22, disponível em: <http://www.planalto.gov.br/ccivil_03/revista/Rev_48/artigos/ART_LUIS.htm>, Acesso em: 23.7.2014, p. 10.

36. Sarlet, 2005a, p. 35.

escravidão ocorre nos casos em que a pessoa perde o controle da sua própria vida por força da mudança de fatores a ela exteriores.[37] As leis retroativas são meios para essa situação de indignidade. Isso porque elas frustram as expectativas do indivíduo quanto ao futuro e quanto aos seus planos pessoais.

Assinale-se que "controle da vida" tem aquele ser humano ao qual é assegurado o direito de escolher rotas de comportamento em razão dos efeitos jurídicos que terá de suportar. Isto é, aquele ser humano ao qual é garantida a faculdade de avaliar os efeitos dos seus atos para decidir sobre agir ou não agir. Ele se autodetermina em face das consequências jurídicas conectadas pelo direito aos seus atos. E o faz encorajado pela aparência de estabilidade que o ordenamento jurídico apresenta. Vale dizer, ele o faz em razão da confiança que deposita na preservação da base normativa que o encorajou.

No caso, porém, em que as consequências conectadas a esses atos são alteradas depois de a conduta ter sido adotada, a "escravidão" referida por Raz se estabelece. Isso porque as consequências aplicadas ao indivíduo não são mais aquelas que, por sua deliberação, ele decidiu suportar. Diferentemente disso, as consequências são a ele impostas como fatores externos à sua capacidade de planejamento e, por isso, tornam-se por ele incontroláveis e inevitáveis.

Por essas razões é que se pode afirmar que as normas retroativas desrespeitam a autonomia do indivíduo. Além de frustrarem os planos de vida realizados, elas ainda impedem o cidadão de reorientar a sua conduta com base nos novos efeitos normativos.[38] Assim, na realidade, a retroatividade faz com que o cidadão seja tratado pelo Estado não como um "fim" digno de respeito e de proteção. O indivíduo é tratado como um "meio", vale dizer, como um objeto de arbitrariedade e de injustiça.

Todas essas considerações demonstram, portanto, que o Estado de Direito, que visa à promoção da dignidade humana, não pode tolerar leis retroeficazes. O princípio da irretroatividade é, portanto, pressuposto necessário à criação de um estado de coisas em que as pessoas sejam tratadas como seres capazes de guiar, com autonomia, o seu comportamento presente em razão de consequências jurídicas futuras. Daí por que a dignidade humana é um dos fundamentos do princípio em estudo.

37. Raz, 2005, p. 221.
38. Juratowitch, 2008, p. 49.

2.2.2.4 Princípio da liberdade de exercício de qualquer trabalho, ofício ou profissão e liberdade de exercício de atividade econômica

A livre iniciativa é um dos fundamentos do Estado de Direito, conforme dispõe o art. 1º da CF/1988. Ela se especifica no livre exercício de qualquer profissão, ofício ou trabalho (art. 5º, XIII) e na liberdade de exercício de atividade econômica (art. 170, parágrafo único). A conjugação desses direitos permite falar na liberdade de empresa como direito assegurado pela CF.

O exercício da liberdade profissional e econômica é um meio para o desenvolvimento da personalidade do ser humano. Isto é, é um pressuposto a uma existência humana digna. O direito à autodeterminação e à configuração da vida privada é promovido pela liberdade de exercer continuamente um ofício econômico. Ao Estado cumpre criar as condições para que a liberdade e a criatividade do homem possam ser exercidas e possam, com isso, possibilitar o seu autodesenvolvimento.

Nesse contexto, como direitos fundamentais que são, a liberdade profissional e a econômica protegem determinados bens jurídicos que integram o seu conteúdo. Tratam-se de ações, situações, posições jurídicas e propriedades cuja disponibilidade condiciona a realização do estado de coisas buscado por esses direitos. Dentre os referidos bens, podem ser arroladas a liberdade de criação de uma empresa e de escolha de uma profissão; a liberdade de formatação jurídica da empresa e a sua transformação; a liberdade de empreender o patrimônio numa atividade privada de longo prazo e, por meio dele, obter lucros; a liberdade de exercer uma atividade profissional e econômica, planejando negócios e executando tais planos; a liberdade de direção da atividade privada por meio da realização de atos específicos de estruturação da empresa, de precificação de produtos e de serviços, de planejamento financeiro, de contratação de colaboradores.[39]

39. Gaspar Ariño Ortiz, *Principios Constitucionales de la Libertad de Empresa: Libertad de Comercio e Intervencionismo Administrativo*, Madri: Marcial Pons, 1995, pp. 221 e ss.; Ramón Entrena Cuesta, "El principio de libertad de empresa", in Fernando Garrido Falla (Coord.), *El Modelo Económico en la Constitución Española*, Madri: Instituto de Estudios Económicos, 1981, v. 1, pp. 107-165, p. 116; Ávila, "Antecipação de receita de ICMS, alteração reiterada e momentânea do prazo de recolhimento e do período de apuração já iniciado por meio de decreto estadual: análise da constitucionalidade e da legalidade" *RDDT*, 94/140-155, jul. 2003a, p. 152; Hans-Jürgen Papier, "Ley Fundamental y orden económico", in Ernest Benda *et*

A proteção desses bens jurídicos exige, por sua vez, que as leis sejam estáveis. Exige, fundamentalmente, que haja respeito às previsões do indivíduo quanto às consequências jurídicas dos seus atos.[40] Isso porque é com base nessas previsões que as atividades econômicas são moldadas. O exercício da liberdade pressupõe o conhecimento das consequências futuras conectadas aos atos presentes. Isso não apenas com relação aos planos de curta duração, mas, sobretudo, quanto aos planos de longo prazo. Especificamente em relação a estes, o exercício da liberdade envolve a disposição dos bens jurídicos acima mencionados de modo contínuo.

No âmbito tributário, essa estabilidade do ordenamento jurídico e a previsibilidade quanto às consequências normativas são ainda mais importantes. Isso porque a concretização das obrigações tributárias provoca efeitos interventivos no âmbito protegido pelos direitos fundamentais. Seu cumprimento restringe, mais ou menos intensamente, a liberdade e a propriedade, independentemente da vontade do indivíduo.[41] Dado o caráter preponderantemente oneratório dessas obrigações, deve ser assegurado ao contribuinte medir antecipadamente, com a maior precisão possível, os efeitos tributários das suas operações econômicas.[42]

Mas não basta apenas poder prever as consequências. É necessário que as consequências jurídicas previstas sejam efetivamente mantidas. Uma alteração quanto aos efeitos tributários presentes e futuros em determinadas operações do passado pode comprometer a viabilidade da sua implementação. Observe-se, por exemplo, que a previsão de lucros em relação a determinado negócio é feita em face da incidência de tributos. Por outro lado, as empresas são criadas e transformadas mediante a prática de atos ao longo do tempo. Esses atos são implementados levando-se em consideração as consequências tributárias que as normas jurídicas conectam a eles.

Todas essas considerações revelam que a irretroatividade é um pressuposto para que os estados de coisas protegidos pela liberdade econômica sejam realizados. Sem um ordenamento jurídico que respeite as disposições de direitos havidas no passado, não é possível ser realmente

---

al., *Manual de Derecho Constitucional*, trad. de Antonio López Pina, Madri: Marcial Pons, 1996, pp. 561-612, p. 573; Menke, 2009, pp. 76 e ss.

40. Mastroiacovo, 2005b, p. 99.

41. Ávila, 2012, p. 76.

42. Raz, 2005, p. 215. No mesmo sentido: Filippo Varazi, "Contributi alla certezza della norma tributaria", in Augusto Fantozzi e Andrea Fedele (Orgs.), *Statuto dei Diritti del Contribuente.*, Milão: Giuffrè, 2005, pp. 65-91, p. 69.

livre para exercer uma profissão e para desenvolver uma atividade econômica.

2.2.2.5 Princípio da propriedade

A propriedade privada é garantida pela CF/1988 no art. 5º, XXI e XXIII, e no art. 170, II e III. Trata-se de um direito fundamental relacionado substancial e reciprocamente com a liberdade. Ele protege as ações e as posições jurídicas referentes à aquisição, à manutenção e à transmissão da propriedade. Essas ações visam a resguardar o vínculo de titularidade do indivíduo sobre determinados bens e direitos (dinheiro, imóveis, empresa, valores mobiliários etc.). Mais do que isso, o direito fundamental em análise pressupõe a liberdade de fazer uso desses objetos. São asseguradas ao indivíduo a livre disposição e fruição do conteúdo econômico de tais bens como meios para dirigir sua vida privada (e se autodeterminar), segundo as suas conveniências.[43] É nesse aspecto, por exemplo, que a utilização dos rendimentos equivale ao "uso da propriedade".[44]

O poder de disposição inerente à propriedade e o direito de exploração do conteúdo econômico do patrimônio são pressupostos para o exercício das atividades profissionais e empresárias anteriormente mencionadas. O indivíduo empreende os seus bens em determinados negócios visando ao lucro, isto é, objetivando que o patrimônio possa ser acrescido em razão do exercício dessa atividade. Desse modo, não é possível falar em proteção da liberdade de empresa sem que haja, como pressuposto, a proteção das ações e das posições jurídicas que integram o direito de propriedade. Como dito acima, liberdade e propriedade relacionam-se reciprocamente.

Nesse contexto, considerando que os atos de disposição da propriedade, a exemplo do que ocorre com relação à liberdade, são contínuos no tempo, é preciso que o ordenamento jurídico seja estável. É necessário que as regras jurídicas não mudem a todo tempo. Mudanças normativas frequentes tendem a prejudicar a disposição patrimonial. Além disso, o ordenamento jurídico deve ser previsível quanto aos efeitos jurídicos capazes de restringir o direito fundamental de propriedade. Isso por conta

---

43. Paul Kirchhof, "La influencia de la Constitución Alemana en su legislación tributaria", in *Garantías Constitucionales del Contribuyente*, trad. de Cesar García Novoa, Valência: Tirant Lo Blanch, 1998, pp. 25-49, p. 42.

44. Klaus Tipke, *Moral Tributaria del Estado y de los Contribuyentes: Besteuerungsmoral und Steuermoral*, trad. de Pedro M. Herrera Molina, Madri: Marcial Pons, 2002, p. 52.

de dois motivos. O primeiro é que o indivíduo tem de poder "calcular" antecipadamente os efeitos que "diminuirão" o conteúdo econômico da sua propriedade, para que, em face deles, possa planejar a sua vida. O segundo é que, sendo possível calcular previamente os referidos efeitos, o indivíduo pode escolher cursos comportamentais alternativos que provoquem diminuição menos intensa desse conteúdo econômico. Isto é, tem de ser assegurado a ele o direito de escolher uma rota alternativa de ação que possibilite preservar sua propriedade.[45]

A CF/1988 visivelmente enfatizou a proteção da propriedade em relação a esse aspecto dinâmico da transição normativa do presente para o futuro. A regra da anterioridade tributária, reconduzida ao art. 150, III, "b" e "c", é um exemplo dessa ênfase. A majoração e a instituição de tributos, medidas que causam inegável restrição à disponibilidade dos bens jurídicos protegidos pelo direito de propriedade, devem ser previamente anunciadas. Ou seja, depois de a lei que aumenta ou que cria o tributo ser publicada, é assegurado ao contribuinte um prazo até que a cobrança do tributo novo ou aumentado seja iniciada. Esse "prazo" se justifica na medida em que serve exatamente para que o planejamento mencionado acima possa ser feito. Dentro desse período, o contribuinte pode estabelecer planos de ação visando a se preparar para a incidência tributária ou para, licitamente, evitá-la. É visível, portanto, a preocupação da CF/1988 quanto a garantir uma calculabilidade protetora da propriedade, reconhecendo que esse direito deve ser compreendido dentro de uma dinâmica de atos de disposição planejados.

Essas considerações levam à conclusão de que as normas retroativas não são toleradas pela norma protetora do direito fundamental ora examinado. Isso precisamente porque elas impedem a promoção desse estado de coisas de estabilidade e de previsibilidade de efeitos restritivos da propriedade. Elas não permitem que o indivíduo possa livremente dispor do conteúdo econômico do seu patrimônio. Ainda, as leis retroativas estabelecem um "clima de desconfiança" em relação aos efeitos que efetivamente podem ser esperados a partir do ordenamento jurídico, situação nociva à disposição da propriedade.

45. Nesse sentido, Rodríguez-Bereijo afirma que a possibilidade de prever a carga tributária serve para que o contribuinte "possa ajustar seu comportamento econômico ao custo previsível dos impostos, de maneira que possa calcular de antemão a carga tributária e pagar a menor quantidade de impostos que as leis permitam" (Álvaro Rodríguez-Bereijo, "Jurisprudencia constitucional y principios de la imposición", in *Garantías Constitucionales del Contribuyente*, Trad. de Cesar García Novoa. Valência: Tirant Lo Blanch, 1998, pp. 127-180, p. 149).

Enfim, por todas essas razões, é possível afirmar que, dos deveres imediatos que o princípio da propriedade impõe, podem ser deduzidos os deveres imediatos prescritos pelo princípio da irretroatividade.

2.2.2.6 Princípio da igualdade

A igualdade foi assegurada pela CF/1988 em diversas partes do seu texto. O "Preâmbulo" contém menção expressa a ela. Os enunciados dos incisos III e IV do art. 1º fazem referência à proibição das desigualdades como objetivo fundamental a ser promovido pela República Federativa do Brasil. No capítulo destinado aos "Direitos e Deveres Individuais e Coletivos", é assegurada a igualdade no *caput* e no inciso I do art. 5º, sem falar em outros pontos do texto constitucional em que há referência direta ou indireta ao referido princípio.

A igualdade perante a lei (ou igualdade formal) determina que as situações semelhantes sejam tratadas similarmente.[46] Cumpre ao aplicador da norma verificar se os eventos efetivamente ocorridos apresentam as características que permitem enquadrá-los na hipótese normativa. Aqueles eventos que forem semelhantes devem ter enquadramento e tratamento uniformes. E os eventos diferentes, segundo certos critérios de comparação, devem ser tratados diferentemente. Essa uniformidade de tratamento se relaciona com o princípio da proibição de retroatividade, na medida em que as leis retroeficazes impedem a promoção desse ideal. Dois exemplos demonstram isso.

Imaginem-se dois indivíduos, *A* e *B*, que decidem realizar a importação de automóveis em razão da redução da alíquota do imposto de importação de 40% para 4%. Os dois assinam o contrato de importação no mesmo dia, sob a mesma base normativa. Ou seja, os dois "calculam" os efeitos tributários da operação contando em pagar o tributo mediante a alíquota de 4%. Contudo, o automóvel importado pelo indivíduo *A* demora 45 dias para chegar ao Brasil, enquanto o automóvel importado pelo indivíduo *B* demora 30 dias para desembarcar no país. O governo brasileiro, todavia, depois de o desembaraço aduaneiro do automóvel do indivíduo *B* ter ocorrido, mas antes de o automóvel do indivíduo *A* ter chegado ao Brasil, aumenta a alíquota do imposto de importação, retornando-a a 40%. Ao indivíduo *B*, portanto, é aplicada a alíquota de 4%; e, ao indivíduo *A*, a de 40%.

---

46. Gribnau, 2013a, p. 62; John Rawls, *A Theory of Justice*. Oxford: Oxford University Press, 1999, p. 442.

Esse primeiro caso demonstra, claramente, que a lei com efeitos retrospectivos restringe a igualdade. Isso porque ela faz com que dois cidadãos que se encontram na mesma situação e que agem encorajados pela mesma base normativa, recebam, no final, tratamentos diferentes. A conduta praticada pelos dois indivíduos é rigorosamente a mesma. Porém, ao indivíduo *A* é aplicada uma consequência mais onerosa do que aquela aplicada ao indivíduo *B*, sem que lhes tenha sido permitido qualquer controle sobre essa diferenciação. O único critério utilizado para diferencia-los é o tempo da consumação das operações. Esse critério de diferenciação, contudo, não guarda, aparentemente, relação de congruência com uma finalidade constitucional que o justifique. Ou seja, a lei retro-operante faz com que casos semelhantes acabem sendo tratados diferentemente apenas em razão do tempo.[47]

Imagine-se, agora, que apenas o indivíduo *B* tenha realizado o contrato de importação na vigência da lei que reduziu a alíquota para 4%. O indivíduo *A*, por outro lado, realiza o contrato de importação somente após o aumento da alíquota ter sido implementado. Pelo fato de a chegada ao Brasil do automóvel importado pelo indivíduo *B* ter ocorrido após a majoração da alíquota para 40%, a ele é aplicado esse percentual. O mesmo ocorre com relação ao indivíduo *A*, haja vista a sua operação ter sido iniciada e concluída sob a vigência da nova lei. Enfim, às duas importações é aplicada a alíquota de 40%, ainda que as ações tenham sido iniciadas em tempos diferentes.

Esse segundo caso demonstra, diferentemente do primeiro, que a lei com efeitos retrospectivos faz com que os dois cidadãos que agiram em situações diferentes sejam tratados com os mesmos efeitos. A violação ao ideal de uniformidade de aplicação normativa acima mencionado é evidente. O indivíduo *A* agiu com conhecimento prévio da norma que aumentara a alíquota do tributo. O indivíduo *B*, no entanto, iniciou o seu curso de ação sem conhecê-la. Ainda assim, às duas importações foram aplicadas as mesmas consequências jurídicas, desprezando-se a circunstância envolvendo o desconhecimento da norma em relação a uma das operações.

A retroatividade, por outro lado, também está envolvida com o problema da igualdade no tempo, também chamada de "coerência ao longo do tempo".[48] A coerência aqui mencionada impõe que seja mantida a

---

47. Juratowitch, 2008, p. 212.
48. Peczenik, 2005, p. 147.

uniformidade de tratamento dos casos semelhantes ao longo dos anos. Ela exige uniformidade de tratamento por parte do legislador. E impõe a constância de entendimentos do Poder Judiciário e do Poder Executivo quanto à interpretação das leis nessa perspectiva temporal.[49] Situações semelhantes devem receber tratamento semelhante. O Executivo e o Judiciário só estão autorizados a mudar a sua interpretação em relação a determinada lei e a determinado grupo de casos se houver justificativa razoável para tanto,[50] isto é, se não forem alteradas as situações que serviram de base para a edição de um ato administrativo, ou para que uma decisão, judicial ou administrativa, fosse adotada, então o ato e a decisão devem ser mantidos. Dessa uniformidade ao longo do tempo decorre a possibilidade de os indivíduos poderem confiar no Direito e poderem calcular os efeitos futuros dos seus atos presentes.

Entretanto, o dever de coerência ao longo do tempo pode ser violado por medidas retroativas. A mudança de entendimento jurisprudencial com efeitos sobre fatos passados é um exemplo disso. Outro exemplo é a alteração do entendimento administrativo quanto às soluções de consulta já devidamente assentadas em um determinado sentido. Essas modificações podem interferir em atos de disposição da liberdade que foram adotados em razão do entendimento modificado. Ou seja, elas podem prejudicar atos praticados com base na confiança de que esse mesmo entendimento seria mantido ao longo do tempo. Portanto, para que a referida igualdade temporal seja promovida, os atos administrativos e as decisões judiciais e administrativas não podem ser livremente alterados e, com isso, operar efeitos sobre fatos passados. Modificações evidentemente podem ocorrer. Porém, elas devem ser justificadas. Ainda assim, a sua implementação deve ser feita com moderação e atenção ao dever de preservar os direitos fundamentais exercidos no passado.

Todas essas considerações demonstram que, dos ideais de uniformidade de tratamento perante a lei e de igualdade ao longo do tempo, pode ser deduzido o elemento central da irretroatividade: a intangibilidade dos atos de disposição dos direitos fundamentais. O princípio da irretroatividade funciona, portanto, como instrumento de promoção da igualdade. Ou seja, ao intangibilizar os atos de disposição dos direitos fundamentais

49. Ávila, 2014b, pp. 628-629; Amatucci, 2005, p. 15.
50. Ávila, "O princípio da isonomia em matéria tributária", in Heleno Taveira Torres (Org.), *Estudos em Homenagem a Paulo de Barros Carvalho*, São Paulo: Saraiva, 2007, pp. 407-439, p. 13; Ávila, 2014b, p. 237.

e ao proteger a confiança subjetiva, ele acaba protegendo a igualdade nos aspectos acima mencionados.[51]

2.2.2.7 Princípio da segurança jurídica

2.2.2.7.1 Considerações iniciais

A irretroatividade encontra base sólida no princípio constitucional da segurança jurídica, o qual contribui, decisivamente, para a identificação do seu conteúdo.[52] O estado ideal de coisas perseguido pela segurança jurídica aponta para fins mais amplos, a partir dos quais podem ser deduzidos fins específicos a serem alcançados pela proibição de retroatividade das normas. Os ideais de *cognoscibilidade, confiabilidade* e *calculabilidade* são tanto mais promovidos quanto menos efeitos retro-operantes as normas produzirem. Isso significa que o conteúdo da irretroatividade está, necessariamente, relacionado com as dimensões estática e dinâmica do princípio da segurança jurídica.[53] Na dimensão estática, a irretroatividade relaciona-se com o problema envolvendo o conhecimento e a compreensão do Direito, isto é, com o ideal de *cognoscibilidade*. Na dimensão dinâmica, por outro lado, a irretroatividade relaciona-se com o problema das ações humanas praticadas ao longo do tempo. Isto é, ela se conecta com a segurança de transição do *passado para o presente* e *do presente para o futuro*, visando à promoção dos ideais de *confiabilidade* e de *calculabilidade*.[54]

2.2.2.7.2 Irretroatividade e dimensão estática da segurança jurídica

Em primeiro lugar, a irretroatividade visa a promover um dos aspectos materiais da segurança jurídica, compreendida em sua perspectiva estática: a cognoscibilidade.[55]

A cognoscibilidade implica determinabilidade, como capacidade material e intelectual de compreensão do sentido dos enunciados normativos

---

51. Na Bélgica, o princípio da irretroatividade não está expressamente previsto na Constituição. Ele é deduzido exatamente do princípio da igualdade. Vide em: Peeters e Puncher, 2013, p. 177.

52. Pauwels, 2013, p. 101.

53. O fundamento direto do princípio da segurança jurídica é encontrado no preâmbulo da CF/1988, bem como no *caput* do art. 5º.

54. Ávila, 2014b, pp. 698-699.

55. Amatucci, 2005, p. 14; Ávila, 2014b, p. 493.

que regem determinada conduta.⁵⁶ Em outras palavras, significa que o cidadão deve ter a capacidade de compreender as alternativas de sentidos interpretativos que podem ser construídos a partir dos dispositivos legais. Ou seja, cognoscibilidade é a aptidão para conhecimento da regra que regula determinada conduta. Somente em face de normas conhecíveis é que o cidadão pode livremente decidir sobre agir (e, então, suportar as consequências normativas) ou não agir. Isto é, para que o Direito seja efetivamente obedecido e, portanto, apto a guiar as condutas humanas, a existência das normas deve preceder o comportamento do indivíduo. Só assim ele poderá agir *em razão* das normas. E só assim o Direito poderá ser obedecido. Conforme afirma Fuller, não pode haver fundamento racional para afirmar que um indivíduo tem a obrigação de obedecer a uma regra que não existe ou que passou a existir depois de ele ter agido.⁵⁷

As normas com efeitos retroativos impedem a promoção desse estado de cognoscibilidade. Isso porque, como dito acima, o indivíduo não pode ser guiado por uma lei retroativa, haja vista a sua inexistência ao tempo em que a ação é realizada.⁵⁸ Pauwels destaca que o problema que uma norma retroativa causa, nesse contexto, é precisamente o seguinte: o cidadão age, no presente, sem conhecer a futura regra que regulará (retroativamente) a sua conduta.⁵⁹ Imagine-se o seguinte exemplo. Por meio da norma N1, no tempo T1, o governo reduz a alíquota de determinado tributo com a finalidade extrafiscal. A redução visa, mais precisamente, a fomentar a importação de determinado produto cuja entrada no Brasil é considerada estratégica para a fixação de uma política interna de preços. Ocorre que o governo, meses depois, edita a norma N2, por meio da qual, no tempo T2, o estímulo criado por meio da alíquota reduzida é revogado. O objetivo da norma N2 passa a ser o de dificultar a entrada do referido produto no país, pois a meta de regulação dos preços foi supostamente atingida. O certo é que, nesse contexto, a norma N2 não deve produzir efeitos no tempo T1. O importador que guiou o seu comportamento em razão da norma N1 (e realizou operações que ainda se encontram em curso ao tempo da modificação normativa) não conhecia o conteúdo da norma

56. Ávila, 2014b, pp. 265 e ss.
57. Fuller, 1969, p. 39.
58. Raz, 2005, p. 214; Eduardo Junqueira Coelho, "Segurança jurídica e a proteção da confiança no Direito Tributário", in Eduardo Maneira e Heleno Taveira Torres (Coords.), *Direito Tributário e a Constituição: Homenagem ao Professor Sacha Calmon Navarro Coêlho*, São Paulo: Quartier Latin, 2012, pp. 225-267, p. 231; Luis Hernandez Berenguel, "La irretroactividad de las leyes y la seguridad jurídica", *Revista del Instituto Peruano de Derecho Tributario* 23/43-63, dez. 1992, p. 54.
59. Pauwels, 2013, p. 101.

N2 ao tempo em que agiu. A norma N2, portanto, por não ser cognoscível no tempo T1, não tem a aptidão para guiar os comportamentos relativamente a tal período de tempo. Esse exemplo, embora singelo, demonstra que os efeitos retroativos impedem a promoção do estado de coisas em que o cidadão conhece a norma jurídica que visa a orientar sua conduta. É exatamente por tais motivos que, como concluiu Ávila,

> o problema da retroatividade envolve, por definição, a *inexistência* e o *desconhecimento* da norma no momento da ação.[60]

2.2.2.7.3 Irretroatividade e dimensão dinâmica da segurança jurídica

A proibição da retroatividade também visa à promoção de um estado de coisas em que haja *confiabilidade, seja por meio da permanência e da continuidade normativa* ao longo do tempo, seja *por meio da proteção da confiança* exercida pelo cidadão com base no ordenamento jurídico. Além disso, ela visa à promoção de um estado ideal de coisas em que haja *calculabilidade* relativamente aos efeitos normativos e à sua modificação futura.

a) Confiabilidade por meio da permanência e da continuidade do ordenamento jurídico. Um dos aspectos materiais da segurança jurídica é a *confiabilidade*. Ele se desdobra na *confiabilidade por meio da permanência* e na *confiabilidade por meio da continuidade* do ordenamento. Para ser seguro, o Direito deve ser durável ao longo do tempo. Além disso, as modificações normativas que se fizerem necessárias devem ser suaves e moderadas. O objetivo da estabilidade pretendida pela confiabilidade é o de tornar o Direito eficaz como instrumento de regulação das condutas e, consequentemente, de organização da sociedade.[61] Se as leis forem frequentemente alteradas, as pessoas terão dificuldade de identificar qual é a base normativa efetivamente vigente em um determinado momento. Elas estarão constantemente "com medo" de que a lei seja alterada desde a última vez em que conheceram qual era a norma a elas aplicável.[62]

As frequentes e drásticas modificações do quadro normativo geram, portanto, uma crise de credibilidade com relação ao ordenamento jurídico. Elas configuram uma situação de desconfiança no sentido de que as

---

60. Ávila, 2014b, p. 494.
61. Gribnau, 2013b, p. 84.
62. Raz, 2005, p. 214.

regras podem mudar a qualquer momento. Por esse motivo, em um estado de coisas em que ocorrem mudanças constantes, extensas e intensas, há também uma tendência de os indivíduos organizarem seus planos de vida e suas atividades à margem do que dispõem as leis.[63] O Direito perde, nesse contexto, sua capacidade regulatória.

Nessa perspectiva, Fuller observa que há um tipo de *reciprocidade* entre governo e cidadão com relação à observância das regras. O governo indica ao cidadão qual regra deve ser seguida. Ao mesmo tempo, o Poder Público se compromete com a manutenção do ordenamento ao longo do tempo, de modo que seja possível ao indivíduo modelar livremente a sua vida. Isto é, o cidadão cumpre as regras na expectativa de que o governo também cumpra a sua "promessa" quanto à manutenção dos efeitos oriundos de tais regras.[64] A eventual quebra dessa relação de reciprocidade pela instabilidade do ordenamento jurídico compromete a sua credibilidade. Os indivíduos passam a duvidar sobre se as normas efetivamente produzem os efeitos por elas prescritos e, por isso, passam, como dito acima, a não mais guiar seu comportamento em razão delas. É por isso que Mastroiacovo afirma que a estabilidade da disciplina normativa determina, em geral, maior observância dos seus comandos pelos cidadãos. Ao longo do tempo, o particular tende a conhecer a lei e, consequentemente, a predispor o seu comportamento dentro dos limites por ela delineados.[65] Ou seja, a estabilidade do ordenamento jurídico é uma das virtudes que contribui para que o Direito seja capaz de manter a sociedade minimamente organizada.

A retroatividade dos efeitos normativos, ao comprometer a confiabilidade na permanência e na continuidade do ordenamento, acaba afetando a liberdade jurídica do cidadão. Isso porque o exercício da liberdade de decisão relativamente ao curso de ação a ser adotado depende da estabilidade do sistema normativo. As pessoas precisam confiar na permanência do Direito não só para as decisões de curto prazo, mas também para o planejamento de longa duração. Para implementar um plano de negócios, como afirmado anteriormente, é necessário conhecer os efeitos tributários a serem suportados no exercício futuro da atividade econômica. Mais do que conhecê-los, é preciso saber que, em certa medida, eles se manterão estáveis durante um período de tempo. As modificações constantes na legislação tornam difícil precisar qual é, efetivamente, o âmbito de eficácia temporal de uma norma. E mais: elas dificultam que se saiba qual é

63. Mastroiacovo, 2005a, p. 201.
64. Fuller, 1969, pp. 39-40 e p. 80.
65. Mastroiacovo, ob. cit., p. 200.

o dispositivo a partir do qual pode ser construída a norma que disciplina certa situação.[66]

Essas observações não significam que o Direito não possa sofrer alterações. É evidente que pode e deve ser alterado, sobretudo se considerada a função do Estado Social de Direito de promover a eficácia dos direitos sociais por meio da planificação da sociedade. A tributação é indispensável nessa tarefa planejadora. As receitas obtidas por meio dos tributos são utilizadas como financiamento de programas envolvendo os valores constitucionais, como saúde, educação, liberdade econômica etc. Contudo, as modificações devem ser suaves e moderadas. Elas devem respeitar o conteúdo dos direitos fundamentais cuja disposição ocorreu sob os efeitos de base normativa alterada. Além disso, elas devem preservar a confiança que o indivíduo, ao agir, depositou na continuidade do ordenamento jurídico, conforme analisado abaixo.

b) Confiabilidade por meio da proteção da confiança. A proibição de retroatividade visa a promover, igualmente, um estado ideal de coisas em que haja *confiabilidade por meio da proteção da confiança do cidadão*.

Observe-se que o exercício da liberdade está causalmente relacionado com a confiança. O cidadão dispõe dos seus direitos na medida em que confia que as consequências normativas atribuídas a essa disposição serão aquelas para as quais ele se programou. Ele confia na regularidade do comportamento estatal. Como afirma Derzi, a confiança pressupõe uma relação de dependência daquele que confia em relação àquele que é supremo sobre os acontecimentos. Ela pressupõe a exposição do indivíduo ao risco em razão de acreditar nas promessas do Estado.[67]

A proteção da confiança ordena ao Estado a adoção de condutas negativas e positivas visando a promover e a preservar os direitos daqueles que agiram de acordo com os atos estatais. A proibição de retroatividade é uma dessas condutas. Ou seja, a tutela da confiança individual é realizada por meio da não retroatividade das normas.

Na segunda parte desta obra é demonstrada, mais precisamente, a relação entre o princípio da irretroatividade e a proteção da confiança.

c) Calculabilidade. A calculabilidade diz respeito à possibilidade de o cidadão, com base nas normas vigentes, prever, o mais precisamente

66. Amatucci, 2005, p. 17; Raz, 2005, p. 214.
67. Derzi, 2009, p. 590.

possível, dois elementos que dizem respeito à identificação e à aplicação dessas normas: (*i*) a qualificação jurídica que será atribuída aos eventos concretamente existentes; (*ii*) as consequências jurídicas atribuídas pela norma em razão da prática de tais fatos.[68] A identificação desses elementos, sabe-se, é resultado de um trabalho interpretativo muitas vezes árduo e orientado por técnicas e argumentos. Isso em razão da equivocidade e da vagueza dos textos normativos. Os enunciados normativos são ambíguos e complexos. Além disso, eles propiciam problemas de implicação e de defectibilidade, o que resulta, em não raras vezes, na possibilidade de serem construídos significados alternativos para o mesmo texto.[69] Contudo, o ideal de calculabilidade exige que haja um número controlável de alternativas possíveis de interpretação para os enunciados postos. Exatamente porque ao cidadão deve ser garantida a antecipação do rol de tais possibilidades para que ele possa, em razão delas, programar o seu curso de ação.[70]

É com base na calculabilidade que o cidadão exerce o poder de configurar um plano geral de conduta, vinculando as suas ações presentes às calculáveis consequências esperadas no futuro. A previsibilidade é uma condição essencial ao exercício da liberdade.[71] Nesse aspecto, a segurança jurídica protege a liberdade humana na transição do presente para o futuro. Como explica Gribnau, "os indivíduos têm liberdade em proporção ao grau que eles podem prever as ações do governo".[72]

Essa capacidade antecipatória de consequências jurídicas impõe que seja possível prever não só o que o direito estabelecerá, mas igualmente como ele poderá ser alterado no futuro. O ordenamento jurídico não é estático, como já se disse anteriormente. Contudo, para a preservação de um estado de coisas em que a calculabilidade seja promovida, não basta saber que o direito mudará. É preciso saber em que medida mudará. Isto é, quais serão as consequências dessas mudanças. Além disso, é necessário saber quais regras procedimentais serão invocadas pelos poderes do Estado para implementar as modificações necessárias.[73] Esse, aliás, é o fundamento da previsão de regras como a anterioridade tributária (art.

68. Ávila, 2014b, p. 267.
69. Guastini, 2011, pp. 40-61.
70. Bruno Leoni, *La Libertà e la Legge*, trad. de Maria Chiara Pievatolo, 5ª ed. Macerata: Liberilibri, 2010, p. 84.
71. Tamanaha, 2004, p. 66.
72. Gribnau, 2013b, p. 81.
73. Ávila, 2014b, p. 494; Gribnau, ob. cit., p. 81

150, III, "b" e "c", da CF/1988) e para a edição de regras de transição entre regimes de disciplinas jurídicas diferentes ao longo do tempo.

Mais precisamente no Direito Tributário, o contribuinte necessita saber quais serão as consequências tributárias das suas operações econômicas no momento em que elas são adotadas.[74] A base normativa vigente deve oferecer aos contribuintes a possibilidade de antecipar o procedimento a ser adotado pela Administração Tributária no exercício do poder de tributar. Ela deve, também, possibilitar que o contribuinte saiba, de antemão, o valor a ser pago a título de tributo em certa operação. Deve ser possível, em suma, prever em que intensidade a liberdade e a propriedade individuais serão atingidas em razão dos efeitos decorrentes do exercício do poder do Estado.

A retroatividade das normas restringe exatamente a liberdade por tornar imprevisível a atuação estatal. O ato retroeficaz impede que o indivíduo possa prever as consequências jurídicas com as quais deve contar. Diante de uma norma retroativa, o futuro se torna imprevisível e incontrolável, impróprio, por conseguinte, para o desenvolvimento do indivíduo como um ser livre e digno.

Sendo assim, a irretroatividade cumpre uma função instrumental importantíssima para a promoção da calculabilidade jurídica. Ela impede que, no presente, uma nova base normativa altere as consequências jurídicas das disposições de direito praticadas no passado. E, desse modo, contribui para o estado de coisas em que o cidadão é realmente capaz de fazer planos *hoje* em razão das consequências que suportará *amanhã*.

2.2.3 Fundamento indireto por indução

2.2.3.1 Princípio da moralidade

As finalidades mais amplas estabelecidas pela CF/1988 permitem construir o princípio da irretroatividade por dedução, conforme demonstrado acima. Por outro lado, do dever de promoção de finalidades mais específicas, é possível induzir o dever de promoção de fins mais amplos. Em outras palavras, a promoção dos fins mais específicos acaba sendo um meio para a realização dos mais gerais. Esse é o relacionamento do princípio da irretroatividade com o da moralidade. A aplicação deste é um meio para a concretização das finalidades buscadas por aquele.

---

74. Hey, 2013, p. 240.

O princípio da moralidade é fundamentado diretamente no enunciado do art. 37, *caput*. Trata-se de norma que visa a promover um estado de coisas em que a Administração Pública seja leal e não enganosa em seus comportamentos. Como destaca Martins-Costa,

a moralidade se configura na adstrição de uma ética pública que afasta, *de per si*, a deslealdade, a mentira, o engodo, a torpeza.[75]

Nessa perspectiva, o princípio da moralidade veda a adoção de comportamentos que menosprezam o exercício de direitos realizado pelos cidadãos que confiaram nas manifestações estatais.[76] Conjuntamente, ele ordena que o Estado cumpra aquilo que prometeu. O princípio prescreve a adoção de condutas leais às expectativas dos particulares que acreditaram no Poder Público. E, por meio dessa lealdade, ela determina, em última análise, que a atividade administrativa seja preservadora de direitos individuais. Isto é, o princípio da moralidade prescreve que a atuação administrativa respeite valores fundamentais, como a liberdade, a dignidade humana, a propriedade e a segurança jurídica.[77]

As finalidades restritas referentes à lealdade de comportamento permitem induzir as finalidades mais amplas buscadas pela irretroatividade. Vale dizer, um comportamento leal conduz à proteção da confiança. E leva igualmente à intangibilidade do exercício de direitos fundamentais ocorrido no passado. Por outro lado, a deslealdade inerente às normas retroativas provoca restrição de direitos e desprezo da confiança.

Encorajar o cidadão a agir em determinado sentido e, depois de a ação ser adotada, modificar as consequências jurídicas que o cidadão esperava receber é uma deslealdade palmar. A imoralidade da conduta estatal é evidente nesses casos. O cidadão fica incapacitado para sequer

---

75. Judith Martins-Costa, A proteção da legítima confiança nas relações obrigacionais entre Administração e os particulares. *Revista da Faculdade de Direito da Universidade Federal do Rio Grande do Sul,* Porto Alegre, v. 22, pp. 228-255, 2002, p. 247.

76. Jose Guilherme Giacomuzzi, *A Moralidade Administrativa e A Boa-fé da Administração Pública – O Conteúdo Dogmático da Moralidade Administrativa*, São Paulo: Malheiros Editores, 2ª ed., 2013, pp. 239 e 270; Ricardo Lobo Torres. *Tratado de Direito Constitucional Financeiro e Tributário*, v. 2: *Valores e Princípios Constitucionais Tributários*, 3ª ed., Rio de Janeiro: Renovar, 2005, pp. 20-21.

77. Onofre Alves Batista Júnior, "Aspectos essenciais da moralidade administrativa e sua aplicação no Direito Administrativo Tributário", in Sacha Calmon Navarro Coêlho (Coord.), *Segurança Jurídica: Irretroatividade das Decisões Judiciais Prejudiciais aos Contribuintes*, Rio de Janeiro: Forense, 2013, pp. 589-630, p. 620.

reagir. Isto é, ele fica impossibilitado de reorientar a sua conduta. Por tais razões, o exercício da atividade administrativa deixa de ser *preservador* da liberdade e, em vez disso, passa a ser *aniquilador* desse direito.

O dever de lealdade à confiança do cidadão atua até mesmo em casos extremos, nos quais o particular exerce direitos com base em atos estatais manifestamente ilícitos. Observe-se que, mesmo nessas situações, o passar do tempo cria uma aparência de legitimidade de tais atos. A inação do Poder Público em anulá-los gera uma expectativa de que o vício é irrelevante. Nasce, nessas situações, a confiança de que as irregularidades foram suplantadas e de que a situação jurídica se estabilizou.[78]

O STF decidiu que o Poder Público deve proteger o cidadão que, por seis anos, recebeu verba de caráter alimentar em razão de aposentadoria concedida por ato ilegal. Questões referentes à necessidade de se garantir a ampla defesa ao aposentado foram debatidas no caso. Contudo, o Tribunal manifestou-se no sentido de que uma base normativa prolongada no tempo (ato que concedeu aposentadoria) cria expectativa de manutenção dos seus efeitos jurídicos.[79] As manifestações estatais estáveis e prolongadas encorajam o cidadão a dispor dos seus direitos. Por isso, depois de o cidadão agir, a confiança depositada no Estado não deve ser traída justamente por este.

Por fim, uma última observação deve ser feita. Embora a CF/1988 não vincule expressamente o legislador ao princípio da moralidade, é possível afirmar que a conduta do parlamento se submete à referida norma. Isso em razão da eficácia do sobreprincípio do Estado de Direito e da atuação dos princípios da liberdade e da propriedade.

As leis retroativas também violam a exigência de lealdade de tratamento do cidadão. A majoração da alíquota dos tributos periódicos faltando apenas poucos dias para encerrar o ciclo de apuração é um exemplo dessa violação. Isso porque a nova alíquota, a pretexto de ser aplicada ao fato gerador cuja ocorrência se dá no último dia do ano, abrange as receitas auferidas ao longo de todo o período de apuração. Isto é, o aumento abarca as receitas oriundas dos negócios jurídicos cuja realização foi "encorajada" a partir de uma base normativa anterior. Observe-se que o contribuinte age, por um longo período, confiando nos efeitos tributários

78. Almiro do Couto e Silva, "O princípio da segurança jurídica (proteção à confiança) no Direito Público brasileiro e o direito da Administração Pública de anular os seus próprios atos: o prazo decadencial do art. 45 da Lei do Processo Administrativo da União (Lei 9.784/99)", *RDA* 237/271- 315, 2004, p. 306.

79. MS 25.116, Rel. Min. Ayres Britto, Trbunal Pleno, *DJe* 10.2.2011.

que as normas jurídicas prescrevem. O cidadão confia no legislador, o qual, de sua parte, alimenta essa confiança, mantendo a ordem jurídica estável por quase todo o tempo de apuração. Todavia, após a quase totalidade dos eventos relevantes para a "constituição" do fato gerador já se ter verificado, a alíquota é aumentada com reflexo para o ano todo. A quebra de confiança, nesse caso, revela um comportamento traiçoeiro. O parlamento democraticamente eleito deve representar o cidadão por meio de condutas compatíveis com a preservação dos direitos deste. O esperado é, por isso, a adoção de condutas que respeitem a confiança dos indivíduos que acreditaram nas leis modificadas e que, em razão delas, dispuseram dos seus direitos.

2.2.3.2 Regra da legalidade

A CF/1988 assegura que "ninguém será obrigado a fazer ou a deixar de fazer alguma coisa senão em virtude de lei" (art. 5º, II). Ela também impõe o dever de legalidade relativamente à qualificação jurídica de determinadas condutas como crimes (art. 5º, XXXIX). Não bastasse a regra geral da legalidade inicialmente referida, a CF ainda reiterou a presente garantia no Sistema Constitucional Tributário. Foi vedado à União, aos Estados e aos Municípios exigir ou aumentar tributo sem lei que o estabeleça (art. 150, I).

Há vários aspectos que poderiam ser destacados com relação a um tema tão amplo como o da legalidade. Contudo, o que a presente abordagem visa a demonstrar é que a exigência de generalidade da lei é um meio para concretizar a irretroatividade. Isso porque o Estado de Direito pressupõe uma atuação do Poder Público com base em leis gerais. Isto é, leis destinadas a um número indeterminado e desconhecido de casos e de pessoas.[80]

As normas jurídicas, mais precisamente as regras, são compostas de uma hipótese e de uma consequência. Elas são prescrições que estabelecem o que é permitido, proibido ou obrigatório.[81] A hipótese descreve uma classe geral e abstrata de circunstâncias de fato por meio de determinados predicados. A essa hipótese é conjugada, por imputação normativa, um mandamento, isto é, determinados efeitos jurídicos. Em razão dessa

---

80. Lon L. Fuller, *The Morality of Law*, ed. revista, New Heaven-Londres: Yale University, 1969, p. 47; Bruno Leoni, 2010, p. 79.

81. Aulis Aarnio, *Reason and Authority: a Treatise on the Dynamic Paradigm of Legal Dogmatics*, Aldershot: Ashgate, 1997, pp. 160 e ss.; Riccardo Guastini, *Le Fonti del Diritto e L'interpretazione*, Milão: Guiffrè, 1993, pp. 25-26.

estrutura, aos eventos individuais que se enquadrarem na classe de casos hipotéticos serão aplicados os efeitos prescritos. Em relação a eles, pois, não pode haver distinção de tratamento.

Nesse contexto, é possível afirmar que a generalidade da lei está reciprocamente relacionada com a igualdade.[82] Igualdade de tratamento pressupõe lei *geral*. E lei geral pressupõe que os casos semelhantes devam ser tratados de modo similar. Exatamente por isso, Souto Maior Borges entende que é possível falar num só princípio, o da "legalidade isônoma".[83]

A exigência de generalidade da lei é um meio para a concretização da irretroatividade. Mais precisamente, é um instrumento para a intangibilidade dos atos de disposição dos direitos fundamentais que se consumaram no passado. Isso porque as leis retroativas não abarcam casos gerais. Elas são particularistas, atingindo casos selecionados, escolhidos.[84] Mais: elas não regulam situações abstratas, mas concretas. Ainda que, no caso das leis "retrospectivas", possa parecer que não há problemas envolvendo a generalidade da lei, a referida exigência é, sim, desprezada. Isso porque, embora a lei se destine inicialmente a reger uma classe de casos hipotéticos (futuros), ao atingir atos de disposição realizados antes da sua vigência, ela acaba particularizando o tratamento dos indivíduos. E, ao fazê-lo, causa uma desigualdade injustificada, equiparando, equivocadamente, casos já ocorridos com os casos que ainda ocorrerão.

A generalidade da lei visa a evitar a restrição arbitrária dos direitos fundamentais, mais precisamente da igualdade. Um ordenamento jurídico que estabelece disposições particulares para casos escolhidos tende a favorecer a discriminação sem justificativas e sem critérios. Em razão de tudo isso, é possível afirmar que a promoção dos fins tutelados pela irretroatividade exige que as leis sejam gerais.

2.2.3.3 Regras da irretroatividade

As normas que proíbem a retroatividade com relação às situações consumadas também são fundamentos para a elaboração do princípio da irretroatividade. Conforme analisado acima, na qualidade de regras jurídicas, elas são imediatamente descritivas de uma vedação destinada aos três Poderes: Legislativo, Executivo e Judiciário. Como normas me-

---

82. Gribnau, 2013b, p. 72.
83. José Souto Maior Borges, "O princípio da segurança jurídica na criação e aplicação do tributo", *RDT* 63/206-210, 1995, p. 208.
84. Ávila, 2014b, p. 457.

diatamente finalísticas, elas visam a promover um estado de coisas de previsibilidade e de confiabilidade. Visam, também, a proteger as disposições da liberdade e da propriedade cujo momento de realização coincide com a completude das situações objetivas previstas hipoteticamente (ato jurídico perfeito, direito adquirido, coisa julgada e fato gerador ocorrido).

Ou seja, das finalidades indiretas mais específicas buscadas pelas regras examinadas (proteção de situações individuais por razões objetivas referentes à consumação de fatos jurídicos), podem ser induzidos fins mais gerais (proteção de situações individuais por razões referentes à consumação de atos de disposição da liberdade e da propriedade e pela proteção da confiança do cidadão). Por outro lado, a vedação de que a nova lei reconecte efeitos jurídicos aos fatos jurídicos ocorridos é um meio para assegurar a previsibilidade e a confiabilidade com relação ao ordenamento jurídico e para proteger os direitos fundamentais. Mas não é o único meio. Há outros meios para promover esses fins. Isto é, há outros comportamentos que o Estado deve adotar para realizar esse estado de coisas. A prescrição dessas outras condutas devidas é que compõe o conteúdo do princípio da irretroatividade, tema examinado no tópico que segue.

2.2.4 Princípio geral da irretroatividade material

Os fundamentos apresentados anteriormente permitem concluir que a CF/1988 contém um princípio geral de direito constitucional implícito ao seu texto: o princípio da irretroatividade *material*. Trata-se de norma que se destina a proteger o cidadão com base em razões materiais e fundamentalmente subjetivas.

Na qualidade de princípio jurídico, a irretroatividade é uma norma imediatamente finalística. Ela institui o dever de adotar determinados comportamentos necessários à promoção de um estado de coisas. Esse estado de coisas, por sua vez, diz respeito à situação em que estão presentes certas qualidades buscadas pelo princípio.[85] Diferentemente das regras da irretroatividade, o princípio em exame não prescreve o *que deve ser feito*, mas *aquilo que deve ser*. Por conta dessa estrutura normativa, seu conteúdo apresenta dois grupos de aspectos principais: aspectos finalísticos (fins) e aspectos instrumentais (meios). O aprofundamento desses aspectos é feito na segunda parte do presente trabalho. Por ora, o que se pretende é apresentar ligeiras considerações com relação a cada um deles.

---

85. Peczenik, 2008, p. 74; Ávila, 2015, pp. 95-96.

Em primeiro lugar, quanto aos seus *aspectos finalísticos*, o princípio visa a promover um estado de *intangibilidade dos atos de disposição de direitos fundamentais*. A referida intangibilidade se dá pela não alteração gravosa das consequências jurídicas conectadas ao exercício passado desses direitos. Ao promover esse que poderia ser chamado de estado *parcial* de coisas, a irretroatividade promove, consequentemente, um estado *ideal* de coisas. Isto é, ela promove uma situação em que estão resguardadas as finalidades últimas perseguidas pelas normas, que são os seus fundamentos indiretos por dedução (acima examinados). São promovidas, portanto, as finalidades buscadas pelos princípios do Estado de Direito, da segurança jurídica, da propriedade, da liberdade, da igualdade e da dignidade humana.

Quanto aos *aspectos comportamentais*, em segundo lugar, a irretroatividade exige a adoção de determinadas condutas por parte do Estado. Ela impõe a realização de comportamentos adequados à preservação dos bens jurídicos cuja disponibilidade condiciona a eficácia do princípio em estudo.

Por exemplo, diante da necessidade de aumento da alíquota do imposto de importação de produtos estrangeiros, a conduta do Estado deve ser capaz de preservar os atos de disposição da liberdade relativamente às operações iniciadas e ainda não concluídas. Isso significa que o comportamento devido é o de aplicar a nova alíquota apenas para situações cujos contratos de importação sejam celebrados após o início da vigência da nova lei.

Comportamentos alternativos podem ser semelhantemente adequados à promoção dos fins. Por exemplo, podem ser estabelecidas regras de transição capazes de minimizar os efeitos de uma modificação normativa. Esses comportamentos protegem bens jurídicos, como a liberdade de planejamento, a liberdade de precificação, a livre disposição da propriedade, dentre outros. E, por meio dessa proteção, é promovido o estado de coisas prescrito pelo princípio. Os critérios delimitadores dos mencionados comportamentos a serem adotados são objeto de estudo na segunda parte deste trabalho.

3.
CONCEITO DE IRRETROATIVIDADE

3.1 Considerações iniciais. 3.2 Conceito de irretroatividade de acordo com a CF/1988 (sentido, dimensão normativa, beneficiários, destinatários e conceito final): 3.2.1 Quanto ao sentido da palavra "irretroatividade"; 3.2.2 Quanto à dimensão normativa; 3.2.3 Quanto aos sujeitos que devem garantir a irretroatividade e quanto aos beneficiários dos deveres inerentes a ela. 3.2.4 Conceito final.

3.1 CONSIDERAÇÕES INICIAIS

Até o presente ponto, foram examinados os aspectos principais da irretroatividade na CF/1988. Foi, inicialmente, investigada sua tipologia a partir do critério classificatório tradicional, importado, principalmente, da experiência jurídica alemã. A seguir, o exame destinou-se a demonstrar a insuficiência desse parâmetro de classificação centrado na consumação de fatos e de atos. No mesmo contexto, foi evidenciada a necessidade de deslocar o eixo da investigação para os atos de disposição dos direitos individuais. Esse deslocamento levou, por sua vez, à reflexão sobre as razões pelas quais o problema da irretroatividade foi reduzido a mera verificação quanto ao preenchimento de requisitos legais de consumação de situações jurídicas. A constatação a que se chegou foi, em suma, a seguinte: o paradigma científico empirista-lógico pelo qual o tema foi analisado até o presente momento é reducionista e, visivelmente, inadequado para examinar a inteireza de fenômenos jurídicos como a irretroatividade.

A partir de um paradigma epistemológico "estruturalista-argumentativo", que se afasta da concepção objetivista do Direito, foi apresentada a proposta de reconstrução da irretroatividade. O eixo escolhido para o exame foi o da proteção do exercício da liberdade juridicamente orientada. Foram, então, identificados os alicerces estruturantes sobre os quais a proposta reconstrutiva está fundada: *interpretação* decisória; *sistematização* de elementos textuais e extratextuais; *argumentação* por meio de critérios fundados no ordenamento jurídico e por meio de uma classificação dos argumentos; e *fundamentação*. Com base nesses pressupostos, as qualidades normativas da irretroatividade foram evidenciadas, destacando-se, com relação à sua dimensão principiológica, a existência de uma teia de fundamentos constitucionais que a suporta.

O processo de investigação até aqui empregado foi, portanto, o analítico. Foram decompostos os aspectos principais da irretroatividade visando a analisar o sentido de cada um deles. Com base nessa decomposição de elementos é que passamos a identificar o que a irretroatividade significa na CF/1988.

O conceito ora proposto é jurídico e não classificatório. Isso porque, em primeiro lugar, ele leva em consideração, fundamentalmente, elementos postos e pressupostos pelo próprio ordenamento jurídico. Ele não está alicerçado, pois, em elementos cuja verificação dependa da realização efetiva e factualmente observável de estados de fato, tal como ocorre em conceitos que privilegiam um ângulo econômico de análise do Direito. Há, na doutrina, trabalhos e conceitos sobre irretroatividade que privilegiam esses elementos factuais examinados sob a perspectiva econômica.[1] Segundo eles, a irretroatividade deve ser analisada sob o enfoque dos efeitos econômicos provocados factualmente por conta do ato retroeficaz. Por exemplo, a lei que remove uma isenção tributária sobre juros pagos em relação a títulos públicos pode não ser retroativa. Mesmo que ela atinja situações consumadas e restrinja, arbitrariamente, os direitos fundamentais, poderá não haver retroatividade "gravosa". Isso porque, segundo Crane, se as pessoas souberem que essa modificação pode ocorrer, o custo de aquisição dos títulos tenderá a cair. E, tendo pago menos pelo título, o contribuinte não teria como reclamar de uma perda futura, pois haveria uma compensação entre vantagens e desvantagens.[2] A retroatividade é, nesse contexto econômico, analisada sob critérios relacionados, preponderantemente, aos elementos factuais acima mencionados.

Diferentemente disso, o conceito jurídico aqui apresentado elenca determinadas condições cuja verificação depende da sua potencialidade

---

1. Michael Graetz, "Legal transitions: the case of retroactivity in income tax revision", *Yale Law School Legal Scholarship Repository*, 1977, pp. 54 e ss., disponível em: <http://digitalcommons.law.yale.edu/fss_papers/1635>.

2. Charlotte Crane, "The law and economics approaches to retroactive tax legislation", in *Retroactivity of Tax Legislation*, EATLP International Tax Series, v. 9, 2013, p. 140.

para gerar os estados de coisas prescritos pela CF/1988. Em segundo lugar, ele propõe não a classificação dualista da retroatividade própria e imprópria (sim ou não). Em seu lugar, defende uma conceituação a partir da verificação gradual de determinados elementos (mais ou menos).

3.2 Conceito de irretroatividade de acordo com a CF/1988 (sentido, dimensão normativa, beneficiários, destinatários e conceito final)

3.2.1 Quanto ao sentido da palavra "irretroatividade"

Irretroatividade significa a proibição de que os atos estatais estabeleçam consequências mais gravosas, relativamente à disciplina anterior, aos atos de disposição de direitos fundamentais realizados antes da sua entrada em vigor.

Atos estatais são os atos emanados dos Poderes Legislativo, Executivo e Judiciário, sejam eles leis, decretos, atos administrativos, sentenças, acórdãos etc.

A expressão *estabeleçam consequências jurídicas* refere-se, por sua vez, à modificação das consequências normativas. Diz respeito à alteração das consequências conectadas pelas normas jurídicas aos atos de disposição de direitos ou ao curso de ação do qual eles fazem parte. A referida expressão abrange, também, os casos em que um ato estatal suprime vantagens anteriormente estabelecidas em favor do indivíduo.

Mais gravosas, relativamente à disciplina anterior quer dizer a mudança de consequências jurídicas que provoca restrição aos direitos fundamentais, se comparadas com as consequências estabelecidas anteriormente. Trata-se de uma mudança que diminui, mais ou menos intensamente, a disponibilidade dos bens jurídicos protegidos pelos direitos fundamentais em comparação com a referida disponibilidade que existia antes da alteração normativa.

Atos de disposição dizem respeito ao exercício dos direitos fundamentais. São exemplos de atos de disposição da liberdade e de propriedade a criação e a estruturação de uma empresa, a transformação societária, a assinatura de um contrato de importação, os dispêndios financeiros, a elaboração de planejamento de negócios etc.

A irretroatividade proíbe, nesse contexto, a restrição de direitos de liberdade e de propriedade pela modificação normativa acima referida. Conforme anunciado anteriormente, retroativa não é apenas a manifestação do poder estatal que atinge fatos cujos pressupostos normativos já haviam sido preenchidos em momento antecedente à sua entrada em vigor.

É também retroativo todo ato estatal que, embora prospectivo, atinge o exercício de direitos fundamentais que ainda não havia implicado a completude dos referidos pressupostos normativos. Isto é, atos de disposição da liberdade apenas iniciados (e ainda não concluídos) ou tão somente causados antes da data em que o ato estatal modificador passou a viger.

Essas considerações sobre a retroatividade confirmam o que se afirmara anteriormente: as denominações própria e imprópria são inadequadas para retratar o fenômeno em estudo. Por isso, devem ser abandonadas.[3] Elas enfocam não o exercício da liberdade, mas a eficácia da lei modificadora.

O que, na realidade, acontece, nos casos tradicionalmente rotulados com essa nomenclatura, é o seguinte: com relação às situações consumadas, há simultaneidade entre a completude dos pressupostos normativos e a disposição de direitos feita pelo indivíduo. Nas situações não consumadas, porém, essa simultaneidade inexiste. Isso porque, no segundo caso, quando a base normativa modificadora passa a viger, os atos de disposição da liberdade que integram determinado curso de ação já ocorreram, parcial ou totalmente, ou, pelo menos, eles já foram causados. Contudo, os pressupostos legais necessários à verificação do fato jurídico ainda não estão completos. Desse modo, há atos de disposição realizados, mas não há situações acabadas segundo o critério formal da consumação.[4] Todavia, em ambos os casos – e isso é o essencial –, existindo a restrição do conteúdo dos direitos fundamentais por reconexão de efeitos jurídicos aos atos passados, há retroatividade.

Mais precisamente com relação ao termo *retrospectividade*, habitualmente utilizado para definir os casos em que a lei altera as consequências futuras de ações e de eventos passados, cumpre fazer a seguinte observação: como já referido, esta oba defende a não dissociação entre fato e efeito jurídico. Por isso, modificar consequências futuras de atos passados é o mesmo que modificar os próprios atos *passados*. Insista-se: o que

---

3. Tipke e Lang, 2008, p. 253.

4. Tome-se o exemplo de uma lei que, no quarto mês do ano, aumenta a alíquota de um tributo periódico de apuração anual. Embora se destine a atribuir novas consequências tributárias ao fato gerador cuja consumação se dá apenas no dia 31 de dezembro, ela acaba por reconectar efeitos jurídicos a um curso inteiro de comportamento que se inicia em 1º de janeiro. Desse modo, a mencionada lei atinge os atos de disposição da liberdade que foram praticados em razão das consequências jurídicas modificadas.

importa, para definir se há retroatividade, é o momento em que os atos de disposição de direitos são praticados. É nessa ocasião que o indivíduo assegura o "direito" à manutenção de determinados efeitos. Desse modo, os casos tratados tradicionalmente pela doutrina como de retrospectividade são aqui incluídos como casos de retroatividade.

Aqui se defende, portanto, uma análise não qualitativa de retroatividade, mas de grau. Isso porque a intensidade dos efeitos retroativos pode variar. Isto é, a retroeficácia do ato estatal pode ser mais ou menos intensa segundo os critérios acima definidos. Há uma escala gradual de intensidade para verificar a retroatividade e, consequentemente, para verificar as razões que impõem sua proibição. Afora os casos cobertos pelas regras da irretroatividade, em que a proteção do indivíduo independe da intensidade dos efeitos retroativos, nas demais situações, essa escala gradual deve ser considerada.

Na segunda parte deste trabalho, os critérios segundo os quais o grau de retroatividade é dimensionado são apresentados com mais precisão. Por ora, pode-se afirmar, com base nos elementos integrantes da definição apresentada, que quanto mais intensamente a modificação ou a supressão de efeitos restringir os direitos fundamentais dos indivíduos afetados (por meio de modificações bruscas e drásticas), mais intensa será a retroatividade, e mais razões terá o indivíduo para invocar a proteção em face dela.[5] A intensidade do exercício passado e juridicamente orientado da liberdade e da propriedade e sua irreversibilidade diante dos novos efeitos normativos são critérios decisivos para dimensionar a gravosidade dos efeitos retroeficazes.

A presente proposta de verificação gradual da retroatividade segundo o critério da intensidade da restrição dos direitos fundamentais difere daquela adotada, por exemplo, na Espanha. Em tal País, o Tribunal Constitucional e a doutrina propõem uma classificação da retroatividade em três níveis: retroatividade em graus máximo, médio e mínimo.[6] Para os espanhóis, a retroatividade "máxima" é aquela em que a nova lei afeta fatos e efeitos jurídicos já consumados antes da sua entrada em vigor; a retroatividade "média" é aquela em que a nova lei afeta fatos ocorridos no passado, cujas consequências, embora nascidas também no passado, serão executadas somente no futuro; e a retroatividade "mínima" (também chamada de "meras expectativas") é, finalmente, aquela em que a nova lei

---

5. Hey, 2013, p. 252.
6. Suárez Collía, 2005, pp. 122 e ss.

afeta fatos parcialmente ocorridos no passado, que se completarão apenas no futuro e cujas consequências nascerão também apenas no futuro.[7]

Note-se, todavia, que, além do equívoco em que incorre ao separar os fatos dos seus efeitos jurídicos, essa classificação, já adotada inclusive pelo STF no julgamento da ADI 493, leva em conta o critério da consumação de fatos jurídicos, e não o critério da restrição dos direitos fundamentais.[8] A tese aqui defendida é a de que a *intensidade da restrição de direitos* não guarda uma relação temporal necessária com a *consumação dos fatos jurídicos*. Ou seja, a circunstância de o ato retroeficaz atingir fatos jurídicos consumados em um ponto do tempo não significa que necessariamente haja uma restrição mais intensa dos direitos individuais. Pode ocorrer, por hipótese, que uma norma retroeficaz alcance fatos jurídicos completamente concluídos. Entretanto, ainda assim, pode ser que ela provoque uma restrição mais suave na liberdade e na propriedade do que aquela provocada em relação aos fatos inacabados.

A existência de regras jurídicas, na CF/1988, que protegem o indivíduo em relação às situações consumadas não significa, necessariamente, que elas tutelam o cidadão em um nível maior de restrição de direitos. Significa, apenas, que a proteção das situações subjetivas se dá por meio de uma espécie predefinida de norma (as regras) e que se baseia em critérios objetivos. Apenas isso. Nos outros casos em que não há situações completas, contudo, a proteção se dá por meio de espécie diferente de norma (o princípio da irretroatividade). Para a sua aplicação, aí sim, a intensidade dos efeitos restritivos é um critério decisivo visando a definir a proteção individual.

3.2.2 Quanto à dimensão normativa

A irretroatividade é uma norma jurídica que se apresenta, como visto acima, fundamentalmente em duas dimensões: regra e princípio jurídico.

Na qualidade de *regra*, ela descreve objetivamente as condutas prescritas ao Estado visando à intangibilidade dos direitos fundamentais. Ela condiciona, temporalmente, a eficácia de um novo ato estatal, determinando que ele não prejudique o cidadão em relação aos atos jurídicos

---

7. Vide, também: Beatriz Verdera Izquierdo, *La Irretroactividad: Problemática General*, Madri: Dykinson, 2006, pp. 85 e ss.

8. O STF já utilizou a nomenclatura de "retroatividade máxima" em uma de suas decisões. Por ocasião da análise da ADI 493, o Min. Moreira Alves identificou-a como aquela em que a nova lei modifica as situações cujos fatos e cujos efeitos foram exauridos no passado (ADI 493, Tribunal Pleno, Rel. Min. Moreira Alves, *DJU* 4.9.1992).

perfeitos, aos direitos adquiridos, à coisa julgada e aos fatos geradores ocorridos.

Na qualidade de *princípio*, a irretroatividade prescreve a promoção do seguinte estado de coisas: não alteração gravosa de consequências jurídicas conectadas aos atos de disposição da liberdade e da propriedade praticados no passado. Ou seja, a inalterabilidade das consequências jurídicas originalmente conectadas aos atos de disposição por outras mais gravosas, conforme definido acima. A esse fim estão necessariamente relacionados seus fundamentos constitucionais indiretos, obtidos por dedução e por indução, conforme acima demonstrado.

Em face dessas qualidades normativas, a irretroatividade protege aquilo que é menos que direito adquirido, mas que é mais do que mera expectativa de direito: ela protege o *direito assegurado*.[9] Vale dizer, ela tutela o direito que deve ser garantido ao indivíduo em razão da proteção da sua confiança, da exigência de credibilidade do ordenamento jurídico e da eficácia jurídica dos seus direitos fundamentais. Sendo assim, as normas da irretroatividade, ao descreverem condutas prescritas (no caso das regras) e ao determinarem a adoção de comportamentos necessários à promoção dos fins examinados (no caso do princípio), impõem o dever de uma atuação estatal moderada. Ainda que o ordenamento jurídico possa sofrer alterações, como efetivamente pode, as modificações devem ser suaves, aplicadas mediante regimes de transição e, sobretudo, devem respeitar o exercício passado e juridicamente orientado da liberdade individual.

Note-se que, a pretexto de tutelar a liberdade e a propriedade, conforme acima mencionado, a proibição de retroatividade acaba cumprindo o papel de orientar a organização e a atuação do Estado. Ela serve de fundamento de validação normativa e de instrumento para realização das finalidades protegidas por outras normas jurídicas do sistema. Ao editar seus atos, o Estado deve dispor para o futuro, não para o passado. Ainda assim, se os efeitos da atuação estatal tiverem aptidão para restringir direitos já exercidos, então caberá ao Poder Público criar mecanismos, como, por exemplo, as regras de transição, destinadas a evitar que tais direitos sejam restringidos. Igualmente, ao estipular o sentido normativo aos atos estatais por meio da interpretação, os Poderes Executivo e Judiciário devem escolher os significados que sejam capazes de preservar a liberdade e a propriedade exercidas no passado. Nesse contexto, a irretroatividade tanto orienta a criação dos atos do Poder Público,

---

9. Ávila, 2014b, p. 456; Derzi, 2009, p. 596.

quanto orienta a tomada de decisões interpretativas com relação à interpretação de elementos textuais e extratextuais visando à aplicação das normas jurídicas. Ela configura uma *condição de validade* da atuação estatal e cumpre função de pressuposto do Direito.[10] A modificação do ordenamento jurídico é possível e, às vezes, até devida, *desde que* ela seja efetivamente prospectiva e preservadora dos atos que o cidadão praticou no passado.

3.2.3 Quanto aos sujeitos que devem garantir a irretroatividade e quanto aos beneficiários dos deveres inerentes a ela

Com relação aos *destinatários* e aos *beneficiários* dos deveres de agir indiretamente prescritos pelo princípio da irretroatividade, cumpre esclarecer o seguinte.

Seus *destinatários* são os três Poderes: Legislativo, Executivo e Judiciário. São eles que devem assegurar o cumprimento da norma em análise. O princípio atua em relação a qualquer ato que impeça a promoção das suas finalidades (intangibilidade do exercício passado da liberdade). Vale dizer, ele atua com relação a qualquer ato estatal capaz de restringir o exercício passado de direitos fundamentais.[11] Por isso, aliás, que a retroatividade benigna não é objeto de tal limitação constitucional.

Por outro lado, os *beneficiários* das condutas são os cidadãos. Pode ser protegido todo indivíduo que dispuser dos seus direitos fundamentais em planos e atos praticados em razão da confiança em um ato estatal e que sofra prejuízo em razão de novo ato que altere as consequências jurídicas originalmente previstas para os seus planos e para as suas ações. Ao Estado não cabe invocar o princípio da irretroatividade contra si próprio.[12] O STF, a esse respeito, já decidiu que "a garantia da irretroatividade da lei, prevista no art. 5º, XXXVI, da Constituição da Republica não é invocável pela entidade estatal que a tenha editado".[13]

10. Sobre a ideia de alguns princípios jurídicos (especificamente o da segurança jurídica) como pressupostos do Direito: Ávila, 2014b, p. 664.

11. Heleno Taveira Torres, "Temporalidade e segurança jurídica: irretroatividade e anterioridade tributárias", *Revista da Procuradoria-Geral da Fazenda Nacional*, v. 1, n. 1, pp. 45-62, jan./jun. 2011, p. 56.

12. Misabel Abreu Machado Derzi, "Mutações jurisprudenciais em face da proteção da confiança e do interesse público no planejamento da receita e da despesa do Estado", *Revista Jurídica Empresarial*, v. 1, n. 3, pp. 91-111, jul.-ago./2008, pp. 102-103.

13. Súmula 654 do STF.

3.2.4 Conceito final

A partir dessas definições parciais (*3.2.2 a 3.2.4, supra*), é possível conceituar a irretroatividade na CF/1988 como sendo *uma norma jurídica que impõe aos Poderes Legislativo, Executivo e Judiciário a adoção de determinadas condutas moderadas, descritivamente prescritas (como regra) e eficacialmente implicadas a determinados fins (como princípio), visando a tornar intangíveis os atos de disposição dos direitos fundamentais por meio da proibição de alteração, mais ou menos gravosa ao cidadão, das consequências jurídicas em razão das quais esses atos de disposição foram praticados no passado, permitindo, com isso, que o cidadão possa exercer, o mais intensamente possível, a liberdade de se autodeterminar e de planejar sua vida como pessoa humana digna.*

Diante de tudo o que foi exposto na primeira parte do presente trabalho, fica evidente que o problema envolvendo a retroatividade dos atos estatais extrapola o exame de fatos jurídicos consumados no tempo. Ele também ultrapassa a mera análise comparativa entre os âmbitos de vigência de duas normas. Trata-se de uma questão que perpassa o ordenamento jurídico inteiro.

Retroatividade é um problema, fundamentalmente, de liberdade. E, conforme analisado, é um problema de propriedade; de dignidade humana; de igualdade; de confiança; de moralidade. Demonstração disso está no fato de que, em diversos países, não há dispositivo constitucional proibindo a retroatividade dos atos estatais. Contudo, ainda assim, a proteção do indivíduo é feita com base nos princípios do Estado de Direito e da segurança jurídica, e com base nos direitos fundamentais. Em países como Alemanha, Itália e Espanha, cujas Constituições contêm dispositivos limitando a retroatividade apenas da lei penal, é reconhecida a existência de um princípio geral da irretroatividade das leis relativamente às outras áreas da disciplina jurídica.[14]

Tal princípio é deduzido do Estado de Direito, da segurança jurídica e dos direitos fundamentais. O mesmo ocorre na França, embora sua Constituição não apresente enunciado normativo a respeito do tema, sequer quanto ao direito penal.[15]

---

14. As vedações no âmbito penal: Alemanha, art. 103 da Lei Fundamental; Itália, art. 25 da Constituição; Espanha, art. 9.3 da Constituição. Quanto ao reconhecimento do princípio da irretroatividade em áreas como a tributária: Alemanha: Tipke e Lang, 2008, pp. 247-248; Hey, 2013, p. 244; Itália: Amatucci, 2013, p. 312; Espanha: Herrera e Belén Macho, 2013, p. 351

15. Crouy-Chanel, 2013, p. 231.

No Brasil, as considerações feitas até aqui permitem afirmar que a CF/1988 estabeleceu um princípio geral de direito constitucional que proíbe a retroatividade dos atos estatais. A proteção por ele fornecida é apoiada por razões preponderantemente materiais e subjetivas. Além disso, em nítido reforço protetivo, regrou determinadas situações com base em um critério formal e objetivo – o da consumação de situações jurídicas.

É a partir dessas constatações que cumpre, agora, avançar para o exame do conteúdo e da eficácia da *irretroatividade material* precisamente no âmbito do Direito Tributário brasileiro.

2ª PARTE
CONTEÚDO E EFICÁCIA
DA IRRETROATIVIDADE MATERIAL
NO SISTEMA CONSTITUCIONAL TRIBUTÁRIO

*4. Irretroatividade tributária
como limitação ao poder de tributar*

*5. Princípio da irretroatividade material tributária
e seu conteúdo normativo*

*6. Eficácia da irretroatividade tributária como limitação
ao exercício do poder por parte do Estado*

4.
IRRETROATIVIDADE TRIBUTÁRIA COMO LIMITAÇÃO AO PODER DE TRIBUTAR

4.1 Considerações iniciais. 4.2 O subsistema "aberto" das limitações constitucionais ao poder de tributar na CF/1988. 4.3 Irretroatividade tributária na CF/1988: das regras ao princípio jurídico. 4.4 Regra da irretroatividade tributária: art. 150, inciso III, "a", da CF/1988: 4.4.1 Considerações gerais; 4.4.2 "Fatos geradores ocorridos"?; 4.4.3 "Lei que os houver instituído ou aumentado"?. 4.5 Regra da irretroatividade geral no Direito Tributário: art. 5º, XXXVI, da CF/1988.

4.1 CONSIDERAÇÕES INICIAIS

A proibição de retroatividade foi expressamente regulada pela CF/1988 no âmbito do Direito Tributário. O enunciado normativo do art. 150, III, "a", estabeleceu que é vedado à União, aos Estados, ao Distrito Federal e aos Municípios cobrar tributos em relação a *fatos geradores ocorridos* antes do início da vigência da lei que os houver instituído ou aumentado. A partir desse dispositivo, surgem algumas indagações iniciais de altíssima relevância para o exame do tema no Direito Tributário.

Será que, tendo em vista a existência de uma regra específica reconduzida ao art. 150, III, "a", e, por outro lado, a ausência de um enunciado geral no capítulo do "Sistema Tributário Nacional", a CF/1988 teria sido exaustiva e exclusiva ao regular a proibição de retro-operância nesse âmbito, ficando sem proteção o exercício de direitos fundamentais que não caracterize *fatos geradores ocorridos*?

Em outras palavras: será que o estabelecimento da irretroatividade como sendo uma limitação ao poder de tributar vinculada ao fato gerador excluiria, no Direito Tributário, a aplicação do princípio geral da irretroatividade construído na primeira parte desta obra?

A resposta às duas perguntas é a mesma: *não*. Ela é negativa, sobretudo, em razão do paradigma estruturalista-argumentativo adotado por este trabalho para investigar a irretroatividade no ordenamento jurídico brasileiro. Conforme já mencionado, um dos seus alicerces principais é a sistematização do tema a partir dos critérios da *unidade* e da *coerência substancial* e dos objetos textuais e *não textuais*.

Pela atuação decisiva desses critérios e pela presença importantíssima desses objetos, é necessário reconhecer que o "Sistema Tributário Nacional" estabelecido pela CF/1988 é apenas uma "parte" da disciplina jurídica constitucional destinada à matéria tributária. A combinação dos seus elementos com outras normas constitucionais é essencial para que haja a estruturação do Sistema Constitucional Tributário como um "todo". A essa constatação se chega a partir das seguintes observações.

4.2 O SUBSISTEMA "ABERTO" DAS LIMITAÇÕES CONSTITUCIONAIS AO PODER DE TRIBUTAR NA CF/1988

Por meio do "Sistema Tributário Nacional" (arts. 145 a 162), a CF delimitou aquele que se poderia chamar de sistema tributário "externo".[1] Trata-se de um subsistema, vale dizer, de um agrupamento de dispositivos que visam a regular especificamente a matéria tributária. Mais precisamente na Seção II desse capítulo da Constituição, foram arroladas as "Limitações do Poder de Tributar". Esse rol de enunciados, além de se destinar à delimitação da competência tributária (por meio das regras de imunidade), visou a estabelecer as limitações formais e negativas designadas ao Poder Legislativo. *Formais,* porque a esses enunciados são reconduzidas as normas jurídicas que regulam o exercício da competência. Elas estabelecem o procedimento da instituição normativa e o âmbito temporal de vigência das normas tributárias.[2] Nesse contexto, a CF/1988 previu que os tributos serão instituídos por meio de "processo legislativo" (legalidade – art. 150, I). Além disso, ela previu que o poder de tributar deve ser exercido de acordo com determinadas condições temporais, dentre as quais destaca-se a irretroatividade vinculada aos fatos geradores ocorridos (art. 150, III, "a"). Ou seja, foram prescritos comportamentos relativamente aos aspectos temporais da atuação legislativa do Estado: as leis tributárias restritivas de direitos não podem alterar os efeitos jurídicos relativamente aos fatos geradores já consumados.

Por outro lado, essas limitações são *negativas.* Isso em razão de elas prescreverem aquilo que é vedado ao legislador. Em outras palavras: elas

1. Canaris, 2002, p. 26
2. Guastini, 1993, pp. 30 e ss.

delimitam o *que não deve ser feito* pelo Estado. Conforme prescreve a regra da proibição da retroatividade tributária do art. 150, III, "a", da CF/1988, é proibido requalificar fatos jurídicos já consumados para torná-los "fatos geradores", assim como é vedado aumentar tributo relativamente aos fatos geradores já ocorridos. Essas observações revelam que o legislador constituinte se ocupou, nesse ponto da CF/1988, de impor certas ações negativas ao Estado relativamente às condições procedimentais e temporais para o exercício do poder de tributar.

Contudo, as garantias do contribuinte não foram arroladas de modo exaustivo nessa parte da CF. E a proibição de retroatividade no Direito Tributário não foi resumida apenas à regra acima mencionada. Isso porque a CF/1988 instituiu, expressamente, a abertura do sistema tributário. O art. 150 previu as referidas limitações "sem prejuízo de outras garantias asseguradas ao contribuinte". Ou seja, o subsistema tributário (externo) foi conectado aos princípios fundamentais, como o do Estado de Direito (art. 1º), o da segurança jurídica e o da Dignidade Humana (art. 1º, III). Mas não apenas a eles. Foi conectado, também, aos direitos fundamentais do cidadão, tais como a liberdade e a propriedade (art. 5º). E mais: em razão do enunciado do art. 5º, § 2º, é possível afirmar que a CF/1988 instituiu uma abertura também para contemplar direitos e garantias não expressamente dispostos em seu texto:

> Art. 5º Todos são iguais perante a lei, sem distinção de qualquer natureza, garantindo-se aos brasileiros e aos estrangeiros residentes no País a inviolabilidade do direito à vida, à liberdade, à igualdade, à segurança e à propriedade, nos termos seguintes: (...)
>
> § 2º – Os direitos e garantias expressos nesta Constituição *não excluem outros decorrentes do regime e dos princípios por ela adotados*, ou dos tratados internacionais em que a República Federativa do Brasil seja parte. (Destaque nosso)

Foram admitidos pela CF/1988, como limites ao poder de tributar, direitos e garantias implícitos ao texto constitucional.[3] Isto é, foram admitidas as garantias pressupostas pelo dever de promover e de proteger os direitos fundamentais expressamente garantidos. A esse respeito já se manifestou, inclusive, o STF:

> *O exercício do poder tributário, pelo Estado, submete-se, por inteiro, aos modelos jurídicos positivados no texto constitucional que,*

3. Borges, 1995, p. 207.

de modo explícito ou implícito, institui em favor dos contribuintes ***decisivas limitações à competência estatal para impor e exigir, coativamente, as diversas espécies tributárias existentes***. Os princípios constitucionais tributários, assim, sobre representarem importante conquista político-jurídica dos contribuintes, constituem expressão fundamental dos direitos individuais outorgados aos particulares pelo ordenamento estatal. Desde que existem para impor limitações ao poder de tributar do Estado, esses postulados têm por destinatário exclusivo o poder estatal, que se submete à imperatividade de suas restrições. *O princípio da irretroatividade da lei tributária deve ser visto e interpretado, desse modo, como garantia constitucional instituída em favor dos sujeitos passivos da atividade estatal no campo da tributação.*[4] (Destaque nosso)

Sendo assim, os princípios jurídicos não expressos, como o princípio da irretroatividade (apresentado na primeira parte deste trabalho), são garantias inequivocamente asseguradas ao contribuinte.

O mesmo pode ser dito quanto à proteção da confiança. Ela é um princípio implícito, deduzido a partir das finalidades protegidas pela segurança jurídica. Juntamente com os demais princípios e direitos fundamentais, eles compõem o sistema tributário denominado de "interno". Isto é, juntos, eles formam um grupo de normas que, embora não sejam reconduzidas aos dispositivos do Sistema Tributário Nacional (externo), são aplicáveis, direta ou indiretamente, às relações obrigacionais tributárias.[5]

Essas limitações proporcionadas pelos direitos fundamentais, pelo princípio da irretroatividade e pela proteção da confiança são materiais. Diferentemente das limitações formais acima referidas, elas atuam na definição do conteúdo de outras normas.[6] Isto é, tais garantias impõem a produção de normas tributárias com certa substância. Por exemplo, o princípio do livre exercício de atividade econômica (art. 5º, XIII, e art. 170, parágrafo único, da CF/1988) limita o conteúdo das normas tribu-

---

4. ADI 712/MC, Rel. Min. Celso de Mello, Tribunal Pleno, *DJU* 10.2.1993.

5. Os princípios da liberdade e da propriedade aplicam-se diretamente às relações obrigacionais tributárias. A eficácia desses direitos atua sobre a obrigação tributária, protegendo o indivíduo. Por outro lado, os princípios fundamentais, como o da segurança jurídica, aplicam-se indiretamente sobre elas. Isso porque tal princípio promove, antes de tudo, um estado de cognoscibilidade, de confiabilidade e de calculabilidade. E, ao proteger esses estados de coisas, acaba protegendo (mediatamente) a liberdade. Sendo assim, atua apenas indiretamente sobre as obrigações tributárias. Sobre o assunto: Ávila, 2012, p. 131; Geraldo Ataliba, *Sistema Constitucional Tributário*, São Paulo: Ed. RT, 1968, p. 7 e p. 9.

6. Guastini, 1993, p. 32.

IRRETROATIVIDADE COMO LIMITAÇÃO AO PODER DE TRIBUTAR 141

tárias. Isso porque as referidas normas devem respeitar a liberdade de planejamento e de exercício da atividade empresarial. Consequentemente, as escolhas feitas pelo contribuinte em relação aos seus atos passados de disposição de direitos devem ser preservadas diante de uma modificação no ordenamento jurídico tributário. Em outras palavras: as normas tributárias que modificam, restritivamente, as consequências jurídicas conectadas aos atos de disposição da liberdade devem ser prospectivas, não retroativas. A eficácia jurídica da liberdade é concretizada por meio da irretroatividade. E a irretroatividade, por sua vez, delimita o conteúdo das leis tributárias. Daí por que se falar em limitação material.

Além de serem elementos materiais, esses direitos (como a liberdade e a propriedade) e essas garantias (como a irretroatividade desvinculada do fato gerador ocorrido) impõem limites positivos ao Estado.[7] Isso porque, em sua qualidade normativa de princípios jurídicos, prescrevem a promoção de finalidades para cuja realização é necessária a adoção de certos comportamentos. Esses comportamentos, por sua vez, condicionam a atuação estatal. Por exemplo, para promover o estado de coisas da livre disposição da propriedade ao longo do tempo (arts. 5º, XXII, e 170, II, da CF), é necessário que as modificações normativas sejam moderadas. Se houver efetiva necessidade de alterar as consequências jurídicas conectadas aos atos de disposição de direitos, essa alteração deve ser suave e deve preservar as consequências dos atos realizados anteriormente à sua vigência. Por outro lado, para promover a calculabilidade e a confiabilidade como elementos do princípio da segurança jurídica, é necessário que os atos estatais respeitem a disposição planejada dos direitos individuais. Ou seja, diferentemente das limitações negativas do art. 150, as limitações positivas determinam *o que o Estado deve fazer.* Isso para que os fins buscados pelos princípios jurídicos sejam efetivamente promovidos.

Como destaca Guastini, diante das finalidades predefinidas pela Constituição,

> cabe ao legislador escolher os meios mais oportunos e mais eficientes para realizar os fins heterônomos pré-constituídos: aqueles estabelecidos na constituição.[8]

Todas essas considerações revelam, portanto, que a CF/1988 compôs um sistema de preservação da liberdade e da propriedade do contribuinte

---

7. Sobre os direitos fundamentais como direitos a uma proteção positiva e negativa (direitos de defesa), vide: Alexy, 2001, p. 226.
8. Guastini, 2011, p. 360.

com dois grupos (conectados) de normas: *primeiro*, normas que visam a legitimar o exercício do poder de tributar pela investidura e por aspectos formais (limitações constitucionais do art. 150); e, *segundo*, normas que visam a privilegiar não o exercício do poder, mas o exercício dos direitos individuais e sua eficácia jurídica (art. 5º). Essa composição conectada de garantias torna fácil perceber que a existência de limites expressos ao poder de tributar, de modo algum, pode significar a exclusão de outras garantias. Esses limites, em vez de excluir, incluem outros. Eles são combinados com outras normas. Por isso, não é possível afirmar que a previsão de uma regra de irretroatividade tributária excluiria outras manifestações de limitação à retroeficácia normativa. Pensar de modo diferente é fazer uma leitura acontextual da CF. É restringir a proteção da liberdade, em vez de ampliá-la, como pretendeu a CF/1988.

É, portanto, nesse contexto que a proibição de retroatividade tributária deve ser analisada.

4.3 *Irretroatividade tributária na* CF/1988:
das regras ao princípio jurídico

Como é possível verificar a partir das considerações feitas acima, a CF/1988 estabeleceu a irretroatividade tributária, de um lado, como *limitação formal e negativa* ao poder de tributar (art. 150, III, "a"), de acordo com o critério objetivo dos "fatos geradores ocorridos". A CF condicionou, temporalmente, o exercício da competência visando a proteger o contribuinte em um tipo de situação. A referida proteção, contudo, não foi concebida de modo exauriente; vale dizer, a vinculação da irretroatividade ao fato gerador não criou uma regra exclusiva sobre o tema. Conforme demonstrado acima, a CF/1988 previu expressamente a abertura do subsistema tributário (externo). Outras garantias foram asseguradas ao contribuinte. Nesse contexto, a CF visou a proteger o exercício dos direitos fundamentais da liberdade e da propriedade, explicitamente, também por meio da regra reconduzida ao art. 5º, XXXVI. E, além da presença dessas duas regras, foi ainda prevista, de outro lado, a preservação dos aludidos direitos em face dos atos estatais retroativos de modo não expresso, mais precisamente por meio da atuação do *princípio da irretroatividade material*.

Relativamente ao referido princípio, a CF/1988 protegeu o exercício passado da liberdade mediante uma *limitação material* e *positiva*. Quanto a ele, apontou não apenas critérios objetivos, mas, sim, critérios preponderantemente subjetivos. Ou melhor, a tutela jurídica foi estabelecida, principalmente, segundo o parâmetro da proteção da confiança. De acordo com esse critério, o sujeito que agiu em razão de uma base normativa legitimamente confiável e que, por isso, dispôs, mais ou menos intensamente, dos seus direitos fundamentais, deve ser protegido em face de modificações normativas.[9] Nesse âmbito normativo, o Estado deve agir positivamente, respeitando o exercício passado e orientado de direitos que se deu com base nos seus próprios atos.

A "lógica da confiança" aqui protegida, como destaca Martins-Costa, não é negativa. Confia-se não apenas na inação estatal, no sentido de não perturbar o espaço da livre iniciativa. Confia-se também no exercício racional do poder por parte do Estado, de modo que o Poder Público adote condutas positivas capazes de preservar o interesse no livre desenvolvimento da personalidade dos indivíduos.[10]

Fica claro, nesse contexto, que a CF/1988 concebeu a irretroatividade tributária por meio de uma mescla de elementos objetivos (art. 150, III, "a") com elementos subjetivos (art. 5º), de elementos formais com elementos materiais. A Constituição enfatizou a proteção do contribuinte com relação aos fatos geradores, sem deixar de preservar, de modo algum, os direitos fundamentais nos casos em que não há fatos geradores ocorridos, mas, isto sim, a realização de atos de disposição desses direitos. Essa combinação de elementos objetivos e subjetivos, formais e materiais, possibilita que sejam feitas, pelo menos, *três constatações* de alta relevância quanto à tutela estabelecida pela CF/1988 em relação à irretroatividade.

A *primeira constatação* é a seguinte: há uma proteção constitucional "reforçada" em face dos atos estatais (tributários) retroeficazes. É reforçada, porque há, em suma, três normas que proíbem a retroatividade restritiva de direitos individuais. Não bastasse a proteção geral conferida pela regra reconduzida ao art. 5º, XXXVI, e pelo princípio geral da irretroatividade, o art. 150, III, "a", ainda instituiu uma proteção específica vinculada à ocorrência do fato gerador. Ou seja, a CF/1988 foi enfática ao proteger a liberdade e a propriedade contra atos retroativos em matéria tributária. Há uma "hiperproteção" dos direitos fundamentais em tais casos. Pode-se afirmar, por isso, que a intolerância do Sistema

---

9. Em países como a Alemanha, nos quais a Constituição não prevê expressamente a proteção contra a retroatividade das leis tributárias, o princípio da irretroatividade é deduzido a partir da segurança jurídica. Mais precisamente, ele é derivado exatamente do princípio da proteção da confiança (Hey, 2013, p. 244).

10. Judith Martins-Costa, "A re-significação do princípio da segurança jurídica na relação entre o Estado e os cidadãos: a segurança como crédito de confiança", *Revista CEJ*, 27/110-120, Brasília, out..-dez./2004, p. 114.

Constitucional aos atos retroativos é maior, no presente campo, do que nas demais áreas da disciplina jurídica em geral. E por que isso? Porque as normas tributárias produzem efeitos que diminuem a disponibilidade de determinados bens jurídicos protegidos pela liberdade e pela propriedade. Ou seja, elas são normas interventivas.[11] Daí por que "redobrar" a proteção aos referidos direitos nesse campo normativo.

Esse reforço protetivo conduz à *segunda constatação*: a proteção do contribuinte foi estruturada em âmbitos de aplicação diversos. Se o ato estatal retro-operante prejudicar o contribuinte quanto aos direitos adquiridos, à coisa julgada e ao ato jurídico perfeito, a proteção será definida com base no art. 5º, XXXVI. Se o prejuízo se der pelo aumento ou pela criação de tributos com relação aos fatos geradores ocorridos, então a proteção será baseada no art. 150, III, "a". Nesses dois casos, há proteção por meio das *regras da irretroatividade*. Se, todavia, o ato retroativo prejudicar atos de disposição de direitos ocorridos no passado que não possam ser enquadrados em qualquer dessas hipóteses, então haverá outro nível de proteção. Haverá proteção apoiada na tutela da confiança e nos direitos individuais. Ou seja, a tutela do contribuinte dar-se-á por meio do *princípio da irretroatividade*. Seu âmbito de aplicação remete o intérprete à análise de elementos como confiança, atuação do contribuinte e comportamento estatal. E tende a se submeter à ponderação horizontal em face de outras normas constitucionais com as quais o referido princípio estabelece relação de conflito, tais como os princípios democrático e da separação dos Poderes, conforme se verá adiante.

Esses diferentes âmbitos de aplicação também demonstram que a CF/1988 estabeleceu normas da irretroatividade com finalidades específicas diversas. A regra reconduzida ao art. 5º, XXXVI, de um lado, visa, precipuamente, a proteger o contribuinte com relação à aquisição de direitos perante o Estado. Sua finalidade principal não é a de limitar as alterações normativas que criam obrigações tributárias. Ela visa a regular as modificações normativas que "preveem requisitos de existência e de eficácia de atos ou de negócios geradores de direitos".[12] Por outro lado, a regra fundamentada no art. 150, III, "a", da CF/1988 tem por finalidade a proteção do contribuinte com relação à imposição de deveres. Ela limita a eficácia temporal das normas que aumentam e criam obrigações. Mas, não o faz em relação àquelas que interferem na aquisição passada de direitos. Já o princípio da irretroatividade, em seu âmbito de aplicação

11. Ávila, 2012, p. 141.
12. Ávila, 2014b, pp. 434-438.

visivelmente mais amplo, se destina a uma finalidade mais abrangente. Ele protege o contribuinte em face das modificações normativas que atingem tanto a disposição da liberdade que visa a gerar direitos quanto aquela que é base para a geração dos deveres tributários.

Tais considerações com relação ao âmbito de aplicação e às finalidades das normas em exame são de suma importância. Isso porque a solução de um caso exige a utilização da norma ajustada às suas particularidades. Ignorar essas questões pode levar à tentativa de proteger o contribuinte por meio de norma inapropriada. E o que era para ser, segundo a CF/1988, *proteção reforçada* passa a ser *proteção enfraquecida*.[13]

O STF reiteradamente nega a existência de retroatividade nas situações de aumento da alíquota dos tributos periódicos que se dá ao longo do ano. O fundamento utilizado pelo Tribunal, em suas decisões, é o de que não há fato gerador consumado. Porém, a circunstância de não haver a referida consumação não implica ausência de retroeficácia da lei modificadora, conforme visto na primeira parte deste trabalho. Ela apenas sinaliza que o âmbito de aplicação que está em exame não é o da regra da irretroatividade vinculada ao fato gerador, mas do princípio da irretroatividade. Em outras palavras: não se aplica a regra fundamentada no art. 150, III, "a", mas deve-se aplicar o princípio suportado pela segurança jurídica e pelos direitos fundamentais.

Empregando uma metáfora, é possível afirmar que a CF pode ser comparada a uma caixa de ferramentas com diversas soluções para os mais variados tipos de problemas do dia a dia. Há martelos, chaves de fenda e alicates. Cada um desses equipamentos é ajustado para determinadas situações. Se a tarefa a ser realizada é apertar um parafuso em um objeto metálico, não se deve tentar enroscá-lo por meio de um martelo. O martelo tem grande utilidade para alguns casos, mas ele não se ajusta a esse tipo de situação. Ele não serve para cumprir a finalidade pretendida. O uso do equipamento inapropriado desautoriza afirmar que a caixa de ferramentas não apresenta solução ao problema enfrentado. Solução há. O que não há é o emprego do equipamento adequado para, efetivamente, solucionar o problema posto. O certo é que cada caso exige uma análise das suas particularidades para que a tutela do contribuinte seja feita por meio de norma realmente aplicável.

A *terceira constatação* é a de que a regra da irretroatividade vinculada ao fato gerador (como limitação formal e objetiva) e o princípio

13. Atílio Dengo, "Irretroatividade tributária e modo de aplicação das regras jurídicas", *RDDT* 124/26-35, jan. 2006, p. 35.

da irretroatividade (como limitação material e subjetiva) formam uma ordenação normativa substancialmente coerente. Embora cada uma dessas normas tenha, como visto anteriormente, o seu campo de aplicação específico, elas devem ser combinadas. A delimitação do sentido das normas previstas no Sistema Tributário Nacional depende da concatenação material realizada com base nos princípios e nos direitos fundamentais estabelecidos pela CF/1988.[14] A sistematização da disciplina jurídica tributária não pode se restringir à consideração dos elementos integrantes de um subsistema constitucional.[15] O que se faz aqui é buscar a unidade das limitações formais e negativas ao poder de tributar com as limitações materiais e positivas. Juntas e aglutinadas ao redor dos princípios e dos valores fundamentais, como dignidade humana, liberdade e segurança jurídica, elas formam o Sistema Constitucional Tributário devidamente harmonizado. Isto é, os limites formais e materiais compõem um conjunto de normas axiologicamente coerente e ordenado à promoção dos valores fundamentais.[16] Em face dessa unidade e da coerência substancial, é que, por exemplo, a construção do significado normativo da regra do art. 150, III, "a", deve ser feita, como se verá em seguida.

As considerações feitas acima demonstram que o exame da proibição de retroatividade no Direito Tributário vai muito além do enunciado normativo do art. 150, III, "a", da CF/1988. Conforme demonstrado na primeira parte desta obra, o referido enunciado é apenas uma (pequena) parte do objeto a ser estudado. É preciso ir além dele. O problema da retroatividade no Direito Tributário não pode ficar fechado na unidimensionalidade da norma construída a partir desse dispositivo legal. O problema é multidimensional.[17] É preciso ampliar o espectro de análise. Cumpre colocar no campo de investigação todos aqueles aspectos que, conforme visto anteriormente, foram até então desprezados.

É, portanto, nesse contexto que, no Direito Tributário brasileiro, a irretroatividade se apresenta tanto como regra quanto como princípio jurídico. São essas dimensões normativas que passam agora a ser examinadas individualmente.

14. Sobre a combinação material-formal na estruturação do sistema jurídico: Aarnio, 2011, p. 182.
15. Nesse sentido: Mastroiacovo, 2005a, p. 10.
16. Sobre a harmonização axiológica do Sistema, vide: Guastini, 2011, pp. 292 e 293.
17. Folloni, 2013, p. 385.

4.4 REGRA DA IRRETROATIVIDADE TRIBUTÁRIA: ART. 150, INCISO III, "A", DA CF/1988

4.4.1 Considerações gerais

Conforme referido acima, a *regra jurídica* da irretroatividade tem a sua fundamentação direta estabelecida pelo enunciado normativo do art. 150, III, "a", da CF/1988:

> Art. 150. Sem prejuízo de outras garantias asseguradas ao contribuinte, é vedado à União, aos Estados, ao Distrito Federal e aos Municípios: (...)
>
> III – cobrar tributos:
>
> a) em relação a fatos geradores ocorridos antes do início da vigência da lei que os houver instituído ou aumentado; (...)

As razões pelas quais ela assume a mencionada qualidade normativa (de regra) foram objeto de análise na primeira parte deste trabalho. Por isso, o que se passa a fazer agora é apresentar, primeiramente, considerações quanto à justificação exigida para a sua aplicação. Em segundo lugar, passa-se à análise do seu conteúdo normativo.

Com relação à aplicação da regra da irretroatividade, cumpre esclarecer, em *primeiro lugar*, o seguinte: a CF/1988 estabeleceu uma proteção rigorosa nos casos por ela cobertos. Havendo a correspondência entre os objetos e as condutas descritas em sua hipótese de incidência com os eventos realizados concretamente, a retroeficácia normativa está terminantemente proibida. Não importa qual seja a finalidade perseguida pela norma tributária modificadora, se fiscal ou extrafiscal. É irrelevante, também, verificar o grau de necessidade da promoção desses fins. Do mesmo modo, não importa saber se o contribuinte, individualmente, confiou na base legal modificada e se os seus direitos foram, comprovadamente, restringidos. A aplicação da regra não implica essa análise subjetiva e individual da confiança. Tampouco demanda a realização de prova concreta de eventuais prejuízos sofridos pelo contribuinte. Nesse contexto, ela não implica ponderação horizontal entre as finalidades públicas visadas pelo ato normativo modificador e as finalidades protegidas pelos direitos individuais.[18] Implica, isto

---

18. Derzi, 2009, p. 350, p. 392, p. 567 e p. 602; Couto e Silva, 2004, p. 273; Martins, 2009, p. 181; Guilherme Camargos Quintela, *Segurança Jurídica e Proteção da Confiança: a Justiça Prospectiva na Estabilização das Expectativas no Direito Tributário Brasileiro*, Belo Horizonte: Fórum, 2013, p. 94.

sim, verificar, por meio de um processo interpretativo-argumentativo, a correspondência entre o "conceito da norma" e o "conceito do fato". Em face desse enquadramento, os atos de disposição dos direitos fundamentais são protegidos reflexamente. Isto é, ao intangibilizar os fatos jurídicos tributários consumados, a CF/1988 protege, por consequência, o exercício da liberdade e da propriedade.

Em *segundo lugar*, quanto ao conteúdo da norma, surgem algumas indagações principais a serem respondidas: o que significa a expressão "fatos geradores ocorridos"? Qual o sentido mais suportado pelos direitos fundamentais a ser atribuído a ela? Por outro lado, qual é o significado da locução "lei que os houver instituído ou aumentado"? Ela quer dizer que a regra da irretroatividade protege o contribuinte apenas nos casos de criação e de majoração de tributos?

4.4.2 "Fatos geradores ocorridos"?

O fato gerador é, segundo prevê o CTN, a situação definida em lei como necessária e suficiente para a ocorrência da obrigação tributária (art. 114 do CTN). Ele é previsto pelas normas tributárias de incidência, as quais são compostas por uma hipótese e por uma consequência. Na hipótese, elas descrevem fatos gerais e abstratos. Essa descrição é feita de acordo com coordenadas de tempo e de lugar. Isto é, a norma define o local e o tempo em que esses fatos se consideram ocorridos. Se ela não prever o referido tempo, aplica-se o disposto no art. 116, I e II, do CTN.[19]

Em relação ao momento em que se considera ocorrido o fato gerador, o Supremo Tribunal Federal tem entendimento consolidado:

> O Plenário fixou, na decisão do RE n. 225.602 (Rel. Min. Carlos Velloso), o entendimento de que o referencial para a aplicação da lei tributária *é só o fato tido pela legislação como fato gerador, e não, os fatos ou atos jurídicos a ele anteriores ou dele preparatórios*"[20] (destaque nosso).

O Tribunal considera ocorrido o fato gerador se preenchidos os pressupostos previstos na regra tributária de incidência. Dentre esses

---

19. "Art. 116. Salvo disposição de lei em contrário, considera-se ocorrido o fato gerador e existentes os seus efeitos: I – tratando-se de situação de fato, desde o momento em que se verifiquem as circunstâncias materiais necessárias a que produza os efeitos que normalmente lhe são próprios; II – tratando-se de situação jurídica, desde o momento em que esteja definitivamente constituída, nos termos de direito aplicável."

20. ADI 3.105, Rel. Min. Cezar Peluso, Tribunal Pleno, *DJU* 18.2.2005.

pressupostos, estão as coordenadas de tempo. Outros fatos e atos jurídicos ocorridos anteriormente a essa data não são relevantes sob o ponto de vista temporal. Seja nos tributos de fatos geradores "instantâneos", seja nos tributos periódicos, considera-se consumado o fato gerador no tempo definido pela lei.[21] Com base nesse entendimento, o STF considera, por exemplo, que o fato gerador do imposto de importação só ocorre no ato de desembaraço aduaneiro dos bens importados.[22] Isso porque a legislação do referido imposto assim o estabelece. Com relação ao IR e à CSLL, o fato gerador ocorre somente em 31 de dezembro, pois assim prevê a legislação.[23]

O entendimento do Tribunal, como se vê, leva em consideração apenas o preenchimento integral dos requisitos legais relativamente ao fato jurídico (gerador). Somente o fato que foi *consumado* segundo os aspectos material, espacial e temporal definidos pela norma tributária é digno de proteção. Esse é o eixo da análise realizada pelo STF. A atuação do contribuinte que não tenha provocado fatos jurídicos tributários de acordo com o que prevê a legislação é irrelevante.

Diferentemente dessa perspectiva formal de consumação de fatos jurídicos, este estudo propõe que o eixo de análise seja deslocado. Deve--se passar para um critério de consumação não do fato gerador, mas do comportamento do contribuinte.[24] Deve-se migrar da *conclusividade dos pressupostos normativos* para a *completude dos atos de disposição dos direitos individuais*. Isto é, se o contribuinte fez tudo o que necessitava fazer para que o fato gerador ocorresse, então há "fato gerador ocorrido". Em outras palavras: é preciso verificar se os eventos realizados pelo sujeito passivo implicaram a disposição completa dos direitos de liberdade e de propriedade para fins da realização do fato gerador. Se a disposição de direitos estiver completada, então esses eventos realizados deverão ser interpretados como *fatos geradores ocorridos*.

Essa mudança de critério é aplicável tanto aos tributos cujos fatos geradores são pontuais no tempo, quanto aos tributos de fatos apurados

21. Falcão, 2013, p. 97.
22. RE 225.602-8, Rel. Min. Carlos Velloso, Tribunal Pleno, *DJU* 6.4.2000; RE 219.893-4, Rel. Min. Ilmar Galvão, 1ª Turma, *DJU* 28.5.1999; RE 224.285, Rel. Min. Mauricio Corrêa, Tribunal Pleno, *DJU* 28.5.1999; RE 216.541, Rel. Min. Sepúlveda Pertence, 1ª Turma, j 7.4.1998, *DJU* 15.5.1998.
23. Ag Reg. no RE 177.091-1, Rel. Min. Ayres Britto, 1ª Turma, *DJU* 10.3.2006. No mesmo sentido: RE 242.688-AgR, Rel. Min. Sepúlveda Pertence, 1ª Turma, j. 17.10.2006; AI 333.209-AgR, Rel. Min. Sepúlveda Pertence, 1ª Turma, *DJU* 6.8.2004.
24. Ávila, 2012, p. 437.

por período de tempo. Tome-se, de um lado, o exemplo do imposto de importação. Depois de realizado o contrato de importação, obtida a licença de importação e enviada a declaração de importação, o fato gerador deve ser considerado como ocorrido para fins da norma ora analisada. Isso independentemente da finalização do despacho aduaneiro pelo órgão fazendário competente. Por outro lado, com relação à CSLL, esse entendimento também pode ser aplicado. No momento em que é realizado o último ato de disposição de direitos capaz de gerar receita no período anual, há fato gerador ocorrido. Lembre-se do caso envolvendo o aumento da alíquota da CSLL faltando apenas seis dias para encerrar o ano de 1989.[25] O STF decidiu pela aplicação da nova alíquota ao fato gerador, que, segundo a legislação, ocorreu em 31 de dezembro de 1989. Nesse caso, todavia, se o critério de consumação aqui defendido fosse levado em consideração, a decisão judicial poderia ser diferente. Isso porque ela deveria levar em conta o momento em que o contribuinte fez tudo o que precisava fazer para que o fato gerador ocorresse. Isso exigiria analisar, por exemplo, se, depois do dia 24 de dezembro, algum ato de disposição de direitos gerador de receita foi praticado. Para os casos em que todos os atos de disposição de direitos tivessem sido praticados antes do dia 24 de dezembro, a nova alíquota não poderia ser aplicada. Isso porque a conduta do contribuinte teria se completado antes da mudança da disciplina jurídica, e não somente em 31 de dezembro de 1989. Ou seja, se antes do dia 24 de dezembro o contribuinte fez tudo o que precisava fazer para que a sua conduta fosse materialmente geradora do dever de pagar a CSLL, então o período de apuração do tributo se completou, de fato, antes do aumento da alíquota. O dia 31 de dezembro deixa de ser o momento referencial para fins de aplicação da regra da irretroatividade. Se todos os atos de disposição de direitos foram consumados ao longo de 359 dias do ano, os últimos seis dias são irrelevantes para fins de definição da completude da conduta do contribuinte. E, por isso, para fins da presente regra da irretroatividade, esses últimos dias do ano são desimportantes visando a definir quando o fato gerador se considera ocorrido.

Essa mudança do eixo de análise acima proposta é suportada pelas seguintes razões: conforme já exposto na primeira parte deste trabalho, há uma regra argumentativa de preferência envolvendo a aplicação da irretroatividade. Ela prescreve que, dentre os significados possíveis de serem adotados na interpretação relativamente ao tema, deve-se optar por

---

25. RE 197.790, Tribunal Pleno, Rel. Min. Ilmar Galvão, *DJU* 21.11.1997.

aquele que privilegia os direitos fundamentais e a proteção da confiança. Em outras palavras, devem ser interpretados segundo essa regra de preferência: (*i*) os elementos textuais do art. 150, III, "a", da CF/1988 e (*ii*) os eventos realizados pelo contribuinte.

Em *primeiro lugar*, com relação aos elementos textuais do referido dispositivo, os princípios da liberdade, da propriedade, da proteção da confiança e da irretroatividade cumprem função interpretativa. Ela é própria da eficácia interna indireta desses princípios.[26] Em razão de tal eficácia, o significado da expressão "fato gerador ocorrido" deve ser harmonizado com as finalidades por ele protegidas. Isto é, deve ser escolhido o significado capaz de preservar a liberdade, a propriedade e a confiança. Deve, portanto, como demonstrado acima, ser escolhido o significado que torne possível a promoção das finalidades do próprio princípio da irretroatividade. Sendo assim, definir a expressão "fato gerador ocorrido" como "fato cujos pressupostos normativos foram integralmente preenchidos" não leva à promoção de todos esses fins. Isso porque esse significado não guarda correlação com o exercício da liberdade individual. Ele guarda relação, isto sim, com o direito de constituir o crédito tributário. Em outras palavras: a conclusividade de requisitos normativos é uma condição de existência do direito do Estado. Isso em razão de que a regra de incidência tributária pode ser qualificada como norma constitutiva desse direito.[27] O fato gerador (ocorrido) é, por isso, a condição (necessária e suficiente) para que o direito ao crédito exista.[28]

Contudo, essa conclusividade de requisitos normativos não pode ser a condição de existência do direito do contribuinte à manutenção das consequências conectadas à sua conduta. A regra da irretroatividade visa a proteger o exercício passado da liberdade. Essa é a sua finalidade subjacente. Lembre-se que, ao prescrever um dever imediato de adotar certos comportamentos, a referida regra pretende impedir que sejam alteradas as consequências jurídicas em razão das quais o contribuinte definiu seu curso de ação. Ou seja, depois de o indivíduo ter agido à espera de certos efeitos, é proibido modificá-los.

Considerada essa finalidade subjacente, pode-se afirmar que o critério da consumação dos requisitos legais previstos pela norma de incidência despreza uma circunstância decisiva relacionada à liberdade. Em muitos casos, o exercício dos direitos individuais está completo e pronto

---

26. Ávila, 2015, p. 123.
27. Peczenik, 2008, p. 226.
28. Ibid.

para desencadear efeitos tributários antes da consumação dos referidos requisitos legais.[29] Ou seja, o "ponto" no tempo em que o exercício dos direitos individuais está consumado não coincide, necessariamente, com o momento no qual a legislação prevê que o *fato* deve ser considerado como *gerador*. Em outras palavras: há completude de comportamento do contribuinte antes da consumação dos mencionados requisitos legais. Por isso, o que deve condicionar a existência do direito à irretroatividade é o término do comportamento do contribuinte. Depois de estar materialmente completa a conduta capaz de originar o fato gerador, as consequências "prometidas" pelo legislador devem ser mantidas. Elas devem ser as mesmas previstas pela norma na qual o cidadão baseou a sua ação. Vale dizer, a partir desse momento, o contribuinte tem *assegurado* o direito de ser tratado com base nas consequências jurídicas que legitimamente esperou.

Essas considerações revelam, portanto, que "fato gerador ocorrido" só pode significar consumação de requisitos legais no âmbito da constituição de direitos do Estado. Não no âmbito da regra da irretroatividade. Ou seja, o fato é "gerador" do direito ao crédito. Mas não da garantia à não retroação das normas. Essa é a decisão interpretativa que deve ser adotada aqui. Ela é fruto, como se disse, da própria atuação do princípio da irretroatividade tributária. A propósito, vale lembrar as lições de Guastini a respeito, especificamente, das decisões interpretativas envolvendo o princípio da irretroatividade. O autor foi preciso ao afirmar que

> em geral, em sede de interpretação, argumentar por princípio consiste em fazer um apelo a uma norma (expressa ou não expressa), da qual se assume a "superioridade" – segundo os casos: material ou meramente axiológica – a respeito da disposição a ser interpretada, a fim de adequar o significado desta ao significado daquela. (...)
>
> Por exemplo, adotando essa técnica argumentativa, uma disposição que possa ser entendida seja como retroativa, seja como irretroativa, será preferivelmente entendida no segundo sentido, de acordo com o princípio geral expresso da irretroatividade.[30]

Ou seja, a interpretação decisória relativamente à regra da irretroatividade é diretamente influenciada pela atuação do princípio da irretroatividade.

29. Deak, 2013, p. 292.
30. Guastini, 2011, p. 191.

Em *segundo lugar*, com relação à interpretação dos eventos efetivamente realizados pelo contribuinte, os princípios acima mencionados (liberdade, propriedade, proteção da confiança e irretroatividade) cumprem função argumentativa. Ela é própria da sua eficácia externa objetiva.[31] O ponto de vista a ser privilegiado, na avaliação dos mencionados eventos, deve ser o do exercício da liberdade. Nesse contexto, é preciso valorar com prioridade os aspectos que demonstram que o contribuinte dispôs, irreversivelmente, dos seus direitos. E que ele realizou todos os eventos capazes de produzir o fato considerado pela norma tributária de incidência como gerador.[32]

Sendo assim, assumem relevo circunstâncias como a entrega da declaração de importação. Isso por ela ser o evento derradeiro visando à nacionalização do bem adquirido no exterior. Do mesmo modo, nos tributos periódicos, como a CSLL, passa a ser de alta relevância o momento ao longo do ano no qual foi, como dito, praticado o último negócio jurídico gerador de receita. Depois de completada a conduta do contribuinte relativamente à obtenção de receitas, fecha-se o período de apuração para fins de irretroatividade. Ainda que não se tenha chegado ao último dia do ano, o período de apuração se "encerra" para esse fim. Vale dizer, os efeitos tributários atrelados ao curso de ação do contribuinte não podem mais ser alterados. Isso porque ele concluiu o ciclo de contagem dos valores que compõem a base de cálculo do tributo.

Especificamente quanto a esse tipo de tributos (os periódicos), pensar de modo diferente poderia conduzir, por exemplo, a uma flagrante injustiça: o contribuinte que, no mês de março, quando vigia a alíquota de 8%, praticou o único negócio jurídico gerador de receita de todo o exercício anual teria de pagar a CSLL sob o percentual de 10%, em razão do aumento da alíquota que passou a viger somente no final do mês de dezembro.

Em vista de todas essas considerações, pode-se afirmar o seguinte: a expressão "fatos geradores ocorridos" significa *eventos por meio dos quais os contribuintes completaram o comportamento necessário à realização do fato gerador previsto pela norma tributária de incidência.* Depois da completude do comportamento do contribuinte, é vedado qualificar juridicamente fatos para torná-los geradores, bem como é vedado alterar gravosamente ao contribuinte as consequências jurídicas conectadas a esses fatos.

31. Ávila. 2015, p.126.
32. Sobre o assunto, vide: Ferraz Junior, 2005, p. 238.

4.4.3 "Lei que os houver instituído ou aumentado"?

Em primeiro lugar, conforme já afirmado na parte primeira, acima, a palavra *lei* deve ser compreendida em sentido amplo. Ela deve ser lida de modo a contemplar os "atos estatais" em geral. Isso porque a regra da irretroatividade construída a partir do art. 150, III, "a", da CF/1988 limita a atuação dos três Poderes.[33] Nesse sentido, o STF entendeu incompatível com a CF/1988 um Decreto estadual que revogou o regime especial de ICMS com efeitos retroativos.[34] Em outra decisão, entendeu que a proibição de retroatividade se aplica também a quaisquer das "espécies de lei" previstas no art. 59 da CF/1988, inclusive às emendas constitucionais.[35]

Com relação ao conteúdo do ato estatal modificador e restritivo dos direitos do contribuinte, a regra constitucional limitou aqueles que implicam criação e majoração de tributos. Isso significa, em primeiro lugar, que é vedado qualificar juridicamente fatos ocorridos antes da vigência da nova lei para torná-los geradores. Em segundo lugar, significa que é proibido aumentar a alíquota e a base de cálculo dos tributos em relação aos eventos geradores ocorridos. Mais do que isso, é vedado incluir uma pessoa na categoria de contribuinte em relação aos referidos eventos ocorridos no passado (conforme prevê, aliás, o enunciado normativo do art. 144, § 2º, do CTN).

Em relação ao tema, o STF entendeu que a modificação do índice de correção monetária dos créditos tributários (do BTN fiscal para a taxa referencial diária) violou a regra da irretroatividade. Isso porque o novo critério instituído, além de implicar verdadeira majoração do tributo, aplicar-se-ia para fatos geradores ocorridos antes da sua vigência.[36] Em outra decisão, o STF examinou o caso em que o Convênio n. 10, de 30.3.1989, autorizou a criação do regime de substituição tributária "para frente" no ICMS relativamente ao comércio de derivados do petróleo. O referido convênio atribuiu aos distribuidores desses produtos a qualificação jurídica de substitutos tributários. Isto é, atribuiu a eles a qualidade

---

33. Sacha Calmon Navarro Coêlho, "Norma e Lei – Mudança jurisprudencial – Segurança Jurídica e Irretroatividade da norma judicial", in Sacha Calmon Navarro Côelho (Coord.), *Segurança Jurídica: Irretroatividade das Decisões Judiciais Prejudiciais aos Contribuintes*, Rio de Janeiro: Forense, 2013, pp. 3-33, p. 21; Roque Antonio Carrazza, *Curso de Direito Constitucional Tributário*, 30ª ed. São Paulo: Malheiros Editores, 2015, p. 402.
34. Ag Reg no RE 558.136, Rel. Min. Gilmar Mendes, 2ª Turma, *DJe* 17.8.2012.
35. ADI 3.105, Rel. Min. Cezar Peluso, Tribunal Pleno, *DJU* 18.2.2005.
36. RE 204.133-5. Rel. Min. Maurício Correa, 2ª Turma, *DJU* 17.3.2000.

de sujeitos passivos responsáveis pela antecipação do tributo devido pelos revendedores. E o fez retroativamente, vale dizer, com vigência a partir de 1º de março de 1989. O Tribunal entendeu que o mencionado ato normativo violou a regra da irretroatividade vinculada ao fato gerador ocorrido. Isso porque

> a instituição desse regime promove substancial alteração no polo passivo da obrigação tributária, na medida em que erige como responsável pelo recolhimento do tributo contribuinte diverso daquele que presumidamente virá a praticar a operação tributável.[37]

Ou seja, a inclusão de "novo" sujeito passivo da obrigação tributária relativamente aos eventos geradores consumados é proibida pela regra em exame.

Por outro lado, a 1ª Turma do STF entendeu que a regra da irretroatividade não se aplica aos casos em que há a modificação da data de pagamento do imposto.[38] Isso porque, nessas situações, não há aumento nem criação de tributo. Em outro caso mais recente, contudo, a 2ª Turma do STF manifestou-se em sentido diverso. Ela entendeu que houve violação à irretroatividade em razão de um decreto estadual ter revogado, com efeitos retroativos, o regime especial do ICMS. O referido regime previa prazos diferenciados para pagamento do tributo.[39]

Comparando os dois casos acima referidos, é possível constatar a seguinte diferença: no primeiro, o fato gerador havia se consumado, mas a data de pagamento era posterior à vigência da nova norma; no segundo, o fato gerador e a data do pagamento eram anteriores ao início da vigência da nova norma. Com relação ao primeiro caso, é preciso fazer uma observação. Embora a antecipação do prazo de recolhimento do tributo em relação aos fatos geradores ocorridos seja capaz de restringir direitos fundamentais, ela não representa aumento, nem criação de tributo. Por isso, a situação não foi enquadrada no âmbito de aplicação da regra da irretroatividade tributária. Contudo, por envolver violação à proteção da confiança e por implicar restrição potencial aos direitos individuais, o problema é remetido, no contexto desta obra, à solução proposta pelo princípio da irretroatividade, conforme analisado adiante.[40]

37. RE 266.602-5, Rel. Min. Ellen Gracie, Tribunal Pleno, *DJU* 2.2.2007.
38. RE 219.878-5, Rel. Min. Sepúlveda Pertence, *DJU* 4.8.2000.
39. RE 558136-AgR, Rel. Min. Gilmar Mendes, *DJe* 17.8.2012.
40. Sobre o problema da antecipação da data do prazo para recolhimento do ICMS e a alteração do período de apuração, vide: Ávila, 2003a, p. 153.

Por outro lado, o exame mais atento do segundo caso revela que a regra invocada para limitar a atuação do Decreto foi, na realidade, aquela fundamentada no art. 5º, XXXVI, da CF/1988. Não foi utilizada a regra da irretroatividade tributária. Ao manter a decisão do Tribunal estadual que julgou o caso em segunda instância, o STF incorporou o seguinte trecho da decisão da Corte local:

> Admitir-se tal possibilidade seria fazer tabula rasa dos princípios insculpidos no art. 5º, inciso XXXVI, da *Lex Legum*, que assegura o respeito às relações jurídicas já constituídas.

Ou seja, a razão de decidir foi a proibição estabelecida pela regra da irretroatividade geral. Isso porque, na realidade, não se tratava de majoração, tampouco de criação de tributo. O contribuinte havia adquirido o direito de pagar o tributo com prazo dilatado em razão de as obrigações mensais já estarem vencidas. Esse foi o ponto central examinado.

Esses casos demonstram que a regra da irretroatividade proíbe que o Estado altere gravosamente para o sujeito passivo os elementos essenciais da obrigação tributária principal em relação aos eventos geradores ocorridos. Ou seja, é proibido modificar prejudicialmente ao contribuinte o fato gerador em seus aspectos material, temporal e espacial. É vedado agravar o tratamento relativamente à alíquota e à base de cálculo do tributo. É proibido, também, acrescentar sujeitos nas categorias de contribuinte e de responsável tributário.

O mesmo pode ser dito com relação aos chamados deveres tributários instrumentais. Embora o enunciado normativo do art. 150, III, "a", da CF/1988 não se refira a eles, é possível afirmar que a regra da irretroatividade limita a atuação estatal também nesse aspecto. Isso se a criação de novas obrigações de fazer ou de não fazer em matéria tributária puder implicar, indiretamente, o aumento de tributos. A esse respeito, o STF reconheceu a violação à irretroatividade no caso em que houve a mudança de sistemática para apuração do imposto de renda. Do voto do relator extrai-se que

> esta Corte considera violar a regra da irretroatividade e da anterioridade a introdução de mudanças na sistemática de apuração do tributo capazes de majorá-lo, se o período de apuração já tiver se encerrado.[41]

---

41. Ag Reg no RE 244.003, Rel. Min. Joaquim Barbosa, 2ª Turma, *DJe* 28.5.2010; AgREg no RE 660.173, Rel. Min. Dias Toffoli, 1ª Turma, *DJe* 28.11.2013.

O tema envolvendo os deveres dos contribuintes relativamente aos interesses do Estado na arrecadação e na fiscalização de tributos voltará a ser analisado mais adiante. Um exame mais preciso é feito quando da abordagem das questões envolvendo as leis "procedimentais" e as leis "substanciais" em matéria tributária. Desde logo, no entanto, pode-se afirmar que, em se tratando de deveres de fazer e de não fazer, é vedado à nova lei estipular prestações que deveriam ter sido cumpridas no passado quanto aos eventos geradores exauridos. Isso pelo simples motivo de que a obrigação se tornaria impossível de ser atendida.[42]

4.5 REGRA DA IRRETROATIVIDADE GERAL NO DIREITO TRIBUTÁRIO: ART. 5º, XXXVI, DA CF/1988

A regra da irretroatividade geral foi objeto de análise na primeira parte deste trabalho. Lá foram abordadas as questões principais a ela inerentes. Cabe fazer aqui, contudo, duas considerações específicas que dizem respeito à sua aplicação no âmbito tributário.

Em primeiro lugar, como visto acima, a referida regra integra o Sistema Constitucional Tributário. Por isso, serve de proteção ao contribuinte em relação aos casos por ela disciplinados. Observe-se que, antes mesmo da promulgação da CF/1988, o Supremo Tribunal Federal já a utilizava para limitar o exercício do poder de tributar. As decisões do Tribunal equiparavam o fato gerador ao ato jurídico perfeito.[43] E, por isso, impediam o aumento e a criação de tributos em relação às situações consumadas.

Com o advento da CF/1988, a norma em exame passou a ser aplicada ao Direito Tributário, mais precisamente às situações envolvendo as causas de extinção e exclusão do crédito tributário. Nesses casos, a relação jurídica do contribuinte com o Estado contempla não apenas a imputação de deveres ao particular. Este também é sujeito de direitos oriundos, por exemplo, de benefícios fiscais concedidos por atos jurídicos perfeitos, de direitos que emergem de decisões judiciais transitadas em julgado e de outros direitos adquiridos, tais como o direito à compensação.[44] Nesse contexto, as questões que se referem aos regimes especiais de pagamento

---
42. Hey, 2013, p. 244.
43. Vide: RMS 15.471, Rel. Min. Pedro Chaves, Tribunal Pleno, 8.6.1966.
44. Derzi, 2009, p. 429.

de tributos e às isenções são solucionadas pelo STF, geralmente, com base nesse dispositivo constitucional.[45]

Em *segundo lugar*, conforme exposto na primeira parte deste trabalho, o enunciado do art. 5º, XXXVI, também aponta a conclusividade de requisitos normativos como parâmetro para sua aplicação. Esse é o entendimento do STF em relação à regra em exame.[46] Por isso, tudo o que se disse linhas atrás sobre a completude da conduta do particular para consumar o fato gerador aplica-se igualmente aqui. Isso significa que o critério de *completude do comportamento do contribuinte* deve ser utilizado, no que couber, para verificar a consumação das situações referidas pela norma em exame. Se, por exemplo, o contribuinte completou a conduta necessária à realização do fato jurídico ao qual é imputada a aquisição do direito, então devem a ele ser assegurados os efeitos normativos previstos. E assim também quanto aos atos jurídicos.

---

45. Com relação aos regimes especiais: RE 219.878-5, Rel. Min. Sepúlveda Pertence, 1ª Turma, *DJU* 4.8.2000; com relação ao direito adquirido às isenções tributárias: RE 277.372, Rel. Min. Ilmar Galvão, 1ª Turma, *DJU* 2.2.2001.

46. "O que regula os proventos da inatividade é a lei (e não sua interpretação) *vigente ao tempo em que o servidor preencheu os requisitos para a respectiva aposentadoria* (Súmula 359/STF)" (MS 26.196, Rel. Min. Ayres Britto, j. 18.11.2010, Tribunal Pleno, *DJe* 1º.2.2011.)

5.
PRINCÍPIO DA IRRETROATIVIDADE MATERIAL TRIBUTÁRIA E SEU CONTEÚDO NORMATIVO

5.1 Princípio da irretroatividade tributária como norma concretizadora da proteção da confiança. 5.2 Âmbito de aplicação do princípio . 5.3 Eficácia jurídica interna e externa. 5.4 Conteúdo do princípio: 5.4.1 Quanto aos "fins": o estado de coisas a ser promovido e protegido: 5.4.1.1 Liberdade e confiança; 5.4.1.2 Liberdade, propriedade, dignidade humana, da legalidade, moralidade, igualdade e segurança jurídica – 5.4.2 Critérios delimitadores dos comportamentos necessários à realização do estado ideal de coisas: 5.4.2.1 Considerações gerais; 5.4.2.2 Critérios relacionados à confiança em ato estatal: 5.4.2.2.1 Grau da confiança do contribuinte – 5.4.2.3 Critérios relacionados ao exercício de direitos e à sua restrição; 5.4.2.3.1 Grau de intensidade e de extensão do comportamento do contribuinte; 5.4.2.3.2 Grau de intensidade da restrição aos direitos fundamentais – 5.4.2.3.3 Tributos periódicos. 5.4.2.4 Critérios relacionados à atuação estatal retroeficaz: 5.4.2.4.1 Finalidades dos atos retroativos; 5.4.2.4.2 Grau de intensidade dos efeitos retroativos (modificações bruscas e drásticas) – 5.4.2.5 Ponderação e força normativa do princípio. 5.4.2.6 Aplicação do princípio independentemente de ponderação

5.1 Princípio da irretroatividade tributária como norma concretizadora da proteção da confiança

O princípio da proteção da confiança é um dos fundamentos principais da irretroatividade.[1] Suas finalidades são concretizadas pela norma jurídica em estudo nesta obra. Em países como a Alemanha, nos quais a Constituição não prevê, expressamente, a tutela do contribuinte em face das leis tributárias retroativas, o princípio da irretroatividade é deduzido exatamente a partir da proteção da confiança.[2] Essa fundamentação também é constatada na Itália, na Finlândia, na Áustria, na Dinamarca

1. Martins-Costa, 2004, p. 113.
2. Hey, 2013, p. 244.

e na Holanda. Em tais países, o controle das leis tributárias retroativas é realizado, pelos tribunais, com base em razões materiais fornecidas pela norma jurídica que tutela a confiança.[3]

O princípio da proteção da confiança configura-se, conforme destaca Couto e Silva, como o aspecto subjetivo da segurança jurídica.[4] Trata-se da segurança jurídica vista sob a perspectiva da tutela individual da liberdade e da autodeterminação do cidadão na transição do passado para o presente.[5] Ele funciona como defesa dos interesses individuais diante de uma atuação concreta do cidadão. O contribuinte confia em atos e em comportamentos estatais. E, por acreditar na manutenção futura dos efeitos jurídicos emanados desses atos e desses comportamentos, exerce os seus direitos. Posteriormente, porém, ele é prejudicado pela modificação ou supressão das consequências jurídicas que foram previstas por tais manifestações estatais.[6] A proteção da confiança defende o indivíduo em face dessa alteração gravosa. Ela visa a evitar exatamente a referida descontinuidade desvantajosa de consequências jurídicas ao sujeito que confiou na continuidade do Direito. Em razão disso, o princípio da proteção da confiança é aplicado nos casos em que há *uma base normativa que induz a confiança; confiança nessa base; o exercício de direitos; e a frustração da confiança por conta da modificação normativa.*[7]

No âmbito tributário, a tutela da confiança tem importância marcante. A eficácia oneratória e indutora das normas tributárias interfere nas decisões que o indivíduo toma na configuração da sua vida.[8] Tais normas impactam as ações e as decisões pessoais, tais como aquelas relativas ao exercício da profissão, à realização de investimentos, às escolhas em

---

3. Amatucci, 2013, p. 312; na Itália, a doutrina relata que o controle das leis tributárias retroativas também é feito com base no princípio da capacidade contributiva. Jukka Mähönen, "National report: Finland", in *Retroactivity of Tax Legislation,* EATLP International Tax Series, v. 9, 2013, p. 224; Rabel-Ehrke, 2013, p. 173; Nielsen Michaelsen, 2013, p. 217; Gribnau e Pauwels, 2013b, p. 333. Na Suécia e na Turquia, por exemplo, é reconhecida a existência de um princípio geral da irretroatividade. No segundo país, ele é deduzido dos princípios do Estado de Direito e da segurança jurídica. A retroatividade da legislação tributária é, em regra, proibida. Suécia: Fast, Melz e Hultqvist, 2013, p. 368; Turquia: Yalti, 2013, p. 378.

4. Couto e Silva, 2004, p. 274.

5. Gigante, 2008, pp. 43-44.

6. Ávila, 2014b, pp. 374-375.

7. Ávila, idem, ibidem; Gigante, ob. cit., p. 38; Sayonara de Medeiros Cavalcante, "A segurança jurídica em matéria tributária e sua interface com o princípio da proteção da confiança", *Revista CEJ,* v. 13, n. 46/113-119, Brasília, jul./set. 2009, p. 115.

8. Fuller, 1969, p. 60; Derzi, 2009, p. 329.

relação a onde viver e quando se aposentar.⁹ O cidadão dispõe do seu patrimônio e plasma sua vida mensurando os valores que terá de pagar a título de tributos. Também age contando com os deveres tributários instrumentais que terá de cumprir e, por outro lado, com os benefícios fiscais dos quais poderá desfrutar.¹⁰ A confiança na manutenção dos efeitos tributários conectados às suas ações se torna uma base segura para o comportamento do contribuinte. Vale dizer, o cidadão confia em um ordenamento jurídico calculável e minimamente estável. Ele acredita que, depois de agir, as obrigações e as vantagens tributárias relacionadas aos seus atos não serão modificadas em seu prejuízo.¹¹ Em face dessa confiança, o Estado tem o dever de agir de modo a não surpreender. Seus atos devem respeitar as escolhas feitas pelo particular no passado, de tal forma que os efeitos tributários estabelecidos inicialmente não sejam descontinuados. Proteger a confiança é, portanto, tutelar a liberdade exercida. O contribuinte que dispôs dos seus direitos por acreditar na regularidade do comportamento estatal deve ter a sua confiança tutelada.¹²

Nesse contexto, o princípio da irretroatividade tributária cumpre função instrumental em relação à tutela da confiança. Ele intangibiliza os atos passados de disposição da liberdade e, assim, protege a confiabilidade subjetiva.¹³ Essa função evidencia o relacionamento existente entre as duas normas.

Como dito na primeira parte, a proteção da confiança mantém uma relação de coerência substancial com o princípio da irretroatividade. Isso em razão da fundamentação por suporte já evidenciada. Sendo assim, os elementos que integram o conteúdo da proteção da confiança dão sentido à irretroatividade. A proteção da confiança age não apenas definindo um estado parcial de coisas a ser protegido pelo princípio em estudo. Ela também atua na delimitação das condutas que o referido princípio impõe ao Estado. Desse modo, os critérios utilizados para definir a proteção da confiança são fundamentais para aplicar a proibição de retroatividade. Questões como o exercício concreto da liberdade e a efetiva confiança do contribuinte na base normativa são importantes para configurar a tutela individual a ser prestada. Essas questões serão abordadas adiante,

9. Gribnau, 2013b, p. 82.
10. Tipke e Lang, 2008, p. 257.
11. Gaspare Falsitta, *Giustizia Tributaria e Tirania Fiscale,* Milão: Giuffrè, 2008, p. 537.
12. Flávio Rubinstein, *Boa-fé Objetiva no Direito Financeiro e Tributário*, São Paulo: Quartier Latin, 2010, pp. 74 e ss.
13. Derzi, 2009, pp. 565-569.

por ocasião da apresentação dos critérios de aplicação do princípio da irretroatividade.

Em que pese tudo isso, é essencial frisar que a proteção da confiança não é o único parâmetro para aplicar a proibição de retroatividade em sua dimensão de princípio. Não é apenas por conta de o cidadão ter confiado na não retroatividade das leis que a retroatividade é inadmissível.[14] Ela é vedada pela CF/1988, antes de qualquer coisa, em razão da violação arbitrária que provoca à liberdade e à propriedade. É vedada igualmente como meio para preservar a credibilidade do ordenamento jurídico, isto é, para resguardar a segurança jurídica em seu aspecto objetivo.

Esses princípios também fundamentam por suporte a norma em estudo. Cada um deles estrutura uma cadeia logicamente independente dos demais para fins de sustentação material do mencionado princípio. Como visto na primeira parte do presente trabalho, a liberdade sustenta a aplicação da irretroatividade independentemente da atuação dos demais princípios que a fundamentam. Isso significa, por exemplo, que, ainda que a confiança a ser protegida apresente-se em grau baixo, a retroatividade dos atos normativos pode ser proibida. Em outras palavras: ainda que, em certo caso, os critérios que autorizam a tutela da confiança não estejam presentes em elevado nível, pode haver proibição de retroeficácia dos atos estatais. Um exemplo dessa situação é o aumento retroativo da alíquota de certo tributo com a finalidade de induzir comportamentos já adotados. Por se tratar de um ato retroativo *inadequado (não é mais possível modificar comportamentos já realizados)*, a restrição da liberdade dos contribuintes provocada por ele não se justifica. A essa constatação se pode chegar independentemente da comprovação da confiança do indivíduo em uma base normativa e da demonstração do seu exercício. Ou seja, a irretroatividade é aplicada, nesse caso, fundamentalmente por força do *suporte* desempenhado pelo princípio da liberdade. Pode ocorrer, por outro lado, que uma modificação normativa seja tão brusca e tão drástica que cause um abalo muito intenso na credibilidade do ordenamento jurídico. E, por isso, a sua retroeficácia pode tornar-se proibida, independentemente da análise subjetiva quanto à quebra de confiança. Essas considerações revelam, por conseguinte, que a ausência de um fundamento em determinado caso não implica, logicamente, a ausência dos demais.

Mesmo sem fazer referência expressa ao princípio da irretroatividade tributária, Mendes tangenciou o tema envolvendo a sua estruturação

---

14. Canotilho, 2003, p. 261.

a partir dos direitos fundamentais e da proteção da confiança. O caso examinado pelo STF versava sobre a instituição de contribuição previdenciária sobre proventos de aposentadoria. Os contribuintes sustentaram que a criação do referido tributo era inconstitucional. Isso porque violava, dentre outras normas da CF/1988, as regras da proibição de retroatividade construídas a partir do art. 5º, XXXVI, e do art. 150, III, "a". O Tribunal aplicou o seu entendimento tradicional. Isto é, ele rejeitou o pedido por entender que não havia direito adquirido a regime jurídico. Todavia, em seu voto, o Min. Gilmar Mendes fez a seguinte referência ao que chamou de "forma adequada de proteção dessas pretensões":

> Diante da inevitável pergunta sobre a forma adequada de proteção dessas pretensões, tem-se como resposta indicativa que a proteção a ser oferecida há de vir do próprio direito de propriedade ou de outro direito real, há que se invocar a proteção do direito de propriedade estabelecida no texto constitucional. *Se se tratar de liberdade de associação ou de outro direito de perfil marcadamente constitucional, também há de se invocar a própria garantia eventualmente afetada e não o princípio do direito adquirido.*
>
> É bem verdade que, em face da insuficiência do direito adquirido para proteger tais situações, a própria ordem constitucional tem-se valido de uma ideia menos precisa e, por isso, mesmo mais abrangente, que é o princípio da segurança jurídica enquanto postulado do Estado de Direito.
>
> Embora de aplicação mais genérica, *o princípio da segurança jurídica traduz a proteção da confiança que se deposita na subsistência de um dado modelo legal (Schutz Vertrauens)*.[15] (Destaque nosso)

As considerações feitas pelo Ministro são relevantes, principalmente por *dois motivos*. *Primeiro*, porque elas confirmam o que se disse anteriormente quanto à proteção reforçada que a CF/1988 estabeleceu em matéria de irretroatividade: os casos não cobertos pelas regras da irretroatividade não revelam ausência de tutela por parte da CF. Eles indicam apenas que a tutela deve se dar por meio de outras normas. *Segundo*, porque as considerações de Mendes evidenciam que a proteção "adequada" ao contribuinte, nesse caso, tem raízes tanto nos direitos fundamentais, como a liberdade e a propriedade, quanto na intangibilidade da confiança.

15. ADI 3.105, Rel. Min. Cezar Peluso, Tribunal Pleno, *DJU* 18.2.2005, voto do Min. Gilmar Mendes, p. 312.

Ou seja, são as finalidades protegidas por qualquer desses princípios que exigem a não retroatividade das normas.[16]

É evidente, contudo, que, embora não haja dependência lógico-formal entre os fundamentos que suportam a irretroatividade, há, sim, um relacionamento material entre eles. Eles se combinam entre si por força do seu conteúdo. Isto é, a liberdade pressupõe a proteção da confiança. A dignidade humana pressupõe livre disposição da propriedade. E assim por diante. Desse modo, quanto mais razões relacionadas a todos os fundamentos do princípio da irretroatividade houver em determinado caso concreto, mais força ele terá diante de um conflito com outras normas constitucionais. E, sendo assim, mais coerente será a cadeia argumentativa que suporta sua aplicação e mais robusta, consequentemente, será a proteção do contribuinte em face de atos estatais retroativos.

Todas essas razões, somadas àquelas já examinadas na primeira parte deste trabalho, conduzem à seguinte constatação: a estruturação da irretroatividade sob perspectiva material, tal como aqui defendido, apresenta um elevado grau de coerência. Isso porque ela ostenta as principais propriedades inerentes à racionalidade discursiva: I – há um elevado número de fundamentos (Estado de Direito, segurança jurídica, proteção da confiança, dignidade humana, liberdade, propriedade, igualdade, legalidade, moralidade); II – os fundamentos proporcionam um forte apoio em razão da sua relevância no Sistema Constitucional (princípios constitucionais fundamentais e direitos fundamentais); III – os fundamentos são logicamente independentes entre si (a conexão entre eles não é por consistência, mas por coerência material); IV – há uma justificação recíproca entre os fundamentos; V – a teoria utiliza conceitos não particularizados, mas universais; VI – a teoria abrange elevado número de casos; VII – embora aqui empregada ao Direito Tributário, a teoria se aplica também aos demais campos da disciplina jurídica.[17]

Em face de todas essas considerações, passa-se, abaixo, ao exame do âmbito de aplicação do principio da irretroatividade tributária.

5.2 ÂMBITO DE APLICAÇÃO DO PRINCÍPIO

O princípio da irretroatividade atua nas situações em que a modificação provocada pelos atos estatais atinge gravosamente o exercício

---

16. Na Dinamarca, por exemplo, o controle das leis retroativas é feito a partir da evocação do direito fundamental de propriedade. Vide: Michaelsen e Nielsen, 2013, p. 220. Nesse sentido: Amatucci, 2005, pp. 62-63.

17. Sobre os referidos critérios: Peczenik, 2009, pp. 133 e ss. Vide, ainda: Aarnio, 1987, pp. 196-201.

passado da liberdade, que não configurou fatos "consumados" protegidos pelos arts. 5º, XXXVI, e 150, III, "a", da CF/1988.[18] Ou seja, houve disposição de direitos. Mas essa disposição não preencheu os requisitos normativos a ponto de produzir fatos geradores ocorridos, direitos adquiridos, atos jurídicos perfeitos e coisa julgada. Por força da atuação da proteção da confiança acima examinada, o presente princípio tutela o contribuinte em um âmbito ainda maior. Ele o protege nos casos em que, mesmo ocorrendo situações consumadas, houve descontinuidade dos efeitos normativos que levaram o contribuinte a dispor dos seus direitos. Um exemplo desse tipo de caso é a revogação de benefícios fiscais.

Especificamente com relação ao aumento e à criação de tributos, o referido princípio é aplicável "para os casos em que haja *ausência de simultaneidade* entre a consumação do fato gerador e a disposição dos direitos pelo contribuinte".[19] Isto é, ele é aplicável nas hipóteses em que as obrigações tributárias são agravadas depois de o exercício dos direitos se iniciar, mas antes de ele configurar o fato gerador (fatos geradores pendentes).

O princípio em exame também aplica-se aos casos de majoração dos tributos periódicos ocorrida ao longo do ano-base de apuração.[20] É aplicado, igualmente: aos casos de elevação da alíquota do imposto de importação que atinge as operações iniciadas e ainda não concluídas; às modificações gravosas que afetam fatos em desenvolvimento quanto aos impostos de exportação, de circulação de mercadorias, de produtos industrializados e de operações financeiras; aos casos em que os atos estatais restringem ou suprimem vantagens que vinham sendo desfrutadas pelo contribuinte, mas que não constituíram direitos adquiridos.[21]

Com base nessas considerações, é possível afirmar que o âmbito de aplicação do princípio da irretroatividade é formado pela presença de I – uma base normativa geradora de confiança e da confiança nessa base; do II – exercício de direitos fundamentais; e de III – uma atuação estatal que modifique prejudicialmente, em relação ao contribuinte, os efeitos tributários conectados a esse exercício passado de direitos.

A *aplicação do princípio* tende a implicar necessidade de uma ponderação horizontal entre normas jurídicas. Isso porque o dever de

18. Derzi, 2009, p. 569.
19. Ávila, 2014b, p. 439.
20. Derzi, ob. cit., p. 569.
21. Tipke e Lang, 2008, p. 248. Esta última hipótese é o caso da revogação de isenção nos termos do art. 179, § 2º, do CTN.

promoção das finalidades acima referidas pressupõe a tensão com outros princípios jurídicos, tais como os princípios democrático e da separação dos Poderes. Eles pressupõem a competência para que o Poder Público modifique o ordenamento jurídico. O Estado de Direito não é estado de imutabilidade, mas de modificação responsável das normas jurídicas. A tarefa de planejamento da ordem social e econômica, de acordo com os ditames da justiça social, impõe que alterações normativas sejam feitas.[22] A promoção de finalidades relacionadas ao financiamento de serviços públicos e à solidariedade social pode levar à necessidade de modificação da legislação tributária. Por outro lado, o respeito à legalidade exige, por exemplo, que os benefícios fiscais concedidos sem a observância dos requisitos previstos em lei sejam anulados. Ainda: a mudança de prioridades com relação à política econômica pode levar o Estado a aumentar ou a reduzir a carga tributária incidente sobre as atividades de um ou de outro setor da economia. Enfim, as mudanças podem e devem ocorrer.

A confiança na permanência das normas, nesse contexto, não é um valor absoluto, capaz de "petrificar a ordem jurídica".[23] Do mesmo modo, o princípio da irretroatividade não impede que os atos estatais sejam modificados. Ele impede que a mudança seja prejudicial ao exercício passado da liberdade, segundo os critérios que serão apresentados adiante. Ou seja, há, como se disse, uma tensão entre a permanência e a modificação. A referida tensão entre princípios tende a levar, portanto, à necessidade da atribuição de peso aos bens jurídicos, aos interesses e aos valores a eles relacionados. Vale dizer, tende a ser necessária a ponderação, conforme será demonstrado mais adiante.

Ainda assim, é preciso destacar que há casos, conforme será demonstrado também adiante, em que o princípio da irretroatividade é aplicado independentemente da ponderação acima mencionada. Isso porque em sua eficácia de norma interpretativa e estruturadora do ordenamento jurídico, ele é aplicado sem estabelecer, necessariamente, um conflito com outras normas constitucionais. O princípio da irretroatividade serve, em tais situações, de pressuposto para que se avalie a constitucionalidade de determinado ato estatal ou de critério para que enunciados normativos sejam interpretados *conforme* seu conteúdo.[24]

22. Gribnau, 2013b, p. 83; Pauwels, 2013, p. 105
23. Couto e Silva, 2004, p. 276; Gribnau, ob. cit., pp. 82-83.
24. Riccardo Guastini, *Teoria e Dogmatica delle Fonti*, Milão: Giuffrè, 1998, p. 183.

Delimitado o âmbito de aplicação do princípio da irretroatividade, cumpre, antes de tratar do seu conteúdo, tecer considerações sobre a sua eficácia jurídica.

5.3 Eficácia jurídica interna e externa

A eficácia jurídica aqui analisada é a capacidade do presente princípio de produzir efeitos. É investigada, agora, a função normativa do princípio. Ou seja, é analisado o modo como ele produz efeitos em relação a outras normas (eficácia interna) e em relação aos fatos que envolvem a sua concretização (eficácia externa).[25] As questões referentes à sua força normativa (isto é, quanto ao modo como ele se posiciona no confronto com outras normas) são examinadas mais adiante.

(a) Quanto à eficácia interna: o princípio da irretroatividade atua em relação a outras normas. No tocante àquelas que estabelecem as finalidades mais amplas, a irretroatividade assume a qualidade de subprincípio. Tais normas são, por sua vez, sobreprincípios. Esse relacionamento é importante para definir a *função normativa* do princípio em exame. Por exemplo, na qualidade de norma inferior, a irretroatividade apresenta uma *função eficacial definitória*. Isto é, ela "delimita, com maior especificação, o comando mais amplo estabelecido pelo sobreprincípio axiologicamente superior."[26]

De outra forma, esses sobreprincípios exercem principalmente duas funções em relação à irretroatividade: *função eficacial interpretativa* (eles determinam que sejam escolhidos os significados mais fortemente suportados por seu conteúdo); e *função eficacial de suporte* (eles determinam a atribuição de mais peso ao princípio da irretroatividade quando da existência de conflito normativo). O subprincípio da irretroatividade mantém o relacionamento acima referido com os princípios do Estado de Direito, da liberdade, da propriedade, da igualdade e da segurança jurídica. Precisamente com relação a este último princípio, a proteção da confiança exerce papel decisivo na sua aplicação, conforme visto acima.

Quanto aos princípios que estabelecem finalidades mais restritas, a irretroatividade assume a qualidade de sobreprincípio. Com relação às regras, ela assume a qualidade de princípio. Nessa função, o princípio em exame cumpre o papel, como destaca Guastini, de "critério inter-

---

25. Ávila, 2015, pp. 122-123.
26. Ibid., p. 105.

pretativo para os órgãos de aplicação e para os intérpretes em geral".[27] Como princípio sobrejacente, a irretroatividade apresenta uma *função eficacial interpretativa*[28] e *uma função eficacial de suporte*. Ela densifica o conteúdo das normas a ela inferiores e as suporta no seu processo de aplicação. Essa função interpretativa foi acima demonstrada por ocasião da análise da expressão "fatos geradores ocorridos" (presente no enunciado do art. 150, III, "a").

Outra importantíssima tarefa cumprida pelo princípio em estudo é a sua *função eficacial integrativa*. Por meio dessa função, o princípio atua decisivamente nos casos em que as regras jurídicas da irretroatividade não se aplicam ou não são suficientes para proteger o cidadão.[29] O princípio da irretroatividade atua ordenando a adoção de comportamentos que protejam os atos de disposição de liberdade e de propriedade já irreversivelmente consumados e, portanto, que protejam a confiança do cidadão.

(b) Quanto à eficácia externa: o princípio da irretroatividade atua também sobre fatos. Ele é importantíssimo para selecionar, dentre os fatos ocorridos, aqueles que são relevantes à promoção das finalidades por ele protegidas.[30]

Nesse aspecto, o princípio em exame apresenta uma *eficácia seletiva*.[31] Ele ordena ao intérprete a escolha dos fatos que demonstram, fundamentalmente, o seguinte: que o contribuinte confiou em uma base normativa em razão da qual ele agiu; que o contribuinte foi induzido a agir por força dessa base normativa; que houve disposição de direitos em razão dessa ação (assinatura de contratos, realização de planos de negócios etc.); que o contribuinte teve a sua confiança frustrada pela modificação normativa; que o contribuinte sofreu prejuízos por conta da retroeficácia do ato estatal e que os seus planos foram comprometidos (prejuízos patrimoniais por atos irreversíveis praticados). Note-se que a escolha relativamente à pertinência dos fatos é feita segundo os parâmetros axiológicos definidos pelos princípios da liberdade, da propriedade e da proteção da confiança. Isto é, os fatos pertinentes ao caso são aqueles cuja seleção é fundamental para que se apliquem os referidos princípios.

27. Guastini, 1998, p. 183.
28. Guastini, 2011, p. 191.
29. Ávila, 2014b, p. 651 e p. 655.
30. Chiassoni, 2007, p. 226.
31. Ávila, 2015, p. 126.

Além de orientar a seleção dos fatos, o princípio da irretroatividade cumpre uma *função eficacial valorativa*.[32] Ele ordena que os fatos escolhidos sejam conceituados de modo a preservar os bens jurídicos resguardados pela liberdade, pela propriedade e pela proteção da confiança. Tome-se o exemplo da majoração dos tributos enquanto os fatos geradores estão pendentes. Os negócios jurídicos por meio dos quais o contribuinte dispõe dos seus direitos antes do aumento do tributo são, segundo a eficácia seletiva acima examinada, relevantes para a proteção do contribuinte. Eles demonstram que houve o exercício de direitos fundamentais e da confiança. Sua interpretação, por força da função valorativa em análise, deve dar-se *sob o ponto de vista da liberdade e da proteção da confiança*. Isto é, os negócios devem ser conceituados como atos dignos de proteção independentemente do momento em que o fato gerador se consumou. Embora tais negócios sejam pressupostos constitutivos do fato jurídico tributário, eles são dele independentes sob o aspecto temporal.[33] Isso porque eles são praticados sob uma base normativa diferente daquela vigente ao tempo em que o fato se consumou. Portanto, sob o ponto de vista da liberdade e da confiança, esses negócios ganham autonomia e passam a merecer proteção como eventos independentes e isolados do fato gerador.

Examinada, assim, a eficácia do princípio, passa-se à análise do seu conteúdo.

5.4 Conteúdo do princípio

5.4.1 Quanto aos "fins": o estado de coisas a ser promovido e protegido

5.4.1.1 Liberdade e confiança

Como norma imediatamente finalística, o princípio da irretroatividade ordena a promoção de um estado de coisas a ser gradualmente alcançado. Esse estado de coisas, qualificado pela presença de determinados bens jurídicos, é o *fim* a partir do qual são definidas as condutas cuja adoção se torna necessária para sua promoção ou preservação.

O estado parcial de coisas a ser realizado pelo princípio em análise é a intangibilidade dos atos de disposição da liberdade e da propriedade praticados pelo contribuinte no passado. Trata-se de um estado de prote-

---

32. Sobre a referida função, Ávila, idem, ibidem.
33. Mastroiacovo, 2005a, p. 289.

ção do exercício dos direitos. Um estado qualificado pela não alteração gravosa dos efeitos tributários que a ordem jurídica conectou à disposição da liberdade ao tempo em que ela ocorreu.

Com relação à intangibilidade do exercício dos direitos, o princípio da irretroatividade protege os atos pelos quais o contribuinte, por exemplo: assina contratos, despende recursos financeiros, compra e vende mercadorias, presta serviços, funda, transforma e encerra empresas, executa investimentos, planeja a realização de negócios e da sua vida profissional etc.

O estado de coisas acima mencionado visa à realização, por sua vez, da *confiabilidade* sob dois aspectos.

Em *primeiro lugar*, visa a promover a *confiabilidade sob o aspecto objetivo*. Isso porque o princípio da irretroatividade, ao tornar intangíveis os atos de disposição de direitos no sentido acima referido, cria uma qualidade desejável a uma ordem jurídica: a confiança nas promessas do Estado. Ele institui um estado de credibilidade. Ele promove um estado de coisas em que há confiabilidade de que as obrigações tributárias não serão agravadas depois de o contribuinte iniciar o seu curso de ação. Protege-se, assim, a expectativa de estabilidade.[34]

Em *segundo lugar*, o princípio da irretroatividade visa a promover a *confiabilidade no aspecto subjetivo*, mais precisamente por meio da proteção da confiança, conforme exposto acima.[35] Ele tutela a confiança concretizada pelo exercício de direitos fundamentais.

Diante dessas considerações, o princípio da irretroatividade protege a confiabilidade, tanto a representada pela credibilidade do ordenamento jurídico quanto a confiança em razão de um atuação concreta do contribuinte.

5.4.1.2 *Liberdade, propriedade, dignidade humana, da legalidade, moralidade, igualdade e segurança jurídica*

Um estado de coisas de *intangibilidade* dos atos de disposição de direitos e de *confiabilidade* leva à promoção, por sua vez, do estado ideal de coisas buscado pelo princípio da irretroatividade. Esse *estado ideal* é identificado a partir das finalidades objetivadas pelas normas que o suportam. O que se passa a fazer aqui é indicar, com base nos fundamentos

---

34. Gigante, 2008, p. 65.
35. Gianni Marongiu, *Lo Statuto dei Diritti del Contribuente*, 2ª ed., Turim: Giappichelli, 2010, pp. 82 e 83.

do princípio em estudo, quais são os principais bens jurídicos por ele protegidos.

Os bens jurídicos que compõem a situação ideal ora referida são, principalmente, os seguintes:

– a *não restrição* arbitrária dos direitos fundamentais pelas normas retroativas;[36]

– a *cognoscibilidade* quanto às normas tributárias que restringem o exercício dos direitos fundamentais;[37]

– a *calculabilidade* com relação à intensidade dos efeitos interventivos decorrentes das obrigações tributárias principal e acessória;[38]

– a *calculabilidade* com relação às modalidades de extinção e de exclusão do crédito tributário;[39]

– a *calculabilidade* com relação às possíveis modificações de entendimento quanto à interpretação das normas tributárias pelos Poderes Executivo e Judiciário;[40]

– a *calculabilidade* com relação às possíveis modificações gravosas da legislação tributária;[41]

– a *liberdade de escolha* entre cursos alternativos de ação compatíveis com o Direito e menos onerosos sob o ponto de vista tributário; a *liberdade* de planejar o futuro e a *liberdade de autodeterminação* do contribuinte;[42]

– a *liberdade* de planejamento e de exercício de atividade profissional e econômica, mais precisamente, a *liberdade* de: fundar, transformar e criar uma empresa; planejar investimentos; realizar investimentos; planejar uma carreira profissional; realizar contratos de compra e venda e de prestação de serviços; obter renda e lucro; dispor da renda e do lucro;[43]

– a *liberdade* de uso e de disposição planejada da *propriedade*;

– a *igualdade* dos contribuintes perante a lei e a garantia de *generalidade* da lei;[44]

36. Michaelsen e Nielsen, 2013, p. 217; Raz, 2005, p. 219; Ávila, 2014b, p. 454.
37. Pauwels, 2013, p. 101.
38. Mastroiacovo, 2005a, p. 188; Amatucci, 2005, p. 15.
39. Tipke e Lang, 2008, p. 248; Gribnau, 2013b, p. 82.
40. Marongiu, ob. cit., p. 84.
41. Ávila, 2014b, p. 451 e p. 613.
42. Raz, 1986, p. 371; Gribnau, 2013b, p. 81.
43. Karwat, 2013, p. 339.
44. Ronald Dworkin, *Justice for Hedgehogs*, Cambridge: The Belknap Press, 2011, p. 375.

– a *lealdade* e a boa-fé do Poder Público no tratamento dos contribuintes.[45]

O presente rol não é exaustivo. Ele apenas demonstra algumas das principais finalidades que o princípio da irretroatividade visa a promover. Sua identificação, contudo, é uma tarefa da mais alta importância. Isso porque é a partir dessas finalidades que se torna possível delimitar as condutas necessárias à sua promoção e à sua preservação.

5.4.2 Critérios delimitadores dos comportamentos necessários à realização do estado ideal de coisas

5.4.2.1 Considerações gerais

O princípio da irretroatividade não normatiza as condutas a serem adotadas pelos Poderes Executivo, Judiciário e Legislativo de modo descritivo. Com efeito, os comportamentos devidos pelo Estado são definidos a partir da consideração de determinados critérios relacionados às finalidades acima examinadas.

Aqui se apresentam três grupos de critérios visando a possibilitar ao intérprete a tomada de decisão quanto às mencionadas condutas. São eles: I – critérios relacionados à confiança do indivíduo em um ato estatal; II – critérios relacionados à intensidade e à extensão do exercício de direitos pelo contribuinte e à restrição desses direitos em face do ato retroativo; e III – critérios relacionados à atuação estatal retroeficaz.[46]

No primeiro grupo, encontram-se elementos que dizem respeito à confiança depositada pelo cidadão nas leis e nos atos administrativos ou judiciais. No segundo grupo, estão as questões envolvendo a gravosidade decorrente da reversão dos atos de disposição realizados pelo indivíduo e a dependência em relação à manutenção dos seus efeitos. No terceiro grupo, são analisadas as finalidades dos atos estatais modificadores da base normativa em razão da qual o indivíduo agiu, conforme se demonstrará adiante.

A interação entre esses critérios é que determina a conduta a ser realizada pelo Estado. Por exemplo, uma atuação intensa e extensa do contribuinte, de acordo com uma base normativa com alto grau de confiabilidade, impõe ao Poder Público a não retroatividade dos seus atos. Caso seja necessária a alteração onerosa dos efeitos tributários relacio-

---

45. Batista Júnior, 2013, p. 615 e p. 622-624.
46. Pauwels, 2013, pp. 110-113.

nados a essa atuação, a mudança não deve atingir as condutas passadas desse contribuinte. Porém, uma base de confiança "fraca" e uma oneração praticamente insignificante dos direitos fundamentais envolvidos podem legitimar os efeitos retroativos, caso haja comprovada necessidade para sua implementação.

Dito isso, passa-se à análise dos critérios que definem as condutas acima mencionadas.

5.4.2.2 Critérios relacionados à confiança em ato estatal

5.4.2.2.1 Grau da confiança do contribuinte

***5.4.2.2.1.1 – Base da confiança** –* A base da confiança consiste nos atos e nos comportamentos estatais em razão dos quais o indivíduo dispõe dos seus direitos.[47] Trata-se do fundamento para o exercício da liberdade pelo contribuinte. Ela é formada tanto pela atuação comissiva quanto pelo comportamento omissivo do Estado.[48] Isto é, a indução da confiança se dá quer por meio de atos ativos (leis, decisões judiciais, decretos, atos administrativos, contratos administrativos, práticas administrativas reiteradas, soluções de consultas etc.), quer pela inação estatal geradora da expectativa de estabilidade (comportamento de não cobrar determinado tributo, silêncio da Administração Tributária com relação a irregularidades formais em procedimentos realizados pelo contribuinte etc.).

A configuração de uma base confiável depende da verificação gradual de algumas qualidades, as quais passam a ser examinadas a seguir. Antes, porém, de iniciar esse exame, surge uma indagação preliminar: qual deve ser o critério preponderante para qualificar uma base normativa como *legítima*? Deve ser principalmente o critério referente aos requisitos formais e objetivos da base, tais como a validade e a clareza? Ou devem preponderar as questões ligadas a aspectos materiais e subjetivos, tais como a aptidão que a base apresenta para encorajar o exercício da liberdade e da propriedade por parte do contribuinte?

Opta-se aqui por dar privilégio ao critério relacionado aos elementos materiais e subjetivos. Isso porque a proposta de irretroatividade material ora defendida está centrada na preservação da liberdade. É o comportamento humano, o "metacritério" para definir se a base é confiável. Isso porque o princípio protetor da liberdade exerce aqui uma função eficacial interpretativa em relação à norma que protege a confiança do contribuinte.

47. Ávila, 2014b, p. 381; Gigante, 2008, p. 65.
48. Derzi, 2009, p. 390.

E, quanto aos fatos, ele exerce uma função seletiva e argumentativa. O princípio da liberdade determina que sejam selecionados os fatos e escolhidos os seus significados de modo a preservar as suas finalidades. Por isso, o essencial é verificar se, mesmo diante de uma base formalmente irregular, o contribuinte foi induzido a agir.[49] E se, agindo, sofreu restrição dos seus direitos fundamentais em face da modificação normativa. Como já decidiu o STF, os atos ilícitos também geram confiança digna de proteção.[50] Ainda que o ato apresente problemas relativamente à sua regularidade formal, ele pode ser capaz de induzir o indivíduo a dispor da sua liberdade. Esse é o ponto central.

Sendo assim, as situações que comumente desqualificam a base da confiança, como sua provisoriedade, sua falta de clareza e sua ilegalidade,[51] não são, para o presente trabalho, suficientes para afastar a aplicação do princípio protetor da confiança. Evidentemente que elas interferem na configuração da legitimidade da base. Uma base lícita e clara é mais confiável do que aquela que não apresenta tais qualidades. No entanto, a base da confiança não deve ser avaliada segundo uma classificação binária entre "base regular-confiável" e "base irregular-inconfiável".[52] Sua avaliação deve considerar a combinação de todos os critérios a seguir apresentados. E deve verificar em que grau eles se fazem presentes na situação concreta. O baixo grau de confiança da base, segundo um dos critérios, pode ser compensado pelo alto grau, segundo outro. Uma base ilegal, que teve uma longa eficácia no tempo, tende a configurar um nível de confiança capaz de estabelecer a ligação causal entre o comportamento humano e a atuação estatal. O essencial é verificar se, mesmo diante da menor intensidade de um dos critérios, a presença de outro revela que a base foi apta a levar o contribuinte à disposição dos seus direitos. Deve ser avaliado, enfim, se, considerado o grau de confiabilidade decorrente da análise desses parâmetros, é possível afirmar que o contribuinte *confiou* nos atos e na conduta do Estado. Se o exercício dos direitos está *fundamentado na manifestação estatal*, então, há razões para que a retroatividade seja proibida.

---

49. Ávila, 2014b, p. 382 e p. 409.

50. MS 22.357, Rel. Min. Gilmar Mendes, Tribunal Pleno, *DJU* 5.11.2004. Na doutrina, há posicionamentos no sentido de que a tutela da confiança, nos casos de regulamentos ilegais, deve ser, de um modo geral, rechaçada. Vide: Baptista, 2006, p. 179.

51. Pela aplicação de critérios preponderantemente formais: Gigante, 2008, pp. 70-73; Baptista, ob. cit., p. 159.

52. Ávila, 2014b, p. 386.

Passam a ser analisados, agora, os critérios específicos para configuração da base de confiança.

(a) Grau de vinculação da base: quanto mais vinculante for a base normativa, mais proteção terá o contribuinte que nela confiou.[53] A referida vinculação diz respeito ao reduzido espectro de escolha de ação do qual dispõe o contribuinte por força da previsão normativa. Quanto mais vinculado ao comando normativo está o indivíduo, menor é a sua autonomia para escolher determinado curso de ação. Isto é, menor é a liberdade de configuração da sua conduta. Consequentemente, mais responsável se torna o Estado pelo comportamento do contribuinte que agiu nos termos pré-configurados pela norma. Em outras palavras: quanto mais o Estado vincula o contribuinte a agir conforme o Direito, maior é a sua responsabilidade em respeitar as legítimas expectativas criadas por quaisquer de seus atos ou omissões.

Nesses termos, são bases com alto grau de vinculação: as leis, as decisões judiciais proferidas pelo STF com eficácia *erga omnes*, as decisões proferidas no controle difuso de constitucionalidade acompanhadas da edição de resolução por parte do Senado Federal e as súmulas vinculantes editadas pelo STF. Relativamente a elas, cumpre registrar que a relação causal entre o comportamento do cidadão e a base da confiança é presumida. Isso porque os comandos contidos nessas bases devem ser obedecidos independentemente da demonstração de conhecimento da base. A CF/1988 deu a tais bases um caráter formalmente vinculante. Por isso, não é necessário que o contribuinte demonstre efetivamente ter confiado no conteúdo desses atos.

Em matéria de obrigações tributárias, as normas de incidência geram, sob esse aspecto, um elevado grau de confiança. Isso porque, além de serem construídas a partir de dispositivos veiculados em bases legais formalmente vinculantes, elas predeterminam a conduta a ser adotada pelo cidadão. Por outro lado, são bases com menor grau de vinculação os atos normativos exarados pelo Poder Executivo, as decisões judiciais liminares, as decisões judiciais repetidas num determinado sentido, dentre outros atos que vinculam o contribuinte materialmente, mas não formalmente.

(b) Grau de aparência de legitimidade da base: quanto mais aparência de legitimidade a base normativa apresentar, mais proteção deve

---

53. Ibid., p. 374.

ter a confiança daquele que orientou a sua liberdade em razão dela.[54] A aparência de legitimidade da base diz respeito à sua credibilidade para guiar os comportamentos humanos. O que se exige, segundo o presente critério, não é a certeza de legitimidade. É preciso verificar, isso sim, se, pelos seus aspectos superficiais e exteriores, a base normativa apresenta sinais de legitimidade. Quanto mais sinais apresentar, mais confiável ela será. Os principais indicadores de legitimidade são os seguintes: a *validade da base*, a *clareza da base*, e a *imprevisibilidade de mudança da base*.

Com relação à *validade da base*, aqui genericamente entendida como a sua compatibilidade formal e material com o Direito, há bases que aparentam ser legítimas e outras, não. Por exemplo: os atos visivelmente viciados pela ilegalidade ou pela inconstitucionalidade não são capazes, por si sós, de legitimar o exercício da confiança. Atos administrativos ilegais, como são aqueles nulos por vícios gravíssimos e grosseiros, flagrantemente constatáveis, são ilegítimos sob esse aspecto.[55] Eles não são dignos de gerar direitos subjetivos aos seus destinatários. E a Administração Tributária, segundo prevê o enunciado da Súmula 473 do STF, tem o dever de revogá-los.[56] Atos regulamentares visivelmente ilegais emitidos pelo Poder Executivo também não são bases "aparentemente legítimas".

Entretanto, o problema é que não são corriqueiros os casos em que a ilegalidade ou a irregularidade formal são evidentes aos olhos do cidadão comum. Não é fácil para o contribuinte constatar esses problemas. Sua verificação demanda, muitas vezes, a análise de questões jurídicas complexas, que exigem conhecimento técnico. Desse modo, não se pode condicionar a efetiva proteção da confiança (e a proibição de retroatividade) a um exame especializado com relação à regularidade da base. A tutela deve ser avaliada segundo a perspectiva do cidadão comum. É ele quem exerce os direitos com fundamento na confiança. É a sua liberdade que as normas tributárias visam a orientar. E é também a ele que as limitações ao poder de tributar – como é a proibição de retroatividade – se destinam.[57]

54. Ávila, 2014b, p. 389.
55. Couto e Silva, 2004, p. 273 e p. 299; Ricardo Lodi Ribeiro, "O princípio da proteção à confiança legítima no Direito Tributário", in Cláudio Pereira de Souza Neto, Daniel Antônio de Moraes Sarmento e Gustavo Binenbojm (Coords.), *Vinte anos da Constituição Federal de 1988*, Rio de Janeiro: Lumen Juris, 2009, pp. 849-868, p. 850.
56. Súmula 473 do STF: "A Administração pode anular seus próprios atos quando eivados de vícios que os tornam ilegais, porque deles não se originam direitos; ou revogá-los, por motivo de conveniência ou oportunidade, respeitados os direitos adquiridos, e ressalvada, em todos os casos, a apreciação judicial".
57. Ávila, 2014b, pp. 273-274.

Nesse contexto, não parece acertado o entendimento de que, por exemplo, o fato de o contribuinte dispor de assessoria jurídica especializada milita contra a configuração da sua confiança. Segundo esse raciocínio, o ato que concede um benefício fiscal ilegal ao contribuinte assessorado juridicamente não gera expectativa de continuidade. Isso porque o contribuinte deveria saber da existência do vício que acomete o ato. Desse modo, o benefício poderia ser revogado sem que o particular pudesse invocar a tutela individual e subjetiva do exercício da sua confiança.[58] O que aqui se defende é o seguinte: salvo se existirem motivos para a consideração de uma perspectiva diversa, a aparência de legitimidade da base deve ser aferida segundo a capacidade de compreensão do cidadão comum.

Sendo assim, as bases em relação às quais pendem debates jurídicos quanto à sua constitucionalidade e à sua legalidade não são consideradas, apenas por esse fato, ilegítimas. Somente o serão a partir do momento em que forem oficialmente declaradas inconstitucionais ou ilegais. Por isso, o que importa, para saber se a base é apta para gerar confiança, é a sua *aparência de legitimidade* ao tempo em que os comportamentos humanos foram adotados. Por exemplo, uma lei elaborada pelo sujeito competente e de acordo com o procedimento constitucionalmente previsto para tanto é, em tese, aparentemente válida. Ainda que pendam discussões judiciais em torno da sua inconstitucionalidade, ela é apta para guiar as condutas dos contribuintes.

Por outro lado, há alguns indicadores cuja presença faz aumentar o grau de confiabilidade da base e, portanto, faz crescer o peso das razões que proíbem a retroaeficácia normativa.

Dois indicadores importantes são os seguintes: I – os *sujeitos* que emitem o ato ou que praticam o comportamento gerador da confiança e II – o *procedimento* adotado para produzir o ato.

Em primeiro lugar, quanto aos sujeitos, é preciso esclarecer que, quanto mais autoridades estiverem envolvidas na produção do ato, maior será a presunção de conformidade com o Direito que o referido ato apresenta. Isso porque a maior presença de agentes do Estado envolvidos com a produção do ato faz presumir sua correção. Por exemplo, uma decisão proferida, por unanimidade, pelo órgão plenário de um Tribunal apresenta maior grau de confiabilidade que uma decisão tomada por apenas um de seus membros. Outro exemplo: quanto mais agentes da Administração Tributária se comportarem no sentido de não exigir determinado tributo de certos contribuintes, maior será a aparência de correção desse compor-

---

58. Em defesa do entendimento ora criticado, vide: Ribeiro, 2009, p. 850.

tamento. Ainda quanto aos sujeitos, é possível afirmar que, quanto maior for o escalão das autoridades envolvidas com o ato e com o comportamento, igualmente mais robusta será a confiabilidade por eles gerada.[59] Isso porque é correto presumir que essas autoridades erram menos, como afirma Ávila.[60] Em segundo lugar, com relação ao procedimento que envolve a produção da base, cumpre frisar que, quanto maiores forem a participação democrática e a publicidade na produção do ato, igualmente maior será sua presunção de legitimidade.[61]

Em que pese todas essas considerações quanto à *aparência de legitimidade* da base, cumpre relembrar que o critério decisivo para tutelar a confiança do contribuinte diz respeito ao exercício da sua liberdade. Por isso, ainda que um ato estatal seja manifestamente ilegal, ele pode ser apto a encorajar o contribuinte a dispor dos seus direitos. Por exemplo, atos manifestamente ilegais que implicam vantagens irreversíveis ao indivíduo e que vigem por muito tempo não devem ser revogados.[62] O STF tem entendimento nesse sentido.[63] Ou seja, como se verá em seguida, o longo tempo de durabilidade de uma base ilegal pode gerar a confiança de que a ilegalidade não será pronunciada.

Outro aspecto que merece destaque é a boa-fé do contribuinte relativamente à base da confiança. Se o particular determinou ou influiu na edição de ato administrativo em seu favor mediante dolo, coação ou suborno, ou, ainda, mediante o fornecimento de dados importantes falsos, inexatos ou incompletos, não deve haver, em princípio, a proteção da sua confiança.[64] Isso porque ele não pode invocar a legitimidade de uma base cuja ilicitude que a macula foi por ele causada. Ainda assim, a ação do tempo pode ser consolidadora. Isto é, mesmo diante de má--fé do contribuinte, o passar dos anos pode extinguir direitos do Estado e impossibilitá-lo de modificar a base normativa viciada. Um exemplo dessa situação é o do lançamento tributário que não pode ser revisto depois de escoado o prazo decadencial, conforme prevê o art. 173 do CTN.

59. No julgamento envolvendo o REsp 47.105, o STJ invocou o "alto escalão" do servidor estadual (Secretário de Estado) como critério adicional para criar aparência de legitimidade de um contrato assinado pela Administração Pública. Vide: STJ, REsp 47.105, Rel. Min. Adhemar Maciel, 2ª Turma, *DJU* 9.12.1997.

60. Ávila, 2014b, pp. 390-391.

61. Ibid.

62. Martins-Costa, 2002, p. 237; Derzi, 2008, p. 104.

63. MS 24.268, Rel. p/acórdão Min. Gilmar Mendes, Tribunal Pleno, *DJU* 17.9.2004.

64. Couto e Silva, 2004, p. 305.

Com relação à *clareza da base*, há posicionamentos no sentido de que a obscuridade dos atos estatais, por si só, milita contra a sua aparência de legitimidade.[65] O Tribunal Constitucional alemão tem, segundo Hey, entendimento nesse sentido.[66] A base normativa confusa não seria capaz de possibilitar o exercício orientado da liberdade por parte do contribuinte. Mais do que isso: há países, como Canadá e Holanda, nos quais os Tribunais entendem que a falta de clareza da base é uma razão legitimadora da retroatividade da legislação.[67] Isso em razão de que a obscuridade da legislação tributária e a existência de lacunas no Direito permitem a evasão ou o "abuso" fiscal pelos contribuintes.[68] Por conta desse "abuso", sujeitos que se encontram numa posição econômica similar poderiam ter diferentes cargas tributárias, dependendo se exploram ou não as referidas lacunas. Assim, estaria violada a igualdade tributária, explica Pauwels. A colmatação das lacunas e o esclarecimento da legislação, ambos com efeitos retroativos, visariam, portanto, a evitar a evasão fiscal e a desigualdade entre contribuintes.[69] O autor ainda afirma que, diante de uma base lacunosa e confusa, fica enfraquecida a alegação do contribuinte de que tem expectativa de permanência do ordenamento. Isso porque a referida base gera, segundo ele, expectativa de correção, isto é, de mudança.[70] Em outras palavras: o contribuinte deve razoavelmente esperar que a lacuna será colmatada.

Contudo, tal entendimento merece, pelo menos, *três ressalvas*.

Em *primeiro lugar*, o contribuinte não pode ser punido por uma falta cometida pelo Estado.[71] Se a lei não é clara, isso se deve à inobservância do dever de cognoscibilidade por parte do próprio Estado. Antes de qualquer coisa, há uma violação à segurança jurídica em sua dimensão estática causada pelo comportamento estatal. O cidadão que segue a norma (confusa) está mais exposto a uma situação de risco por causa da falta

---

65. Gigante, 2008, p. 71; Bruno Peeters e Patricia Popelier, "Retroactive interpretative statues and validation statutes in tax law: an assessment in the light of legal certainty separation of powers, and the right to a fair trial", in *Retroactivity of Tax Legislation*, EATLP International Tax Series, v. 9, 2013, p. 125.
66. Hey, 2013, p. 248; No mesmo sentido: Rabel-Ehrke, 2013, p. 174.
67. Gribnau e Pauwels, 2013a, p. 57.
68. Pauwels, 2013, p. 113.
69. Sampford, 2006, pp. 92-93.
70. Pauwels, 2013, p. 113; Falsitta, 2008, p. 454.
71. Gianluca Russo, "La Disaplicazione dele sanzioni per l'obiettiva incertezza della norma tributaria", in Augusto Fantozzi e Andrea Fedele (Orgs.), *Statuto dei diritti del contribuente*, Milão: Giuffrè, 2005, pp. 560-582, p. 582.

de determinabilidade do conteúdo normativo. Ele age sem poder prever o espectro de consequências a que será submetido. Ou seja, o particular é submetido ao risco por uma situação criada pelo Estado, não por ele próprio. Assim, a falta de clareza da lei aumenta a responsabilidade do Poder Público pela proteção da liberdade do indivíduo que orientou sua conduta com base nela. Se o parlamento não determinou com precisão a conduta *devida*, o contribuinte não pode ser prejudicado por adotar uma conduta *possível*. A possibilidade de escolha foi aberta exatamente pela incerteza ou pela lacuna do Direito. Por isso, o exercício planejado da liberdade que leva em conta essa falta de clareza normativa e a existência das aludidas lacunas deve ser tutelado, em vez de punido.

Em *segundo lugar*, ainda que se admitisse, por hipótese, que a base confusa e a existência de lacunas desfaz a confiança, sua durabilidade no tempo pode afastar essa constatação. O comportamento passivo do legislador, ao longo do tempo – ao não eliminar as eventuais obscuridades e aquilo que poderia ser denominado de lacuna –, robustece a confiança sob dois aspectos. *Primeiro,* porque, se o contribuinte que explora uma lacuna deve razoavelmente esperar que ela será colmatada, a inércia do legislador gera a confiança de que, na realidade, não há lacuna alguma a ser preenchida. *Segundo,* porque a falta de atitude do legislador, ao longo do tempo, faz com que se crie a convicção de que a finalidade buscada pela norma de correção não é relevante. Se o fosse, a resposta do parlamento para sanar tais problemas teria sido imediata. Sendo irrelevante a finalidade, fica robustecida a confiança na legitimidade da base. Segundo Pauwels, essa "negligência" do parlamento com relação aos problemas envolvendo a falta de clareza da base e as lacunas no Direito implica o que se poderia chamar de violação ao *dever de cuidado do legislador* (*legislature's duty care*).[72] O dever de zelo pela manutenção de um ordenamento jurídico cognoscível é infringido pela falta de reação do parlamento diante das situações acima examinadas. E essa "infração" provoca um aumento do grau de confiança do contribuinte na base normativa. Seja como for, o certo é que a ação do tempo é uma razão importante para ampliar a confiança no presente caso.

Em *terceiro lugar,* com relação aos efeitos retroativos da legislação de correção, parece evidente que eles são *inadequados*. Isso porque, se os motivos são: I – evitar a desigualdade entre os contribuintes e II – coibir o exercício do planejamento tributário, então a norma deve ter eficácia prospectiva. Mas não retroativa. É que as condutas já foram adotadas

---

72. Pauwels, 2013, p. 114.

pelos contribuintes.[73] Não é possível impedir a realização do planejamento tributário que já ocorreu. A demora do legislador em reagir também aponta, aqui, para a *desnecessidade* de uma intervenção retroeficaz. Se fosse realmente urgente modificar a disciplina jurídica, essa modificação teria sido feita antes.

No que diz respeito à *imprevisibilidade de modificação da base*, há ordenamentos jurídicos nos quais a previsão de uma futura mudança normativa faz cessar a confiança passível de proteção. A confiança seria desfeita a partir do anúncio de modificação realizado por meio da imprensa (*legislation by press release*).[74] Ela também cessaria a partir do comunicado de que o projeto da lei modificadora passou a tramitar perante o parlamento.[75] A ideia é de que, na medida em que se tem ciência de que a legislação pode mudar, não há mais confiança na permanência do ordenamento.

Todavia, a referida tese parece não encontrar suporte na CF/1988. Isso porque ela implica menosprezo à segurança jurídica e, consequentemente, à liberdade. Em primeiro lugar, o menosprezo à segurança jurídica deve-se à não promoção dos ideais de cognoscibilidade, de confiabilidade e de calculabilidade. Observe-se que, até que o projeto seja efetivamente aprovado e que a lei, então, seja publicada, podem ocorrer alterações no seu conteúdo. Não é possível ao cidadão saber ao certo qual será o comando da nova norma. Por isso, ele fica impossibilitado de guiar a sua conduta com base no Direito (falta de cognoscibilidade). Não é possível confiar nem na norma presente, nem na norma futura. Ou seja, o ordenamento jurídico perde sua credibilidade e sua capacidade de orientação (falta de confiabilidade objetiva). E, por isso, ao indivíduo se torna impossível calcular os efeitos futuros dos seus atos presentes (falta de calculabilidade).[76]

Consequentemente a esse menosprezo à segurança jurídica, a liberdade do cidadão fica visivelmente comprometida. Isso porque a falta de cognoscibilidade, de confiabilidade e de calculabilidade impede o contribuinte de planejar a sua vida segundo cursos alternativos de ação predefinidos pelo Direito. É que não há, nesse caso, "Direito" no qual ele possa confiar. Por todas essas razões, o anúncio prévio de uma mudança normativa de conteúdo incerto não pode afastar, por si só, a proteção da

---

73. Pauwels, 2013.
74. Hey, 2013, p. 246.
75. Nesse sentido, por exemplo: Gribnau e Pauwels, 2013b, p. 332.
76. Ávila, 2014b, p. 390.

confiança. E, consequentemente, não pode ser tomado como indicador de legitimidade da modificação retroativa das normas.[77]

(c) Grau de pretensão de permanência da base: quanto maior for a pretensão de permanência de uma base normativa, mais proteção deverá ter o indivíduo que nela confiou.[78] Ou seja, há bases que vigem por prazo determinado, como um contrato administrativo assinado por tempo certo, ou um Decreto que reduz a alíquota de um tributo por um período predefinido. Há outras que vigem por prazo indeterminado, como, por exemplo, uma lei sem tempo certo de vigência. E há, ainda, aquelas bases que vigem provisoriamente, como é o caso, por exemplo, de uma decisão judicial liminar.

As bases com prazo certo de duração induzem alto grau de confiabilidade na sua permanência.[79] Isso porque o Estado, ao fixar o tempo de duração da base, predefine quando haverá a mudança ou a descontinuação dos efeitos jurídicos. Assim, é correto presumir que, se o Estado predeterminou uma data para mudar a disciplina jurídica, antes desse momento nenhuma alteração haverá. Essa presunção encoraja ainda mais o contribuinte a dispor dos seus direitos. Por isso, um Decreto que, por exemplo, reduz a alíquota do imposto de importação por prazo certo gera um elevado grau de confiança na sua permanência pelo tempo prometido. O mesmo pode ser dito quanto às isenções concedidas por prazo certo. O art. 178 do CTN estabeleceu a sua irrevogabilidade nas hipóteses em que, além de terem prazo certo de duração, forem instituídas em função de certas condições.

As bases *provisórias*, por outro lado, têm pouca pretensão de permanência. Por isso, a sua aptidão para gerar confiança é baixa. As decisões judiciais liminares são exemplo disso. A decisão judicial que, por exemplo, antecipa a tutela jurisdicional em favor contribuinte, assegurando-lhe o exercício de um direito, é precária. Ela pode ser revogada a qualquer tempo – art. 273, § 4º, CPC/1973; art. 296. CPC/2015:

> A tutela provisória conserva sua eficácia na pendência do processo, mas pode, a qualquer tempo, ser revogada ou modificada.

Ou seja, a expectativa, nesse caso, é de que a norma individual e concreta estabelecida pela decisão judicial possa ser modificada. Por isso,

---

77. Mastroiacovo, 2005a, p. 197.
78. Ávila, 2014a, p. 395.
79. Deak, 2013, p. 302; Derzi, 2009, p. 393; Pauwels, 2013, p. 111.

o grau de confiança do contribuinte em face de uma mudança retroativa é mais baixo em tais ocasiões.

Com relação às bases que vigem por prazo indeterminado, há algumas que têm menor pretensão de permanência do que outras. É o caso, por exemplo, dos atos do Poder Executivo utilizados pelo governo para viabilizar programas de política econômica. Os impostos de importação e exportação, os impostos sobre produtos industrializados e sobre operações financeiras são utilizados para esse fim. Suas alíquotas podem ser alteradas por decreto, visando à promoção de finalidades relacionadas ao planejamento econômico. Por isso, e considerando que questões de política econômica podem exigir a adoção de medidas tributárias emergenciais, a pretensão de permanência das alíquotas desses tributos é menor do que dos tributos que não cumprem essa função.

Essas considerações, contudo, não significam que, no caso dos tributos regulatórios, inexiste confiança a ser tutelada. Como já se disse acima, outros critérios devem ser considerados. Por exemplo, se o governo incentivar uma importação por meio da redução da alíquota, o grau de proteção do contribuinte diante dessa base aumenta. Ou seja, é preciso considerar o grau de cada critério e verificar se a presença de um em maior grau compensa a menor intensidade da presença de outro.

É preciso considerar, ainda, que a pretensão de permanência da base tende a ser maior em determinadas áreas em que os *planos de longa duração* assim o exigem.[80] Em tais casos, há confiança de que a referida base seja mais duradoura do que nos casos em que há exercício efêmero de direitos. A esse respeito, a Corte Suprema de Cassação da Itália examinou o caso envolvendo a revogação do benefício de redução de alíquota do tributo incidente sobre a venda de bebidas alcoólicas. Um contribuinte que havia realizado investimentos de longo prazo para o envelhecimento prolongado do vinho foi atingindo. Seu planejamento contemplava a produção de conhaque a partir do vinho envelhecido. Contudo, houve mudança da lei. A alíquota do tributo foi aumentada exatamente no intervalo entre a produção da bebida e a sua venda ao consumidor. Em que pese isso, o órgão judiciário protegeu a confiança do contribuinte. A Corte entendeu que a decisão da empresa de submeter a bebida a um envelhecimento prolongado tinha de ser levada em consideração. Isso porque esse ato de disposição foi realizado em função do benefício tributário concedido. Ou seja, em razão da base da confiança, o contribuinte elaborou o plano de longa duração. Por isso, acabou limitando a conduta

---

80. Pauwels, 2013, pp. 110-111.

do Estado. Vale dizer, o Poder Público ficou obrigado a manter os efeitos tributários que interferiram na tomada de decisão do contribuinte.[81]

Um exemplo da realidade prática brasileira confirma o que se disse acima quanto à permanência duradoura da base relativamente aos planos de longa duração. Observe-se a seguinte situação: se a empresa "A" detém participação societária na empresa "B", ela pode utilizar essa participação para integralizar capital na empresa "C", a valores maiores do que o investimento que se encontra registrado na contabilidade da empresa "A". Essa diferença de valores provoca ganho de capital em proveito da empresa "A". A tributação desse ganho, no entanto, segundo previa o art. 36 da Lei 10.637, de 30,12.2002, poderia ser diferida. Ou seja, o pagamento do IRPJ e da CSLL incidentes sobre o ganho de capital apurado em tais operações societárias poderia ser feito somente no momento da futura alienação, liquidação ou baixa da participação subscrita.[82] Ocorre, contudo, que a Lei 11.196, de 21.11.2005, revogou o dispositivo legal acima mencionado. Ou seja, a possibilidade de diferimento tributário foi extinta. A lei modificadora não estabeleceu regras de transição para os casos das operações em curso. Por isso, as empresas cujas operações societárias referidas acima haviam sido iniciadas antes da extinção do diferimento, mas que se consumaram somente após o benefício ter sido revogado, ficaram sem proteção. A elas foi aplicada a nova lei e, assim, foi exigido o pagamento dos tributos incidentes na operação sem o diferimento. Todo o planejamento empresarial realizado em razão das consequências previstas foi ignorado. E todos os atos de disposição de direitos praticados para que as operações pudessem ser concluídas foram desvalorizados. O legislador desprezou o fato de que a execução dessas operações exige um período relativamente longo de duração. Desprezou, também, o fato de que elas são planejadas justamente em face dos efeitos tributários prescritos pela legislação. Foi ignorada a realidade de que diversos atos intermediários de disposição de direitos são praticados até que essas operações se completem. Negócios jurídicos foram feitos e ativos foram movimentados. O contribuinte agiu pela confiança de que não teria de recolher os tributos no momento em que as operações fossem concluídas. Essa confiança, porém, foi frustrada. E a modificação da regra

---

81. Corte Suprema di Cassazione, Sezione Tributaria, Sentença de 14.4. 2004, n. 7.080.

82. Além do ganho na empresa "A", a operação gera um ágio fundamentado em expectativa de rentabilidade futura na empresa "C", que recebeu da empresa "A", como integralização de capital, a participação societária na empresa "B", a qual foi avaliada acima do valor patrimonial da empresa "B".

do diferimento prejudicou a liberdade de empreender e de estruturar os negócios de longa duração. Numa situação como a presente, é justo que o contribuinte presuma que a base permanecerá vigente ao menos pelo tempo dispensado para praticar os atos de transformação societária. Isso é o que legitimamente se espera.

Os dois casos acima relatados revelam, como se disse, que as atividades econômicas em que há investimentos de longo prazo impõem que as leis tributárias tenham pretensão de permanência mais elevada.

Por outro lado, há bases normativas que, embora tenham prazo indeterminado de duração, conectam seus efeitos ao exercício de direitos realizado por um período de tempo por elas definido. Por isso, essas bases apresentam uma pretensão de vigerem sem modificações ao menos pelo referido período temporal. Veja-se o seguinte exemplo. As normas de incidência do Imposto de Renda e da CSSL estabelecem o período anual para apuração de tais tributos. No início de cada ano, elas predeterminam os efeitos tributários a serem definitivamente apurados somente no dia 31 de dezembro. Todavia, em que pese a apuração se dar apenas no final do ano, a legislação prevê que os referidos efeitos serão aplicados levando-se em conta o exercício de direitos realizado ao longo dos doze meses. Nesse contexto, as disposições de direitos havidas desde início do ano levam em conta os efeitos tributários previstos pela legislação para o final do período. O contribuinte, portanto, pressupõe que as "regras do jogo" serão as mesmas até que o ciclo de apuração acabe. É possível, pois, afirmar que a norma vigente em 1º de janeiro gera uma *presunção de permanência anual*. Ou seja, presume-se que a base normativa vigerá sem alterações durante o período por ela própria definido.

(d) Grau de eficácia da base no tempo: o tempo tem papel importantíssimo na configuração da confiança do contribuinte. Por quanto mais tempo um ato ou um comportamento estatal for eficaz, mais confiança na sua legitimidade ele gerará.[83] E, consequentemente, mais alto será o grau da proteção a ser invocada pelo contribuinte em caso de retroatividade.

Com efeito, o passar do tempo faz com que sejam assegurados direitos ao particular. Isso porque é criada a confiança de que as manifestações estatais são merecedoras de fé. Conforme mencionado acima, as bases obscuras e ilegais acabam se tornando, pela ação do tempo, bases legítimas. O mesmo ocorre com relação aos atos para o nascimento dos quais o contribuinte agiu com má-fé. O transcurso do tempo vai paulatinamente

---

83. Amatucci, 2005, p. 98.

suplantando os vícios que o maculam. Eles perdem, gradativamente, relevo e passa-se a ter convicção de que a base é válida.[84] Sendo assim, conforme referido anteriormente, a ação do tempo é importante para tornar legítimas, por exemplo, as bases inválidas, obscuras, imprecisas e as marcadas pela existência de lacunas.

Além desses casos, as interpretações e as práticas reiteradas pela Administração Tributária fazem o particular acreditar que elas são legítimas. A confiança na regularidade da conduta do Estado encoraja o contribuinte a dispor dos seus direitos fundamentais. Imagine-se, por exemplo, o caso em que, apesar da existência de vícios formais, a Administração homologa reiteradamente as importações de um produto desonerado realizadas por certo contribuinte. Essa conduta repetida, por parte do Fisco, faz com que o contribuinte creia que não há irregularidade alguma em suas operações. Desse modo, eventual contrariedade de comportamento do Estado, acompanhada da pretensão de cobrança retroativa de tributos, cria uma situação de deslealdade, a qual é proibida pelo princípio da irretroatividade.

(e) Grau de realização das finalidades da base: quanto mais intensamente esse fim for promovido, mais intensa também será a confiança a ser tutelada pela proibição de retroatividade.[85] Um exemplo ajuda no esclarecimento quanto à atuação do presente critério. A regra constitucional que assegura a imunidade tributária sobre as operações de importação de papel imune objetiva promover a liberdade de informar e de ser informado (art. 150, VI, "a", da CF/1988). As regras infraconstitucionais, por sua vez, estabelecem procedimentos para que a importação do papel seja realizada. Elas também se destinam a certos fins. Há regras, por exemplo, que exigem o cadastro do importador no Registro Especial para controle das operações imunes.[86] Isso para que seja possível monitorar a destinação do papel importado, vale dizer, para que a Administração Tributária possa verificar se o papel é, de fato, destinado à finalidade de impressão de livros, jornais e periódicos. Imagine-se, agora, o seguinte caso. Um contribuinte importou papel sem estar cadastrado no referido Registro Especial. Ainda assim, ele comprovou, peremptoriamente, o atendimento das finalidades constitucionais. Ou seja, ele demonstrou que o papel foi integralmente consumido na impressão de jornais. Assim sendo, embora tenha havido irregularidades formais quanto às operações (falta de

---

84. Couto e Silva, 2004, p. 306.
85. Ávila, 2014b, p. 400.
86. Vide o art. 1º da Lei 11.945, de 4.6.2009.

inscrição no registro), a promoção intensa das finalidades subjacentes à regra da imunidade protege o exercício passado da liberdade do contribuinte. Ela aumenta o grau de confiança de que os efeitos (desoneração tributária) relacionados aos atos irregulares serão preservados. Isso não significa que o Poder Público não possa exigir que o particular realize a sua inclusão no referido regime especial quanto às operações futuras. Isso pode e deve ser feito. Contudo, a confiança criada pela promoção dos fins subjacentes acima referida intangibiliza o exercício da liberdade com relação às operações passadas. Ou seja: a mudança de posicionamento da Administração Tributária deve ser, em principio, não retroativa.

Essas considerações demonstram que o presente critério representa uma sobrevalorização das finalidades das normas em face das formas. Em outras palavras: os aspectos formais que normalmente evidenciam a legitimidade ou a ilegitimidade aparentes de uma base são instrumentos desses fins. Eles não são fins em si mesmos. Se, portanto, as finalidades subjacentes à base são atendidas, então a própria missão instrumental do Direito está cumprida. Por isso, mesmo que haja problemas formais concernentes à irregularidade da base, a promoção das finalidades para as quais ela se destina é capaz de criar confiança.

(f) Grau de indução da base: as bases normativas indutoras da liberdade produzem mais confiança na sua estabilidade do que as bases neutras. Ou seja, quanto mais indutora do exercício da liberdade for a base, maior deverá ser a proteção da confiança daquele que agiu em razão dela.[87] Ocorre que uma norma indutora atua na liberdade do indivíduo, encorajando-o a agir. Ela o estimula a dispor dos seus direitos. Além disso, ela direciona a atuação do contribuinte para certas finalidades cuja promoção o Estado almeja realizar.

No âmbito tributário, o efeito indutor dos comportamentos pode se dar tanto por meio das normas fiscais quanto em razão das normas extrafiscais. As normas que visam, preponderantemente, à obtenção de receitas (fiscais) estimulam a prática de condutas. As normas que objetivam, principalmente, a promoção de objetivos econômicos e sociais (extrafiscais) também o fazem. Seja como for, para fins da proteção da confiança aqui analisada, a base normativa que gera mais confiança é aquela que implica a concessão de vantagens ao contribuinte. Isso em razão da eficácia interventiva das obrigações tributárias. O Estado estimula o particular a praticar determinados atos e negócios à medida que reduz ou suprime tributos. É nesse tipo de situação que os problemas envolven-

87. Derzi, 2009, pp. 390-391; Ávila, 2014b, p. 401.

do a quebra da confiança por meio de atos retroativos costumam ocorrer. Isso porque, em razão dessa indução, o contribuinte planeja a disposição da sua liberdade, contando com a preservação dos efeitos da norma que o encorajou a agir. Tipke destaca que as consequências jurídicas em razão das quais o contribuinte é induzido a dispor de direitos são, na realidade, constitutivas do seu curso de ação.[88] Ele é levado a agir em função delas. Como afirma Schoueri, o contribuinte "recebe estímulos e desestímulos que, atuando no campo de sua formação de vontade, levam-no a se decidir pelo caminho proposto pelo legislador".[89] O particular estabelece, nesse contexto, um plano de ação exatamente porque o Estado o induziu a acreditar em determinados efeitos tributários. A posterior modificação ou a supressão desses efeitos afeta a causa que encorajou o contribuinte a praticar os seus negócios. E o pior: ela não permite que o contribuinte tenha a oportunidade de mudar o seu comportamento.

Sendo assim, as normas tributárias indutoras, sejam elas fiscais ou extrafiscais, geram expectativa de continuidade do ordenamento.[90] Isto é, elas aumentam o grau de confiança na sua manutenção.[91] Isso porque é correto que o contribuinte acredite que, se ele está agindo porque o Estado o induziu a exercer a sua liberdade, então o Poder Público não prejudicará a conduta estimulada.[92] Por isso, também é correto afirmar que a modificação retroativa das consequências jurídicas, em razão das quais o contribuinte agiu, implica um *venire contra factum proprium*. Trata-se de um comportamento desleal, que não contribui para a promoção do estado de coisas buscado pelo princípio da irretroatividade.[93] Essa mudança posterior e gravosa de consequências faz, como afirma Fuller, com que o cidadão seja "penalizado" por agir de acordo com o que o próprio Direito originalmente o induziu a fazer.[94]

O STF aplicou o presente critério para proteger a confiança de determinado contribuinte diante do aumento do imposto incidente sobre a renda oriunda de exportações *incentivadas*. A Lei 7.988/1989 majorou

---

88. Tipke e Lang, 2008, p. 257.
89. Luís Eduardo Schoueri, *Normas Tributárias Indutoras e Intervenção Econômica*, Rio de Janeiro: Forense, 2005, pp. 43-44.
90. Gigante, 2008, p. 102.
91. Mastroiacovo, 2005a, p. 214.
92. Tipke e Lang, ob. cit., p. 257.
93. Alessandro Meloncelli, "Affidamento e buona fede nel rapporto tributario", in Augusto Fantozzi e Andrea Fedele (Orgs.), *Statuto dei Diritti del Contribuente*, Milão: Giuffrè, 2005, pp. 531-559, p. 537.
94. Fuller, 1969, p. 60.

de 3% para 18% a alíquota do referido tributo. Como ela foi publicada no final do exercício financeiro, discutiu-se sobre a possibilidade da sua aplicação às operações ocorridas anteriormente ao início da sua vigência. O Min. Nelson Jobim assim se pronunciou sobre o caso:

> Como forma de incentivo às exportações, a União reduziu a alíquota do imposto cobrada sobre a renda auferida sobre tais negócios com a função clara de estimular as exportações de produtos. A intenção não era arrecadatória. A redução destinou-se a encorajar determinada prática comercial que, vale ressaltar, somente poderia ter sido viabilizada com a promessa legislativa de tal redução.[95] (...) *Assim, dentro de uma política ampla de estímulos às exportações, o IR foi utilizado com função extrafiscal, de forma a determinar o comportamento de agente econômico em virtude de redução tributária. Em outras palavras, a redução do tributo guarda íntima conexão com o comportamento desejado. Uma vez alcançado o objetivo, não é possível alterar as regras de incentivo que resultaram no comportamento desejado*[96] (destaque nosso).

O STF protegeu o contribuinte quanto às operações ocorridas no passado. Ao fazê-lo, evidenciou que a norma tributária indutora guarda relação indissociável com o comportamento humano praticado em razão dela. O Poder Público torna-se responsável pela manutenção dos efeitos jurídicos que serviram para induzir o contribuinte a agir.

Enfim, em todo caso em que a base da confiança produzir efeitos indutores, mais razões haverá para que o contribuinte seja protegido diante de atos estatais retroeficazes.

(g) Grau de individualidade da base: as bases destinadas individualmente a certos contribuintes produzem mais confiança na sua estabilidade do que as bases gerais. Isso porque os atos individualizados criam a percepção de que se destinam às circunstâncias específicas do contribuinte. Se o ato é individual, presume-se que o Estado levou essas circunstâncias particulares em consideração. E que, diante delas, decidiu aplicar determinados efeitos para o caso examinado. Fica estabelecida, assim, como afirma Ávila, uma relação de proximidade entre o Estado e o contribuinte. Ela faz com que aumente o compromisso do Poder Público

---

95. RE 183.130/PR, Min. Rel. Teori Zavascki, Tribunal Pleno, *DJe* 14.11.2014, p. 38.

96. Idem, ibidem, p. 40.

de agir com lealdade em relação ao destinatário do ato.[97] Cresce, portanto, a expectativa de que o Estado não frustre a confiança do particular.

Um exemplo de base normativa individual é o ato que concede o benefício de redução, temporária e excepcional, da alíquota do imposto de importação pelo regime denominado de "Ex-tarifário".[98] Trata-se de benesse fiscal que visa a estimular o investimento em produtos estrangeiros sem produção nacional equivalente. As normas regulamentares estabelecem requisitos para que o contribuinte possa obter o referido benefício. Depois de atendidas as condições para a concessão do regime, o Poder Público pode deferi-lo. Se o fizer, cria a relação de lealdade mencionada acima. É legítimo que o contribuinte acredite que os efeitos do ato emanado não serão modificados. A partir daí, cria-se um (forte) fundamento individual para que o contribuinte passe a realizar as importações desoneradas e para que disponha dos seus direitos.

(h) Grau de onerosidade da base: há bases onerosas e bases gratuitas. As onerosas são aquelas que criam obrigações para o contribuinte. Isto é, elas instituem a exigência de uma espécie de "contrapartida" do particular em relação aos efeitos que elas prescrevem. As bases gratuitas, por outro lado, não estabelecem essas exigências. As bases onerosas, precisamente por criarem uma relação sinalagmática entre o Poder Público e o particular, aumentam o grau de confiança na sua permanência.[99] Elas fazem com que o contribuinte acredite que, enquanto estiver cumprindo os compromissos estabelecidos pela base, os efeitos por ela prescritos não serão modificados ou suspensos. Por isso, quanto mais onerosa for a base, maior deverá ser a proteção da confiança nela depositada.[100]

O ato que concede uma isenção em função de certas condições é um exemplo de base onerosa. Ele cria uma relação de reciprocidade. De um lado, o Estado concede uma vantagem ao contribuinte. De outro, o contribuinte cumpre determinados compromissos, tais como a realização de investimentos. Ao cumprir as condições, cria-se a confiança de que o benefício não será revogado. A esse respeito, o STF já se manifestou no sentido de que o não cumprimento dos deveres, por parte do contribuinte,

---

97. Ávila, 2014b, p. 406.
98. Vide a Resolução 66 da Câmara de Comércio Exterior (CAMEX), de 14.8.2014.
99. Frederico Menezes Breyner, *Benefícios Fiscais Inconstitucionais e a Proteção da Confiança do Contribuinte*, Rio de Janeiro: Lumen Juris, 2013, p. 115; Derzi, 2009, p. 394.
100. Ávila, 2014b, p. 407.

permite a revogação do benefício.[101] De outro modo, o Tribunal sumulou o entendimento de que as "isenções tributárias concedidas, sob condição onerosa, não podem ser livremente suprimidas" (Súmula 544). O certo é que a oneração do contribuinte é um critério importante para aumentar a proteção da sua confiança em face de atos estatais retroativos.

5.4.2.2.1.2 – Confiança e seu exercício – A proteção da confiança do contribuinte em face de atos estatais retroativos exige que haja, além da configuração da *base* acima examinada, a (a) *confiança* e o (b) *exercício da confiança*.

(a) Confiança: confiar significa, aqui, acreditar na manifestação estatal. É por confiar nos atos do Poder Público que o contribuinte exerce a sua liberdade de acordo com eles.[102] A confiança é, nesse aspecto, o elemento que liga a ação do particular aos atos estatais que lhe serviram de base causal.

Para que haja confiança, é preciso, inicialmente, que o contribuinte conheça a base. Ou seja, é necessário que existam indicadores de que o particular tinha ciência da existência da base normativa na qual ele fundamentou sua conduta.

Aqui, *duas considerações* principais devem ser feitas.

A *primeira consideração* diz respeito aos atos estatais gerais e abstratos (leis, decretos, instruções normativas etc.). Como tais, eles disciplinam uma classe hipotética de circunstâncias e destinam-se a um número indeterminado de pessoas. Com relação a esses atos, é preciso demonstrar não a confiança real, mas apenas a confiança *presumida*.[103] Ou seja, o contribuinte não necessita comprovar que efetivamente tinha conhecimento da base e que, de fato, nela confiou. Basta que haja aptidão para confiar. Vale dizer, é suficiente que o particular demonstre que tinha capacidade para tomar conhecimento da base. Essa demonstração é feita pela mera *publicação* do ato no órgão de imprensa oficial. Publicado o ato, presume-se que todos os seus destinatários tomaram ciência da sua existência. A essa constatação se chega em razão de que tais atos devem ser gerais não apenas quanto ao seu conteúdo. A generalidade também diz respeito à sua aplicação. Ou seja, os atos gerais devem ser aplicados a todos aqueles cujas condutas se enquadrem em seu âmbito normativo,

101. RE 92.667, Rel. Min. Cunha Peixoto, 1ª Turma, *DJU* 27.3.1981.
102. Meloncelli, 2005, p. 539.
103. Juratowitch, 2008, p. 47.

independentemente da ciência inequívoca quanto à sua existência. Todos os eventos enquadráveis no referido âmbito são, presumidamente, praticados em razão da norma jurídica que os disciplina. Por isso é que a confiança, aqui, é presumida.

Exigir, para tais situações, uma ciência efetiva da base da confiança significaria que as pessoas responsáveis pelo mesmo comportamento no mesmo momento estariam sujeitas a diferentes leis, de acordo com a análise subjetiva sobre se realmente confiaram ou não na lei no momento em que agiram.[104] Quem conhecesse, de fato, a base normativa teria a sua confiança protegida. Mas, quem a ignorasse teria a sua conduta regulada pela nova lei. Vale lembrar, ainda, que, no Direito brasileiro, "ninguém se escusa de cumprir a lei alegando que não a conhece" (art. 3º do Decreto-Lei 4.657, de 4.9.1942, Lei de Introdução às Normas do Direito Brasileiro). Ou seja, o conhecimento real da lei é desimportante para que o indivíduo esteja a ela vinculado. Basta, como se disse, que a lei seja publicada. A partir da publicação, todos os seus destinatários estarão, presumidamente, cientes quanto à inclusão formal da referida lei no ordenamento jurídico.

A *segunda consideração* diz respeito aos atos individuais. Quanto a eles, o conhecimento da base pode ser demonstrado por meios diversos. A ciência com relação às decisões judiciais e administrativas pode ser aferida pela intimação do contribuinte; o conhecimento relativamente aos contratos administrativos pode ser demonstrado pela assinatura do interessado; o conhecimento com relação aos atos administrativos de interesse do particular pode ser verificado pela publicação do ato no órgão de imprensa oficial, e assim por diante.

Além dessas considerações relativamente ao conhecimento da base da confiança, é importante referir o seguinte: a confiança nas manifestações estatais é demonstrada, fundamentalmente, pelo ajustamento da conduta do particular à manifestação estatal que a fundamenta. Ou seja, sendo o exercício da liberdade o critério decisivo para avaliar o grau da confiança concretamente existente, a disposição de direitos compatível com o conteúdo da base é o indicador principal de que, na realidade, a confiança existiu.

(b) Exercício da confiança: a proteção da confiança não se destina a tutelar o contribuinte que apenas confiou no Estado. Ela tutela o particular que, de fato, colocou em prática a sua confiança. Ou seja, a proteção é

---

104. Ibid.

destinada ao indivíduo que orientou a sua liberdade de acordo com uma manifestação estatal e, com base nela, exerceu direitos. Sendo assim, a aplicação do mencionado princípio pressupõe que haja disposição de direitos.

A essa constatação se chega, porque a proteção da confiança visa a promover um tipo de estabilidade normativa fundamentada nos direitos fundamentais individuais.[105] O dever de promoção dessa estabilidade impõe limitações ao Estado quanto à alteração dos seus atos em função da restrição dos direitos de um determinado indivíduo. Busca-se uma estabilidade normativa em certa relação jurídica por razões subjetivas. A mudança de consequências jurídicas é vedada pelas desvantagens que causa na esfera jurídica de quem agiu contando com elas.

Já a busca pela estabilidade do ordenamento jurídico como um todo exige a aplicação da segurança jurídica em seu aspecto objetivo. Esta visa a preservar a credibilidade do Direito em relação à generalidade dos seus destinatários, independentemente de uma atuação concreta por parte deles. Objetiva-se promover, aqui, uma credibilidade geradora de confiança para que o exercício de direitos se torne seguro. A disposição passada e individual da liberdade não é o que está essencialmente em jogo sob esse outro aspecto. O que se analisa é, principalmente, a estabilidade e a continuidade normativas como pressupostos para que os direitos possam ser livremente exercidos. Portanto, a CF protege a confiabilidade em seu aspecto tanto subjetivo quanto objetivo. Há proteção nesses dois níveis. O importante é saber qual é o estado de coisas que se deseja alcançar: se de confiabilidade por meio da intangibilidade de situações individuais, ou se de confiabilidade por meio da permanência do ordenamento. Se o objetivo for o primeiro – o de proteger a confiança –, então será preciso demonstrar o exercício de direitos.[106]

É preciso fazer, ainda, outro esclarecimento. O exercício da confiança pode se dar também pela *inação* individual como resultado da disposição da liberdade jurídica negativa.[107] Isso porque a *atuação planejada da confiança,* segundo certa base normativa, pode implicar, por vezes, a escolha do contribuinte de não praticar determinados atos. Os efeitos jurídicos previstos pela base da confiança podem estar relacionados à

---

105. Ávila, 2014b, p. 415.
106. Ávila, 2014b, p. 415 e pp. 451-452.
107. A expressão "liberdade jurídica *negativa*" é utilizada aqui no sentido empregado por Alexy: liberdade como direito a alternativas de ação (Alexy, 2001, p. 214).

inação do particular.[108] Imagine-se o seguinte exemplo: um contribuinte adquire determinado bem imóvel. Após a aquisição, é publicada uma lei que institui determinada isenção de imposto de renda sobre ganhos de capital decorrentes de alienação imobiliária. Segundo a referida lei, o sujeito que permanecer na propriedade do bem por dez anos terá direito ao benefício. Considerando que a mencionada isenção é aplicável ao caso desse contribuinte, é correto afirmar que o exercício da confiança se dá, na presente circunstância, pela inação individual. O contribuinte demonstra confiança no ato estatal ao não vender seu imóvel antes do prazo previsto em lei. Seguindo no exemplo, imagine-se que a lei benéfica é revogada faltando apenas um ano para que o contribuinte desfrute do benefício fiscal. Em tal situação, o particular pode invocar a tutela da sua confiança. Houve a disposição planejada de direitos. A sua inação representou o exercício da liberdade de escolha. O contribuinte planeja a disposição da sua propriedade para a realização de atos no futuro. A não implementação da venda do bem imóvel integrou o curso comportamental do contribuinte. O exercício da liberdade foi fundamentado não em uma expectativa, mas na promessa do Estado. Nesse contexto, vale lembrar as palavras de Derzi:

> A confiança não significa, assim, mera esperança. Ela implica a expectativa confiável, que interfere diretamente na decisão tomada pela pessoa que confia.[109]

Na medida em que a manifestação estatal interfere na tomada de decisão do contribuinte (de não agir), é correto afirmar que os pressupostos para a proteção da confiança se encontram presentes. Evidentemente que, se o contribuinte demonstrar a existência de outros atos de disposição de direitos ao longo do tempo, o grau da confiança a ser protegido aumentará. Se, por exemplo, o contribuinte, mesmo diante de uma proposta comprovadamente vantajosa para a venda do bem, deixou de aliená-lo para esperar pela completude do prazo aquisitivo da isenção, então maior será o grau da proteção a que ele fará jus.

Enfim, para o presente trabalho, o exercício de direitos é considerado como toda disposição, planejada ou não, dos bens jurídicos protegidos pelos direitos individuais. Esses atos contemplam desde, por exemplo, a elaboração de um plano de ação que implica despesas financeiras e

---

108. Pontes de Miranda, *Tratado de Direito Privado*, São Paulo: Ed. RT, 2013, v. 6, p. 167.

109. Derzi, 2009, p. 329.

investimento de tempo, até a execução desse plano por meio da ação ou da inação individual.

Passa-se, agora, a analisar a intensidade e a extensão do exercício da confiança para, a seguir, verificar as questões envolvendo o grau de restrição aos direitos fundamentais.

5.4.2.3 Critérios relacionados ao exercício de direitos e à sua restrição

5.4.2.3.1 Grau de intensidade e de extensão do comportamento do contribuinte

Quanto mais intenso e extenso for o exercício de direitos com base em determinado ato estatal, maior deverá ser a proteção do particular diante da retroeficácia normativa. A atuação do contribuinte em razão da confiança pode implicar a prática de mais ou menos atos de disposição de direitos durante um período maior ou menor de tempo. Há casos em que o indivíduo dispõe intensamente da sua propriedade e da sua liberdade (constituição de empresa, contratação de funcionários e compra de maquinário). E o faz durante um longo período de tempo. Há outros casos, porém, em que a disposição da liberdade é de baixa intensidade e curta com relação ao tempo (elaboração de apenas um plano de negócios, desacompanhada da sua execução). Sendo a intangibilidade do exercício de direitos a finalidade a ser tutelada, quanto mais o contribuinte exercer a confiança, mais proteção ele deverá ter.[110] A atuação intensa aumenta o risco ao qual o particular se expõe por causa das promessas estatais. Este se torna mais dependente dos efeitos jurídicos do ato modificado. E a restrição aos direitos individuais tende a ser maior no caso de uma quebra de confiança com efeitos retroativos.

O presente critério tem atuação importantíssima nos casos não cobertos pelas regras da irretroatividade acima examinadas (art. 5º, XXXVI, e art. 150, III, "a", da CF/1988). Como visto, tais normas estabelecem a proteção do indivíduo apenas nas situações em que há fatos jurídicos consumados. Ou seja, o contribuinte somente é protegido se completou o comportamento necessário, segundo a lei, à realização do fato gerador e à aquisição de direitos. O exame é dual: "comportamento completo" e "comportamento não completo." A "completude" é, portanto, um critério objetivo estabelecido para tutelar a confiabilidade.[111]

---

110. Derzi, 2009, p. 565.
111. Gigante, 2008, p. 49.

A proposta do presente trabalho, contudo, é de que, no âmbito de aplicação do princípio da irretroatividade, o presente critério seja subjetivado e analisado sob uma perspectiva material. A proposta é de que, no contexto das afirmações feitas acima quanto à intensidade do exercício da confiança, seja analisado o *grau de completude dos comportamentos do contribuinte*.[112]

Deve ser feito um exame a partir da seguinte escala gradual: de *"comportamento menos completo"* a *"comportamento mais completo"*. *Quanto mais completo for o comportamento do contribuinte, maior será a proteção que este deverá ter.* Vale dizer, quanto mais requisitos legais para adquirir um direito (ou para completar determinado ciclo comportamental) o particular tiver preenchido até o momento da modificação normativa, maior deverá ser a sua proteção em face dos atos retro-operantes.

O critério da completude está, portanto, relacionado com o exercício da confiança. À medida que o contribuinte vai se aproximando de integralizar os requisitos legais para adquirir direitos e para consumar o fato gerador, aumenta a sua confiança de que mudança normativa alguma ocorrerá.[113] Imagine-se, por exemplo, a legislação que prevê um prazo de cinco anos como requisito temporal para o contribuinte adquirir o direito a certa isenção. É possível afirmar que o contribuinte que completou, por hipótese, quatro anos e trezentos dias tem um alto grau de confiança na fruição do benefício. E, consequentemente, é correto afirmar que ele tem praticamente a certeza de que poderá desfrutá-lo. O mesmo raciocínio aplica-se ao aumento de alíquota dos tributos periódicos ocorrida durante o ciclo de apuração. Quanto mais atos de disposição o contribuinte tiver realizado e quanto mais próximo do encerramento do período anual ele estiver, maior será a confiança a ser protegida. O exame da *completude* pode ser igualmente aplicado nos demais tributos cujos fatos geradores são instantâneos. O contribuinte que fez "quase" tudo que precisava fazer para que o fato gerador ocorresse deve ter mais proteção em face da retroatividade do que aquele que recém iniciou a disposição dos seus direitos.

Por fim, também é importante ressaltar que o compromisso de lealdade do legislador em relação ao contribuinte é maior diante de um alto grau de completude do comportamento deste. Modificar os efeitos

112. Gribnau e Pauwels, 2013a, p. 63.
113. Nesse sentido: Patrícia Baptista, *Segurança Jurídica e Proteção da Confiança Legítima no Direito Administrativo: Análise Sistemática e Critérios de Aplicação no Direito Administrativo Brasileiro*. eBook Kindle Edition, 2015, pos. 5849-5850 de 12127.

jurídicos que serviram de base para um agir humano intenso e irreversível é um comportamento traiçoeiro. Ele não está harmonizado com o perfil protetor da liberdade que a CF/1988 estabeleceu em matéria de irretroatividade tributária.

Examinada, pois, a intensidade do exercício de direitos, cumpre, agora, verificar outro critério relacionado à disposição da liberdade e da propriedade: o grau de intensidade da restrição dos direitos fundamentais.

5.4.2.3.2 Grau de intensidade da restrição aos direitos fundamentais

5.4.2.3.2.1 – Considerações iniciais – O presente critério está conectado diretamente ao estado de coisas de intangibilidade do exercício de direitos realizado no passado. Conforme defendido neste estudo, a irretroatividade material visa a evitar a restrição arbitrária da liberdade e da propriedade. Por isso, quanto mais intensa for essa restrição, maior deverá ser a proteção do contribuinte.

Os parâmetros utilizados para verificar o grau de intensidade da mencionada limitação de direitos são principalmente os seguintes: *a irreversibilidade dos atos de disposição*;[114] e *a dependência do contribuinte relativamente à manutenção dos efeitos desses atos*.[115] Esses dois parâmetros são analisados a seguir em uma perspectiva geral. Depois, é demonstrada a sua aplicação específica aos casos envolvendo os tributos periódicos.

5.4.2.3.2.2 – Irreversibilidade e dependência – O ato estatal retroativo pode atingir o contribuinte em circunstâncias nas quais não é mais possível a este alterar o curso de ação já definido e adotado.[116] Há casos em que, por tudo o que fez em razão da manifestação estatal modificada, o contribuinte fica impedido de reorientar a sua conduta diante da nova disciplina normativa. Vale dizer, em razão de questões jurídicas e econômicas envolvendo os atos já praticados, o curso de ação do particular não pode ser *retroativamente elaborado*.[117] Por isso, o grau de proteção do contribuinte em face da retroatividade é intenso.[118] Por outro lado, há casos em que é possível a reversão da conduta havida. Todavia, essa reversibilidade acaba se tornando altamente gravosa para o contribuinte.

---

114. Hey, 2013, p. 252.
115. Ávila, 2014b, p. 421.
116. Juratowitch, 2008, p. 49; Mastroiacovo, 2005a, p. 205 e p. 293.
117. Tipke e Lang, 2008, p. 255.
118. Pauwels, 2013, p. 112.

Aqui, quanto mais gravosa for a reversibilidade do exercício passado de direitos, maior será a proteção do contribuinte. Nesses dois tipos de situação, "a intensidade da restrição dos direitos de liberdade e de propriedade corresponde à dificuldade de reversão da medida".[119]

Um exemplo ilustra a análise que deve ser feita de acordo com o presente critério. Imagine-se o tipo de caso já examinado pelo STF em que a União eleva a alíquota do imposto de importação e atinge operações inacabadas. Imagine-se, hipoteticamente, que a nova norma tenha aumentado a referida alíquota de "X%" para "4X%". Suponha-se, então, que essa majoração tenha atingido determinado contribuinte que importou grande número de automóveis para revenda no Brasil. Em seu plano de negócios, ele contou com o pagamento do imposto de importação de acordo com a alíquota vigente à época da elaboração do plano: "X%". Em razão dessa alíquota, o contribuinte constatou que a operação era economicamente viável. E verificou que era possível obter lucro por meio do negócio. A partir desse planejamento, decidiu agir. Ele, então: *contratou financiamento* em instituição bancária; *utilizou a totalidade dos recursos* financeiros obtidos por meio do financiamento na operação do negócio; *assinou contratos* de importação; *pagou integralmente* a empresa do exterior pela aquisição dos bens; *executou medidas* de *marketing*; *assinou contratos* de promessa de venda dos veículos estrangeiros para consumidores no Brasil; *recebeu dinheiro* antecipadamente desses consumidores por conta dos referidos contratos de promessa de compra e venda; *contratou colaboradores* para auxiliá-lo no negócio; *investiu seu tempo* na realização de todas essas atividades, dentre outras ações empreendidas. Contudo, suponha-se, finalmente, que os automóveis importados chegaram ao Brasil somente após o aumento do tributo. Ou seja, o fato gerador do imposto – que ocorre no desembaraço aduaneiro – se consumou, formalmente, depois de a nova norma passar a viger. Em razão dessa circunstância, o órgão da Fazenda Pública exigiu o recolhimento do tributo com a alíquota mais alta.

O caso hipotético acima narrado impõe a aplicação do princípio da irretroatividade. O critério envolvendo a irreversibilidade do exercício de direitos tem peso crucial para a sua solução. Note-se que, diante das circunstâncias mencionadas, a situação do contribuinte é, na prática, irreversível. Diversos atos de disposição de direitos foram praticados. Eles estão conectados entre si. Um foi realizado em razão do outro. No seu conjunto, eles se encontram ligados indissociavelmente à importação

---

119. Ávila, 2014b, p. 421; vide, também: Gigante, 2008, p. 41.

dos automóveis estrangeiros (fato gerador do imposto). Tudo o que o contribuinte fez em função do ato estatal modificado já não pode mais ser desfeito. É inviável, por razões jurídicas e econômicas, a reorientação da conduta como um todo. Ou seja, a decisão de importar não pode mais ser *retroativamente elaborada*.

Essa irreversibilidade demonstra restrição à liberdade sob *dois aspectos*. O *primeiro aspecto* é que a liberdade jurídica do particular é violada. O contribuinte é tratado literalmente como um objeto. Sua capacidade de autodeterminação, a qual o caracteriza como um ser humano, é desprezada. Suas escolhas passadas e todo o seu planejamento são ignorados em razão da modificação dos efeitos que o particular esperava suportar. Além disso, há um *segundo aspecto* a ser destacado. Os bens integrantes da liberdade de exercício de atividade econômica têm a sua disponibilidade restringida. São afetados, direta ou indiretamente, dentre outros bens, a liberdade de planejamento, a liberdade de auferir lucro, a liberdade de estabelecer preços de venda dos bens e a liberdade de contratar. O contribuinte tem de suportar uma oneração patrimonial inesperada, a qual é capaz de prejudicar a execução do negócio como um todo. A medida estatal retroativa acaba desvalorizando não apenas a disposição de direitos que resultou no contrato de importação. Ela atinge também os demais atos realizados em razão do aludido contrato. Ou seja, todo o curso comportamental do contribuinte é prejudicado.

Além desses dois aspectos acima expostos, a irreversibilidade da disposição de direitos ainda evidencia uma restrição a outras finalidades protegidas pelo princípio da irretroatividade. Há violação ao livre exercício planejado da propriedade. Igualmente, ocorre um desrespeito à moralidade. Quanto a esta, especificamente, a norma retroativa é desleal por deixar o particular sem capacidade de reação. São prejudicados, ainda, os elementos da segurança jurídica: a *calculabilidade*, pois o contribuinte não pôde prever os novos efeitos da norma modificadora; a *cognoscibilidade*, pois a nova norma não era conhecida pelo contribuinte ao tempo da sua ação; e a *confiabilidade*, seja pela desproteção da confiança, seja pelo descrédito do ordenamento jurídico objetivamente considerado. Com relação à perda de credibilidade do ordenamento, é possível afirmar que uma grave violação à liberdade, como a acima exemplificada, cria desconfiança sobre a possibilidade da sua reiteração no futuro.

Nos casos em que a atuação do contribuinte é irreversível, o critério da *dependência deste com relação aos efeitos do ato estatal modificado* tem uma atuação importante. Ele é um indicador da intensidade da restrição dos direitos fundamentais. Quanto mais dependente for o particular com relação aos referidos efeitos, maior será a restrição à liberdade e à propriedade decorrente da sua modificação gravosa.[120] Observe-se que a manutenção das consequências jurídicas de um ato pode representar condição mais ou menos essencial para as atividades do contribuinte. Há casos em que o particular não depende tão intensamente do ato anterior para que o exercício da sua confiança possa lhe permanecer útil. Nessas situações, a alteração normativa desvaloriza o exercício passado da liberdade, porém não chega ao ponto de restringi-lo intensamente. O contribuinte, mesmo sem os efeitos da norma anterior, dispõe de alternativas de ação que tornam os seus atos de disposição do passado ainda úteis.

Há outros casos, porém, em que a fluência das consequências jurídicas do ato modificado se tornou uma condição indispensável aos negócios do particular. Sem as referidas consequências, tais negócios tendem a fracassar ou a serem dificultados severamente. A atuação estatal não é útil ao indivíduo se não se mantiverem os efeitos do ato anterior. Por isso, a restrição à liberdade e à propriedade tende a ser mais intensa. No exemplo acima citado, imagine-se que o importador é dependente da manutenção dos efeitos do ato estatal que previa a alíquota menor para o recolhimento do imposto. Caso seja aplicado o novo ato, o sujeito ficará impedido de obter lucro. E a sua liberdade de empresa tornar–se-á, sob esse aspecto, juridicamente ineficaz. Como se vê, a dependência do contribuinte dos efeitos do ato modificado está relacionada à potencialidade que tem o ato modificador para restringir os direitos individuais.

Agora, imagine-se, por outro lado, que o comportamento do contribuinte, no exemplo acima, pudesse ser revertido. Mesmo nessa situação, o presente critério da irreversibilidade determina que sejam verificadas as dificuldades a serem enfrentadas nessa reversão.[121] Ou seja, é preciso analisar os efeitos gravosos que decorrem de um eventual desfazimento de contratos e do cancelamento das vendas dos bens no mercado. É necessário verificar os prejuízos a serem suportados em razão de eventuais multas que o contribuinte terá de pagar pela desistência dos negócios. Ou seja, é preciso analisar a gravidade da reversão dos atos de disposição de direitos em geral, e não de apenas um. Como se disse acima, considerados em conjunto, eles formam o curso de ação adotado com base na regra de incidência tributária.

Além dessa análise quanto aos gravames decorrentes da reversibilidade da medida, é necessário computar os prejuízos decorrentes do

120. Tipke e Lang, 2008, p. 257.
121. Hey, 2013, p. 252.

próprio exercício intenso da confiança. Isso porque o contribuinte investe o seu patrimônio no exercício de direitos. Se, pela sua reversão, os atos de disposição se tornam inúteis relativamente ao fim a que se destinavam, então as perdas pelo investimento inócuo devem ser consideradas.

Todas essas considerações revelam que o importante é verificar a restrição que o ato retroativo causa ao exercício de direitos, irretratável ou de difícil retratação, ocorrido no passado. Nesse aspecto, *quanto mais gravosa for a reversibilidade dos atos de disposição de direitos e quanto maior for a dependência do particular quanto à continuidade do ato estatal modificado, mais razões o contribuinte terá para invocar a proibição de retroatividade.*[122] Todavia, uma restrição insignificante da liberdade e da propriedade, sob esse aspecto, diminui a força normativa do princípio em questão.[123]

Outras *duas* importantes *considerações* com relação aos presentes critérios ainda devem ser feitas.

A *primeira consideração* é a seguinte: o exame atinente aos mencionados critérios impõe uma análise voltada aos eventos concretamente praticados pelo contribuinte. É preciso *selecioná-los e valorá-los* para, assim, representá-los como fatos inerentes à aplicação do princípio da irretroatividade.[124] As normas jurídicas protetoras da liberdade e da proteção da confiança atuam decisivamente nessa tarefa, como se passa a demonstrar.

A *eficácia seletiva* de tais normas jurídicas determina que sejam selecionados como *pertinentes* todos os eventos cuja representação factual identifique os bens jurídicos que devem ser protegidos em face da retroatividade. Devem ser selecionados, nesse aspecto, os atos de disposição da liberdade e da propriedade praticados pelo contribuinte antes da modificação normativa. Isto é, devem ser escolhidos os fatos praticados pelo particular em razão da base da confiança. Nos casos que envolvam o aumento ou a criação de tributos, é necessário selecionar os atos de exercício de direitos que estabeleçam uma *relação de referibilidade* direta ou indireta com o fato gerador. Vale dizer, cumpre escolher não apenas as condutas humanas que se identificam, diretamente, com os predicados da

---

122. Ávila, 2014b, p. 421.
123. Pauwels, 2013, p. 112; Hey, 2013, p. 249.
124. Guastini, 2011, p. 8; em sentido contrário, pela não interpretação dos fatos: Ricardo Lobo Torres, "O princípio da tipicidade no Direito Tributário", *Revista Eletrônica de Direito Administrativo Econômico*, Salvador, n. 5, fev./abr. 2006, p. 21. Disponível em: <http://www.direitodoestado.com/revista/REDAE-5-FEVEREIRO-2006-RICARDO%20LOBO.pdf>, acesso em 29.6.2014.

classe de circunstâncias descritas pela regra de incidência. Por exemplo, com relação ao imposto de importação, não basta selecionar somente o ato de nacionalização da mercadoria. É preciso também examinar todos os demais eventos que foram praticados em razão dele, conforme exemplificado acima. É preciso verificar o contrato de importação, o contrato de revenda de bens, o financiamento bancário tomado pelo contribuinte para viabilizar a operação e assim por diante. Esses atos devem ser não dissociados, mas combinados entre si. Isso porque assim é o curso comportamental do contribuinte. Ele é formado por uma combinação de atos de disposição de direitos, sendo uns pressupostos dos outros.

A *eficácia valorativa* dos princípios da liberdade e da proteção da confiança determina, por outro lado, que os fatos selecionados sejam avaliados sob *o ângulo da disposição irreversível de direitos fundamentais*.[125] O critério relevante para definir se o contribuinte será ou não protegido em face do ato retroativo não é o da consumação do fato jurídico (gerador). Esse critério formal não é suportado pelas normas constitucionais que fundamentam a irretroatividade em sua dimensão principiológica. O ângulo de análise a ser privilegiado é o da configuração de uma atuação irretratável ou de difícil retratação por parte do contribuinte. Ou seja, deve ser privilegiado o ponto de vista segundo o qual o essencial é verificar *se o exercício de direitos* consumado antes de a modificação normativa passar a viger *é irretratável* e se guarda *relação de referibilidade* ao menos indireta com o fato gerador.

Sendo verdadeiras essas afirmações, impõe-se a *segunda consideração* a ser feita: nos casos não cobertos pela regra da irretroatividade (fundamentada no art. 150, III, "a", da CF/1988), o "critério dos critérios" para a aplicação do princípio da irretroatividade é o grau de restrição dos direitos fundamentais. Não que os outros parâmetros acima analisados sejam irrelevantes. A configuração de uma base normativa confiável é um critério importante. Do mesmo modo, como se verá em seguida, o perfil da atuação estatal retroativa também deve ser considerado. Contudo, sendo a intangibilidade dos atos de disposição de direitos o estado de coisas a ser promovido pelo princípio em estudo, a análise quanto à restrição desses direitos é fundamental. Por isso, os critérios que contribuem para o maior peso dos argumentos em favor do contribuinte são aqueles referentes à *irreversibilidade* e à *dependência* da atuação do particular.

125. Com relação à eficácia valorativa dos princípios constitucionais: Guastini, 2011, p. 170 e p. 293.

Consequentemente a tudo o que foi dito, havendo aumento ou criação de tributos com relação a fatos em desenvolvimento, o caso deve ser analisado a partir da seguinte regra: a disciplina jurídica aplicável deve ser aquela vigente à época da disposição irreversível de direitos. A proposta aqui defendida é, portanto, que haja *isolamento/dissociação temporal* da disposição planejada e irreversível de direitos com relação ao momento de consumação do fato jurídico.[126] Enfim, o exercício passado da liberdade deve ser tratado segundo as normas vigentes no passado.

5.4.2.3.3 Tributos periódicos

Os critérios acima examinados aplicam-se ao problema envolvendo o aumento dos tributos periódicos que atinge fatos geradores pendentes. O posicionamento do STF é pacífico a esse respeito, como já exposto. Lembre-se do caso em que a União majorou a alíquota da CSSL com efeitos a partir de 24 de dezembro de 1989. O aumento foi exigido em relação ao fato gerador consumado em 31 de dezembro de 1989.[127] Todos os atos de disposição de direitos que ocorreram durante o ano e que repercutiram na base de calculo do tributo foram atingidos.[128] Esse posicionamento, entretanto, deve ser modificado.

Observe-se que a concretização da hipótese de incidência dos tributos periódicos envolve a realização de certos eventos pelo contribuinte ao longo do ano. Trata-se de situações nas quais o particular dispõe da sua liberdade e da propriedade. Os atos de exercício de direitos configuram-se como pressupostos para a constituição do fato gerador.[129] A compra e venda de imóveis, a contratação de investimentos, a execução remunerada de serviços profissionais, a prática empresária de atos de comércio e de indústria são exemplos desses pressupostos. Eles geram receitas e despesas. E, assim, interferem na apuração da renda e do lucro dentro do ciclo anual.

Nesse contexto, o critério da irreversibilidade acima analisado tem um papel fundamental. Ele determina que os atos irreversíveis de disposição de direitos que tenham relação de referibilidade direta ou indireta com o fato gerador sejam disciplinados pela lei anterior. Ou seja, os atos

---

126. Tipke e Lang, 2008, p. 255; Amatucci, 2005, p. 60.
127. RE 197.790, Tribunal Pleno, Rel. Min. Ilmar Galvão, *DJU* 21.11.1997. No mesmo sentido: RE 195.712-3, 2ª Turma, Rel. Min. Mauricio Correa, *DJU* 16.2.1996; AgR no AI 333.209-9, 1ª Turma, Rel. Min. Sepúlveda Pertence, *DJU* 22.6.2004.
128. Rodríguez-Bereijo, 1998, p. 154.
129. Mastroiacovo, 2005a, p. 289.

que já haviam sido praticados até o momento em que a nova lei passou a viger devem ser tratados segundo a legislação modificada. É preciso, nesse aspecto, sob o ponto de vista temporal, *dissociar do fato gerador ocorrido o comportamento irreversível e juridicamente relevante* realizado antes da mudança normativa.[130] Se, por exemplo, a nova lei passou a viger em 30 de agosto, então os atos irretratáveis de disposição de direitos ocorridos antes de tal data não devem sofrer os efeitos do aumento havido.

A esse respeito, a Corte Constitucional da Polônia reconhece a existência de uma norma implícita à Constituição daquele País, denominada de *"princípio da proteção dos negócios em curso"*.[131] O referido princípio é invocado para limitar a eficácia temporal das normas jurídicas retrospectivas exatamente nos casos dos tributos periódicos. Negócios irreversíveis devem ser protegidos. Por exemplo, se a legislação do imposto de renda prevê que determinadas despesas são dedutíveis da base de cálculo do tributo, esse direito de dedução não pode ser alterado restritivamente em meio ao período de apuração com relação às despesas já efetuadas.[132]

A proposta aqui defendida é de que, segundo o critério da irreversibilidade, haja a *compartimentalização* do período de apuração dos tributos periódicos. A modificação normativa ocorrida em meio ao ciclo de aferição desses tributos implica a necessidade de um regime de transição. Ou seja, é preciso, pelo menos, ressalvar da aplicação da nova lei *a base de cálculo parcialmente acumulada no passado*.[133] Isso significa, concretamente, que devem ser estabelecidos dois períodos de apuração do tributo, separados pela data de início da vigência da nova lei: o *período anterior* e o *período posterior*. No período *anterior*, devem ser computados os fatos relevantes ocorridos até a nova lei passar a viger. No período *posterior*, devem ser apurados os fatos ocorridos já sob a vigência da nova lei.

Há, entretanto, uma consideração importantíssima a fazer. A proposta de compartimentalização não afasta, evidentemente, o exame dos demais critérios de aplicação do princípio da irretroatividade. No caso concreto, a consideração destes pode alterar a solução aqui apresentada ao problema investigado. Outros fatores podem determinar que a nova lei seja aplicada somente para o ano de apuração seguinte. O critério da completude do comportamento do contribuinte, por exemplo, pode ordenar exatamente isso. No caso acima mencionado, em que a lei passou a viger em 24 de

---

130. Amatucci, 2005, p. 89.
131. Karwat, 2013, p. 339.
132. Ibid., p. 340.
133. Pauwels, 2013, p. 112.

dezembro, não deve ser estabelecida a compartimentalização do período de apuração. Isso porque o curso de ação do particular está praticamente exaurido no momento em que a mudança de disciplina acontece. Por outro lado, podem, ainda, ocorrer casos em que o contribuinte planejou dispor dos seus direitos antes da nova lei, mas deles dispôs efetivamente só depois de a mudança normativa passar a viger. Nessas situações a lei é alterada entre o planejamento e a execução do plano. Tal circunstância deve ser considerada. É preciso verificar a presença dos critérios envolvendo a configuração da base da confiança, para, em razão deles, avaliar se há tutela a ser prestada de forma diferente da aqui proposta.

Enfim, o importante é que o presente critério não atue de modo exclusivo. Ele deve ser combinado com os demais. A compartimentalização acima referida não é uma resposta categórica para todos os problemas envolvendo o aumento dos tributos periódicos em situações pendentes. Ainda assim, por seu valor heurístico, ela fornece uma hipótese provisória para proteger a liberdade e está fortemente suportada pelos princípios constitucionais. Seja como for, o certo é que o eixo da análise dos casos aqui tratados deve ser deslocado, conforme já defendido em outras partes deste trabalho. Deve-se passar do momento da consumação do fato gerador para o momento da disposição irreversível de direitos. Esse é o ponto principal.

5.4.2.4 *Critérios relacionados à atuação estatal retroeficaz*

5.4.2.4.1 Finalidades dos atos retroativos

O presente ponto enfoca a relação mantida entre os atos estatais retroativos e o resultado concreto que se busca em razão da sua adoção. Mais precisamente, é analisada a justificativa para a realização desses atos relativamente às finalidades para as quais eles se destinam no âmbito tributário.

Com efeito, a adoção de atos retroativos exige a presença de razões importantíssimas vinculadas às finalidades estatais. Como se viu ao longo deste trabalho, a CF/1988 estabeleceu um Sistema Tributário notadamente protetor da liberdade. A fundamentação do princípio da irretroatividade demonstra exatamente isso. Há uma teia coerente de suporte que ordena a preservação do exercício passado e juridicamente orientado do referido direito. Essa fundamentação por suporte evidencia, por sua vez, que o sistema jurídico brasileiro não tolera, em regra, a retroatividade restritiva de direitos. Como já ficou claro em outros pontos deste trabalho, há, na

CF/1988, na realidade, uma presunção que milita contra a aludida retroeficácia dos atos estatais.[134]

Essa presunção é verificada não apenas no Brasil. Em países como Itália, Holanda e Espanha, ela também é reconhecida. Lá, a aplicação do princípio da irretroatividade estabelece a necessidade de uma ponderação de bens. E a retroeficácia dos atos estatais é admitida somente diante de "*alto* interesse coletivo",[135] de "motivos *imperiosos* de interesse público"[136] ou de "razões *especiais*".[137] Ou seja, a retroatividade só se justifica se houver razões de significativa relevância conectadas às finalidades estatais. Mas não basta – é importante que se diga – apenas invocar o "alto", o "imperioso" ou o "especial" interesse do Estado. É preciso que haja uma identificação precisa da finalidade visada pelo ato retroativo.[138]

No Direito Tributário, duas são, principalmente, as finalidades buscadas pelos atos estatais retroativos. Eles podem visar, de um lado, à obtenção de receitas (finalidade fiscal). E podem visar, de outro lado, à promoção de finalidades econômicas e sociais por meio da indução de comportamentos (finalidades extrafiscais).[139]

Em primeiro lugar, se a finalidade do ato modificativo é meramente oneratória (fiscal), então os efeitos retroativos não se justificam. Isso porque o fim arrecadatório pode ser atingido sem que haja a restrição do exercício passado da liberdade. O Estado pode arrecadar os recursos necessários ao financiamento das despesas públicas sem restringir os atos de disposição de direitos já ocorridos. A norma exclusivamente prospectiva cumpre o objetivo legal. Em outras palavras: a utilização do ato com efeito apenas *pro futuro* não compromete o fim fiscal visado pelo Poder Público. A suposta "perda" do Estado ao arrecadar menos recursos ao não atingir os fatos passados pode ser compensada pelo aumento da carga tributária em relação aos fatos futuros.

A doutrina, de um modo geral, posiciona-se no sentido de que a mera obtenção de receitas não é uma finalidade capaz de autorizar a retroativi-

---

134. Hugo de Brito Machado, "A irretroatividade da lei tributária como garantia do contribuinte", in Sacha Calmon Navarro Coêlho (Coord.), *Segurança Jurídica: Irretroatividade das Decisões Judiciais Prejudiciais aos Contribuintes*. Rio de Janeiro: Forense, 2013, pp. 231-245, pp. 232-233.
135. Amatucci, 2013, p. 314.
136. Gribnau e Pauwels, 2013b, p. 332.
137. Herrera e Belén Macho, 2013, p. 355.
138. Crouy-Chanel, 2013, p. 232.
139. Ignacio Manzoni e Giuseppe Vanz, *Il Diritto Tributario: Profili Teorici e Sistematici*, 2ª ed., Turim: Giappichelli, 2008, p. 53.

dade normativa.[140] Hey afirma que o objetivo de arrecadar receita pública não é um motivo suficiente para restringir as legítimas expectativas dos contribuintes.[141] O certo é que a finalidade arrecadatória não pode ser utilizada como a única justificativa para restringir os direitos individuais já exercidos.

Em segundo lugar, se a finalidade do ato é realizar um objetivo econômico ou social por indução, então é preciso investigar a adequação e a necessidade desse ato relativamente ao fim visado.[142] *Adequação* significa a relação empírica entre um meio e um fim. Em sua atuação, o Poder Público deve utilizar meios cuja eficácia possa contribuir para a promoção gradual do fim. Nesse contexto, para que a realização de um ato retroativo seja adequada, é preciso que os seus efeitos sejam capazes de promover o fim que o Estado objetiva perseguir. *Necessidade*, por outro lado, envolve o exame sobre a existência de meios alternativos à retroatividade que promovem o fim na mesma intensidade, mas que restringem, menos intensamente, os direitos fundamentais. Nesse aspecto, a atuação retroeficaz é necessária se o Estado não dispuser de outros meios menos restritivos dos interesses individuais para alcançar a finalidade pretendida.[143]

Na investigação no que se refere tanto à adequação quanto à necessidade, é preciso verificar, primeiramente, se a finalidade é específica.[144] Não basta ao Estado invocar vagamente o interesse público, conforme afirmado acima. É necessário precisar ao máximo o referido interesse. Isso para que seja possível o controle do ato à luz do princípio da irretroatividade e de postulados normativos aplicativos, como a proporcionalidade e a igualdade. Em seguida, é preciso, aí sim, analisar a adequação e a necessidade da adoção do ato.

Nessa análise, uma hipótese em que parece clara a inadequação do ato estatal retroativo é o das normas tributárias indutoras. As normas com essa finalidade têm a função de modificar a conduta do contribuinte. Por isso, elas não são capazes de atuar em relação às ações humanas já adotadas. Ao tratar da irretroatividade das normas indutoras, Schoueri afirma que

140. Peeters e Puncher, 2013, p. 188; Crouy-Chanel, 2013, 234; Gribnau e Pauwels, 2013a, p. 66; Ávila, 2014b, p. 418; Martins, 2009, p. 181.
141. Hey, 2013, p. 245 e p. 249.
142. Sobre os significados de "adequação" e "necessidade", vide: Ávila. 2015, pp. 208-216.
143. Gigante, 2008, pp. 33-36.
144. Amatucci, 2005, p. 66.

Quando se versa acerca das normas tributárias indutoras, entretanto, parece que a discussão deve assumir novas cores: a par da segurança jurídica, deve-se indagar acerca da eficácia das normas tributárias indutoras, em si. Tendo elas a função de modificar comportamentos do contribuinte, não podem elas atingir situações sobre as quais o contribuinte já não tem mais qualquer controle ou influência.[145]

O ato estatal que visa à indução de comportamentos não deve produzir efeitos retroativos em relação ao exercício irreversível de direitos. Esse ato é apto a modificar apenas os comportamentos ainda não adotados. O exercício de direitos já consumado não pode mais ser objeto de modificação. Tal impossibilidade revela, portanto, que o meio (ato retroativo) não é empiricamente adequado à promoção gradual do fim (modificação de comportamentos). Daí por que se falar no problema envolvendo a adequação do ato.

Imagine-se, a esse respeito, a majoração da alíquota do imposto de importação para proteger a indústria nacional. Suponha-se que o objetivo do referido aumento seja desincentivar a compra de certo produto do exterior. Nesse caso, aplicar a nova alíquota às operações pendentes, cujos bens importados já chegaram ao Brasil, mas ainda não foram desembaraçados, é uma medida inadequada. Isso porque a importação já ocorreu. Vale dizer, a liberdade já foi irreversivelmente exercida. O comportamento humano não pode mais ser objeto de indução. Por esse motivo, Ávila sustenta, com acerto, haver um desvio de finalidade nesses casos. O fim anunciado pelo Estado é o indutor. Contudo, a finalidade efetivamente promovida é a arrecadatória. "Institui-se para induzir, porém cobra-se sem induzir".[146] Por isso, o uso de um ato indutor com efeito retroativo é vedado, pelo menos, por dois motivos: o ato é *inadequado* quanto ao fim de indução e, consequentemente, *injustificado* quanto à finalidade de arrecadação, como visto anteriormente.

No contexto das considerações acima sobre o problema da adequação, vale lembrar, conforme foi exposto por ocasião da análise sobre a clareza da base da confiança, que a aqui se defende a ideia de que é vedada a colmatação de lacunas por meio de um ato com efeito retroativo. Em outras palavras: é vedado que um ato estatal restrinja a liberdade cujo exercício passado se deu em razão de uma lacuna normativa.[147] Igualmente vedada é a restrição de direitos por meio da edição de atos interpretativos

---

145. Schoueri, 2005, p. 271.
146. Ávila, 2014b, p. 405.
147. Pauwels, 2013, p. 114.

objetivando "esclarecer" o sentido de uma norma que foi fundamento para o exercício pretérito e irreversível da liberdade. Nesses dois casos, há inadequação do uso das medidas retroeficazes. Repita-se: as condutas que foram já adotadas não podem mais ser empiricamente reorientadas.

Com relação ao problema envolvendo a necessidade, por outro lado, é fundamental avaliar se é realmente necessário que o ato estatal atinja as condutas do passado. Em outras palavras: deve ser verificado se a finalidade pretendida pelo Poder Público não pode ser promovida pelo atingimento apenas dos atos futuros de exercício da liberdade, não dos atos já consumados. Imagine-se que a finalidade almejada pelo Estado seja a proteção da indústria nacional em face da entrada de produtos importados no Brasil. O Poder Público aumenta, para atingir esse fim, a alíquota do imposto de importação. A promoção do fim visado, contudo, pode ser atingida sem que o aumento do tributo recaia sobre as importações já iniciadas e ainda não concluídas. Vale dizer, a promoção da finalidade perseguida pelo Estado pode se dar mediante a incidência da alíquota aumentada somente sobre as operações futuras. Em outras palavras: os efeitos retroativos são desnecessários.

Em que pese essas considerações sobre a necessidade e as demais sobre a adequação, pode haver casos em que a norma indutora alcance atos de disposição reversíveis e, por isso, ainda passíveis de indução. Vale dizer, pode haver casos em que a norma indutora seja adequada.

Pode, também, haver casos em que, embora o exercício de direitos seja irreversível, o alcance desses atos passados seja indispensável para que a norma retroativa cumpra a sua finalidade. Vale dizer, pode haver casos em que a adoção da norma indutora com efeito retroativo seja necessária. Hipoteticamente, pode ocorrer uma situação em que haja necessidade do controle de preços de determinados produtos no mercado interno. Pode, por isso, tornar-se necessário o aumento do rigor fiscal com relação a esses produtos cuja importação esteja em curso. Essa circunstância afasta, em princípio, os problemas envolvendo a inadequação e a desnecessidade do ato retroeficaz. Tal afastamento, no entanto, não significa que a retroatividade se torne, apenas por isso, legítima. É preciso examinar os demais critérios de aplicação do princípio da irretroatividade, conforme visto acima. É necessário verificar as questões envolvendo o peso da confiança que o contribuinte depositou na base normativa modificada. Igualmente, deve ser investigada a intensidade da restrição aos direitos individuais. Somente após uma análise conjunta desses critérios é que se torna possível afirmar sobre se o ato retroativo é compatível com a CF/1988 ou não.

Finalmente, ainda é preciso afirmar o seguinte: o exame da necessidade acima mencionado deve ser feito não apenas sob a perspectiva subjetiva. Quer dizer, ele não se limita apenas à verificação do exame dos meios em face do interesse do contribuinte individualmente considerado. Cumpre também investigar aquilo que Gigante denomina de "face objetiva" do exame da necessidade. É preciso verificar se há realmente a necessidade de restringir o ideal de continuidade do ordenamento jurídico.[148] Vale dizer, deve ser feito um exame sobre a existência de outros meios que promovam a finalidade estatal desejada sem afetar a credibilidade do ordenamento jurídico. Isso revela que há, portanto, controle duplo. De um lado, como visto acima, a necessidade é vista sob a perspectiva dos direitos individuais do sujeito. E, de outro lado, a necessidade é examinada sob a ótica da estabilidade do ordenamento jurídico como um todo.[149]

5.4.2.4.2 Grau de intensidade dos efeitos retroativos (modificações bruscas e drásticas)

Quanto mais bruscas e drásticas forem as modificações provocadas pelo ato retroativo, maior deverá ser a proteção do(s) contribuinte(s) em face desse ato. Isso porque as mudanças podem ser mais ou menos bruscas e mais ou menos drásticas. A alteração brusca é aquela que não pode ser, de modo algum, antecipada pelo contribuinte. Trata-se de modificação inesperada, imprevista, com a qual o cidadão não podia contar. A alteração drástica, por sua vez, é aquela intensa em seus efeitos. Trata-se de modificação radical e muito divergente em comparação à disciplina normativa anterior.[150]

As alterações bruscas tendem a impedir que o contribuinte possa calcular os efeitos que certa mudança normativa causará sobre os direitos dos quais ele já dispôs. A modificação repentina dos atos estatais agrava os problemas envolvendo a reversibilidade do exercício da liberdade. Sem poder prever quando o ato mudará e qual será efetivamente o conteúdo dessa mudança, o particular fica impossibilitado de reorientar o seu comportamento. Por outro lado, as alterações drásticas tendem a afetar intensamente a disposição passada da propriedade e da liberdade. Em razão de as novas consequências jurídicas serem muito discrepantes das anteriores, elas provocam uma restrição mais intensa nesses direitos. O prejuízo a ser suportado pelo contribuinte aumenta. E o grau de de-

148. Gigante, 2008, p. 43.
149. Ávila, 2014b, p. 456.
150. Ibid., p. 613.

pendência do particular em relação ao ato anterior também é elevado, se comparado com os novos efeitos.

Imagine-se, nesse contexto, uma modificação repentina e drástica na alíquota do imposto de importação, como aquela que ocorreu no caso examinado pelo Supremo Tribunal Federal (RE 224.285-9). A alíquota do tributo foi elevada de 32% para 70%. Houve um aumento de mais de 100% no valor a pagar. Uma diferença como essa tende a causar prejuízos consideráveis ao importador. Esses prejuízos, como já foi dito anteriormente, afetam não apenas o ato de importação em si, mas todos os demais negócios a ele conectados. Desse modo, as modificações inesperadas e intensas, como a ora exemplificada, revelam nível elevado de referibilidade da norma retroativa ao passado.[151] Em outras palavras: o grau da retroatividade é maior.

Além de as inovações normativas radicais e abruptas restringirem os interesses individuais do contribuinte numa situação concreta, é importante ressaltar que elas também abalam a confiabilidade no ordenamento jurídico como um todo e limitam a exigência de calculabilidade. Há um problema de segurança jurídica em sua dimensão objetiva. Cria-se desconfiança quanto ao comportamento estatal. Isso porque quem muda radicalmente de comportamento, sem tornar possível qualquer tipo de previsão quanto à referida alteração, semeia desconfiança. Há abalo da credibilidade do ordenamento jurídico. É natural que, nessa situação, as pessoas passem a não mais acreditar nas promessas do Poder Público. O receio é de que o comportamento desleal possa ser reeditado a qualquer momento. Esse "clima de desconfiança" estabelece, por sua vez, ambiente impróprio para o exercício da liberdade. Ele afeta seriamente o desenvolvimento futuro dos planos de vida dos cidadãos, ou seja, compromete, como se disse, a exigência de que o Direito possa ser razoavelmente previsto quanto aos seus efeitos futuros (calculabilidade).

Esse aspecto objetivo da segurança jurídica deve, por tais razões, ser considerado na aplicação do princípio da irretroatividade. Ou seja, não basta apenas examinar os efeitos individuais e concretos da quebra de confiança realizada pelo Estado. É preciso levar em consideração, também, a intensidade da restrição relativamente à credibilidade do ordenamento jurídico.

Um exemplo que bem demonstra a violação à segurança jurídica com relação ao referido sentido é aquele que foi mencionado nas considerações introdutórias da presente obra. Lembre-se que a Lei das Diretrizes

---

151. Tipke e Lang, 2008, p. 257.

Orçamentárias vigente no ano de 2014 (Lei 12.919/2013) foi alterada pela Lei 13.053, de 15.12.2014. A alteração referiu-se à modificação da meta de superávit primário, economia a ser realizada pelo governo para pagamento dos juros da dívida pública aos credores da União. Tal como fora estabelecida inicialmente, a lei previa o pagamento de aproximadamente R$ 116 bilhões a esse título. Contudo, com a alteração engendrada nos últimos dias do exercício financeiro, a legislação tornou possível que o governo reduzisse a referida meta a zero. Passou a ser permitido o abatimento da integralidade das despesas havidas, em 2014, com o Programa de Aceleração do Crescimento (PAC) e do valor total das desonerações tributárias concedidas no ano. Não restou, por isso, valor algum a ser pago aos credores. Passou-se de R$ 116 bilhões para zero, em mudança normativa inegavelmente drástica. A medida, nesse contexto, frustrou a confiança de um universo de investidores que acreditaram na promessa de que a União realmente honraria seus compromissos.

Note-se que um ato estatal como o acima relatado causa forte abalo na credibilidade não só do governo, mas do ordenamento jurídico também. A lei originária, cuja promessa estatal de pagamento da dívida vigeu pela quase totalidade do exercício financeiro, foi alterada justamente no final do ano, momento em que mudança alguma poderia ser esperada. Deixou-se que os investidores acreditassem durante longo período de tempo na promessa estatal. Porém, no momento em que essa promessa deveria ser cumprida, houve a mudança radical de posicionamento. É correto afirmar, diante disso, que tal comportamento do Poder Público semeia descrédito geral com relação à postura do governo diante dos credores da União. Ele os afasta do mercado brasileiro de investimentos, pois passa-se a presumir que tal conduta será reiterada. Além disso, ele torna o ordenamento jurídico inconfiável. Deixa-se de acreditar que a lei é base segura para a orientação dos comportamentos humanos. De tal modo, o certo é que a drasticidade da medida realizada pelo governo e a atuação estatal sorrateira afetam restritivamente a segurança jurídica em seu sentido objetivo.

Por outro lado, é importante que se reitere aqui a seguinte afirmação: a função do princípio da irretroatividade não é a de tornar o Direito inalterável. Não é esse o seu papel no Sistema Constitucional Tributário.

O Direito, sabe-se, está em constante movimento. Não é estático. É dinâmico. E precisa voltar-se à realidade para permanecer adaptado às necessidades que ela apresenta.[152] O que o princípio da irretroatividade

---

152. Paulo de Barros Carvalho, "O sobreprincípio da segurança jurídica e a revogação de normas tributárias", in Sacha Calmon Navarro Coêlho (Coord.), *Segurança*

impõem, nesse contexto, é que as mudanças normativas porventura necessárias sejam moderadas e temperadas.[153] Mudanças moderadas são aquelas que, segundo Karwat, podem ser previstas em relação ao tempo e ao conteúdo.[154] A modificação, se for comprovadamente necessária, deve ser suave e pouco divergente com relação às consequências jurídicas até então vigentes, afirma Ávila. Ao mudar, o legislador deve levar em conta as expectativas que ele próprio gerou ao estabelecer a legislação modificada, de tal modo que a nova disciplina jurídica guarde, em alguma medida, uma relação de continuidade quanto à disciplina passada.[155] Ou seja, as modificações devem ser preservadoras dos direitos fundamentais já exercidos.[156] O princípio da irretroatividade determina que o direito aplicável seja razoavelmente previsível no momento em que uma certa situação jurídica nasce.[157] Pode-se afirmar, por tudo isso, que não é legítimo esperar que não possa haver mudança alguma nos atos estatais. O legítimo é, isto sim, esperar que as mudanças não sejam bruscas, nem drásticas.[158]

5.4.2.5 Ponderação e força normativa do princípio

Os critérios examinados até aqui demostram quais são os elementos necessários à configuração da proibição de retroatividade. Tais parâmetros refletem a influência das normas jurídicas que servem de suporte ao princípio constitucional em estudo. Eles se relacionam, como visto, aos elementos, subjetivo e objetivo, do aspecto passado da dimensão dinâmica da segurança jurídica (proteção da confiança e exigência de credibilidade do ordenamento jurídico), à disposição dos direitos fundamentais e ao dever de o Estado adotar medidas moderadas, adequadas e necessárias para a promoção das finalidades públicas.

É preciso, agora, analisar como tais critérios funcionam na concretização do princípio da irretroatividade. A doutrina enfatiza a necessidade de realizar-se uma ponderação de interesses contrapostos no processo de aplicação da mencionada norma.[159] Como já foi dito anteriormente,

---

Jurídica: Irretroatividade das Decisões Judiciais Prejudiciais aos Contribuintes, Rio de Janeiro: Forense, 2013, pp. 35-64, p. 60
153. Ávila, 2014b, p. 456.
154. Karwat, 2013, p. 339.
155. Gribnau, 2013b, pp. 90-91.
156. Ávila, 2014b, p. 456.
157. Gigante, 2008, p. 46.
158. Baptista, 2006, p. 168.
159. Meloncelli, 2005, pp. 543-544.

a segurança jurídica e, também assim, a irretroatividade não tornam o ordenamento jurídico imutável.[160] Evidentemente que não. Sustenta-se que deve ser estabelecido, segundo as circunstâncias de determinado caso, um "balanceamento" entre as finalidades públicas visadas pelo ato estatal do qual emanam os efeitos retroativos e a proteção da confiança e a liberdade.[161] Tal atividade consiste em instituir uma "hierarquia axiológica" entre duas normas em conflito e igualmente aplicáveis em certo caso.[162] Em outras palavras, é necessário atribuir peso, segundo os critérios desenvolvidos acima, de um lado, à norma jurídica que suporta as finalidades públicas e, de outro lado, à irretroatividade. Empregando uma metáfora, trata-se de uma balança com dois pratos. Num deles está a irretroatividade; no outro, a norma constitucional que sustenta o fim público perseguido pelo ato retroativo. É preciso colocar os pesos em um e em outro prato, para, no final, verificar para qual lado a balança penderá.[163] Os critérios de aplicação do princípio em análise estabelecem parâmetros para que esses pesos sejam medidos e colocados em um ou em outro prato. Contudo, antes de ser realizada essa "pesagem" das normas jurídicas, outros exames devem ser feitos, os quais, a rigor, não implicam tecnicamente ponderação.[164]

É necessário verificar, preliminarmente, se o caso enfrentado relaciona os critérios de aplicação das *regras jurídicas* da irretroatividade. Se o ato estatal retroeficaz prejudicar a coisa julgada, o ato jurídico perfeito e o direito adquirido, ou, ainda, se ele aumentar ou criar tributo com relação aos fatos geradores ocorridos, então a solução jurídica emergirá da concretização dessas regras, não do princípio em estudo. Verificado, todavia, que o caso não apresenta os elementos configuradores do âmbito de aplicação das regras da irretroatividade, será necessário examinar, aí sim, a atuação dos critérios de aplicação da irretroatividade como norma-princípio. E, no desempenho desse mister, será preciso fazer os seguintes exames:

Primeiro, cumpre *identificar a finalidade buscada pelo ato estatal retroeficaz.* Se a finalidade for meramente arrecadatória (finalidade fiscal), então não estará justificada a produção de efeitos retroativos.[165]

160. Gribnau, 2013b, p. 83.
161. Gribnau e Pauwels, 2013a, p. 66; Gribnau, 2013b, p. 92.
162. Guastini, 2004, p. 217 e p. 219.
163. Guastini, 2011, p. 205.
164. Adota-se a definição de "ponderação" constante de Ávila, 2015, pp. 185-187.
165. Ávila, 2014b, p. 418.

Isso porque, como foi examinado anteriormente, tal finalidade pode ser promovida sem que haja a restrição do exercício passado da liberdade individual. Para arrecadar, basta aumentar os tributos relativamente aos atos de disposição de direitos que ocorrerão no futuro.[166] Se, por outro lado, a finalidade for não arrecadatória, mas, por exemplo, relacionar-se à proteção da legalidade e da igualdade (no caso, por hipótese, da anulação de um benefício fiscal inválido); ou disser respeito à promoção da cognoscibilidade e da calculabilidade do Direito (no caso de colmatação de lacunas e de esclarecimento de bases normativas obscuras); ou, ainda, referir-se à extrafiscalidade (revogação de determinado benefício fiscal ou aumento de alíquota de tributo como mecanismos de planejamento econômico e/ou de indução de comportamentos), então será preciso analisar a *adequação* e a *necessidade* do ato estatal com efeito retroativo.

Como foi visto acima, o ato retroativo será *inadequado* e, portanto, inconstitucional (pela violação do dever de proporcionalidade), se for pretendida a indução de comportamentos já realizados. Igualmente, haverá inadequação se tal ato visar à correção de bases normativas lacunosas ou obscuras para impedir que os contribuintes ajam com base nelas. Isso porque as condutas fundamentadas nessas bases já foram adotadas no passado. O ato estatal retroeficaz, por outro lado, será *desnecessário*, se as finalidades acima exemplificadas puderem ser promovidas sem a produção dos efeitos retroativos.[167] Em outras palavras: será desnecessário provocar a restrição da confiança e do exercício pretérito dos direitos fundamentais se a finalidade visada pelo ato estatal puder ser atingida apenas com efeitos *pro futuro*.

No exame quanto à necessidade, deve ser considerada a restrição à confiança tanto sob o ponto de vista subjetivo, quanto objetivo. Vale dizer, é necessário levar em conta a restrição causada não apenas à confiança de um indivíduo, mas a um "conjunto de confianças". Nesse contexto, sendo a retroeficácia do ato estatal desnecessária, a produção dos efeitos retroativos implicará inconstitucionalidade, haja vista a violação à proporcionalidade.[168]

Segundo, se o ato estatal for adequado e necessário com relação à promoção das finalidades não fiscais, então deve-se realizar, a partir daqui, a ponderação entre a norma constitucional que suporta a finalidade

---

166. Amatucci, 2005, pp. 58 e 60.
167. Gigante, 2008, p. 37.
168. Amatucci, 2005, pp. 60-61.

do ato estatal retroativo e o princípio da irretroatividade. Ou, como afirma Tipke, será preciso fazer uma ponderação entre as finalidades públicas e o exercício planejado da confiança.[169] Nessa ponderação, deverão ser levados em consideração, principalmente, os critérios configuradores da proteção da confiança e aqueles relacionados ao exercício dos direitos fundamentais. São eles que atribuirão, principalmente, o maior peso em favor do princípio da irretroatividade.

Com relação à proteção da confiança, é necessário que todos os elementos que a configuram estejam presentes (base da confiança, confiança, exercício da confiança e frustração da confiança).[170] Se todos eles estiverem presentes, então a confiança será protegida, e a retroatividade do ato estatal deverá ser proibida. Se, contudo, algum estiver ausente, então não haverá tutela individual a ser prestada com base no critério da proteção da confiança, o que não afasta, diga-se, a atuação de outros critérios, como a segurança jurídica em seu sentido objetivo. Nos casos, porém, em que um critério estiver presente com baixa intensidade, tal carência deve ser compensada pela alta intensidade de outro.[171] Por exemplo, a baixa aparência de legitimidade de um ato administrativo inválido deve ser compensada pela intensa disposição de direitos fundamentais que se deu em razão de tal ato. Nesse sentido,

> quanto mais forte for a base da confiança, menos intensa, com relação ao tempo e ao dispêndio, precisa ser a atuação do particular; quanto mais intensa for essa atuação, mais fraca pode ser a base da confiança.[172]

A disposição intensa e irreversível de direitos fundamentais, acompanhada de alto grau de dependência do contribuinte com relação à manutenção dos efeitos do ato estatal modificado são elementos que compensam a eventual falta de peso das razões relacionadas à base da confiança. Todavia, a presença intensa desses critérios relacionados ao exercício de direitos faz não apenas com que sejam compensadas eventuais carências quanto aos critérios que reforçam a base da confiança. A referida presença também torna o peso atribuído ao princípio da irretroatividade praticamente insuperável comparativamente à norma constitucional que com ele estabelece a relação de tensão.

169. Tipke e Lang, 2008, p. 257.
170. Ávila, 2014b, p. 417.
171. Ibid., pp. 418-419
172. Ávila, 2014b, p. 417.

O grau de completude do comportamento do contribuinte é, igualmente, critério de alta relevância na presente ponderação. Quanto mais requisitos legais necessários à consumação de determinada situação jurídica o particular tiver preenchido até o momento da modificação normativa, tanto mais peso devem ter as razões relacionadas à finalidade pública que justifica a retroatividade.

Ainda, importa destacar que a durabilidade da base no tempo cumpre papel importantíssimo. Quanto mais tempo transcorrer entre a edição do ato e a sua revogação ou anulação (gravosa ao contribuinte), tanto menor poderá ser a presença de outros elementos relacionados à base da confiança. O critério da durabilidade da base no tempo atua em favor da irretroatividade, no sentido de compensar a falta de outros critérios e, sendo assim, de robustecer a confiança a ser protegida.

Terceiro, se, porventura, as finalidades públicas justificarem a restrição à confiança e aos direitos fundamentais envolvidos, isto é, para voltar à metáfora da "pesagem", se a balança, neste momento, estiver "inclinada" em favor da produção dos efeitos retroativos, devem também ser avaliadas as restrições à segurança jurídica em sua dimensão futura. Como se disse anteriormente, as modificações normativas bruscas e drásticas, além de afetarem a confiabilidade no ordenamento jurídico, também causam restrição com relação à calculabilidade (aspecto futuro da dimensão dinâmica da segurança jurídica).

Modificações radicais no ordenamento jurídico impedem que o contribuinte possa antever os efeitos futuros dos seus atos presentes. Cria-se um estado de incerteza, o que acaba por comprometer o exercício planejado da liberdade. A cognoscibilidade fica, também, prejudicada, na medida em que as alterações normativas inesperadas e muito divergentes em relação à disciplina jurídica anterior afetam a capacidade de o indivíduo conhecer a norma jurídica que regula o seu caso. Nesse contexto, o critério relacionado à intensidade das mudanças retroativas refere-se à segurança jurídica como um todo. Sendo assim, ainda que os critérios relacionados à proteção da confiança não sejam suficientes para conduzir à decisão de proibir a retroatividade, a tutela em face dos efeitos retroativos poderá ser sustentada pelas razões ora expostas.

Em face de todas essas considerações e daquelas que foram feitas por ocasião da análise particularizada de cada um dos critérios referidos acima, é possível, finalmente, estruturar o presente método de aplicação do princípio da irretroatividade por meio da formulação das seguintes regras de aplicação:

Regra 1 – No caso de a norma tributária visar à realização de fins fiscais, seus efeitos retroativos estarão proibidos.

Regra 2 – No caso de o ato estatal objetivar a promoção de fins não fiscais, devem ser observadas as seguintes regras adicionais:

Regra 2.1 – Será vedado o efeito retroativo pela *inadequação* do ato estatal do qual ele emana sempre que, para promover, no futuro, a finalidade específica almejada, o Estado pretender, por meio de tal efeito, induzir a realização de comportamentos humanos já adotados no passado.

Regra 2.2 – Será vedado o efeito retroativo pela sua *desnecessidade* sempre que a finalidade pública puder ser promovida sem afetar restritivamente os atos de disposição de direitos individualmente havidos no passado e sem restringir um conjunto de "confianças" com relação aos atos dos contribuintes em geral.

Regra 3 – Se a finalidade pública objetivada pelo ato estatal só puder ser realizada por meio da eficácia retroativa (necessidade dos efeitos retroativos), então devem ser observadas as seguintes regras adicionais:

Regra 3.1 – O grau de proteção da confiança em face da retroatividade será tanto maior quanto maior for o grau da presença dos critérios que configuram a base da confiança: *vinculatividade, aparência de legitimidade, modificabilidade, efetividade, indução, individualidade, onerosidade, durabili*dade. O baixo grau da presença de um desses elementos deve ser compensado pelo elevado grau da existência dos demais.[173]

Regra 3.2 – Quanto mais elevado for o grau da presença dos elementos que configuram a base da confiança, menos intensa, com relação ao tempo e ao dispêndio, precisará ser a atuação do particular, e quanto mais intensa for essa atuação, menos intensa precisará ser a presença dos aludidos elementos relacionados à referida base.

Regra 3.3 – Quanto mais intensa for a restrição aos direitos fundamentais da liberdade e da propriedade do indivíduo, em razão do efeito retroativo, mais importante deve ser a promoção da finalidade pública.

Regra 3.4 – A restrição aos direitos fundamentais é tanto maior quanto maior for a intensidade dos efeitos retroativos (mudanças normativas bruscas e drásticas), mais difícil for a reversão do exercício passado desses direitos e maior for a dependência do cidadão com relação à manutenção dos efeitos do ato estatal modificado.

Regra 3.5 – Na análise quanto à restrição aos direitos fundamentais, deverão ser selecionados como pertinentes os eventos cuja representação

---

173. Ávila, 2014b, p. 423.

factual indicar o exercício irreversível de direitos fundamentais ao qual forem atribuídas novas consequências jurídicas mais gravosas ao cidadão.

Regra 3.6 – Quanto mais requisitos legais necessários à consumação de determinada situação jurídica o particular tiver preenchido até o momento da modificação normativa, tanto mais peso devem ter as razões relacionadas à finalidade pública que justifica a retroatividade.

Regra 3.7 – Mesmo que a importância da finalidade pública buscada pelos efeitos retroativos necessários compense a restrição à confiança e aos direitos fundamentais do indivíduo, a retroatividade do ato estatal será proibida se tal importância não compensar a restrição à cognoscibilidade, à confiabilidade e à calculabilidade do Direito.

As presentes regras configuram-se como parâmetros para a solução dos casos envolvendo a retroatividade dos atos estatais. Como se vê, a partir da sua análise, a retroatividade pode ser proibida mesmo nas situações em que os elementos configuradores da proteção da confiança não estiverem presentes, haja vista a atuação da segurança jurídica em sua plenitude. Por outro lado, tais regras de ponderação demonstram que, no conflito com outras normas constitucionais, o princípio da irretroatividade, como norma jurídica que visa a concretizar a proteção da confiança, apresenta uma eficácia não definitiva, mas *prima facie*. Isso significa que a irretroatividade tem eficácia relativa, de tal modo que as suas razões podem ser descartas por outras razões opostas.[174] Ela estabelece uma relação de concorrência com outras normas constitucionais. E, no contexto dessa relação, diante da atribuição de uma dimensão de peso maior às razões que justificam a aplicação dos princípios que se ombreiam com o princípio da irretroatividade, este pode ter sua eficácia afastada em determinado caso.

Não obstante essa possibilidade de afastamento, é preciso chamar a atenção para algumas particularidades relevantes no que diz respeito ao relacionamento do princípio em estudo com outras normas jurídicas constitucionais.

A primeira particularidade refere-se à *força normativa* da irretroatividade, isto é, ao modo como ela se posiciona no confronto com as demais normas jurídicas. Cumpre destacar que, em razão de a irretroatividade ser um instrumento de concretização do sobreprincípio da segurança jurídica em todos os elementos deste (cognoscibilidade, confiabilidade e calculabilidade), a sua força normativa nos casos de conflito com outros

---

174. Alexy, 2001, p. 99.

princípios constitucionais é redobrada. Como destaca Ávila, o sobreprincípio da segurança jurídica tem um "elevado peso" ou um "peso distinto" em relação aos demais.[175] Essa alta dimensão de peso, a qual decorre da hierarquia da segurança jurídica e do seu relacionamento com outras normas que lhe dão suporte, torna possível afirmar o seguinte: o balanceamento do princípio da irretroatividade com outras normas constitucionais que fundamentam os atos estatais retroativos inicia-se com a "balança" inclinada em favor da irretroatividade. Há uma presunção contra a retroatividade restritiva dos direitos fundamentais. Daí por que o acerto da afirmação de Juratowitch, no sentido de que "não é a força da presunção contra a retroatividade que deve variar. É a força das razões utilizadas para refutá-la que muda".[176]

A constatação desse "sobrepeso" inicial em benefício da proibição de retroatividade leva determinados autores a afirmarem que a retroeficácia dos atos estatais somente pode ser admitida diante de "*alto* interesse coletivo"[177], de "motivos *imperiosos* de interesse público"[178] ou de "razões *especiais*".[179] Tais expressões evidenciam que também o princípio da irretroatividade apresenta uma força distinta nos conflitos que estabelece com as normas jurídicas constitucionais. Por exemplo, no caso do aumento da alíquota do imposto de importação visando a proteger o mercado interno e a garantir o desenvolvimento nacional (art. 3º, II, da CF/1988), os princípios da ordem econômica e social têm aptidão em grau elevado para produzir efeitos quanto aos atos de disposição de direitos que serão praticados pelos contribuintes no futuro. Contudo, com relação às importações consumadas e às pendentes, deve-se partir da premissa de que a eficácia desses princípios é relativizada em face do peso do princípio da irretroatividade. De tal modo, é acertado partir do pressuposto de que a intervenção econômica deve atingir, em regra, apenas as importações a serem praticadas no futuro. Quanto às importações pendentes e às já encerradas, a atuação estatal somente poderá afetá-las restritivamente se houver *razões de peso excepcional* para tanto.

A segunda particularidade relevante a destacar é a seguinte: a ponderação a ser estabelecida entre o princípio da irretroatividade com outras normas constitucionais pressupõe a existência de uma colisão horizontal

175. Ávila, 2014b, p. 419.
176. Juratowitch, 2008, p. 80.
177. Amatucci, 2013, p. 314.
178. Gribnau e Pauwels, 2013b, p. 332.
179. Herrera e Belén Macho, 2013, p. 355.

entre normas jurídicas, não um imbricamento.[180] Para que haja essa colisão horizontal, é necessário que os princípios estejam em relação de concorrência aplicativa em determinado caso. Por exemplo, na anulação de um benefício fiscal inválido, enquanto a irretroatividade determina a preservação dos efeitos anteriores à decretação da invalidade, o princípio da legalidade ordena que esses efeitos sejam "desfeitos" desde a origem. Em tal situação, os dois princípios estabelecem uma concorrência visando a regular a atuação estatal no que se refere à eficácia temporal dos atos do Poder Público. Há um "ombreamento" entre as normas, de tal modo que se torna necessária a criação de uma regra de prevalência para determinar qual princípio terá a sua eficácia afastada. Já no caso de um "imbricamento", os princípios estão não em relação de concorrência, mas de complementariedade, vale dizer, de entrelaçamento.

A respeito dessa relação de imbricamento, vale analisar o julgamento da ADC 29/DF feito pelo STF. Nesse processo, o tribunal examinou a constitucionalidade da Lei Complementar 135/2010, denominada de "Lei da Ficha Limpa". A referida lei criou novas hipóteses de inelegibilidade com pretensão de que fossem aplicadas aos casos em que os atos ou fatos passíveis de enquadramento tivessem ocorrido anteriormente à sua edição. Um dos argumentos sustentados em favor da declaração de inconstitucionalidade residia exatamente na violação à proibição de retroatividade. Isso porque a lei alterou os efeitos futuros (inelegibilidade) com relação aos fatos jurídicos realizados no passado (condenações judiciais de candidatos). O sujeito que, por exemplo, antes da vigência da lei, praticou ato de improbidade e foi condenado judicialmente por isso, tornou-se, após a edição da lei, inelegível. Foi atribuída, portanto, uma nova consequência jurídica aos atos realizados no passado, mesmo depois de eles terem sido consumados. O STF entendeu pela não aplicação da regra da irretroatividade reconduzida ao art. 5º, XXXVI, da CF/1988, pois não estariam presentes, no caso, as categorias da coisa julgada, do ato jurídico perfeito e do direito adquirido. Ainda na análise quanto à retroatividade da lei, o Tribunal também afastou a eficácia do princípio da segurança jurídica. Quanto a esta, o Ministro Luiz Fux, relator do processo, afirmou que não haveria expectativa legítima a ser protegida em tal situação. Isso porque, segundo ele, a "exigência constitucional da moralidade" tornaria *ilegítima* a expectativa de um candidato condenado judicialmente de concorrer a mandatos eletivos.[181] Ou seja, o Relator

180. Ávila, 2015, p. 152.
181. ADC 29, Rel. Min. Luiz Fux, Tribunal Pleno, *DJe* 29.6.2012, p. 20 do acórdão.

estabeleceu uma "ponderação" entre segurança jurídica (irretroatividade) e moralidade e, ao atribuir peso mais elevado às razões relacionadas a esta, afastou a eficácia daquela.

Entretanto, é preciso observar que tais princípios (moralidade e irretroatividade) não concorrem entre si. Não há relação de tensão entre eles capaz de autorizar a ponderação que foi feita. Há, isto sim, um imbricamento, vale dizer, um entrelaçamento entre as aludidas normas jurídicas. Como foi exposto na primeira parte desta tese, a moralidade é um princípio que concretiza a proibição de retroatividade e, sendo assim, visa a promover o estado de coisas perseguido pela segurança jurídica. Há, na realidade, uma relação de subordinação entre a moralidade e a irretroatividade, pois a primeira serve à realização da segunda. Sendo assim, a invocação de razões referentes à moralidade administrativa não deveria, a rigor, implicar o afastamento da segurança jurídica em caso como o presente. Outras razões vinculadas ao princípio democrático deveriam ter sido examinadas para que se estabelecesse realmente uma ponderação entre normas jurídicas concorrentes em tal situação.

Além do problema referido acima, o julgamento da ADC 29/DF revela a falta da análise dos critérios de aplicação do princípio da irretroatividade. Não foi considerado o grau de completude dos comportamentos humanos havidos antes da edição da lei, tampouco a irreversibilidade desses comportamentos diante dos novos efeitos jurídicos a eles atribuídos.[182] Nesse aspecto específico, foi menosprezada a *eficácia seletiva* e *valorativa* do princípio da irretroatividade. A eficácia seletiva foi ignorada, porque o Tribunal deixou de selecionar os fatos efetivamente pertinentes para examinar o problema da irretroatividade. Note-se que os efeitos da nova lei no tempo foram definidos tomando-se como base do raciocínio a data do registro da candidatura para o pleito eleitoral, não o momento das ações humanas e dos fatos em relação aos quais a lei atribuiu as novas consequências jurídicas. O Tribunal entendeu que a nova lei, sendo de 2010, não se aplicaria às eleições passadas e ao pleito do ano da sua publicação, com o que seria evitada a retroatividade prejudicial ao cidadão. Contudo – e já ingressando no exame da eficácia valorativa do princípio –, esse entendimento desprezou a circunstância decisiva de que os fatos efetivamente relevantes para estabelecer a eficácia temporal da nova lei eram aqueles em relação aos quais a lei atribuiu os novos efeitos restritivos (realização dos atos de improbidade, por exemplo).

---

182. Deve ser feita ressalva ao voto proferido pelo Min. Gilmar Mendes (pp. 266 e ss. do acórdão), o qual, mesmo vencido no que diz respeito à proibição de retroatividade, contemplou esses exames.

Foi em razão da prática daqueles fatos que o cidadão teve seu interesse jurídico prejudicado pela "Lei da Ficha Limpa". Logo, o exame quanto à irreversibilidade da conduta humana diante da nova disciplina jurídica deveria ter sido feito em razão desses fatos, e não em razão da data do pleito eleitoral.

Enfim, diante de todas essas considerações, o que precisa ficar claro é que, embora o princípio da irretroatividade se submeta à ponderação horizontal com outros princípios, sua força normativa é elevada, conforme demonstrado. E mais: a eficácia normativa de tal princípio somente poderá ser afastada em determinado caso concreto depois de examinados todos os critérios que orientam sua aplicação.

5.4.2.6 Aplicação do princípio independentemente de ponderação

Conforme foi mencionado anteriormente, o princípio da irretroatividade apresenta eficácia jurídica de norma interpretativa e estruturadora do ordenamento jurídico. Ele é tanto "critério interpretativo para os órgãos de aplicação e para os intérpretes em geral",[183], quanto condição de validade para a instituição dos atos estatais. A "irretroatividade das leis é da própria essência do Direito, como instrumento da segurança jurídica", conforme sustenta Machado.[184] "É elemento essencial de civilidade jurídica e *conditio sine qua non* de certeza do Direito", destaca Guastini.[185] Carrazza também enfatiza que "a regra geral, pois, é no sentido de que as leis tributárias, como, de resto, todas as leis, devem sempre dispor para o futuro".[186] A irretroatividade é, nesse contexto, pressuposto do Direito.

Em tal atuação como norma jurídica-pressuposto para interpretação e criação de outras normas, o princípio da irretroatividade também determina a adoção de comportamentos necessários à promoção das suas finalidades. Essa determinação visa a conformar a atuação do Poder Público ao conteúdo do princípio. Ele estabelece, nesse aspecto, deveres ao intérprete: é vedado reconstruir sentidos normativos que visem a regular restritivamente, no presente, determinados casos escolhidos que ocorreram no passado. Do mesmo modo, ordena aos Poderes Executivo, Legislativo e Judiciário que, ao realizarem modificações em seus atos, disponham apenas *pro futuro*. E se, mesmo dispondo ao futuro, os novos atos restringirem, de algum modo, os direitos exercidos no passado,

---

183. Guastini, 1998, p. 183.
184. Machado, 2013, p. 232.
185. Guastini, ob. cit., p. 181.
186. Carrazza, 2015, p. 397.

então o princípio da irretroatividade ordena que as mudanças não sejam bruscas, nem drásticas. Ele determina, por exemplo, que sejam criadas regras de transição, visando a propiciar uma alteração normativa suave e respeitosa da autonomia do indivíduo que baseou seu comportamento no Direito modificado.

Ao cumprir essas funções normativas, o princípio da irretroatividade não é necessariamente aplicado em concorrência com os demais. Ele não é visto como norma jurídica passível de comparação com outros princípios. Sua aplicação não se dá por meio de ponderação, assim considerada a atividade pela qual é atribuída uma dimensão de peso aos princípios em conflito para avaliar qual deles prevalecerá no caso concreto. Nessa função normativa, o princípio da irretroatividade deve ser simplesmente cumprido como condição para a validade dos atos estatais. Lembre-se, aqui, a esse respeito, que a ponderabilidade não é um elemento definitório dos princípios jurídicos, mas apenas contingente.[187] Tais espécies normativas não são aplicadas unicamente por meio de ponderação. A ponderação só é necessária nos casos em que dois princípios de mesma função, de mesmo nível e de igual eficácia forem igualmente aplicáveis em certo caso.[188] Na função da irretroatividade aqui examinada, contudo, o princípio atua sobre outras normas jurídicas. Ele estabelece relação de subordinação com tais normas ao condicionar sua validade e ao atuar na definição do seu sentido.

Um exemplo da aplicação da irretroatividade nessa função normativa pode ser encontrado no julgamento da ADI 966/DF. Nesse caso, o Supremo Tribunal Federal declarou a inconstitucionalidade da norma jurídica que estabeleceu limites à atuação dos partidos políticos segundo a sua maior ou menor expressão eleitoral.[189] Ocorre que os §§ 1º e 2º, do artigo 5º da Lei 8.713/1993, haviam vinculado a indicação de candidatos a Presidente, Vice-Presidente da República, Governador e Vice-Governador e Senador a certo desempenho do Partido Político no pleito que antecedeu a edição da lei. A referida norma, portanto, tomou por base determinados fatos ocorridos no passado e a eles atribuiu novas consequências jurídicas, alijando, para o futuro, alguns partidos da concorrência aos cargos acima referidos.

Ao declarar a inconstitucionalidade dos dispositivos legais, o STF aplicou o princípio da irretroatividade, ainda que não o tenha mencionado

---

187. Ávila, 2015, pp. 151 e ss.

188. Sobre a ponderação no conflito de princípios: Guastini, 2004, p. 217; Ávila, ob. cit., pp. 152-153.

189. ADI 966, Rel. Min. Marco Aurélio, Tribunal Pleno, *DJU* 25.8.1995.

de forma expressa. O tribunal reconheceu que a nova disciplina jurídica, tal como estabelecida, deixava de promover as finalidades protegidas pela irretroatividade. Mais precisamente, a nova lei restringia o ideal de generalidade da lei, haja vista os seus efeitos atingirem, na realidade, destinatários escolhidos. O voto do Min. Moreira Alves foi claro nesse sentido:

> *os dispositivos em causa partem de fatos passados, e portanto já conhecidos do legislador quando da elaboração desta lei, para criar impedimentos futuros em relação a eles, constituindo-se, assim, em verdadeiros preceitos ad hoc, por terem como destinatários não a generalidade dos partidos, mas apenas aqueles relacionados com esses fatos passados*, e, por isso, lhes cerceiam a liberdade por esse procedimento legal que é de todo desarrazoado[190] (destaque nosso).

O mesmo argumento foi invocado pelo Ministro Sydney Sanches em seu voto:

> *O que me chocou, porém, durante todo o debate foi o argumento, que não consigo superar, no sentido de que a lei está partindo de fatos, já ocorridos, para regular o futuro.* Assim, no dia 30 de setembro de 1993, quando entrou em vigor a lei, já se sabia quais os partidos que não poderiam concorrer, quais os que ficaram por ela automaticamente excluídos[191] (destaque nosso).

Além de constatar a restrição ao ideal de generalidade da lei, o STF examinou o modo da atuação do Poder Legislativo no caso específico. O tribunal reconheceu que o comportamento adotado pelo legislador ignorou o pressuposto segundo a qual as normas jurídicas não devem atuar restritivamente sobre fatos já ocorridos. Note-se que o STF admitiu, com relação ao conteúdo da lei examinada, ser legítimo estabelecer limites à atuação dos partidos políticos. Contudo, essa limitação não poderia ser implementada com efeitos para o passado. Vale dizer, o problema constatado pelo tribunal disse respeito não à mudança de disciplina jurídica propriamente dita, mas, isto sim, ao modo como essa modificação foi realizada (com efeitos retroativos). O voto do Min. Sydney Sanches foi esclarecedor a esse respeito:

> *Acho que pode haver perfeitamente uma lei estabelecendo limites de atuação dos partidos no âmbito federal, estadual e municipal, des-*

190. Idem, p. 167.
191. Idem, p. 159.

de que seja para o futuro. Por exemplo, dizendo: os partidos que nas próximas eleições não alcançarem o "quorum" "X" (digamos 1%) dos votos válidos, não poderão participar das eleições subsequentes. No caso presente, fez-se o seguinte, na lei em questão: os partidos que não alcançaram, no passado, o índice tal, não poderão concorrer às eleições de 3 de outubro de 1994.(...) *Considerei esse argumento irrespondível*, tanto mais porque, durante o debate, não o vi devidamente rebatido. Lamento ter de tomar essa posição, porque na verdade sou simpático à causa da limitação da atuação dos partidos políticos, para que não se chegue ao caos e aos notórios abusos da prática partidária e eleitoral, no Brasil, *mas não vejo, nesta lei, a solução correta para o problema. A lei não é razoável, quando leva em conta o passado dizendo quais os partidos que não podem concorrer. Isso, de certa forma, é um casuísmo. Estaria disposto, com muito prazer, a acompanhar as posições dos Srs. Ministros Francisco Rezek, Carlos Velloso e Sepúlveda Pertence, fossem outros os critérios da lei, se voltada, apenas, para o futuro*[192] (destaque nosso).

O Ministro mencionou, veja-se, estar de acordo com a alteração das regras de participação dos partidos políticos nos pleitos eleitorais. Porém, independentemente da legitimidade de tal modificação normativa e das finalidades estatais envolvidas na sua realização, a mudança não deveria ser realizada com efeitos sobre o passado. Repare-se que não foi estabelecida comparação entre princípios igualmente aplicáveis. Não houve relação de concorrência entre normas jurídicas constitucionais. O que o STF fez foi reconhecer que *a validade* de parte do ato emitido pelo Poder Legislativo *estava subordinada à condição temporal de eficácia estabelecida pelo princípio da irretroatividade*. Por isso, aliás, foi que o Min. Sydney Sanches manifestou-se no sentido, repita-se, de que "pode haver perfeitamente uma lei estabelecendo limites de atuação dos partidos no âmbito federal, estadual e municipal, desde que seja para o futuro".

A irretroatividade foi tratada com certa incomensurabilidade em relação às demais questões envolvidas no caso, inclusive aquelas que poderiam ser invocadas em relação ao princípio democrático e à liberdade de o legislador configurar os requisitos para a participação de candidatos em um pleito eleitoral. A incomensurabilidade aqui referida diz respeito à incomparabilidade do presente princípio com outras normas jurídicas constitucionais,[193] ou, ainda, incomensurabilidade como falta de uma

---

192. Idem, ibidem.
193. Ruth Chang, "Introduction", in Ruth Chang, *Incommensurability, Incomparability and Practical Reason*, Cambridge: Harvard University, 1997, pp. 1-34, p. 4.

medida comum entre dois elementos.[194] A irretroatividade não foi comparada com outros princípios jurídicos para verificar se havia razões que justificassem seu afastamento por completo no caso examinado pelo STF. Por cumprir função de requisito para a atuação estatal, ela foi apenas observada.

A irretroatividade, nessa função, não apresenta eficácia *prima facie*, assim como foi definida anteriormente. Sua eficácia, similarmente com o que ocorre com o princípio da segurança jurídica, é definitiva, no sentido de que não pode ser afastada por princípios contrários.[195] Contudo, embora "definitiva", tal eficácia não é uniforme, no sentido de que a irretroatividade pode ser aplicada de tal modo que ordene a realização de condutas diversas a cada caso.[196] Isso porque, como princípio jurídico que é, as condutas necessárias à promoção das suas finalidades podem ser delimitadas caso a caso, de acordo com a atuação dos critérios expostos anteriormente.

A conduta necessária poderá ser a criação de regras de transição para suavizar o impacto das mudanças normativas. Poderão ser ressalvados dos efeitos da nova lei certos atos irreversíveis de disposição de direitos presumidamente praticados pelos contribuintes em geral, enquanto outros atos, ainda reversíveis, poderão eventualmente ser afetados. Tudo dependerá da presença e do relacionamento dos critérios de aplicação do princípio em estudo. Razões relacionadas às finalidades estatais podem interferir na delimitação das condutas devidas por parte do Estado. Contudo, essas razões, ainda que sejam consideradas, não autorizam a descartabilidade do princípio da irretroatividade.

Destaque-se, ainda, que a irretroatividade-pressuposto atua principalmente para proteger a estabilidade do ordenamento jurídico como um todo e para preservar a credibilidade do Direito perante os contribuintes em geral, com base, portanto, na face objetiva do princípio da segurança jurídica. Por isso, sua atuação é verificada primordialmente no âmbito das manifestações gerais e abstratas do poder estatal. Nessa perspectiva, o exercício individual e pretérito da confiança não é focalizado como critério essencial à tutela das situações ocorridas no passado. Isso, contudo, não significa que a aplicação da irretroatividade-pressuposto exclua a atuação da proteção da confiança para tutela das situações in-

---

194. Joseph Raz, "Incommensurability and agency", in Ruth Chang, *Incommensurability, Incomparability and Practical Reason*, cit. pp. 110-128, p. 110.
195. Ávila, 2014b, p. 667.
196. Ibid.

dividuais e concretas. Em outras palavras: em que pese que a proibição de retroatividade, em sua função de pressuposto do Direito, possa ser reconfigurada caso a caso mediante a consideração de critérios objetivos, o contribuinte poderá buscar tutela individual por meio da irretroatividade sob o influxo da proteção da confiança. Haverá, por assim dizer, outro "nível" de proteção. Nessa hipótese, o exame com relação ao exercício dos direitos fundamentais será decisivo. O contribuinte poderá ter seus interesses resguardados com base na configuração dos requisitos para proteção da confiança. Imagine-se, por exemplo, o caso, outras vezes citado no presente trabalho, em que é majorada a alíquota do imposto sobre a importação. Mesmo que, por hipótese, admita-se que o Poder Executivo tenha observado a irretroatividade-pressuposto ao elevar a alíquota do tributo, dispondo, em tese, apenas *pro futuro*, é possível que as circunstâncias específicas de uma situação individual tornem devida a não retroatividade do ato estatal em relação a ela.

A restrição intensa aos direitos fundamentais do contribuinte pode determinar sua proteção em face da nova disciplina jurídica com relação, por exemplo, aos fatos geradores pendentes. Em tal hipótese individual e concreta, a irretroatividade-proteção da confiança tenderá a intangibilizar o exercício passado da liberdade. E nessa situação, aí sim, conforme demonstrado anteriormente, poderá ser estabelecida concorrência aplicativa da irretroatividade-princípio-proteção da confiança com outra norma jurídica constitucional.

Enfim, o que precisa ficar esclarecido é o seguinte: o princípio da irretroatividade tributária estabelece a proteção do contribuinte em face dos atos estatais retroativos em níveis diferentes de tutela. Como pressuposto do Direito, ele tutela a liberdade e a propriedade por meio da confiabilidade em razão do desenvolvimento estável do ordenamento jurídico, não podendo ter sua aplicação afastada diante de razões contrárias; como princípio jurídico de proteção individual, ele tutela os direitos fundamentais por meio, principalmente, da proteção da confiança, podendo submeter-se, aí sim, à ponderação horizontal.

6.
EFICÁCIA DA IRRETROATIVIDADE TRIBUTÁRIA COMO LIMITAÇÃO AO EXERCÍCIO DO PODER POR PARTE DO ESTADO

6.1 Considerações iniciais. 6.2 Com relação ao Poder Legislativo: 6.2.1 O problema da retroatividade da lei interpretativa; 6.2.2 Aplicação imediata da "lei procedimental". 6.3 Com relação ao Poder Executivo: 6.3.1 Considerações gerais; 6.3.2 Atuação administrativa geral e abstrata; 6.3.3 Atuação administrativa individual e concreta; 6.3.4 Considerações finais. 6.4 Proibição de retroatividade e o Poder Judiciário: a mudança com relação aos precedentes: 6.4.1 Considerações iniciais;6.4.2 Os precedentes e a sua força normativa como base para o exercício da confiança; 6.4.3 Conceito de mudança retroativa dos precedentes ; 6.4.4 Aplicação da irretroatividade em caso de mudança de precedentes.

6.1 CONSIDERAÇÕES INICIAIS

Até aqui, a segunda parte deste estudo ocupou-se de apresentar a irretroatividade como limite ao poder de tributar estabelecido pela CF/1988, seja em sua dimensão de regra, seja como princípio jurídico. Mais precisamente em sua dimensão principiológica, foram examinados seu âmbito de aplicação, sua eficácia jurídica e seu conteúdo. Com relação ao conteúdo do princípio, foram demonstrados os aspectos finalístico e instrumental da norma. Isso para estabelecer os critérios de aplicação do princípio analisado.

Partindo dessa investigação, o presente ponto destina-se a demonstrar, exemplificativamente, a aplicação da irretroatividade com relação às manifestações dos Poderes Legislativo, Executivo e Judiciário. O objetivo da análise realizada a seguir é apresentar a funcionalidade da norma em estudo relativamente a determinadas situações. São examinados alguns pontos normalmente abordados pelos estudos doutrinários que se ocupam da matéria. A investigação, nesse contexto, não pretende esgotar o tema referente à aplicação específica da irretroatividade relativamente aos atos estatais emanados pelos três Poderes. Um exame exaustivo de tais questões ensejaria, por certo, um novo trabalho a respeito do assunto. Por ora, como se disse, o objetivo é exemplificar como funciona a irretroatividade e quais são os efeitos da sua aplicação nas situações abordadas.

Feitas essas considerações preliminares, passa-se, então, ao exame dos pontos abaixo indicados.

6.2 Com relação ao Poder Legislativo

6.2.1 O problema da retroatividade da lei interpretativa

É chamada de interpretativa a lei ou a disposição legislativa cujo conteúdo seja a determinação do significado de um ou mais enunciados legislativos editados precedentemente.[1] Ela serve ao esclarecimento do conteúdo de leis preexistentes. Seu objetivo é estipular, por meio das disposições interpretativas, o significado dos enunciados interpretados.[2]

Por conta desse objetivo, a referida lei teria função meramente declarativa do significado da lei interpretada. Isto é, a lei interpretativa cumpriria um papel "revelador" do significado de um dispositivo preexistente. Ela cumpriria a função, como afirmam Popelier e Peters, de meramente confirmar uma interpretação que poderia, razoavelmente, ser derivada a partir do dispositivo legal original.[3] Ela não acrescentaria nada de novo no ordenamento jurídico.[4] A lei interpretativa seria um meio pelo qual o legislador realizaria aquilo que a doutrina denomina de interpretação autêntica.[5] Por essas razões, tal categoria de lei produziria efeitos a partir do dia em que a lei interpretada passou a viger.[6]

1. Guastini, 2011, p. 81.
2. Ibid., p. 87.
3. Peeters e Popelier, 2013, p. 118; Falsitta, 2008, p. 454.
4. Rabel-Ehrke, 2013, p. 172.
5. Diz-se "autêntica", segundo Guastini, a interpretação realizada pelo mesmo sujeito que é autor do texto interpretado. Vide: Guastini, 2004, p. 90; Alessia Valentino, "Il Principio d'irretroattività della legge civile nei recenti sviluppi della giurisprudenza costituzionale e dela Corte Europea dei Diritti dell'Uomo", *Revista Telematica dell'Associazone Italiana dei Costituzionalisti* 83/4, 2012. Neste sentido, vide art. 1, § 2º, do "Statuto dei diritti del contribuente", da Itália: "L'adozione di norme interpretative in materia tributaria può essere disposta soltanto in casi eccezionali e con legge ordinaria, qualificando come tali le disposizioni di interpretazione autentica".
6. Marongiu, 2010, p. 99.

Nos países que reconhecem as leis interpretativas como uma categoria especial, seu efeito para o passado (a partir do início da vigência da lei que contém as disposições interpretadas) é uma característica a ela inerente.[7] E mesmo nos países em que o termo técnico "leis interpretativas" não está previsto pelo ordenamento jurídico, como na Alemanha, o legislador frequentemente se utiliza desse tipo de leis, com efeitos retroativos, para erradicar dúvidas quanto à correta interpretação de enunciados normativos existentes.[8] O critério comumente utilizado pela doutrina para definir sobre a possibilidade de essas leis interpretativas retroagirem diz respeito à sua função declaratória. Ou seja, a lei nova, que apenas esclarece o conteúdo possível da lei antiga; não inova. Portanto, estaria autorizada sua retroeficácia.

No ordenamento jurídico brasileiro, a retroatividade da lei interpretativa está expressamente prevista no enunciado do art. 106, inciso I, do CTN. Segundo o referido enunciado, "a lei aplica-se a ato ou fato pretérito, em qualquer caso, quando seja interpretativa, excluída a aplicação de penalidade à infração dos dispositivos interpretados". A leitura isolada do dispositivo transcrito, dissociada da CF/1988, poderia conduzir ao entendimento de que, à exceção do estabelecimento de penalidades com relação à inobservância da lei antiga, a lei nova, nomeadamente interpretativa, aplicar-se-á, *em qualquer caso*, para o passado. Isso inclusive nas situações (que não as das referidas penalidades) em que há a alteração gravosa das consequências jurídicas conectadas ao exercício de direitos fundamentais. Tal entendimento, contudo, não prospera. A respeito do problema envolvendo as leis interpretativas com eficácia pretérita, devem ser feitas as seguintes considerações.

Em primeiro lugar, cumpre afirmar que a função interpretativa, segundo estabelece a CF/1988, incumbe ao Poder Judiciário. Isso em razão do princípio da separação dos poderes (art. 2º). A atividade de interpretar os textos normativos está reservada ao Poder Judiciário, e não ao Legislativo. A este cabe criar as leis, cujos dispositivos se submetem ao controle interpretativo realizado por aquele.[9] Tanto é verdade que

---

7. Peeters e Popelier, 2013, p. 117. Quanto aos países, vide, por exemplo: na Itália: Guastini, 2011, p. 82; na França: Crouy-Chanel, 2013, p. 229; na Grécia, art. 77 da Constituição: Eleni Theocharopolou, Konstantinos Remelis e Panagiotis G. Melissinos, "National report: Greece", in *Retroactivity of Tax Legislation*, EATLP International Tax Series, v. 9, 2013, pp. 258 e ss.; na Bélgica, art. 85 da Constituição Belga: Peeters e Puncher, ob. cit., p. 179.

8. Hey, 2013, p. 241.

9. Peeters e Popelier, ob. cit., p. 121.

o art. 5º, inciso XXXV, da CF/1988, dispõe que "a lei não excluirá da apreciação do Poder Judiciário lesão ou ameaça de direito". No contexto dessa delimitação de funções, a CF/1988 atribuiu ao Superior Tribunal de Justiça, por exemplo, a competência para interpretar, com exclusividade, a legislação federal (art. 105 da CF/1988). Como Corte Superior que é, o referido Tribunal tem a função de, além de solucionar os casos mediante a edição de normas individuais e concretas, realizar a adequada interpretação da legislação federal visando à unidade do Direito brasileiro. É a esse Tribunal que compete viabilizar a cognoscibilidade do Direito pelos demais e pela sociedade civil, por meio da formação dos precedentes a respeito do sentido que deve ser outorgado à legislação federal.[10]

Ao Poder Judiciário cabe tomar decisões retrospectivas, gerais e individuais, que atribuem sentido aos dispositivos legais. Ao Poder Legislativo cabe editar normas prospectivas e gerais. Possibilitar que o legislador introduza leis retroativas prejudiciais ao cidadão no ordenamento jurídico é, como já dito ao longo deste trabalho, ignorar o dever de generalidade da lei. É permitir que o legislador regule, em vez de casos gerais e abstratos, casos escolhidos e concretos. É permitir, sob a perspectiva funcional aqui explicitada, que o legislador usurpe o poder que foi constitucionalmente atribuído ao julgador.[11]

Além disso, cumpre lembrar que, conforme foi examinado anteriormente, a tese aqui defendida adota o uso da interpretação do tipo decisória para a investigação da irretroatividade no Direito brasileiro. Trata-se de um tipo de interpretação caracterizada como atividade que implica análise de objetos textuais e extratextuais e escolha de um significado para esses objetos, dentre os vários possíveis. Implica, também, argumentação como conjunto de razões utilizadas para suportar o resultado dessa escolha quanto ao significado a ser estipulado com relação à disposição interpretada.[12] Examinando-se, pois, aquilo que o legislador faz ao editar uma "lei interpretativa", é possível afirmar que a sua atividade não é propriamente a de "interpretar". Ele não apresenta um discurso lógico-argumentativo capaz de justificar sua decisão quanto ao sentido de determinado enunciado normativo. Ele, na realidade, cria novos enunciados. Esses enunciados criados são integrados aos já existentes, para que, juntos, sejam objeto

---

10. Daniel Mitidiero, *Cortes Superiores e Cortes Supremas: do Controle à Interpretação, da Jurisprudência ao Precedente*, São Paulo: Ed. RT, 2013, p. 92 e p. 96.

11. Sobre o desvio de finalidade quanto ao exercício do Poder Legislativo em matéria de leis retroativas: vide Luciano Amaro, *Direito Tributário Brasileiro*, 11ª ed., São Paulo: Saraiva, 2005, p. 202.

12. Guastini, 2011, p. 14.

de interpretação por parte do Poder Judiciário. Ou seja, o legislador cria enunciados normativos e o julgador os interpreta. A atividade do legislador, de um lado, está em propor dispositivos sem a necessidade de uma atividade discursiva de justificação. A atividade precípua do julgador, de outro lado, consiste em decidir reconstruindo sentidos normativos mediante a justificação da sua decisão.[13]

Diante dessas considerações, "lei interpretativa", no contexto das disposições da CF/1988, só pode ser entendida como a lei pela qual o Poder Legislativo edita novos enunciados normativos, os quais se integram aos já existentes e submetem-se, sem ressalvas, como todos os demais, ao controle interpretativo final realizado pelo Poder Judiciário.[14] Em outras palavras: a lei "interpretativa" é composta por dispositivos carentes de um discurso racional capaz de decidir sobre o significado desses dispositivos.[15]

O STF, já em 1950, pronunciou-se sobre o assunto das leis interpretativas. Ao negar a possibilidade de elas produzirem efeitos retroativos prejudiciais aos cidadãos, o Tribunal afirmou que

> se a lei nada encerra de novo é pura superfluidade. E o que rege o passado é a lei antiga repetida ociosamente. Se contém algo de novo, é lei nova.[16]

---

13. Mitidiero, 2013, p. 87.

14. No âmbito da legislação federal, o referido controle interpretativo é realizado, como dito, pelo STJ, sem prejuízo, evidentemente, do exame sobre a constitucionalidade das normas construídas a partir das disposições interpretativas a ser estabelecido pelo STF.

15. Há posicionamentos, como o de Guastini, no sentido de que a lei interpretativa contém "enunciados interpretantes", os quais representam o *produto* de uma atividade interpretativa decisória. Por isso, segundo ele, lei e interpretação poderiam bem conviver em um mesmo ato. Contudo, por conta de, para o presente trabalho, a justificação consistir no raciocínio por meio do qual o intérprete suporta a conclusão da sua atividade interpretativa e em razão de essa justificação integrar o "discurso interpretativo" como uma forma de legitimar a decisão interpretativa tomada, entende-se que os enunciados legais não devem ser qualificados, a rigor, como "interpretantes" ou como "interpretativos". A eles falta suporte racional justificatório para que sejam considerados como interpretação. Sobre a posição de Guastini acima citada, vide: Guastini, 2004, pp. 90 e ss. Vale mencionar que, na doutrina brasileira, há autores que sustentam a posição radical no sentido de que "não há leis interpretativas". Sobre esse posicionamento, vide: Carlos Mário da Silva Velloso, "A irretroatividade da lei tributária – Irretroatividade e anterioridade – Imposto de Renda e Empréstimo Compulsório", *Revista Jurídica* 133/5-26, nov/1988, p. 11.

16. RE 10.039/SP, Rel. Min. Orosimbo Nonato, 2ª Turma, *DJU* 6.7.1950, voto do relator, p. 2.

O mesmo entendimento foi reafirmado, em 1991, por ocasião do julgamento da ADI 6.053/6.[17] Mais tarde, em 2011, o Tribunal voltou a examinar o problema das leis interpretativas. Nessa decisão, proferida nos autos do RE 566.621, o STF retomou o entendimento de que

> a lei que se proclama interpretativa não deixa, tão só por isso, de ser outra lei. Na hipótese de nada acrescentar, é inócua; na hipótese de implicar modificação da norma, deve ter o tratamento de lei nova.[18]

E, como tal, entendeu o STF, nos três casos acima citados, esse tipo de lei está sujeito às limitações constitucionais ao exercício do poder estatal.

Sendo verdadeiras essas considerações, cumpre reconhecer, *em segundo lugar*, que a lei interpretativa, independentemente de ser intitulada como tal,[19] está sujeita à proibição constitucional de retroatividade examinada no presente trabalho. Vale dizer, a lei cujo conteúdo apresenta enunciados visando à estipulação de sentido aos elementos textuais preexistentes está sujeita tanto às regras quanto ao princípio da irretroatividade.

Conforme defendido ao logo desta obra, as normas constitucionais que proíbem a retroatividade objetivam intangibilizar o exercício passado da liberdade juridicamente orientada. Por isso, se a lei (interpretativa) modificar gravosamente as consequências jurídicas conectadas aos atos de disposição de direitos fundamentais realizados antes da sua entrada em vigor, haverá retroatividade (proibida).[20] E a lei deverá ser aplicada apenas prospectivamente. Não importa, nesse aspecto, se a lei é "declaratória", "explicativa" ou "integrativa".[21] O que define se uma lei nova pode produzir efeitos para o passado não é, ao contrário do que revelam alguns estudos doutrinários antes referidos, sua "eficácia declaratória"

---

17. Rel. Min. Celso de Mello, Tribunal Pleno, *DJU* 5.3.1993.

18. RE 566.621, Rel. Min. Ellen Gracie, Tribunal Pleno, *DJe* 11.10.2001. Nesse mesmo sentido, vide em: Peeters e Popelier, 2013, p. 118; e, ainda: Amaro, 2005, p. 202.

19. Há registros na doutrina de duas abordagens visando à verificação sobre se uma lei é interpretativa. A primeira é a *abordagem formal*, segundo a qual a lei é interpretativa tão somente pelo fato de ser intitulada como tal. A segunda é a *abordagem material*, segundo a qual o que importa para verificar se a lei é realmente interpretativa é o seu conteúdo. Sobre tais abordagens, vide: Gribnau e Pauwels, 2013, p. 48.

20. Sobre a lei interpretativa inovativa como lei que implica retroatividade, vide: Amatucci, 2005, p. 36.

21. Sobre as referidas denominações, vide: ibid., p. 37.

com relação ao significado dos enunciados da lei antiga. O decisivo é saber se a nova lei atua restritivamente sobre o exercício pretérito dos direitos fundamentais. É vedado, em razão disso, que a lei (interpretativa) prejudique o ato jurídico perfeito, a coisa julgada e o direito adquirido (regra referida ao art. 5º, inciso XXXVI). Ainda, é proibido que, por meio dessa lei, sejam aumentados ou criados novos tributos em relação a fatos geradores ocorridos (regra referida ao art. 150, III, "a"). E, finalmente, é vedado que a lei interpretativa desvalorize o exercício passado dos direitos fundamentais que não caracterizou qualquer das situações consumadas acima referidas, nos termos do que foi examinado quanto ao *princípio da irretroatividade*.

Sendo assim, nas situações referidas pela doutrina estrangeira em que a nova lei (a interpretativa) visa a esclarecer, com efeitos para o passado, dispositivos confusos e obscuros da lei antiga (a interpretada), a proibição de retroatividade deverá ser aplicada. Se estiverem presentes os âmbitos normativos por ela estabelecidos (como regra ou princípio), a retroeficácia legal estará, em geral, proibida.[22] O mesmo deve ser dito com relação às leis novas que visam a colmatar lacunas existentes no Direito modificado. Conforme explicitado no ponto em que foi examinada a aparência de legitimidade da base da confiança, a existência de obscuridade na lei não enfraquece a confiança nela depositada. Como foi visto, uma lei confusa representa a inobservância, por parte do Estado, do dever de cognoscibilidade, que é um dos elementos da segurança jurídica. O contribuinte não pode ser punido por agir de acordo com uma interpretação possível dos dispositivos legais que integram a base da confiança. Por outro lado, a ação do tempo e a inércia do legislador com relação à colmatação de lacunas deslegitima os efeitos retroativos da lei nova, conforme foi examinado. A falta de uma ação do legislador no sentido de colmatar a lacuna cria a confiança de que a conduta do contribuinte baseada na lei lacunosa é legítima.

Cumpre destacar, também, a prática, já conhecida no Brasil, pela qual o Poder Legislativo edita ato supostamente interpretativo para modificar o entendimento consolidado pelo Poder Judiciário a respeito de determinado dispositivo legal. Trata-se de lei pela qual o legislador objetiva alterar a jurisprudência dos tribunais.

O STF, ao enfrentar tal situação, se pronunciou pela inconstitucionalidade desse tipo de lei. O caso foi o seguinte: a União editara a Lei Complementar 118/2005, a qual, em seu art. 3º, visou a interpretar o enunciado

---

22. Peeters e Popelier, 2013, p. 118.

normativo do art. 168, I, do CTN. Mais precisamente, o referido art. 3º estabeleceu que o início da fluência do prazo decadencial para pleitear a restituição de tributo pago a maior passaria a ser o momento do pagamento antecipado.[23] Diferentemente dessa interpretação, a jurisprudência do Superior Tribunal de Justiça se havia consolidado no sentido de que o aludido termo inicial seria no momento da homologação do pagamento.[24] Aplicando-se a interpretação preconizada pela lei interpretativa, o prazo para requerer a repetição do indébito tributário passaria de dez para cinco anos. Haveria, portanto, uma redução drástica de prazo em prejuízo ao contribuinte. Ainda, a Lei Complementar 118/2005 previu expressamente que, quanto ao mencionado art. 3º, aplicar-se-ia o disposto no art. 106, I, do CTN.[25] Isto é, a referida lei, por ser interpretativa, aplicar-se-ia retroativamente.

Ao examinar o caso, o STF entendeu que

> a LC 118/2005, embora tenha se autoproclamado interpretativa, implicou inovação normativa, tendo reduzido o prazo de dez anos contados do fato gerador para cinco anos contados do pagamento indevido.[26]

O entendimento do tribunal foi no sentido de que, embora não estivessem presentes as hipóteses do art. 5º, inciso XXXVI (prejuízo ao ato jurídico perfeito, à coisa julgado ou ao direito adquirido), a lei interpretativa examinada "atenta contra outros conteúdos do princípio da segurança jurídica".[27] Mesmo sem fazer referência expressa ao *princípio da irretroatividade,* o Tribunal valeu-se dos seus elementos para solucionar o caso examinado. A tutela dos contribuintes foi estabelecida a partir da proteção da confiança. Foi reconhecida, pelo Tribunal, uma base da confiança (a jurisprudência pacífica do STJ); foi constatada a existência do exercício da confiança em razão dessa base (ajuizamento da ação de repetição de indébito de acordo com o prazo contado conforme a

---

23. "Art. 3º. Para efeito de interpretação do inciso I do art. 168 da Lei n. 5.172, de 25 de outubro de 1966 – Código Tributário Nacional, a extinção do crédito tributário ocorre, no caso de tributo sujeito a lançamento por homologação, no momento do pagamento antecipado de que trata o § 1º do art. 150 da referida Lei."
24. AI nos EREsp 644.736/PE, Rel. Min. Teori Albino Zavascki, j. 6.6.2007.
25. "Art. 4º. Esta Lei entra em vigor 120 (cento e vinte) dias após sua publicação, observado, quanto ao art. 3º, o disposto no art. 106, inciso I, da Lei n. 5.172, de 25 de outubro de 1966 – Código Tributário Nacional."
26. RE 566.621, Rel. Min. Ellen Gracie, Tribunal Pleno, *DJe* 11.10.2001.
27. Idem, voto da relatora, p. 15.

interpretação dada pelo STJ); foi, ainda, reconhecida uma frustração da confiança legítima por conta de um ato estatal (a lei interpretativa) que provocou uma modificação drástica e brusca na disciplina jurídica até então vigente ("redução abrupta de prazo").[28] Com base nesses elementos, o STF decidiu que os contribuintes que, antes da vigência da nova lei, haviam ajuizado as ações de repetição de indébito, não poderiam ser prejudicados pela "nova" interpretação restritiva de direitos. E mais: embora o caso tenha sido decidido a partir de uma situação individual, foi reconhecida, na argumentação utilizada pela relatora, a violação ao elemento objetivo da segurança jurídica na sua dimensão dinâmica de transição do passado para o presente. Vale dizer, foi reconhecido o abalo *ao conjunto das confianças*.

O controle das leis interpretativas que modificam o entendimento preconizado pelos Tribunais também foi realizado pela Corte Constitucional Italiana. A referida Corte de vértice entendeu que a lei denominada de "interpretativa", que altera gravosamente ao contribuinte o entendimento do Poder Judiciário com relação a determinado dispositivo legal, viola a proteção da confiança. Foi reconhecida a existência de uma modificação brusca e drástica na interpretação de certo enunciado normativo de cunho processual. Diante disso, a proteção da confiança foi realizada a partir do reconhecimento de que a interpretação preconizada pela lei nova era imprevisível e bastante divergente comparativamente àquela emanada pelo Judiciário e pela doutrina.[29] Aqui também o princípio da proibição da retroatividade foi aplicado, tendo sido levado em consideração, preponderantemente, o critério relacionado à intensidade dos efeitos produzidos pela alteração legislativa (modificação brusca e drástica do ordenamento jurídico).

Todas as considerações acima expostas evidenciam que à lei interpretativa aplicam-se as regras e o princípio da irretroatividade, de acordo com os critérios examinados neste estudo. O art. 106, I, do CTN, deve ser interpretado de acordo com essas normas. A circunstância de o legislador nomear uma lei de *interpretativa* não pode conduzir à conclusão de que a retroeficácia normativa do ato legislativo estaria, apenas por isso, autorizada.

28. Idem, voto da relatora, p. 19. Sobre a proibição de retroatividade da Lei Complementar 118/2005, vide, também: Mário Luiz Oliveira da Costa, "Lei Complementar n. 118/2005: a pretendida interpretação retroativa acerca do disposto no art. 168, I do CTN", *RDDT* 115/97-107, abr. 2005.

29. Corte Costituzionale, Sentença 525, publicação in G.U. 29.11.2000.

A produção de efeitos retroativos pela lei interpretativa somente pode ser cogitada nas hipóteses em que não causar gravame ao cidadão. Se tais efeitos provocarem prejuízo ao direito adquirido, à coisa julgada e ao ato jurídico perfeito, estará proibida a aplicação retroativa do ato estatal. E se a retroeficácia normativa resultar em alteração prejudicial dos efeitos jurídicos conectados ao exercício passado da liberdade que caia no âmbito de aplicação do princípio da irretroatividade, deverão ser analisados os critérios que definem sua aplicação, conforme demonstrado acima.

6.2.2 Aplicação imediata da "lei procedimental"

A doutrina diferencia a lei substancial da lei procedimental em matéria tributária. A lei "substancial" é definida como aquela que estabelece enunciados normativos com relação aos elementos da obrigação tributária principal. Ela visa a regular os aspectos material, espacial e temporal do fato gerador. Visa, também, a definir os sujeitos passivo e ativo da referida obrigação, bem como a base de cálculo e a alíquota do tributo.[30] A lei "procedimental" ou "formal", por outro lado, é aquela que estabelece enunciados normativos visando a regular as atividades de constituição e de arrecadação do crédito tributário, assim como a atividade de fiscalização do cumprimento da legislação tributária.[31] Trata-se da lei que contém dispositivos sobre competência e procedimento relativamente ao exercício das referidas atividades. É denominada de formal, por exemplo, a lei que regula o procedimento administrativo tributário, estabelecendo prazos de defesa, meios de prova, ritos procedimentais, competência para julgamento, dentre outras questões a ele inerentes.[32] Segundo Amatucci, são também denominadas de leis "formais" aquelas que disciplinam os deveres instrumentais do sujeito passivo da obrigação tributária.[33]

Em razão dessa natureza instrumental quanto ao conteúdo dos enunciados que veicula, a lei dita "procedimental" produz, segundo a doutrina, aquilo que é denominado de *efeito imediato*.[34] Isto é, tal lei aplica-se aos procedimentos administrativos que, referindo-se a situações ocorridas no passado, estejam pendentes ao tempo da sua entrada em vigor ou se-

---

30. Sobre a definição de lei tributária substancial, vide: Theocharopolou, Remelis e Melissinos, 2013, p. 266.
31. José Souto Maior Borges, *Lançamento Tributário*, 2ª ed., São Paulo: Malheiros Editores, 1999, pp. 82-83. Vide, também: Rabel-Ehrke, 2013, p. 173.
32. Deak, 2013, p. 294.
33. Amatucci, 2013, p. 312.
34. Ibid., p. 311.

jam iniciados após a modificação legislativa.[35] Essa aplicação imediata retrospectiva dever-se-ia à circunstância de que, segundo Mauro Silva,

> tais leis não seriam prejudiciais ou benéficas ao obrigado, mas apenas neutras. Não haveria ônus adicional, mas apenas estaria a lei permitindo um controle mais acurado da satisfação do ônus pretérito.[36]

No Brasil, o Código Tributário Nacional estabeleceu, no § 1º do art. 144, que

> Aplica-se ao lançamento a legislação que, *posteriormente à ocorrência do fato gerador da obrigação*, tenha instituído novos critérios de apuração ou processos de fiscalização, ampliado os poderes de investigação das autoridades administrativas, ou outorgado ao crédito maiores garantias ou privilégios, exceto, neste último caso, para o efeito de atribuir responsabilidade tributária a terceiros (destaque nosso).

Segundo o referido dispositivo, a lei que amplia os poderes de investigação da Administração Tributária e que inova quanto aos critérios de apuração e quanto aos processos de fiscalização aplica-se aos lançamentos que se referem a fatos geradores ocorridos no passado. Estaria autorizada, nesse aspecto, a retroatividade da lei tributária procedimental. A lei que introduz as inovações acima referidas é aplicável aos lançamentos tributários que, estando pendentes ao tempo da modificação legislativa, refiram-se a fatos geradores realizados antes do início da vigência dessa lei.

A respeito do dispositivo acima enunciado, STJ consolidou o entendimento segundo o qual a lei que modifica o procedimento para quebra de sigilo bancário, dispensando a necessidade de autorização judicial, aplica-se de imediato aos procedimentos administrativos pendentes.[37]

---

35. Nesse sentido, vide: Rabel-Ehrke, 2013, p. 172; Peeters e Puncher, 2013, p. 182. Na Espanha, todavia, a lei procedimental que modifica a legislação tributária não é aplicável aos processos administrativos iniciados antes da sua entrada em vigor. Vide: Herrera e Belén Macho, 2013, p. 352.

36. "Retroatividade da lei tributária formal: os efeitos intertemporais da Lei Complementar 105/2001 e da Lei 10.174/2001", *RDDT* 85/88-98, out. 2002, p. 96.

37. Segundo o STJ: "A jurisprudência da Primeira Seção do Superior Tribunal de Justiça consolidou o entendimento de que a alteração legislativa da Lei n. 10.174/2001 e do art. 6º da Lei Complementar n. 105/2001 veiculam normas procedimentais e, com supedâneo no artigo 144, § 1º, do Código Tributário Nacional, tais regras possuem aplicação imediata, ainda que os fatos geradores tenham ocorrido em data anterior à vigência desses diplomas" (AgRg no REsp 1.174.205/RS, Rel. Min. Hamilton Carvalhido, 1ª Turma, *DJe* 1.10.2010). No mesmo sentido, pela aplicação da lei formal

De acordo com o Tribunal, o critério preponderante a ser observado para definir sobre o efeito imediato da lei procedimental relativamente aos fatos geradores já ocorridos é a sua classificação como lei não substancial, mas formal. Sendo a lei enquadrável na classe das referidas leis "formais", então, segundo esse entendimento, estaria autorizada a sua eficácia em relação a procedimentos que se refiram aos fatos consumados.[38]

Entretanto, essa perspectiva de análise centrada fundamentalmente na classificação das leis como formais ou substanciais deve ceder lugar a uma análise baseada, principalmente, na restrição de direitos e de garantias fundamentais, conforme sustentado ao longo do presente trabalho.

A circunstância de a lei modificadora ser qualificada de "formal" não legitima, por si só, a produção dos efeitos retroativos. O critério decisivo segundo o qual a retro-operância das leis procedimentais deve ser analisada é o da restrição de direitos e não o das características apresentadas pela lei chamada de procedimental. O ponto principal a ser examinado não é o ato estatal e a sua classificação, mas os efeitos que esse ato provoca nos direitos do contribuinte por ele atingido. Diga-se, ainda nesse contexto, que nem sempre as leis de direito processual podem ser separadas das leis de direito material.[39] Uma lei denominada de processual pode trazer repercussões no conteúdo dos direitos fundamentais. Em matéria de meios de prova é, por vezes, como se demonstra a seguir, difícil estabelecer uma diferença entre o que é "instrumental" e o que é "substancial". O certo é que é preciso verificar as consequências inerentes à aplicação da lei dita procedimental. Isto é, é necessário examinar se, ao estabelecer normas sobre procedimento e competência, ela restringe ou não os direitos do cidadão. Se restrição houver, poderá ser invocada a proteção inerente à irretroatividade.

aos fatos geradores já ocorridos: "Está assentado na jurisprudência do STJ que 'a exegese do art. 144, § 1º do Código Tributário Nacional, considerada a natureza formal da norma que permite o cruzamento de dados referentes à arrecadação da CPMF para fins de constituição de credito relativo a outros tributos, conduz à conclusão da possibilidade da aplicação dos artigos 6º da Lei Complementar 105/2001 e 1º da Lei 10.174/2001 ao ato de lançamento de tributos cujo fato gerador se verificou em exercício anterior à vigência dos citados diplomas legais, desde que a constituição do credito em si não esteja alcançada pela decadência' e que 'inexiste direito adquirido de obstar a fiscalização de negócios tributários, máxime porque, enquanto não extinto o credito tributário a Autoridade Fiscal tem o dever vinculativo do lançamento em correspondência ao direito de tributar da entidade estatal'" (REsp 685.708/ES, 1ª Turma, Rel. Min. Luiz Fux, *DJU* de 20.6.2005. No mesmo sentido: REsp 628.116/PR, 2ª Turma, Rel. Min. Castro Meira, *DJU* de 3.10.2005).

38. Nesse sentido: Silva, 2002, p. 97.
39. Deak, 2013, p. 295.

Nesse contexto, é importante saber, em face do âmbito de aplicação das regras da irretroatividade, se a modificação legislativa introduzida pela lei dita "procedimental" ou "formal": I – prejudica o direito adquirido, a coisa julgada ou o ato jurídico perfeito (art. 5º, inciso XXXVI, da CF/1988) ou; II – implica aumento ou criação de tributo com relação a fatos geradores ocorridos (art. 150, III, "a", da CF/1988). E, no âmbito de aplicação do princípio da irretroatividade, é fundamental examinar se a referida lei modifica restritivamente as consequências jurídicas conectadas aos atos de disposição de direitos praticados antes da sua entrada em vigor. Se essas circunstâncias estiverem presentes no caso examinado, então será proibido o "efeito imediato" da lei procedimental. Isso porque ele estará causando retroatividade.

Quanto à atuação das regras da proibição de retroatividade, é vedado, por exemplo, que a nova lei procedimental afete restritivamente os atos processuais já realizados quando do início da sua vigência. Se, por hipótese, a lei prejudicar o particular quanto aos requisitos para o exercício do direito à impugnação ao lançamento tributário, então ela não deverá ser aplicada aos procedimentos administrativos em que as impugnações já tiverem sido apresentadas. Raciocínio idêntico deve ser feito com relação aos lançamentos tributários já devidamente concluídos. Depois de o sujeito passivo ser notificado da constituição do crédito tributário, quando a modalidade de lançamento assim o exigir, descabe ao Poder Público aplicar lei superveniente que, por exemplo, amplie os seus poderes de investigação.[40] O lançamento qualifica-se como ato jurídico perfeito. E, por isso, a partir do momento em que estiver concluído, torna-se intangível pelas alterações promovidas por parte da lei procedimental.

Ainda com relação às regras da irretroatividade, é vedado à nova lei estabelecer diferentes critérios de apuração do tributo que impliquem seu aumento quanto aos eventos geradores ocorridos. Em tal hipótese, a norma fundamentada no art. 150, III, "a", da CF/1988, atua em favor do particular, conforme já decidiu o STF.[41] Por outro lado, é vedado que a nova lei altere a data de recolhimento do tributo e seja aplicada aos pagamentos já implementados.[42] Isso porque o pagamento já realizado enquadra-se na categoria de ato jurídico perfeito. E, sendo assim, impõe a aplicação da norma reconstruída com base no art. 5º, XXXVI, da CF/1988.

40. Amatucci, 2005, p. 155.
41. AgReg no RE 244.003, Rel. Min. Joaquim Barbosa, 2ª Turma, DJe 28.5.2010.
42. Vide: RE 558.136-AgR, Rel. Min. Gilmar Mendes, 2ª Turma, DJe 17.8.2012.

Não bastasse a atuação de tais regras, o princípio da irretroatividade tem um papel importante no que diz respeito ao controle das leis procedimentais. Isso porque podem existir casos em que a lei formal atue restritivamente sobre o exercício pretérito de direitos não protegidos pelas aludidas regras. Nessas situações, será necessário averiguar se há uma atuação planejada da confiança por parte do contribuinte.

Com relação ao procedimento administrativo tributário, a nova lei pode, por exemplo, restringir o acesso do particular aos meios de prova dos quais ele dispõe para defender-se em face do Poder Público. Em tal hipótese, será necessário examinar se a atuação do contribuinte no procedimento administrativo levou em conta a possibilidade do exercício do direito de defesa por meio da produção de certo tipo de prova (posteriormente extinto). Imagine-se, a esse respeito, que, por hipótese, certo contribuinte tenha apresentado impugnação administrativa ao auto de lançamento requerendo a produção de determinada prova. Imagine-se, que, no entanto, nova lei "procedimental" venha a suprimir da fase instrutória a possibilidade de o particular realizar a prova pretendida. Nesse caso, a irreversibilidade da atuação do contribuinte e o grau de dependência do particular com relação à manutenção dos efeitos da base normativa modificada têm uma importância destacada. Se a tutela da liberdade e da propriedade desse contribuinte tiver alto grau de dependência da produção do meio de prova que foi extinto, então a nova lei não deve ser aplicada ao seu caso, de tal modo que lhe seja oportunizado o exercício do direito de defesa na plenitude.

Ainda com relação às provas no procedimento administrativo, cumpre destacar o seguinte: lei que atribui "novo" ônus probatório ao contribuinte não pode, simplesmente, ser aplicada aos fatos geradores ocorridos antes da sua vigência.[43] Note-se, a esse respeito, que o particular atua confiando na base normativa que vige ao tempo em que o fato gerador é praticado. Se o referido ônus da prova inexiste em tal época, é correto presumir que o contribuinte conservará consigo, ao menos no que diz respeito à sua relação com o fisco, apenas aquelas provas das quais possa vir a precisar no futuro para a defesa dos seus direitos. Contudo, se a regra do ônus da prova é alterada e se os documentos descartados pelo particular tornam-se necessários à sua tutela perante o fisco, então há quebra de confiança. Não era possível ao contribuinte prever que a documentação desprezada passaria a ser necessária à justificação de suas operações.[44] Ao contribuinte deve ser assegurado o direito de conhecer,

---

43. Fast, Melz e Hultqvist, 2013, p. 362.
44. Mastroiacovo, 2005a, pp. 272-273.

ao tempo em que os atos de disposição da liberdade e da propriedade tendentes a causar os fatos geradores são praticados, os elementos presuntivos dos quais a administração tributária disporá no futuro para apurar o tributo. A ele deve ser assegurado o direito de saber antecipadamente o ônus probatório que terá de suportar para afastar a referida presunção. Isso não para "livrar-se preventivamente" da verificação de eventual irregularidade, mas para o fim de poder preparar e conservar a prova em contrário a ser oportunamente apresentada.[45] Trata-se de garantir não apenas a liberdade do particular com relação ao seu curso de ação, mas também de proteger a eficácia do seu direito à ampla defesa.

Além do critério envolvendo o exercício da confiança numa base normativa precedente, a proteção do contribuinte nas situações como a acima descrita deve levar em conta, também, o abalo à confiabilidade considerada em seu sentido objetivo. Isso porque uma modificação retroativa com relação ao ônus probatório tende a causar desconfiança quanto à conduta do Poder Público diante dos contribuintes em geral. Tal circunstância tende a abalar um conjunto de confianças.

O ordenamento jurídico perde em credibilidade, pois ele deixa de ser confiável como base normativa orientadora no que diz respeito à guarda de provas. Cria-se um estado de insegurança quanto a saber, ao certo, quais documentos efetivamente precisam ser guardados e quais podem ser descartados. O ordenamento jurídico perde, igualmente, em calculabilidade. Torna-se inviável uma atuação planejada da liberdade num contexto de incerteza como esse. O sujeito passivo da obrigação tributária fica impedido de calcular os efeitos que terá de suportar, com relação ao ônus da prova, em face de uma eventual e futura auditoria a ser realizada pela Administração Tributária. Também por essas razões, a segurança jurídica e a proteção da liberdade de autodeterminação individual estarão sendo restringidas, em vez de promovidas.

Diante de todas essas considerações a respeito do efeito imediato da lei "procedimental", o que precisa ficar claro é o seguinte: o fato de a referida lei ser intitulada como tal não legitima, por si só, o Poder Público a produzir atos que, a pretexto de serem aplicados de pronto, acabam atingido restritivamente a disposição de direitos cujas raízes encontram-se no passado. O caso concreto exigirá o exame sobre a possível presença dos elementos que constituem o âmbito normativo das regras e do princípio da irretroatividade. Estando configuradas as circunstâncias para aplicação de uma ou de outra norma jurídica, a irretroatividade atuará em proteção

---

45. Amatucci, 2005, pp. 156-157.

do particular, independentemente de a nova lei destinar-se à disciplina jurídica de questões procedimentais.

6.3 COM RELAÇÃO AO PODER EXECUTIVO

6.3.1 Considerações gerais

A Administração atua por meio de manifestações gerais e abstratas, individuais e concretas. As gerais e abstratas podem ser identificadas pelos atos normativos interpretativos, as práticas administrativas, os pareceres normativos, dentre outras manifestações pelas quais a Administração regula certa matéria para um número indeterminado de casos. As individuais e concretas são, por exemplo, os atos e os contratos administrativos destinados a determinadas pessoas e a certas situações concretas. Nessa atuação, há casos em que a Administração anula seus atos em razão de irregularidades neles existentes (invalidades). A Administração Pública tem o dever de agir dentro dos parâmetros legais, razão pela qual o ato contrário à lei deve ser desfeito. Há, também, casos em que o Poder Público revoga ou modifica seus atos, por entender que não há mais interesse público capaz de justificar a sua permanência. O ato anterior, embora lícito, deve ser modificado. Isso porque a Administração Pública tem o dever de agir visando a promover o interesse público.

É no contexto da atuação acima descrita que cumpre examinar o problema envolvendo a retroatividade. Mais precisamente, é preciso saber se a Administração pode anular, com efeitos *ex tunc,* ou revogar, para frente, seus atos e comportamentos, causando, por meio dessas alterações, *o agravamento da situação do contribuinte*, seja onerando-o mais severamente, seja revogando ou anulando vantagens que os atos modificados estabeleciam em benefício do particular. O problema da retroatividade dos atos do Poder Executivo é verificado, portanto, nos casos em que a revogação ou a anulação dos atos normativos, atos administrativos, contratos, dentre outros, implicam prejuízo ao contribuinte. Ou seja, a irretroatividade tem atuação nas situações em que a modificação administrativa agrava os deveres ou restringe os direitos do contribuinte.[46] Ainda que os atos revogados ou anulados sejam irregulares, a proibição de retroatividade visa a evitar que o particular que confiou no ato modificado seja restringido com relação ao exercício passado da sua liberdade. O ato viciado, dependendo do caso, deve ser corrigido ou desfeito. Contudo, as consequências dessa correção ou desse desfazimento

---

46. Mastroiacovo, 2005a, p. 315.

é que têm que ser avaliadas de acordo com a aplicação das normas que vedam a retroeficácia dos atos do Poder Público. Em outras palavras: a Administração Pública pode e deve corrigir vícios que maculam seus atos; ela pode mudar de entendimento quanto à interpretação da legislação; e também pode revogar contratos que já não atendem mais ao interesse público. Todavia, todas essas modificações precisam respeitar o exercício orientado de direitos ocorrido no passado.

Para a presente monografia, a proibição de retroatividade atua tanto nos casos em que a anulação ocorre mediante a produção de efeitos *ex tunc*, quanto naquelas situações em que a revisão administrativa é realizada com efeitos apenas para o presente e para o futuro, isto é, "para frente". Vale dizer, ainda que haja, por exemplo, a revogação de um benefício fiscal com efeitos *ex nunc*, poderá caracterizar-se a retroatividade do ato revogador. Isso porque a fruição dos efeitos de um benefício fiscal para o futuro normalmente está vinculada aos atos de disposição de direitos fundamentais praticados no passado. Como já se disse na primeira parte desta obra, os efeitos jurídicos não podem ser dissociados do ato em razão do qual eles são produzidos. Revogar a isenção com efeito *ex nunc* e, assim, atingir os efeitos futuros do ato concessório do benefício que foi praticado no passado é o mesmo que atingir o próprio ato passado. Mas não só isso. É também atingir o exercício planejado de direitos fundamentais que se deu, também no passado, em razão do ato estatal revogado. Portanto, aqui, a proibição de retroatividade, mais precisamente em sua dimensão normativa de princípio, tem atuação fundamental.

É importante destacar, de outro lado, que a irretroatividade se aplica tanto nas situações em que os atos estatais modificados são lícitos, quanto nos casos em que eles são revestidos de ilicitude, conforme é demonstrado a seguir. Com relação à atuação administrativa que revoga ato anterior lícito, o qual era favorável ao contribuinte, a doutrina reconhece, em geral, a possibilidade de aplicação da proibição de retroatividade. Isso para evitar que os efeitos produzidos no passado sejam desfeitos.[47] Reconhece-se a possibilidade, dependendo do caso, da manutenção do ato que se pretendia modificar, haja vista a aplicação do princípio da proteção da confiança e da proteção ao direito subjetivo adquirido.[48]

---

47. Derzi, 2009, pp. 490-491.
48. Baptista, 2006, p. 177. Baptista defende que a manutenção do ato estatal originário depende, dentre outros exames, da verificação sobre se o cidadão tinha direito subjetivo aos efeitos desse ato. Se o ato é da categoria dos atos "vinculados" e não é possível traduzir patrimonialmente o prejuízo sofrido pelo cidadão, então há direito à permanência desse ato. Mesmo se presentes esses pressupostos, a autora

Por outro lado, quanto à atuação administrativa que anula um ato vantajoso ao contribuinte, mas ilícito, o problema é mais difícil de ser resolvido. Aqui, há uma tensão entre o princípio da irretroatividade material, de um lado, e os princípios da legalidade e da igualdade, de outro lado.[49] O princípio da proibição de retroatividade determina a intangibilidade do exercício passado e orientado da liberdade. Os princípios da legalidade e da igualdade, por sua vez, prescrevem a promoção de um estado ideal de coisas em que os atos administrativos sejam compatíveis com lei e em que uns cidadãos não sejam beneficiados por uma vantagem ilegal em detrimento de outros.

A propósito da anulação dos atos administrativos ilegais, o STF tem entendimento antigo a respeito de uma perspectiva que poderia ser aqui denominada de "preponderantemente formal". Tal entendimento pode ser verificado pelo conteúdo da Súmula 473, aprovada na sessão plenária de 3.12.1969. Conforme estabelece o seu enunciado, "A Administração pode anular seus próprios atos, quando eivados de vícios que os tornam ilegais, porque deles não se originam direitos".[50] Há, na doutrina, posicionamento segundo o qual, no caso da atuação administrativa ilegal, não se trataria de uma questão de irretroatividade. Isso porque não haveria proteção a ser conferida a esse respeito, se o ato que embasou a conduta do contribuinte é ilegal.[51] A vinculação da Administração Pública à legalidade impediria a intangibilidade do exercício passado da liberdade em tais situações. Caberia, isso sim, uma indenização ao contribuinte que confiou na Administração, tendo em vista as atuações da boa-fé e da proteção da confiança.[52] Há, porém, entendimentos no sentido de que, em situações excepcionais, o transcurso do tempo pode fazer com que a manifestação administrativa vantajosa ao cidadão, que é objeto de alteração, seja mantida, mesmo diante da sua ilicitude.[53] O próprio STF vem modificando seu posicionamento a respeito do assunto. O tribunal,

defende que "poderá ocorrer, porém, de o interesse público ser tão intenso que a única solução possível recairia mesmo na tradução pecuniária do prejuízo" (Baptista, 2015, pos. 5547 de 12127).

49. Ibid., pos. 3211 e ss. de 12127. A autora trata da tensão envolvendo o princípio da proteção da confiança, a legalidade e a igualdade.

50. Súmula 473 do STF: "A Administração pode anular seus próprios atos, quando eivados de vícios que os tornam ilegais, porque deles não se originam direitos; ou revogá-los, por motivo de conveniência ou oportunidade, respeitados os direitos adquiridos, e ressalvada, em todos os casos, a apreciação judicial".

51. Derzi, 2009, p. 490.

52. Ibid.

53. Couto e Silva, 2004, p. 306; No mesmo sentido: Martins-Costa, 2002, p. 237.

mais recentemente, pronunciou-se no sentido de que, em certos casos, o longo decurso do tempo pode consolidar uma situação jurídica, cabendo-se cogitar, até mesmo, da manutenção dos benefícios irregularmente concedidos em favor dos cidadãos.[54]

Como se vê, com relação ao problema envolvendo os atos ilegais, passou-se de uma perspectiva de análise focada principalmente na regularidade formal do ato, para uma perspectiva também material, que leva em conta elementos como boa-fé e confiança. Ainda assim, mesmo que os referidos elementos materiais sejam considerados, o entendimento é de que, se a irregularidade formal é manifesta ou se inexistir boa-fé do particular, o ato administrativo deve ser anulado.[55] Isso em razão de que a ilicitude evidente não permitiria a caracterização da confiança digna de proteção.

Essas ligeiras considerações gerais permitem afirmar que a investigação do problema da retroatividade dos atos do Poder Executivo tem levado em conta apenas parte dos elementos que deveriam efetivamente ser considerados.[56] O exame a ser feito, visando a definir sobre se há ou não tutela jurídica a ser prestada ao contribuinte no âmbito da proibição de retroatividade, não deve ficar restrito à regularidade formal da atuação administrativa. A ideia é a de que o contribuinte que dispôs dos seus direitos seguindo os comandos do Poder Executivo, ainda que ilícitos, não deve ser prejudicado retroativamente pela Administração Tributária que modifica tais comandos. Mesmo diante de uma base irregular sob o ponto de vista formal, o decisivo é saber se o contribuinte foi induzido a agir, haja vista a presença de outros elementos indicadores da confiança, como, por exemplo, o tempo de duração da base. E, se o indivíduo agiu, é preciso saber – o que é essencial –, se ele sofreu restrição aos seus direitos fundamentais em face da modificação de comportamento da Administração. Ou seja, é preciso avaliar a intensidade da restrição que

---

54. MS 24.268/MG, Rel. p/Acórdão Min. Gilmar Mendes, Tribunal Pleno, *DJU* 17.9.2004, p. 53.

55. Ávila, 2014b, p. 462. Maffini sustenta que, no caso de atos ilegais, a invalidação do ato (não atingida pelo prazo decadencial estabelecido pelo art. 54 da Lei 9.784/1999) com efeitos retroativos é legítima se o destinatário não estiver de boa-fé, isto é, se o destinatário deu causa ao vício que macula o ato (Rafael Maffini, *O Princípio da Proteção Substancial da Confiança no Direito Administrativo Brasileiro*, Porto Alegre: Verbo Jurídico, 2007, pp. 176 e ss.

56. Exceção deve ser feita à tese defendida por Ávila. Ao examinar a proteção da confiança diante dos atos do Poder Executivo, o autor defende a realização de uma análise também baseada nos direitos fundamentais e nos princípios que regulam o exercício da atividade estatal (Ávila, 2014b, p. 463).

o ato retroativo causa aos direitos fundamentais. Nessa avaliação, cumpre investigar, mais especificamente, se a atuação do contribuinte é irreversível diante da nova disciplina jurídica e se a eficácia dos seus direitos depende (e em que grau depende) da manutenção dos efeitos do ato estatal modificado. É necessário considerar, também, o grau de intensidade dos efeitos retroativos, especialmente para analisar se as modificações são bruscas e drásticas.

O certo é que, quando o caso examinado estiver submetido ao âmbito de aplicação do princípio da irretroatividade material, os elementos acima citados devem atuar em conjunto. A eventual baixa presença de um deve ser compensada pelo alto grau da existência de outro. A proposta aqui defendida é, portanto, a seguinte: que, com relação aos atos do Poder Executivo, os exames inerentes ao princípio da proibição de retroatividade sejam baseados nos direitos fundamentais, na confiança que o cidadão deposita nos atos estatais e no perfil da atuação estatal (atuação moderada, responsável e, com relação aos fins públicos, adequada e necessária).

Passa-se, a seguir, à demonstração exemplificativa do modo como esses critérios se relacionam no que diz respeito às manifestações administrativas gerais e abstratas, individuais e concretas.

6.3.2 Atuação administrativa geral e abstrata

A Administração pública atua por meio de manifestações gerais e abstratas, isto é, por meio de atos destinados a regular um número indeterminado de situações e de pessoas. Dentre eles estão os atos normativos, pelos quais o Poder Executivo visa a regulamentar determinada matéria e a interpretar os enunciados normativos previstos em lei. Por meio deles, o comportamento da administração torna-se previsível.[57] Trata-se de atos normativos interpretativos, de pareceres com eficácia normativa, de resoluções, dentre outros.[58]

Além desses atos, há outras manifestações capazes de serem generalizadas para um número diverso de casos. Trata-se, por exemplo, das práticas administrativas, vale dizer, daqueles comportamentos reiterados da Administração ao longo do tempo, que podem ou não resultar na realização de um ato ou de um conjunto de atos e que demonstram o entendimento administrativo sobre determinada matéria. As práticas reiteradamente observadas pelas autoridades administrativas caracterizam

57. Tipke e Lang, 2008, p. 299.
58. Meloncelli, 2005, p. 555.

"costumes fiscais".[59] A Administração, em face de certa norma e em vista de determinadas situações de fato, age repetidamente da mesma maneira, tolerando, ainda que tacitamente, as condutas dos contribuintes ou homologando-as expressamente.[60] Por tornarem conhecível o entendimento da Administração com relação a um tema, tais comportamentos repetidos são capazes de induzir o exercício da confiança por parte dos contribuintes.

Com relação, em primeiro lugar, à aplicação das regras da irretroatividade aos casos que envolvem as referidas manifestações gerais e abstratas, cumpre fazer as seguintes observações.

As normas jurídicas construídas a partir dos enunciados dos arts. 5º, XXXVI e 150, III, "a", da CF/1988 impedem, evidentemente, que a Administração, no uso do seu poder normativo, atinja as situações consumadas protegidas por essas mesmas normas (direitos adquiridos, atos jurídicos perfeitos, coisa julgada e eventos geradores ocorridos). É vedado, por exemplo, que um Decreto majore a alíquota do imposto de importação para prejudicar o contribuinte quanto às operações completadas, tal como definidas anteriormente neste trabalho (art. 150, III, "a"). Também é proibido que o Poder Executivo altere a data de pagamento de um tributo para aplicar o novo prazo aos recolhimentos já efetuados, isto é, aos atos jurídicos que já estão perfeitos (art. 5º, XXXVI). Ainda, é vedado que novos atos normativos, decisões ou práticas administrativas modifiquem restritivamente ao contribuinte os critérios jurídicos adotados pela Autoridade Tributária para o lançamento referente aos fatos geradores ocorridos. Tais modificações de critérios podem alcançar apenas casos futuros, não casos passados, conforme estabelece a regra que se pode reconduzir ao art. 146 do CTN. Ela visa a intangibilizar os eventos geradores consumados e o lançamento já realizado, ao vedar que a eles sejam aplicadas as mudanças quanto à interpretação que a Administração emprega relativamente a determinado dispositivo normativo. Não estão cobertas pela aludida regra as modificações referentes às questões de fato (inexatidões de dados fáticos, como, por exemplo, a diferença de metragem de um imóvel).[61] Quanto a elas, a autoridade tributária pode revisar o lançamento já realizado, salvo se o prazo decadencial para tanto já estiver esgotado, conforme estabelece o art. 149 do CTN. O certo é que,

59. Amaro, 2005, p. 192.
60. Ibid.
61. Sobre a casuística envolvendo a definição de "erro de fato", vide: STJ, REsp 113.0545/RJ, 1ª Seção, Rel. Min. Luiz Fux, *DJe* 22.2.2011.

para a aplicação da regra reconduzida ao art. 146 do CTN, o decisivo é identificar, no caso concreto, quais modificações se referem às "questões de fato" e quais dizem respeito às "questões de direito". Constatado que se trata de modificação de critérios jurídicos, não de fatos, a retroeficácia do ato estatal estará proibida, independentemente de ponderação a ser feita no que diz respeito à confiança do contribuinte e ao interesse público visado pelo ato estatal modificador.

Em segundo lugar, nos casos não cobertos pelas regras da irretroatividade, aí sim, a análise quanto aos critérios de aplicação do princípio da irretroatividade material torna-se indispensável, tal como se passa a demonstrar.

Mais precisamente quanto aos atos pelos quais a Administração exerce seu poder normativo, é preciso fazer as seguintes considerações. Como já foi mencionado anteriormente, as manifestações estatais desse tipo são bases da confiança com menor grau de vinculação, se comparadas com a lei.[62] O contribuinte tem maior liberdade de configuração da sua conduta quando o fundamento da sua ação é um ato da Administração do que quando essa fundamentação se dá diretamente na Lei. Isso porque os limites quanto àquilo que é obrigatório e proibido são estabelecidos, primariamente, pelo Poder Legislativo (conforme estabelecem os arts. 5º, II, e 150, I, da CF/1988). O Poder Executivo regulamenta e interpreta, por meio de atos normativos secundários, os dispositivos legais que visam a estabelecer esses limites. Logo, a responsabilidade do Estado em respeitar as expectativas de permanência dos seus atos é maior quando a base da ação do contribuinte é a lei do que nos casos em que essa base é um ato normativo interpretativo da Administração.

Em que pese a constatação acima, é fundamental esclarecer que nem todos os atos do Poder Executivo tem o mesmo grau de vinculação.[63] Há atos normativos mais vinculantes do que outros. Um exemplo de ato da Administração com elevado grau de vinculação é aquele pelo qual são alteradas as alíquotas do imposto de importação, respeitados os limites, mínimo e máximo, estabelecidos por lei (art. 153, § 1º, da CF/1988). Trata-se de um mecanismo para implementação das políticas econômicas definidas pelo Governo. A esse respeito, o STF já decidiu pela constitucionalidade dos atos exarados pela Câmara de Comércio Exterior (CAMEX), por meio dos quais as referidas modificações de

62. Falsitta, 2008, p. 491; Ávila, 2014b, p. 463.
63. Ávila, 2014b, p. 464

alíquota são realizadas.[64] Note-se que, no exercício dessa competência, a Administração desempenha papel de definir um dos elementos integrantes da obrigação tributária principal. Tal definição, exatamente por referir-se a essa relação jurídica obrigacional, apresenta elevado grau de vinculação para o sujeito passivo. A liberdade de configuração da conduta do particular é pequena. E, por isso, a responsabilidade estatal pela manutenção da "palavra dada" é elevada. Isso significa que, com relação a esses atos, ainda que emanados pelo Poder Executivo, há uma base normativa confiável capaz de fundamentar o exercício de direitos pelo contribuinte. E, como consequência dessa fundamentação, no exame atinente à aplicação do princípio da irretroatividade material, o grau de confiança também aumenta, tal como ocorre em relação às disposições de direitos baseadas num ato legislativo.

Além desse problema envolvendo o grau de vinculação das manifestações do Poder Executivo, há objeções relativamente à proteção da confiança frente aos atos normativos no que diz respeito à pretensão de permanência desses atos. Os regulamentos editados pelo Executivo seriam "uma base menos sólida para a confiança".[65] Isso porque é da essência do poder normativo da Administração a possibilidade de revogar e de modificar a disciplina jurídica em relação a determinada matéria, visando a adaptá-la às mudanças referentes às políticas públicas.[66] Por isso, com relação, por exemplo, aos Decretos que definem a alíquota dos impostos regulatórios, como o imposto de importação e como o imposto sobre os produtos industrializados, a possibilidade de modificação do ordenamento deve integrar a esfera de previsibilidade dos cidadãos. Em outras palavras, isso significa dizer que é previsível que as alíquotas desses tributos possam mudar "a qualquer momento".

Em que pese a constatação acima, a presença de outros critérios pode compensar o baixo grau de pretensão de permanência dos aludidos atos estatais. Se, por exemplo, o ato estatal incentivar a disposição de direitos (alto grau de indução da base), e se tal ato estabelecer um prazo certo para a vigência desse incentivo (pretensão de permanência por tempo determinado), então a combinação das referidas circunstâncias, somada ao exercício intenso e irreversível de direitos, com alto grau de completude do comportamento do contribuinte (operações "quase" concluídas),

---

64. RE 570.680/RS, Tribunal Pleno, Rel. Min. Ricardo Lewandowski, *DJU* 4.12.2009. Vide caso similar sobre o poder regulamentar: RE 343.446/SC, Tribunal Pleno Rel. Min. Carlos Velloso, *DJU* 4.4.2003.
65. Baptista, 2015, pos. 5587 de 12127
66. Ibid.

provoca uma consequência importantíssima. Ela configura a confiança digna de proteção e, assim, intangibiliza o exercício passado e orientado dos referidos direitos. Isso significa que, embora a Administração possa revogar o incentivo concedido pelo eventual desaparecimento do interesse público que fundamentou sua concessão, esse poder é limitado. O Poder Público está proibido de atingir retroativamente os atos passados de disposição de direitos por meio da supressão do benefício antes de o prazo prometido se encerrar.

Cumpre lembrar, aqui, que, embora a revogação dos atos da Administração produza efeitos, em geral, para o futuro, ainda assim a retroatividade, tal como aqui definida, pode ocorrer.[67] Para tanto, basta que a revogação do incentivo tributário atinja as operações iniciadas no passado e ainda não concluídas, ou apenas aquelas causadas no passado. Sendo assim, a proteção que a irretroatividade propicia, nesses casos, estende-se a todos os atos que compõem o curso de ação do contribuinte e que guardam, ainda que indiretamente, uma relação de referibilidade com a base da confiança. São tutelados, portanto, os fatos pendentes, bem como aqueles realizados no passado, cujos efeitos serão produzidos apenas no futuro. O certo é que a presença dos critérios acima examinados faz com que o princípio da irretroatividade seja aplicado às situações em que há revogação de benefícios por conveniência e oportunidade da Administração, ainda que a pretensão de permanência dos atos do Poder Executivo seja, em geral, baixa. É preciso frisar, ainda, que a mencionada revogação dos aludidos atos somente poderá ser cogitada e, assim, avaliada em face do princípio da irretroatividade, se houver razões precisas no que diz respeito à promoção do interesse público. Ou seja, não basta invocar simplesmente o "bem comum" como razão para o desfazimento do ato. Cumpre precisar em que consiste exatamente tal interesse, para que seja possível examinar se a retroatividade é, efetivamente, um meio adequado e necessário à realização de tal interesse.

A confiança na permanência do benefício fiscal aumenta, por outro lado, se ele é oneroso (onerosidade da base da confiança), vale dizer, se o ato do Poder Executivo que o concede estabelece algum tipo de "contrapartida" a ser prestada pelo contribuinte. Esse tipo de benefício faz com que o particular acredite que, enquanto estiver cumprindo os compromissos estabelecidos pelo ato estatal, os efeitos por este prescritos não serão suprimidos. Desse modo, ainda que a benesse seja concedida por prazo indeterminado (e, portanto, não seja alcançada pela proteção

---

67. Em sentido contrário: Maffini, 2007, p. 189.

prevista no art. 178 do CTN), o contribuinte poderá invocar a tutela da sua confiança, mais precisamente por meio do princípio da irretroatividade. O fato de o benefício ser concedido sem prazo certo de duração não significa que ele possa ser revogado livremente. Nesse aspecto, vale destacar o posicionamento de Derzi, segundo o qual "a ausência de prazo não significa autorização para irresponsabilidade".[68] É preciso garantir um tempo de fruição do benefício que seja capaz de assegurar ao particular, pelo menos, a recuperação do investimento.

Na mesma linha de raciocínio do que foi anteriormente exposto, o baixo grau de aparência de legitimidade que se verifica em bases normativas inválidas pode ser compensado pela presença de outros critérios. É o que ocorre, por exemplo, com relação aos benefícios fiscais referentes ao imposto sobre circulação de mercadorias e serviços (ICMS) concedidos por meio de Decretos estaduais. Tais benefícios devem ser concedidos por lei complementar específica, segundo estabelecem o § 6º do art. 150, e o art. 155, § 2º, XII, "g", ambos da CF/1988. A Lei Complementar 24/1975, por sua vez, exige a realização de Convênio entre os Estados-membros para que as vantagens possam ser prestadas aos contribuintes. Assim, ao concederem os benefícios sem a existência dos aludidos Convênios, os Estados-membros criam atos inválidos. O posicionamento do STF sobre o assunto é de que esses atos normativos estaduais são inconstitucionais, haja vista a inobservância dos dispositivos acima citados.[69] Ocorre, porém, que o longo transcurso do tempo (elevado grau de eficácia no tempo da base) e um significativo investimento do contribuinte (alto grau de intensidade e de extensão do comportamento do contribuinte) são elementos que impõem alguns temperamentos quanto ao entendimento acima referido. A passagem do tempo sem que a Administração proclame qualquer irregularidade do ato cria a expectativa de que o benefício será mantido. Além disso, se o curso de ação adotado pelo particular no passado já não mais puder ser retroativamente elaborado (investimentos já realizados, operações já concluídas etc.) e se o contribuinte depender dos efeitos do ato estatal modificado para que os seus direitos preservem a sua eficácia, então a questão não pode ser simplesmente resolvida mediante a anulação (com efeitos retroativos) do benefício concedido.[70]

68. Derzi, 2009, p. 491.
69. STF, ADI 4.635-MC/SP, Tribunal Pleno, Rel. Min. Celso de Mello, *DJe* 11.2.2015. Em sentido semelhante: ADI 3.702, Tribunal Pleno, Rel. Min. Dias Toffoli, j. 1º.6.2011, *DJe* de 30.8.2011.
70. Sobre a dependência do contribuinte em relação às decisões do Poder Público, vide: Derzi, 2009, p. 495.

É evidente que a Administração pode anular seus atos em razão dos vícios jurídicos que eles apresentam. Aliás, ela *deve* fazê-lo. Conforme estabelece o enunciado normativo do art. 179, § 2º, do CTN, não há direito adquirido aos benefícios inválidos. Todavia, o que não deve ocorrer nos casos como o acima descrito é a anulação do ato com efeitos *ex tunc*. A invalidade deve ser proclamada produzindo efeitos apenas sobre os atos de disposição de direitos que não foram ainda iniciados. Ou seja, os contribuintes têm o direito de pleitear a manutenção da aplicação passada desses atos normativos pelo fato de terem se comportado em razão deles. A circunstância de ter havido exercício efetivo de direitos é decisiva para a proibição da retroatividade nesses casos. Diga-se, ainda, que é cabível, excepcionalmente, com base nesses mesmos critérios (sobretudo com base no alto grau de dependência do contribuinte com relação à preservação dos efeitos do ato inválido), a manutenção do benefício para o futuro.

Embora a referida análise subjetiva quanto ao exercício efetivo de direitos seja importantíssima nos casos de anulação dos atos inválidos, cumpre fazer outra observação relevante. É que a avaliação quanto à segurança jurídica no sentido objetivo também pode conduzir à preservação dos atos de disposição da liberdade e da propriedade praticados no passado em tais situações. Isso porque pode ocorrer de a anulação do ato viciado atingir muitos contribuintes, vale dizer, de restringir muitas "confianças". Tal efeito provoca o abalo da credibilidade que os indivíduos depositam no ordenamento jurídico. É correto presumir que o ato que vigeu por muito tempo, mesmo inválido, tenha induzido muitos contribuintes a agirem. A confiança dos cidadãos, no seu conjunto, no sistema jurídico fica comprometida caso haja mudanças que atinjam grande número de pessoas. Logo, também sob esse aspecto objetivo, a retroatividade dos efeitos da anulação do ato estatal deve ser proibida. Esse exame tende a ser realizado, aliás, por ocasião da análise sobre a modulação dos efeitos da decisão que proclama a inconstitucionalidade de lei ou de ato normativo. Conforme estabelece o art. 27 da Lei 9.868/1999, por "razões de segurança jurídica" a invalidade pode ser proclamada apenas com efeitos para o futuro. As ditas "razões" relacionadas à segurança jurídica são, dentre outras,[71] aquelas acima mencionadas, isto é, as razões referentes às "confianças" de um grande número de cidadãos que acreditaram na estabilidade do ordenamento jurídico.

Diga-se, por outro lado, que tal exame com relação à credibilidade do ordenamento jurídico igualmente tem de ser feito nos casos de revogação

---

71. Sobre os outros critérios a serem observados, vide: Ávila, 2014b, pp. 522-524. Ainda: Mitidiero, 2013, p. 124.

dos atos do Poder Executivo por conveniência e oportunidade da Administração. A restrição aos direitos de um número elevado de contribuintes desautoriza a edição de atos estatais que frustrem a expectativa geral de continuidade desse ordenamento.

Foi nesse sentido, aliás, que o Tribunal de Justiça da Comunidade Europeia proferiu decisão segundo a qual foram invalidados certos dispositivos de um regulamento comunitário. Tal modificação prejudicou uma classe de funcionários comunitários quanto à disciplina do reajuste das suas remunerações. Segundo a Corte, a alteração havida violou a expectativa de continuidade normativa nutrida pelos funcionários em geral, mostrando-se, por isso, incompatível com a tutela da confiança legítima.[72] Embora tenha sido invocada a "proteção da confiança" como razão de decidir, o exame feito pelos julgadores foi, na realidade, quanto aos aspectos objetivos acima mencionados.

Cumpre, ainda, fazer uma observação quanto ao disposto no art. 100, parágrafo único, do CTN. Segundo enuncia o referido dispositivo legal, a observância, pelo contribuinte, das normas estabelecidas a partir dos atos normativos interpretativos e das práticas administrativas exclui a imposição de penalidades, a cobrança de juros de mora e a atualização do valor monetário da base de cálculo do tributo. Caso a Administração mude de posicionamento, o contribuinte que seguiu o entendimento modificado não poderá ser cobrado com relação às penalidades, nem terá de pagar pelos demais ônus mencionados pelo referido dispositivo legal. Contudo, a proteção estabelecida pela regra jurídica reconduzida ao referido enunciado normativo é limitada. Ela não contempla a constituição retroativa do crédito tributário referente à obrigação tributária principal. Se, portanto, o novo entendimento da Administração implicar pagamento de tributo que não era considerado devido ou se resultar na majoração do valor que foi pago pelo contribuinte no passado, então tais quantias que seriam devidas a título de tributo deverão, por essa regra, ser recolhidas pelo particular. Nesse caso, todavia, a proteção do contribuinte deverá ser buscada complementarmente pela atuação do *princípio da irretroatividade*. Isso significa que a tutela estabelecida pelo art. 100, parágrafo único, do CTN, pode ser *ampliada* pela atuação da proibição de retroatividade em sua dimensão normativa de princípio.

A presença, em alto grau, dos critérios acima analisados (confiança, confiabilidade, exercício irreversível de direitos fundamentais, dependên-

---

72. ECJ, Commission of the European Communities *vs* Council of the European Communities, julgado da Corte de 5.6.1973, Case 81-72.

cia do contribuinte com relação aos efeitos oriundos do posicionamento administrativo modificado etc.)[73] faz com que também haja proteção em face da pretensão estatal de cobrar o tributo retroativamente.[74] As duas normas podem atuar conjuntamente, cada qual no seu âmbito de aplicação. A aplicação da regra reconduzida ao art. 100, parágrafo único, do CTN (proteção diante de penalidades e quanto aos ônus moratórios e de correção monetária), não afasta, por evidente, a aplicação do princípio da irretroatividade.

Feitas essas considerações com relação às manifestações administrativas gerais e abstratas, cumpre, agora, passar à análise dos atos individuais e concretos praticados pela Administração.

6.3.3 Atuação administrativa individual e concreta

A Administração também atua por meio de atos dirigidos a casos concretos e a determinados destinatários. São exemplos de manifestações administrativas individuais e concretas o ato administrativo pelo qual o lançamento tributário é formalizado (art. 142 do CTN), o termo ou contrato administrativo por meio do qual o Poder Público celebra, com o particular, a concessão de um regime tributário especial, a decisão administrativa proferida em sede de Consulta sobre a interpretação da legislação tributária (conforme previsto nos arts. 46 a 58 do Decreto 70.235/1972), os comportamentos administrativos reiteradamente adotados diante de casos concretos envolvendo um contribuinte determinado (práticas administrativas), dentre outros.[75] Nessas hipóteses de manifestação administrativa, cumpre verificar como atuam os critérios configuradores da proteção contra a retroatividade dos atos estatais.

É preciso destacar, inicialmente, que as bases normativas destinadas individualmente aos contribuintes produzem mais confiança na sua estabilidade do que as bases gerais. Isso em razão de que os atos individuais geram a percepção de que a Administração se baseou nas circunstâncias específicas do contribuinte para adotá-los.

Um ato que concede o benefício de redução, temporária e excepcional, da alíquota do imposto de importação pelo regime do "Ex-tarifário" é

---

73. Sobre a proteção em face da pretensão estatal de exigir o tributo nesses casos, vide: Meloncelli, 2005, p. 558.

74. Marongiu, 2010, p. 151.

75. Sobre a atuação administrativa individual e concreta, vide: Meloncelli, 2005, p. 555.

um exemplo desse tipo de ato, conforme foi mencionado anteriormente.[76] Depois de atendidas as condições para a concessão do benefício por parte do contribuinte, o ato administrativo é formalizado. A partir daí, cria-se a presunção de legitimidade da atuação estatal. O particular passa a acreditar que o Poder Público manterá a palavra que foi "dada" especificamente para o seu caso, segundo as suas circunstâncias específicas. O fato de a Administração descumprir a promessa feita individualmente revela uma violação ao dever de lealdade que deve pautar a atuação administrativa. Revela, também, o menosprezo ao dever de agir segundo a boa-fé, a qual molda um padrão objetivo da conduta da Administração a ser sempre concretizado nas relações jurídicas mantidas com os cidadãos. Dentre os deveres decorrentes da atuação da boa-fé, está o de manutenção das promessas feitas. Em outras palavras: o Poder Executivo tem o dever de não revogar ou revisar os atos administrativos lícitos, porém inoportunos, ou mesmo o dever de não invalidar certos atos ilícitos, se presentes os critérios configuradores da proteção da confiança.[77]

Dentre os atos administrativos com alto grau de individualidade, cumpre destacar a decisão por meio da qual é externada a solução de "consulta sobre dispositivos da legislação tributária aplicáveis a fato determinado" (art. 46 do Decreto 70.235/1972). O procedimento de Consulta tem como objetivo conferir cognoscibilidade e calculabilidade ao Direito. Isso porque, por meio desse procedimento, o contribuinte leva ao conhecimento da Administração dúvidas relativamente à qualificação jurídica que pode ser atribuída a uma situação de fato concreta (tal como a incidência de determinado tributo ou a classificação fiscal de uma mercadoria para fins de importação). São também objeto de questionamentos as incertezas com relação às consequências da referida qualificação jurídica. Vale dizer, o particular almeja conhecer qual é, segundo o entendimento da Administração, o conteúdo de determinada norma jurídica em face da situação de fato por ele narrada. Isso para que seja possível prever os efeitos jurídicos que serão realmente atribuídos aos seus atos. Sendo assim, exatamente por ser emitida levando-se em consideração as circunstâncias especificas do contribuinte, a solução de consulta gera elevado grau de confiança quanto à sua estabilidade no tempo. O contribuinte passa a ter em seu favor uma "promessa" da Administração sobre como ela irá se comportar diante do caso por ele descrito. Em outras palavras: a solução de consulta confere pessoalidade ao posicionamento administrativo e, por

---

76. Sobre o *Ex-tarifário*, vide o que dispõe a Resolução 66, da Câmara de Comércio Exterior (CAMEX), de 14.8.2014.
77. Martins-Costa, 2002, p. 237.

isso, cria forte presunção de permanência. E, ainda, quando confirmada por meio de pronunciamento de segunda instância, a referida solução robustece o grau de aparência da sua legitimidade. Lembre-se, conforme examinado ao longo deste estudo, que, quanto mais autoridades estiverem envolvidas na produção do ato e quanto maior for o escalão dessas autoridades, tanto maior será a confiança gerada a partir desse ato. É correto pressupor que as autoridades mais altas erram menos e que, quanto mais autoridades se pronunciarem no mesmo sentido, mais provável é o acerto desse pronunciamento.[78]

Tais particularidades relativamente à configuração da confiança no caso da Consulta vinculam a Administração perante o contribuinte quanto ao entendimento por meio dela externado.[79] Isso significa dizer que, se o contribuinte agiu de acordo com a solução de consulta emitida, é limitado o poder administrativo de modificar, em prejuízo do cidadão, o entendimento inicialmente revelado. Esse limite é oponível tanto nos casos de mera modificação de interpretação por parte do Poder Executivo, quanto nas situações em que há ilegalidade do entendimento originário. Quanto à mudança de interpretação, é preciso registrar que o art. 2º, inciso XIII, da Lei 9.784/1999 determina que a Administração Pública observe, nos processos administrativos, o critério segundo o qual é "vedada aplicação retroativa de nova interpretação". A norma jurídica reconstruída a partir desse dispositivo demonstra que o sistema jurídico brasileiro, além de proibir a revisão interpretativa com efeitos para o passado pela atuação do princípio da irretroatividade, também o faz por meio de uma "regra".[80] Ou seja, a modificação retroativa de interpretação que prejudica o contribuinte não é tolerada no Brasil.

Com relação, por outro lado, à licitude da base da confiança, impõe-se registrar que, se o vício formal não é evidente, a aparência de legitimidade da base sequer fica enfraquecida. Lembre-se, aqui, do que foi examinado anteriormente: o "metacritério" para definir se a base é confiável não é a sua regularidade formal, mas a aptidão que essa base apresenta para encorajar o exercício da liberdade por parte do contribuinte.

Pelas razões acima expostas, a eventual mudança de posicionamento da Administração não pode desvalorizar o curso de ação do particular que foi baseado na decisão administrativa originariamente proferida. Se,

78. Ávila, 2014, pp. 390-391.
79. Sobre o tema, vide: Marongiu, 2010, pp. 155-156.
80. Juliano Heinen, Priscila Sparapani e Rafael Maffini, *Comentários à Lei Federal do Processo Administrativo: Lei n. 9.784/99*, Porto Alegre: Livraria do Advogado, 2015, p. 39.

por exemplo, o contribuinte, apoiado na solução de consulta, deixou de recolher o tributo que a Administração passou a entender, posteriormente, como devido, então o novo entendimento deve ser aplicado apenas para o futuro, não para o passado. Isso em razão da presença de critérios como o alto grau de individualidade da base da confiança, sua aparência de legitimidade (por força dos sujeitos que a produziram) e a atuação intensa do contribuinte em razão da base da confiança.

Mas não apenas deles. Outros critérios também contribuem para a tutela da confiança em tais casos: a durabilidade da base e a intensidade dos efeitos retroativos (sobre se as mudanças são bruscas e drásticas). Como já foi dito em outras partes deste trabalho, o decisivo é considerar os critérios de aplicação do princípio da irretroatividade material em seu conjunto, não isoladamente. O fato de a manifestação estatal a ser modificada padecer de ilicitude não implica, por si só, ausência de tutela do contribuinte. Essa circunstância – a falta de licitude – apenas exige que outros critérios, como demonstrado acima, estejam presentes para compensar a restrição à legalidade.

É claro que se, por exemplo, ao formular a consulta, o contribuinte omitir propositadamente uma circunstância de fato que, se conhecida pela Administração, alteraria o resultado da solução que foi exarada, então o argumento relacionado à geração da confiança fica enfraquecido. A má-fé do contribuinte milita, evidentemente, em seu desfavor.

Conforme afirma Couto e Silva, seria incoerente tutelar a confiança de alguém que, intencionalmente, mediante dolo, ou mesmo por haver fornecido dados importantes falsos, inexatos ou incompletos, influiu na edição de ato administrativo em seu benefício.[81] Ainda assim, mesmo nessas situações extremas, a consideração de outros critérios, como a longo transcurso de tempo e um elevado grau de restrição dos direitos individuais, pode determinar a aplicação, excepcionalmente, do princípio da irretroatividade para proteger o cidadão.

Além do elevado grau de individualidade que caracteriza as manifestações administrativas em exame, há outro critério que cumpre papel importantíssimo na aplicação do princípio da irretroatividade com relação aos atos individuais e concretos. Trata-se do *tempo de durabilidade da base da confiança*. A passagem do tempo estabiliza as relações jurídicas. É o que ocorre, por exemplo, nos casos abarcados pela regra jurídica construída a partir do art. 54 da Lei 9.784/1999.[82] A referida norma proíbe

81. Couto e Silva, 2004, p. 305.
82. "Art. 54. O direito da Administração de anular os atos administrativos de que decorram efeitos favoráveis para os destinatários decai em cinco anos, contados

que a Administração anule seus atos administrativos de que decorram vantagens aos destinatários depois de passados cinco anos da sua edição.[83] Mesmo fora do âmbito de aplicação dessa regra, a decisiva atuação do tempo pode levar à intangibilidade do exercício passado da liberdade e da propriedade. Nesse sentido, quanto maior for a duração da base no tempo, tanto maior será a confiança gerada na sua permanência. Isso porque o transcurso do tempo colabora para o aumento da aparência de legitimidade da base. A longa produção de efeitos por parte do ato estatal faz com que o contribuinte passe a acreditar que esse ato, ainda que inválido, não será desfeito. Além disso, a extensa durabilidade da base normalmente contribui para o aumento do grau de irreversibilidade da disposição de direitos havida pelo particular. Vale dizer, o tempo consolida o exercício da liberdade e da propriedade realizado pelo contribuinte. Os investimentos, os contratos e os negócios jurídicos em geral que foram praticados pelo particular vão tornando-se irreversíveis à medida que o tempo vai passando. Nesse contexto, a tendência é a de que se torne impossível a reorientação retroativa das condutas praticadas no passado.

A mencionada ação do tempo pode ser percebida no caso das práticas administrativas. A Administração pode tanto agir ativamente em determinado sentido (atuação comissiva), cobrando, por exemplo, o tributo em um certo valor, quanto pode omitir-se relativamente à cobrança de tributo ou à imposição de um dever instrumental (inação). Nos dois casos, se, ao longo do tempo, o contribuinte exerceu intensamente seus direitos baseado nesses comportamentos reiterados da Administração, então há limites quanto à modificabilidade da prática administrativa até então estabelecida. Embora a Administração possa alterar o seu comportamento, ela deve fazê-lo somente com efeitos para o futuro.[84] Imagine-se, a esse respeito, o caso em que um contribuinte, por dez anos seguidos, realizou diversas importações de papel destinado à impressão de livros. Em tais operações, gozou da imunidade tributária estabelecida pelo art. 150, VI, "a", da CF/1988. Imagine-se que, ao longo de todo esse período, embora o contribuinte tenha comprovado a utilização integral do papel importado

---

da data em que foram praticados, salvo comprovada má-fé. § 1º. No caso de efeitos patrimoniais contínuos, o prazo de decadência contar-se-á da percepção do primeiro pagamento. § 2º. Considera-se exercício do direito de anular qualquer medida de autoridade administrativa que importe impugnação à validade do ato."

83. Sobre o tema da anulação dos atos administrativos com base no disposto pelo art. 54 da Lei 9.784/1999, vale conferir doutrina específica: Couto e Silva, 2004; Baptista, 2015, pos. 3390 de 12127 e ss.; Maffini, 2007, pp. 122 e ss.

84. Marongiu, 2010, p. 127.

para a impressão dos livros, as referidas importações foram feitas sem que o particular estivesse devidamente cadastrado no Registro Especial instituído pela Lei 11.945/2009. A inscrição no referido Registro Especial é considerada, diga-se, um requisito para a importação desonerada do papel.[85] Ou seja, houve irregularidade formal nas importações praticadas pelo contribuinte do presente caso hipotético. Em que pese isso, imagine-se que, em todas as operações, ao proceder à "Conferência Aduaneira",[86] isto é, ao praticar o ato que visa a confirmar o cumprimento das obrigações exigíveis em razão da importação, as autoridades aduaneiras tenham considerado lícitas as operações. Vale dizer, as autoridades, por dez anos seguidos, atestaram a regularidade formal das importações desoneradas, em que pese o problema de cadastro acima mencionado. Imagine-se, agora, que a Administração tenha constatado a presença do aludido vício formal. E que, por conta dessa constatação, tenha ela exercido a pretensão de cobrar, retroativamente, o imposto de importação que deixou de ser recolhido, nos últimos cinco anos, por conta da imunidade tributária.

No caso acima narrado, a prática administrativa realizada ao longo do tempo tem uma atuação decisiva na aplicação do princípio da irretroatividade. É correto afirmar que o comportamento da Administração no sentido de não apontar qualquer vício nas operações ao longo de dez anos e de, ao contrário disso, aprová-las reiteradamente gera, no contribuinte, a certeza de que as importações desoneradas são regulares. Por conta da confiança na legitimidade do comportamento do Poder Público, há reiteradas disposições de direitos de liberdade e de propriedade. O contribuinte, em um caso como esse, pratica atos e realiza negócios que se tornam irreversíveis. Os livros são produzidos e comercializados, e a desoneração tributária havida na importação interfere diretamente na formação do preço de venda dos referidos livros. O decurso de um longo período de tempo em que é mantida determinada prática administrativa configura, portanto, uma situação na qual a confiança se torna digna de ser protegida.

85. Heleno Taveira Torres, "Imunidade do papel destinado à produção de livros, jornais e periódicos: cabimento de limites e controles na importação", in Sacha Calmon Navarro Coêlho (Coord.), *Segurança Jurídica: Irretroatividade das Decisões Judiciais Prejudiciais aos Contribuintes*, Rio de Janeiro: Forense, 2013, pp. 261- 293, pp. 261 e ss.
86. Sobre a "Conferência Aduaneira", vide o disposto no art. 564 do Decreto 86.759/2009: "Art. 564. A conferência aduaneira na importação tem por finalidade identificar o importador, verificar a mercadoria e a correção das informações relativas a sua natureza, classificação fiscal, quantificação e valor, e confirmar o cumprimento de todas as obrigações, fiscais e outras, exigíveis em razão da importação".

Ainda assim, é importante registrar o seguinte: a configuração dos pressupostos para que haja a tutela do exercício passado da liberdade não impede que a autoridade administrativa exija a inscrição do contribuinte no aludido Registro Especial. Essa exigência deve ser feita. O princípio da irretroatividade não limita o exercício do poder, pela Administração, a esse respeito. O que o princípio em exame impõe, isto sim, é que tal exigência não seja feita retroativamente, vale dizer, em relação às operações já praticadas. A Administração Tributária deve zelar pelo respeito à legalidade. Mas esse zelo deve implicar modificações de conduta que repercutam efeitos somente para as operações futuras, não para aquelas já consumadas.

O Conselho Administrativo de Recursos Fiscais manifestou-se, em caso semelhante ao acima narrado, no sentido de que o fato de a Administração renovar a autorização para a importação de papel imune pressupõe a regularidade das operações praticadas pelo contribuinte até o ato de renovação. Desse modo, segundo o órgão julgador, é proibido à autoridade administrativa, em sede de revisão aduaneira, desconsiderar esse fato – a renovação da autorização – e penalizar o contribuinte de forma retroativa.[87]

Outro critério cuja consideração é importantíssima relativamente aos atos individuais e concretos da Administração é o *grau de realização das finalidades públicas.* Sua presença em elevado grau compensa a eventual falta de aparência de legitimidade da base da confiança. Ainda que sejam inválidos o ato ou o comportamento estatal em razão dos quais o particular dispôs da sua liberdade, é preciso avaliar o seguinte ponto: quanto mais intensamente essa disposição passada de direitos tiver promovido as finalidades públicas que eram visadas pela base da confiança, tanto maior deve ser a proteção dos efeitos do ato inquinado de ilegal. No exemplo acima examinado – o da importação do papel imune sem a inscrição do contribuinte no Registro Especial próprio –, as operações desoneradas serviram à realização da finalidade constitucional protegida pela regra que estabelece a imunidade tributária. O papel importado foi integralmente consumido na produção de livros. Desse modo, o ideal perseguido pela CF/1988 – a liberdade de expressão – foi atendido. Sendo assim, considerando-se que as exigências formais que revestem a importação do papel imune (como a inscrição no Registro Especial) não constituem um fim em si mesmas, mas meios para assegurar a realização da liberdade de

---

87. CARF, Processo 10314003070/2002-18, Acórdão 3201-001.475, 1ª Turma da 2ª Câmara da 3ª Seção de Julgamentos, publicado em 25.11.2014.

expressão, é certo concluir que deve ser preservado o exercício passado da liberdade que promoveu a referida finalidade constitucional. A promoção das finalidades públicas é, portanto, mais uma razão que contribui para que a revisão do posicionamento administrativo, ou mesmo para que a anulação dos atos administrativos não produzam efeitos retroativos.

Os argumentos utilizados até aqui aplicam-se também aos contratos administrativos ou termos de acordo. Por meio deles, são estabelecidas obrigações bilaterais entre a Administração e o contribuinte. Ao particular são atribuídos determinados deveres. Em contrapartida, ele pode fruir de certos benefícios fiscais. Embora deva ser admitido o enfraquecimento da confiança do contribuinte em razão da invalidade desses contratos, quando celebrados sem autorização legal (por violação ao disposto no art. 150, § 6º, da CF/1988), a durabilidade do contrato no tempo, o alto grau de promoção das finalidades públicas, bem como a onerosidade e a indutividade desses contratos são elementos que, atuando em conjunto, contribuem decisivamente para que o princípio da irretroatividade proteja o contribuinte no caso de revogação ou anulação desses atos.[88] A onerosidade da base da confiança verifica-se com relação aos deveres a serem cumpridos pelo particular. A realização, pelo contribuinte, dos compromissos estabelecidos em contrato cria para o Poder Público o dever de reciprocidade, vale dizer, cria o dever de manutenção dos efeitos do pacto.

A indutividade, por sua vez, verifica-se na medida em que esses contratos estimulam o particular a dispor dos seus direitos. Os benefícios tributários concedidos fazem com que o contribuinte configure o seu plano de ação em razão deles. Há um direcionamento da conduta privada por conta dos estímulos dados pelo Estado. Sendo assim, a atuação conjunta de todos esses critérios compensa a eventual carência quanto à invalidade da base da confiança. E faz com que, nos casos de anulação dos contratos ou mesmo nas hipóteses em que há a sua revogação, como se disse acima, seja aplicado o princípio da irretroatividade para proteger o exercício passado e induzido da liberdade individual.[89]

O certo é que a proibição constitucional de que a Administração Pública renuncie a receita sem que haja prévia autorização legal (conforme art. 150, § 6º, da CF/1988) não afasta, por si só, a aplicação do princípio

---

88. Ávila, 2014b, p. 475.

89. Com relação aos contratos, relata Crane que a Suprema Corte americana proibiu a modificação retroativa de contrato em caso no qual as suas cláusulas alegadamente não eram claras (falta de aparência de legitimidade da base). Vide: Crane, 2013, p. 416.

da proteção da confiança a esses casos.[90] E mais: em situações excepcionais, o elevado grau de dependência do contribuinte quanto à manutenção dos efeitos do contrato pode resultar, até mesmo, na manutenção do ato para o futuro. Isso para que o contribuinte possa, pelo menos, recuperar o investimento que ele realizou em razão de confiar na manutenção do ato estatal e para que se evite a restrição exagerada dos direitos fundamentais.

É preciso, finalmente, fazer as seguintes observações quanto ao ato individual pelo qual a Administração realiza o lançamento tributário: conforme foi examinado no ponto anterior (referente à atuação administrativa geral e abstrata), os arts. 146 e 149 do CTN estabelecem limites à revisão do lançamento por parte das autoridades administrativas. Apenas os erros de fato ensejam a sua retificação. As questões referentes a "nova" interpretação da legislação tributária não autorizam a mudança do ato estatal consumado que diga respeito aos fatos geradores ocorridos.

6.3.4 Considerações finais

As observações acima expostas quanto à irretroatividade dos atos do Poder Executivo permitem fazer as seguintes conclusões parciais: I – A anulação, com efeitos retroativos, da atuação administrativa vantajosa ao contribuinte não pode ser definida apenas em razão da sua irregularidade formal, ainda que tal problema seja de conhecimento do contribuinte. II – Para decidir-se sobre tal anulação e sobre os seus efeitos, caso ela venha a ser decretada, é necessária a consideração dos critérios de aplicação do princípio da irretroatividade em seu conjunto: a carência quanto a elementos como a aparência de legitimidade, a vinculação das manifestações administrativas (gerais e abstratas), assim como a eventual falta de pretensão de permanência do ato devem ser compensadas pela presença, em grau elevado, de outros elementos, tais como a individualidade do ato estatal, a sua longa durabilidade no tempo, a sua onerosidade, bem como a restrição aos direitos individuais provocada pela anulação do ato. III – A aplicação do princípio da irretroatividade aos casos de manifestações estatais inválidas pode determinar tanto que o ato inválido seja anulado com efeitos apenas para o futuro, quanto que, excepcionalmente, o ato seja preservado – tendo atuação decisiva, para o caso desta última hipótese, o elevado grau de dependência do contribuinte com relação à manutenção dos efeitos da manifestação estatal irregular. IV – Com relação à atuação administrativa geral e abstrata, a consideração da segurança jurídica em seu sentido objetivo (como exigência de credibilidade do ordenamento

---

90. Marongiu, 2010, p. 154.

jurídico) pode levar à proibição de retroatividade. V – A revisão do posicionamento administrativo e a revogação de atos por conveniência e oportunidade da Administração, por terem a aptidão de atingirem restritivamente a disposição planejada de direitos fundamentais que foi iniciada no passado e que se prolonga no tempo, submete-se aos limites estabelecidos pelo princípio da irretroatividade, observada a atuação dos seus critérios de aplicação.

6.4 Proibição de retroatividade e o Poder Judiciário: a mudança com relação aos precedentes

6.4.1 Considerações iniciais

A vinculação do Poder Judiciário aos seus precedentes é uma exigência que decorre, principalmente, dos princípios da igualdade e da segurança jurídica, conforme é demonstrado a seguir. As Cortes judiciais devem dar a mesma solução jurídica adotada em casos do passado para as situações idênticas que ocorrem no presente e que vierem a ocorrer no futuro.

Em que pese isso, a modificação de precedentes é inerente às atividades de interpretação de eventos e de dispositivos e de reconstrução de sentidos normativos exercidas pelos tribunais. O Poder Judiciário deve estar aberto à correção de equívocos produzidos em decisões anteriores ou, até mesmo, apto a avaliar novos argumentos até então não enfrentados.[91] Como destaca Larenz,

> os tribunais podem abandonar a sua interpretação anterior porque se convenceram que era incorreta, que assentava em falsas suposições ou em conclusões não suficientemente seguras.[92]

Além disso, é natural que as Cortes Supremas tratem de novas questões sociais e que evoluam e aperfeiçoem a sua compreensão sobre determinada matéria.[93] Ainda que tais modificações sejam possíveis, sua realização pressupõe a existência e a demonstração precisa de fundamentos pelos quais elas são feitas.[94] Para que uma Corte supere um dos seus precedentes é preciso que haja, como afirma Schauer, uma "especial

---

91. Ávila, 2014b, p. 478.
92. Larenz, 1997, p. 498.
93. Mitidiero, 2013, pp. 105-106.
94. Sampford, 2006, p. 177.

justificação".⁹⁵ É necessário, por exemplo, que ocorra a reconsideração de determinados aspectos fático-jurídicos que eventualmente não foram tomados como relevantes na decisão anterior e que, agora, o são. O certo é, portanto, que a possibilidade de alteração dos precedentes é inerente à evolução jurisprudencial e à necessidade de adaptação do Direito às mudanças que a realidade apresenta.

Nesse contexto, a aplicação da irretroatividade aos casos de mutações dos precedentes não impede que haja a alteração destes. A referida norma jurídica determina que a mudança seja suave e que ela não rompa abruptamente com o passado. A irretroatividade, conforme será demonstrado adiante, visa a assegurar o respeito ao exercício da liberdade que foi causalmente alicerçado nos precedentes superados. Mudar não é, por si só, o problema. A mudança pode ser boa e, até mesmo, favorável ao contribuinte. Mudar é possível, desde que haja respeito aos direitos fundamentais cujo exercício foi baseado na confiança de estabilidade das decisões alteradas. Daí por que o acerto da afirmação de Ávila: o problema "não é a mudança em si, mas os seus efeitos".⁹⁶

O Supremo Tribunal Federal reconheceu os efeitos nocivos que as guinadas de entendimento judicial podem causar, ao afirmar que o

> quadro de divergências decisórias, especialmente porque delineado no âmbito da Suprema Corte, compromete um valor essencial à instabilidade das relações entre o Poder Público, de um lado, e os contribuintes, de outro, gerando situação incompatível com a exigência de segurança jurídica (...).⁹⁷

Diante desse panorama, as seguintes indagações com relação à proibição de retroatividade das modificações de precedentes devem ser colocadas: os precedentes das Cortes Supremas configuram uma base normativa confiável para o exercício da liberdade e da propriedade por parte dos indivíduos em geral? O que deve ser entendido por "mudança dos precedentes" (superação total ou parcial dos precedentes) e em que consiste, na realidade, a eficácia retroativa das decisões judiciais? Como atuam as regras e o princípio da irretroatividade especificamente no caso das mudanças de precedentes?

95. Frederic Schauer, *Thinking Like a Lawyer: a New Introduction to Legal Reasoning*, Cambridge: Harvard University, 2009, eBook Kindle Edition, pos. 816 de 3538.
96. Ávila, 2014b, p. 479.
97. AC/QO 1.886, 2ª Turma, Rel. Min. Celso de Mello, *DJe* 7.11.2008.

Há, é verdade, outras questões que se relacionam com o tema da modificação jurisprudencial, tais como o controle referente aos pressupostos que autorizam a superação de um precedente. Contudo, a análise que segue restringe-se ao enfrentamento das indagações acima formuladas, em razão de elas representarem uma delimitação do conteúdo que o presente trabalho realmente se propõe a investigar.

6.4.2 Os precedentes e a sua força normativa como base para o exercício da confiança

As decisões judiciais, sabe-se, têm a aptidão de se voltarem ao passado.[98] No caso de uma ação com eficácia declaratória, por exemplo, o Poder Judiciário, ao solucionar o caso, profere decisão que verte efeitos sobre atos e fatos realizados pelas partes do processo antes de a referida decisão ser prolatada. Esses efeitos, como será demonstrado a seguir, não se referem propriamente à eficácia retroativa que a CF/1988 veda em razão da irretroatividade aqui estudada. Cuida-se, na realidade, de uma eficácia que retrata a relação necessária que as decisões judiciais mantêm com o passado.[99] Trata-se de algo típico da função jurisdicional.[100]

Contudo, além dessa vocação de se voltarem naturalmente ao tempo pretérito e de se destinarem a certos indivíduos que compõem a relação jurídica processual, os pronunciamentos judiciais podem cumprir outro papel importantíssimo: eles podem configurar uma base normativa capaz de guiar as condutas humanas em geral, a serem adotadas tanto no presente quanto no futuro. É certo afirmar, por exemplo, que uma decisão final (transitada em julgado) do Supremo Tribunal Federal em sede de recurso extraordinário com repercussão geral reconhecida normatiza a situação das partes do processo no qual ela é proferida. Todavia, é igualmente acertado dizer que os efeitos de tal decisão transcendem o interesse dos sujeitos da relação processual. A decisão serve de base normativa para que outros indivíduos configurem o seu curso comportamental alicerçados na confiança de que o Poder Judiciário manterá o mesmo entendimento para os casos futuros e iguais ao que foi decidido.

Essa eficácia geral e futura de certas decisões judiciais decorre, principalmente, das seguintes razões. A delimitação do conteúdo de uma norma jurídica, conforme sustentado ao longo desta obra, é resultado de

---

98. Mastroiacovo, 2005a, p. 321.
99. Ávila, 2014b, p. 491.
100. Mastroiacovo, ob. cit., p. 321.

um processo discursivo de interpretação de enunciados normativos. Tal processo discursivo é realizado também pelos Tribunais. O exercício da jurisdição, mais precisamente pelas Cortes Supremas (STF e STJ), abrange a realização da atividade de reconstrução da ordem jurídica mediante a outorga de sentido aos textos e aos elementos não textuais desse ordenamento.[101] Ao decidirem determinado caso, essas Cortes realizam escolhas interpretativas. Por meio dessas escolhas, as Cortes definem, dentre os possíveis sentidos que poderiam ser empregados aos enunciados normativos por elas examinados, aquele que deve ser objeto de estipulação. Nas palavras de Derzi, a "decisão judicial configura o fechamento da plurissemia da linguagem da norma legal"[102] e, assim, cria o Direito.[103] A decisão judicial cumpre, nesse contexto, a função de precisar o sentido do enunciado normativo interpretado diante de certo quadro fático existente.

Por precisarem o conteúdo normativo em relação a determinados casos cuja solução é universalizável para os demais, as decisões proferidas pelas Cortes Supremas reconstroem "normas jurídicas gerais" a serem aplicadas futuramente sobre o mesmo objeto. Tais normas podem ser denominadas de *precedentes*, assim considerados os atos normativos com alto grau de vinculação para o Poder Judiciário e para a sociedade, segundo os quais é realizada a justa interpretação da ordem jurídica.[104] O precedente é delimitado pela *ratio decidendi* constante do corpo da decisão judicial. Essa *ratio* consiste na norma expressa ou implicitamente dada pelo Magistrado como razão suficiente e necessária à solução de um caso.[105] Identificar a *ratio decidendi* significa formular, a partir da decisão judicial dada, a norma geral da qual essa mesma decisão pode ser inferida. Trata-se de induzir, de uma decisão individual, uma norma geral que a justifica e que se torna capaz de regular os casos iguais a serem examinados no futuro.[106] É um processo de universalização que transcende a particularidade do caso.[107] Os precedentes, portanto, como universalização de razões de decidir, vinculam o Poder Judiciário com

101. Mitidiero, 2013, p. 52.
102. Derzi, 2009, p. 266 e p. 587.
103. Ibid., p. 587.
104. Mitidiero, ob. cit., pp. 102 e ss.
105. Maccormick, 2003, p. 215; Mitidiero, ob. cit., p. 104.
106. Guastini, 2011, p. 264; vide, também: Derzi, 2009, pp. 257-258, pp. 290-291.
107. Peczenik, 2008, p. 273; Schauer, 2009, pos. 2149 e 2150 de 3538.

relação à sua observância futura e, desse modo, criam confiança na estabilidade normativa.[108] Em outras palavras: eles estabilizam determinado entendimento jurisprudencial.

Essa eficácia vinculante e geradora de confiança dos precedentes está fundamentada no ordenamento jurídico brasileiro.[109] Isso porque a referida vinculação visa a promover a igualdade, mais precisamente a coerência temporal das manifestações do Poder Judiciário, de modo que casos iguais sejam decididos igualmente ao longo do tempo (art. 5º, *caput* e preâmbulo, da CF/1988).[110]

Além disso, o caráter vinculante dos precedentes judiciais visa a tornar a ordem jurídica cognoscível, calculável e confiável, isto é, visa a torná-la uma ordem juridicamente *segura* (art. 5º, *caput* e preâmbulo, da CF/1988).[111] *Cognoscível*, porque os precedentes contribuem para a determinabilidade do conteúdo normativo. Sabe-se qual é a norma que regula determinada circunstância de fato. *Calculável*, porque os precedentes possibilitam a previsão do espectro de consequências jurídicas a que o cidadão estará submetido no futuro por praticar, no presente, determinados atos e fatos. E *confiável*, porque os precedentes contribuem para a estabilidade e continuidade normativas. Eles permitem configurar um estado de coisas em que o tratamento dos casos é uniforme e constante. Tais considerações envolvendo a igualdade e a segurança jurídica explicam o porquê da afirmação de Larenz sobre o tema, segundo o qual

> se os Tribunais interpretassem a mesma disposição em casos similares ora de uma maneira, ora de outra, tal estaria em contradição com o postulado da justiça de que *os casos iguais devem ser tratados de igual modo*, assim como com *a segurança jurídica* a que a lei aspira.[112]

---

108. Schauer, 2009, pos. 2166 de 3538. Segundo Schauer: "It is an important consequence of the generality of reasons that a person (or a court) who gives a reason for a decision is typically committed to that reason on future occasions. (...) And thus, when in law a court gives a reason for a decision, it is expected to follow that reason in subsequent cases falling within the scope of the reason articulated by the court on the first occasion".

109. Sobre a força normativa dos precedentes, vide: Luiz Guilherme Marinoni, *Precedentes Obrigatórios*, 2ª ed. São Paulo: Ed. RT, 2011, pp. 120 e ss.

110. Ibid., pp. 141 e ss.

111. Mitidiero, 2013, p. 103.

112. Larenz, *Metodologia da Ciência do Direito*, 3ª ed., trad. José Lamego, Lisboa: Calouste Gulbenkian, 1997, p. 442. No mesmo sentido: Aleksander Peczenik, *On Law and Reason*, 2ª ed., Springer, 2008, p. 274.

Consequentemente à promoção da igualdade e da segurança jurídica, a CF/1988 visa a criar um estado de coisas propício ao exercício da liberdade individual (arts. 1º, 3º, I, 5º, XIII, da CF). De acordo com o que foi examinado em outras partes deste trabalho, um ordenamento jurídico cognoscível, calculável e estável é condição necessária para que o indivíduo possa fazer planos de vida e se autodeterminar como pessoa humana digna. Todas essas afirmações demonstram, pois, que o ideal de vinculação do Poder Judiciário aos seus precedentes é uma finalidade específica que pode ser deduzida a partir de normas jurídicas que estabelecem fins mais abrangentes, como os acima mencionados (relacionados à liberdade, à igualdade e à segurança jurídica).

Além desses fundamentos, o ideal de vinculação do Poder Judiciário aos seus pronunciamentos pode ser relacionado a outros dispositivos do ordenamento. Segundo estabelece a CF/1988, o Supremo Tribunal Federal e o Superior Tribunal de Justiça são as Cortes judiciais responsáveis pela criação dos precedentes nos seus respectivos âmbitos de atuação. Ao STF, a CF/1988 atribui, de um lado, a competência para dar uniformidade ao entendimento judicial com relação às normas constitucionais, conforme estabelecem os arts. 102, 103 e 103-A.

Parte dos pronunciamentos desse tribunal são, segundo o ordenamento jurídico, formalmente vinculantes. As decisões proferidas no controle concentrado de constitucionalidade, as decisões emitidas no controle difuso de constitucionalidade, em relação às quais há a resolução do Senado Federal prevista no art. 52, X, da CF/1988, as súmulas vinculantes e as medidas cautelares previstas pela Lei 9.868/1999 vinculam os demais membros do Poder Judiciário e a Administração Pública com relação ao que elas estabelecem.

Por outro lado, a CF/1988 atribui ao STJ o poder de uniformização do posicionamento jurisdicional no que diz respeito à interpretação da lei federal, segundo dispõe o art. 105, III, "a" e "c", da CF. Quanto às decisões do STJ, há mecanismos na legislação processual civil que visam a assegurar sua eficácia para além de um caso concreto, conforme se verifica, por exemplo, nos arts. 518, § 1º, 543-C e 557, *caput* e § 1º-A do CPC/1973, correspondentes aos arts. 932, IVe V, e 1.036, do CPC/2015. Essas referências aos aludidos enunciados normativos permitem demonstrar que as normas jurídicas a eles reconduzidas visam a concretizar o ideal de uniformidade de entendimento e de vinculação aos precedentes, tanto no que se refere ao STF, quanto no que diz respeito ao STJ. Ou seja, a partir dos comportamentos prescritos por essas normas pode-se induzir exatamente o ideal da igualdade de tratamento entre os casos iguais e os ideais buscados pela segurança jurídica em seus três elementos, conforme referido anteriormente. Vale dizer, pode-se induzir a eficácia geral e vinculativa dos precedentes.[113]

É, portanto, dessa conjugação de elementos que resulta a força vinculante dos precedentes e é em razão também dessa força que deve ser tutelada a confiança do cidadão que acreditou na estabilidade desses precedentes para dispor dos seus direitos.[114]

O que essas ligeiras considerações pretendem demonstrar é que a força normativa, geral e futura, dos precedentes foi, sim, estabelecida pelo Direito no Brasil. E que, em razão disso, emerge o dever para o Estado de respeitar as disposições de liberdade e de propriedade realizadas pelos cidadãos com base nesses precedentes. Isso não significa, todavia, que não possa haver divergência jurisprudencial, por exemplo, entre órgãos do mesmo tribunal.[115] Pode, evidentemente, haver. Porém, essas divergências não devem implicar desrespeito à solução jurídica já definida pelos precedentes.[116]

Pode, também, haver modificações devidamente justificadas dos precedentes, conforme será tratado a seguir. Contudo, essas modificações de precedentes devem projetar efeitos gerais de modo a respeitar o exercício de direitos realizado em razão do precedente modificado, nos termos em que será investigado também a seguir. O certo é que a força normativa dos precedentes decorre não da percepção de que eles são ou não são "corretos" e de que, por isso, seria aconselhável segui-los, mas do reconhecimento institucional de que eles representam a *reconstrução de normas gerais com efeitos presentes e futuros*.[117] Respeitar os precedentes e tutelar o exercício da liberdade realizado em razão deles não é, portanto, uma questão de "convencimento" e de "persuasão" quanto à solução por eles proposta. É, isto sim, uma questão de dever de promoção da igualdade, da segurança jurídica e da liberdade individual.

---

113. Sobre essa eficácia geral concretizada em outros países: na Áustria: Rabel-Ehrke, 2013, p. 175; na Alemanha, Hey, 2013, p. 251.

114. Vide Derzi, 2009, p. 271 e p. 291. Marinoni, 2011, p. 137.

115. Por "divergência jurisprudencial", entenda-se, aqui, o que ocorre quando "*dois órgãos do mesmo Tribunal manifestam entendimentos dissonantes, mas ainda não transitados em julgado ou uniformizados por decisão superior*" (grifo nosso). Vide a definição em Ávila, 2014b, p. 487

116. Mitidiero, 2013, p. 108.

117. Sobre a autoridade dos precedentes em razão de obrigarem as Cortes a seguirem-nos, vide: Schauer, 2009, pos. 554 e 808 de 3538.

O papel desempenhado pelos precedentes no ordenamento jurídico brasileiro e o dever de tutelar a confiança daqueles que acreditaram na sua estabilidade foram objeto de considerações por parte do STF Ao tratar, mais precisamente, dos seus precedentes, o tribunal afirmou que:

> Os precedentes firmados pelo Supremo Tribunal Federal desempenham múltiplas e relevantes funções no sistema jurídico, pois lhes cabe conferir previsibilidade às futuras decisões judiciais nas matérias por eles abrangidas, atribuir estabilidade às relações jurídicas constituídas sob a sua égide e em decorrência deles, gerar certeza quanto à validade dos efeitos decorrentes de atos praticados de acordo com esses mesmos precedentes e preservar, assim, em respeito à ética do Direito, a confiança dos cidadãos nas ações do Estado. – *Os postulados da segurança jurídica e da proteção da confiança, enquanto expressões do Estado Democrático de Direito, mostram-se impregnados de elevado conteúdo ético, social e jurídico, projetando-se sobre as relações jurídicas, inclusive as de direito público, sempre que se registre alteração substancial de diretrizes hermenêuticas, impondo-se à observância de qualquer dos Poderes do Estado e, desse modo, permitindo preservar situações já consolidadas no passado e anteriores aos marcos temporais definidos pelo próprio Tribunal* (destaque nosso).[118]

O que todas as considerações feitas acima visam, principalmente, a demonstrar é, em suma, o seguinte: *primeiro*, que os precedentes criados pelas Cortes Supremas (STF e STJ) estabilizam, por meio da coisa julgada, a relação jurídica das partes do processo em que eles foram gerados, criando, por isso, confiança na sua permanência por razões objetivas (coisa julgada); *segundo*, os precedentes criados pelas Cortes Supremas (STF e STJ), além do efeito individual acima mencionado, configuram bases normativas cognoscíveis quanto ao seu conteúdo normativo, calculáveis com relação aos seus efeitos futuros e confiáveis quanto à sua permanência e observância pelo Poder Judiciário no futuro, de tal modo que se tornam fundamentos capazes de induzir os comportamentos dos indivíduos em geral nas situações por elas abrangidas e de tal modo que criam, para o Estado, o dever de respeitar a confiança desses indivíduos que agiram em razão de tais bases (tutela individual por razões subjetivas).[119]

Assentadas essas premissas, cumpre, agora, analisar em que consiste a modificação retroativa dos precedentes.

118. MS 26.603, Rel. Min. Celso de Melo, Tribunal Pleno, *DJe* 18.12.2008.
119. Derzi, 2009, p. 597.

6.4.3 Conceito de mudança retroativa dos precedentes

Antes de examinar propriamente em que consiste a eficácia retroativa das decisões judiciais, é preciso definir o que deve ser entendido por "mudança de precedentes". Há alguns requisitos que devem ser verificados para que ocorra efetivamente uma *mudança de precedentes*.

Em primeiro lugar, só há mudança de precedentes nos casos em que o Poder Judiciário emite duas decisões contraditórias e definitivamente eficazes no tempo sobre o mesmo objeto, sendo uma, a primeira, modificada, e outra, a segunda, modificadora. Trata-se de decisões conflitantes sobre a mesma matéria. A identidade da matéria é constatada em razão de estarem presentes os fundamentos jurídicos e as situações fáticas iguais em ambos os casos. Há fundamentos jurídicos iguais nas hipóteses em que o tribunal analisa os mesmos enunciados normativos nos dois casos para, a partir deles, estipular o significado da premissa normativa da decisão. Há, por outro lado, identidade quanto aos fatos na hipótese em que a situação fática nos dois casos é rigorosamente a mesma. A ausência desses elementos de identidade não permitem reconhecer, a rigor, uma mudança de precedentes.

Não há mudança de jurisprudência nos casos em que o Poder Legislativo promove a alteração dos enunciados normativos de uma determinada lei e, por forca disso, o tribunal reexamina a matéria. A alteração da lei cria novos objetos de interpretação (novos textos ou textos modificados) e, por sua vez, novas possibilidades de estipulação de significados por parte do Poder Judiciário com base em textos diferentes, o que altera o ponto de partida para a identificação das premissas normativas. Nesse caso não há mudança de jurisprudência, pois a alteração legislativa altera também o objeto da decisão.

Veja-se, a esse respeito, a decisão proferida pelo Supremo Tribunal Federal nos autos do CC 7.204/MG, pela qual foi fixada a competência da Justiça do Trabalho para processar e julgar as ações de indenização por danos morais e patrimoniais decorrentes de acidente do trabalho propostas pelo empregado contra o empregador. O STF tinha, até então, entendimento firme no sentido de que a competência, nessas causas, era da Justiça estadual. Contudo, após o advento da EC 45/2004, a qual deu nova redação ao art. 114 da CF, a competência material da Justiça do Trabalho em tais ações foi expressamente firmada. Embora a redação anterior do dispositivo tenha sido invocada também para fundamentar a evolução de entendimento, a nova redação do enunciado normativo do art. 114 foi decisivamente considerada no julgamento, como se vê da página

339 do acórdão.[120] Ou seja, o fundamento normativo foi alterado. Por tal razão, não houve, nesse caso, a rigor, uma modificação de precedentes.

É preciso, nesse contexto, que o tribunal dê, para um caso envolvendo a mesma situação fática e os mesmos fundamentos normativos já examinados no passado, nova solução, contraditória com a solução apresentada anteriormente.[121] Em outras palavras: o tribunal, diante do mesmo enunciado normativo analisado por ele no passado e dos mesmos eventos considerados na decisão anterior, modifica a norma jurídica que foi construída na decisão modificada.[122] Sob esse aspecto, pode-se afirmar que as mudanças de precedentes são, na realidade, mudanças normativas, que alteram a *ratio decidend*.[123] Mais precisamente, a mudança dos precedentes caracterizadora do entendimento contrário é aquela que se dá nos casos em que o tribunal, na "nova" decisão, reconstrói o conteúdo da premissa normativa adotada na decisão anterior; e/ou modifica a qualificação jurídica que foi atribuída pela decisão superada à situação fática examinada no passado; e/ou, ainda, altera as consequências jurídicas prescritas pela decisão modificada para a qualificação jurídica por esta atribuída.[124]

Enquadram-se na definição de "mudança", tal como aqui caracterizada, as categorias da superação total dos precedentes (*overruling*) e a sua alteração parcial (*overturning*).[125] O tribunal, portanto, por meio da atividade de interpretação e de argumentação, reconsidera os significados de determinados enunciados normativos e/ou a qualificação jurídica sobre certos eventos. E, ao fazê-lo, altera as consequências jurídicas prescritas pela decisão modificada.

120. CC 7.204/MG, Rel. Min. Ayres Britto, Tribunal Pleno, *DJU* 9.12.2005. No mesmo sentido (relativamente à modificação do fundamento normativo), vale conferir o caso envolvendo a alteração de entendimento do STF quanto à progressividade fiscal no imposto sobre a propriedade territorial urbana. O STF tinha posicionamento no sentido de que, por se tratar de imposto real, não seria aplicável a referida progressividade (RE 153.771, Rel. Min. Moreira Alves, Tribunal Pleno, *DJU* 5.9.1997). Contudo, em razão da nova redação da CF/1988, estabelecida pela EC 29/2000, o quadro normativo foi alterado. Mais precisamente, o *fundamento normativo* foi alterado. Isso porque a CF passou a admitir a cobrança progressiva do aludido tributo (RE 423.768/SP, Rel. Min. Marco Aurélio, Tribunal Pleno, *DJe* 10.5.2011).

121. Ávila, 2014b, p. 481.
122. Derzi, 2009, p. 586.
123. Ibid., p. 260.
124. Ávila, 2014b, pp. 487-488.
125. Sobre a superação total e a alteração parcial dos precedentes, vide: Mitidiero, 2013, pp. 106-107.

Em segundo lugar, para que haja uma "mudança de precedentes" é preciso que a decisão modificadora altere uma decisão transitada em julgado. Isso porque a consolidação formal e material de uma decisão pelo seu transito em julgado é que torna definitivo o resultado por meio dela estabelecido. É a partir de tal momento que o pronunciamento será definitivo quanto à sua eficácia e quanto ao seu alcance. Somente depois de coberta pela coisa julgada é que, em tese, a decisão está pronta e, pelo menos pelos meios recursais ordinários, imodificável. A decisão transitada em julgado fixa, dentre os possíveis sentidos interpretativos que podem ser estipulados para determinado enunciado normativo, qual deles é o mais correto e coerente.

A esse respeito, o STF deixou de configurar uma *mudança de precedentes* no caso que envolveu a alteração do posicionamento do tribunal quanto à utilização de créditos de IPI sobre insumos e matérias-primas adquiridos com isenção, alíquota zero ou não tributados. O caso, cujos acontecimentos podem ser divididos em *três momentos* distintos no tempo, consiste no seguinte:

– em um *primeiro momento*, no ano de 1998, o Tribunal Pleno do STF proferiu decisão no sentido de reconhecer o direito de crédito de IPI nas hipóteses de aquisição de insumos beneficiados pelo regime de isenção. Em tal oportunidade, o exame feito pelo tribunal cingiu-se exclusivamente à questão envolvendo os casos de insumos adquiridos com isenção. Não foram examinadas, nesse momento, as hipóteses de compra de insumos com alíquota zero e das compras não tributadas. A decisão foi prolatada no RE 212.484/RS e transitou em julgado em 10.12.1998;[126]

– em um *segundo momento*, no ano de 2002, o Supremo Tribunal Federal voltou a examinar o tema dos créditos de IPI nas aquisições de insumos e matérias-primas. Em tal oportunidade, o tribunal proferiu três decisões ampliando o objeto do precedente datado de 1998. O STF equiparou a isenção à alíquota zero e, quanto a ambas, reconheceu o direito de crédito aos contribuintes com relação à compra dos insumos. Tal entendimento foi proferido nos RE 350.446/PR, 353.668/PR e 357.277/RS (julgados ao longo de 2002);[127]

126. Rel. p/Acórdão Min. Nelson Jobim, Tribunal Pleno, *DJU* 27.11.1998.

127. Eis a ementa do acórdão proferido nos autos do RE 350.446/PR (Rel. Min. Nelson Jobim, Tribunal Pleno, j. 18.12.2002, *DJU* 6.6.2003): "CONSTITUCIONAL. TRIBUTÁRIO. IPI. CREDITAMENTO. INSUMOS ISENTOS, SUJEITOS À ALÍQUOTA ZERO. *Se o contribuinte do IPI pode creditar o valor dos insumos adquiridos sob o regime de isenção, inexiste razão para deixar de reconhecer-lhe o mesmo direito na aquisição de insumos favorecidos pela alíquota zero,* pois nada extrema, na prática, as refe-

– em um *terceiro momento*, já em 2007, o tribunal modificou o entendimento que vinha sendo manifestado até então. O STF decidiu pela inexistência do direito ao creditamento de IPI nas hipóteses de aquisição de insumos com alíquota zero, não tributados e isentos. A "nova" decisão foi proferida no RE 370.682/SC e, posteriormente, voltou a exame no julgamento dos Embargos de Declaração.[128] Na ementa do acórdão emitido em sede de julgamento dos embargos declaratórios, foi expressamente assentado pelo Tribunal Pleno do STF que:

> Não há direito a crédito presumido de IPI em relação a insumos isentos, sujeitos à alíquota zero ou não tributáveis.

Com relação à eficácia da decisão proferida no RE 370.682/SC (se *ex tunc* ou *ex nunc*), observe-se que o tribunal deixou de atribuir efeitos prospectivos ao julgado. Isso porque, dentre os pontos debatidos na questão de ordem na qual o tema da modulação dos efeitos foi discutido, não teria ocorrido, segundo o STF, uma mudança efetiva de precedentes a exigir a não retroação dos efeitos da decisão prolatada. É que os acórdãos cujos casos foram apreciados pelo tribunal em 2002 ainda não haviam transitado em julgado, razão pela qual o entendimento anterior do STF não teria se consolidado como precedente. As palavras do Min. Eros Grau a esse respeito são as seguintes:

> Recebi em meu gabinete memorial da Procuradoria da Fazenda Nacional no qual se demonstra que nenhuma decisão a respeito do tema, a alíquota zero, transitou em julgado. Como se falar, destarte, em mudança de jurisprudência que jamais foi fixada? Isso consubstanciaria um autêntico *non sense*. (...)
>
> *Não houve, no caso, mudança de jurisprudência desta Corte, visto que ela – essa jurisprudência – não fora estabelecida* (destaque nosso).[129]

---

ridas figuras desonerativas, notadamente quando se trata de aplicar o princípio da não cumulatividade. A isenção e a alíquota zero em um dos elos da cadeia produtiva desapareceriam quando da operação subsequente, se não admitido o crédito. Recurso não conhecido" (grifo nosso).

128. RE 370.682/SC, Rel. p/Acórdão Min. Gilmar Mendes, Tribunal Pleno, *DJe* 18.12.2007 e RE 370.682-ED/SC, Rel. p/Acórdão Min. Gilmar Mendes, Tribunal Pleno, *DJe* 16.11.2010. Note-se que da ementa do acórdão pelo qual foram julgados os embargos de declaração opostos, foi feita menção expressa aos casos de isenção.

129. RE 370.682/SC, Rel. p/Acórdão Min. Gilmar Mendes, Tribunal Pleno, *DJe* 18.12.2007.

O Ministro Marco Aurélio, por sua vez, afirmou que:

> Então não cabe dizer que o Supremo assentou, mediante acórdão coberto pela coisa julgada, o direito ao creditamento. A matéria estava pendente de decisão final pelo Plenário (p. 517 do acórdão).

Finalmente, o Min. Sepúlveda Pertence concluiu que:

> A Fazenda não deixou nunca que o tema morresse, e o destino do que eu não diria virada de jurisprudência, mas de reversão de um precedente, é o que se veio a dar, em função da mudança da composição do Tribunal e da rediscussão longa do assunto, nesses casos em que hoje se suscita a questão de ordem (p. 576 do acórdão).

O STF, portanto, deixou de reconhecer a existência de uma verdadeira mudança de precedentes, pois não teria sido constituída, segundo o tribunal, a coisa julgada nas decisões "modificadas".

Com relação à conclusão a que chegou o STF, todavia, é necessário fazer as seguintes considerações. Quanto ao tema dos créditos de IPI referentes às aquisições de insumos sujeitos à alíquota zero e os insumos não tributáveis, efetivamente não houve uma autêntica mudança de precedentes. Isso porque a decisão que foi alterada não chegou a constituir precedente. Como ressaltou o Min. Eros Grau, as decisões judiciais emitidas nos autos dos RE 350.446/PR, 353.668/PR e 357.277/RS – que asseguravam o direito ao crédito nessas duas hipóteses – não haviam transitado em julgado quando ocorreu a guinada de entendimento estabelecida no RE 370.682/SC – o qual deixou de assegurar o referido direito ao crédito. Logo, não havia propriamente um precedente que pudesse ser universalizado como "norma jurídica" geral e com pretensão de estabilidade.

Todavia, a conclusão acima exposta se altera com relação à hipótese de aquisição de insumos isentos. Isso porque o STF havia, aqui sim, em 1998, constituído precedente ao estabelecer uma norma geral no sentido de que

> não ocorre ofensa à CF (art. 153, § 3º, II) quando o contribuinte do IPI credita-se do valor do tributo incidente sobre insumos adquiridos sob o regime de isenção (trecho da ementa do RE 212.484/RS).

Essa decisão, como foi dito acima, transitara em julgado ainda em 1998. Sendo assim, a alteração do seu conteúdo por meio do RE 370.682/

SC representou autêntica modificação de precedentes. A "norma" relativamente à aquisição de insumos *isentos* que fora construída judicialmente em 1998 sofreu alteração. Ainda que os Ministros do STF tenham debatido sobre se o RE 370.682/SC contemplava a proibição de creditamento também com relação aos insumos *isentos* (vide pp. 539 a 531 do acórdão), o certo é que, conforme mencionado acima, por ocasião do julgamento dos embargos de declaração opostos pelo contribuinte, a contradição de precedentes quanto ao presente tema (dos insumos isentos) ficou inequivocamente clara. O seguinte trecho do voto do Min. Gilmar Mendes, Relator do processo em tais embargos, é esclarecedor a esse respeito:

> Diversamente do que vinha entendendo até então, com destaque para o julgamento do RE 212.484, Redator p/ acórdão Min. Nelson Jobim, esta Corte decidiu *que toda e qualquer hipótese exonerativa (isenção, alíquota zero ou não tributação) não gera crédito para a compensação com o montante devido na operação subsequente* (voto do Relator – destaque nosso).

Não restou dúvida, portanto, quanto à mudança de precedentes relativamente ao ponto acima mencionado. O precedente modificado (RE 212.484/RS) e o precedente modificador (RE 370.682/SC) trataram dos mesmos fundamentos jurídicos e de idêntica situação de fato, porém com soluções jurídicas contraditórias entre si no que diz respeito ao direito do contribuinte de creditar-se de IPI com relação aos insumos adquiridos com isenção. O precedente modificado assegurou o direito ao crédito, enquanto o modificador, não. Por tal razão, configurou-se, nesse ponto específico, a mudança de precedentes que ensejaria a proteção da confiança e, desse modo, a aplicação da proibição de retroatividade, independentemente da solução geral dada pelo tribunal quanto à eficácia *ex tunc* atribuída à decisão final do RE 370.682/SC.

Ainda com relação à necessidade de trânsito em julgado da decisão modificada para que se possa admitir uma mudança de precedentes, é preciso fazer as seguintes considerações. Não se desconhece que a decisão produza efeitos antes mesmo de transitar em julgado. Depois de publicada, ela se torna apta para tanto. Contudo, tais efeitos podem ser alterados. Trata-se de uma decisão precária, cujo conteúdo pode ser modificado pelos meios ordinários para sua impugnação. Sendo assim, o contribuinte que guia o seu comportamento com base numa decisão que ainda desafia recurso e que, por isso, pode sofrer modificação em seu conteúdo, assume o risco pela eventual mudança de posicionamento do Poder Judiciário. Registre-se, ainda, que a coisa julgada não é voltada apenas à tutela dos direitos em uma dimensão particular, vale dizer, em uma dimensão que afeta as partes do processo.[130] Ela serve também, reflexamente, para delimitar o ponto a partir do qual a *ratio decidendi* formulada com base na decisão judicial estabilizada torna-se imodificável e, por isso, digna de confiança. Por todas essas razões, para que haja, efetivamente, uma modificação de precedentes, é preciso que a decisão alterada apresente a qualidade que a estabiliza no tempo: a coisa julgada.

Em terceiro lugar, para que haja mudança jurisprudencial é preciso que as decisões objeto de comparação tenham sido proferidas pelo mesmo órgão judicial. Se o precedente é oriundo do Tribunal Pleno do STF, então somente esse órgão tem a competência para modificar sua decisão anterior. Por isso, a divergência de entendimento (divergência jurisprudencial), que consiste, por exemplo, na manifestação de posicionamentos diferentes por duas turmas do mesmo tribunal, não caracteriza "modificação de precedente", conforme exposto anteriormente. Em face disso, é preciso registrar que, se o STF aprecia, sob a perspectiva constitucional, uma questão já decidida pelo STJ, mas ainda não transitada em julgado, e modifica o resultado final da decisão, então não há, nessa hipótese, modificação de precedente. Há, isto sim, o exercício da competência, pelo STF, de revisar as decisões de outro tribunal em razão da matéria debatida no caso.

As considerações acima expostas revelam, portanto, o que se deve considerar por mudança de precedentes para fins do presente trabalho. É preciso, agora, verificar em que consiste a eficácia retroativa de tal alteração.

Com relação à eficácia retroativa dos precedentes, é necessário diferenciá-la da eficácia declaratória das decisões judicias. A eficácia declaratória diz respeito aos efeitos que a decisão final do processo produz sobre os fatos narrados pelo contribuinte em sua petição inicial.[131] Trata-se, por isso, de fatos ocorridos antes de a decisão final ser proferida. Imagine-se, por exemplo, que o contribuinte ajuíze uma ação declaratória visando ao reconhecimento de que determinado tributo não incide sobre certos fatos por ele praticados. O pedido contempla a declaração de que nada é devido quanto aos fatos que foram realizados nos cinco anos anteriores ao ajuizamento da ação. O requerimento do contribuinte abrange, também, a declaração de que o tributo não deve ser pago para o futuro, isto é, que a não incidência se verifica igualmente a partir do início

---

130. Em sentido contrário: Mitidiero, 2013, p. 126.
131. Ávila, 2014b, p. 490.

da demanda judicial. Imagine-se que inexista precedente com relação ao objeto discutido nessa ação judicial e que, por fim, a sentença tenha julgado improcedente o pedido do contribuinte, para o fim de declarar a incidência do tributo na situação examinada. Nesse caso, é evidente que a decisão judicial terminativa do processo produzirá efeitos sobre os fatos praticados pelo autor da ação nos cinco anos anteriores ao ajuizamento do pedido. Tal efeito, contudo, não se refere à "eficácia retroativa" oriunda da mudança de precedentes que é aqui estudada. Trata-se, isto sim, de uma relação que a referida decisão tem necessariamente com o passado. O contribuinte terá de pagar o tributo relativamente ao período que antecedeu o início da ação. É por isso que, conforme Ehrke-Rabel, no exame de constitucionalidade de uma lei, a "decisão tem efeito retroativo para a pessoa que levou o caso perante o Tribunal".[132] Na realidade, o "efeito retroativo" a que a autora faz referência está compreendido na eficácia declaratória da decisão judicial. Essa eficácia volta-se naturalmente ao passado e atinge os atos e fatos praticados pelas partes antes de a decisão ter sido proferida.[133] Em tal hipótese, como afirma Ávila, o contribuinte não pode invocar a presença dos problemas inerentes à retroatividade legal no que diz respeito à cognoscibilidade e à calculabilidade do Direito. Isso porque o indivíduo, ao agir, conhece a norma que se destina a regular o seu caso e é capaz de medir, minimamente, as consequências jurídicas alternativas que a norma atribui aos seus atos.[134]

Essa situação é alterada, e aí os efeitos retroativos que ora interessam aparecem: se há mudança de precedentes e se o novo entendimento prejudica a disposição de direitos que se deu com base no precedente superado.[135]

Os efeitos retroativos emanados pelo precedente modificador são, na realidade, aqueles que implicam agravamento da situação do contribuinte comparativamente aos efeitos irradiados pelo precedente abandonado e que, sendo assim, prejudicam o exercício de direitos havido em razão deste. O contribuinte que confiou, e que podia efetivamente confiar no precedente alterado, haja vista tratar-se de uma base normativa geral e

132. Rabel-Ehrke, 2013, p. 175.
133. Derzi, 2009, p. 266.
134. Ávila, 2014b, pp. 493-494.
135. Luís Eduardo Schoueri e Aline Nunes dos Santos, "Reflexões sobre a modulação dos efeitos das decisões judiciais a partir da jurisprudência recente do Supremo Tribunal Federal", in Sacha Calmon Navarro Coêlho (Coord.), *Segurança Jurídica: Irretroatividade das Decisões Judiciais Prejudiciais aos Contribuintes*, Rio de Janeiro: Forense, 2013, pp. 107-126, p. 126.

abstrata, tem a sua confiança traída pela modificação do entendimento jurisprudencial.

O particular define o seu curso de comportamento e exerce os seus direitos guiado pela norma estabelecida pelo precedente modificado. Porém, acaba por ser regulado pelo precedente modificador, por ele desconhecido ao tempo da sua ação, o qual lhe é prejudicial comparativamente ao entendimento anterior. Nessa situação, há tanto o desconhecimento da norma jurídica que acaba por regular a conduta do contribuinte, quanto a imprevisibilidade relativamente à possibilidade de previsão das consequências jurídicas que podem ser emanadas dessa norma. A irretroatividade dos precedentes, nesse contexto, visa a proibir que o novo entendimento provoque a alteração das consequências jurídicas conectadas aos atos praticados pelo contribuinte com base no precedente anterior. Em outras palavras: o precedente "modificador" não deve ter a pretensão de regular os casos que já foram regulados pelo precedente "modificado".[136] Esse é o ponto principal.

Note-se, a respeito das considerações feitas acima, que a referida eficácia retroativa pode atingir o contribuinte tanto nos casos em que ele não é parte de processo algum, quanto nas situações em que ele integra uma relação processual na qual se debate questão idêntica àquela decidida no processo formador do novo precedente. Dois exemplos esclarecem o que se quer dizer.

Imagine-se, de um lado, o caso em que o contribuinte, mesmo sem ajuizar ação alguma, deixa de recolher determinado tributo baseado em súmula vinculante do STF. Tal súmula libera os contribuintes em geral do referido recolhimento. Nessa hipótese, se o entendimento consolidado na súmula é alterado pelo STF e o tributo, segundo o novo precedente, passa a ser devido, então a referida modificação não pode atingir os fatos geradores ocorridos antes da mencionada modificação, sob pena de haver a retroatividade. Concretamente, isso significa que é vedado ao Poder Público cobrar desse contribuinte o tributo relativamente aos fatos geradores ocorridos ao tempo em que o indivíduo seguiu a súmula posteriormente alterada.

Imagine-se, de outro lado, a hipótese em que o contribuinte ajuíze ação visando à declaração por parte do Poder Judiciário de que, na situação fática por ele narrada, não incide certo imposto. Imagine-se que o cidadão tenha sido levado a ajuizar o referido pedido em razão de o Tribunal Pleno do STF ter decidido um recurso extraordinário cuja ma-

136. Mitidiero, 2013, p. 126.

téria, com repercussão geral reconhecida, é idêntica àquela debatida no seu caso. Vale dizer, o STF tem precedente no sentido de que não incide o imposto exatamente no caso do contribuinte deste exemplo. Suponha-se que, em razão da existência do referido entendimento (consolidado), o contribuinte tenha cessado o pagamento do imposto e tenha deixado de efetuar o depósito judicial que suspendia a exigibilidade do tributo em discussão. Imagine-se, nesse quadro fático, que o STF modifique o seu procedente e que passe a entender que o aludido tributo incide em casos como o do mencionado contribuinte, de tal modo que o novo entendimento passe a ser aplicado já para o processo desse sujeito. Observe-se que, nesse segundo exemplo, o novo entendimento judicial não deve prejudicar o contribuinte cujo exercício de direitos foi baseado no entendimento modificado. Concretamente, isso significa que é vedado ao Poder Público cobrar o tributo de tal indivíduo com relação ao período que antecedeu a modificação do precedente, sob pena de causar retroatividade. O contribuinte praticou determinados atos guiado por certo precedente, mas acabou por ter esses atos valorados por outro precedente, o qual era por ele desconhecido ao tempo da adoção da sua estratégia de comportamento.

Quanto ao segundo exemplo acima referido, especificamente, é preciso fazer, ainda, uma advertência. A aplicação da proibição de retroatividade ao caso mencionado não significa que o contribuinte tenha direito subjetivo a determinado resultado em seu processo. Vale dizer, a existência do precedente que baseou o comportamento adotado pelo indivíduo dentro e fora do processo não assegura que a solução jurídica do seu caso seja proferida conforme o entendimento até então consolidado. Isso em razão de que, como dito anteriormente, o STF pode, excepcionalmente, modificar os seus precedentes. Se a modificação ocorrer no processo desse contribuinte ou em outro processo, sendo, neste último caso, anterior à decisão final a ser proferida na sua ação, então evidentemente o desfecho do caso de tal indivíduo seguirá o "novo" entendimento. Todavia – e aqui atua a irretroatividade –, é vedado que os efeitos desse novo entendimento judicial restrinjam o comportamento pretérito do contribuinte que foi guiado pelo precedente modificado. Se, por exemplo, o contribuinte deixou de realizar o recolhimento do tributo ao longo do seu processo, baseado na confiança quanto à manutenção do entendimento posteriormente superado, então o tributo deve ser exigido apenas para o futuro, isto é, a partir da consolidação da nova jurisprudência.

Em suma, a proibição de retroatividade não impede a modificação dos precedentes. Ela, em vez disso, condiciona temporalmente a produção de efeitos decorrentes dessa modificação.

Finalmente, é preciso afirmar o seguinte: mesmo nas situações em que os efeitos dos atos passados de disposição de direitos são verificados somente após a constituição do precedente modificador, o princípio da irretroatividade material atua para impedir que a nova decisão judicial prejudique o contribuinte (casos identificados pela doutrina como de "retrospectividade da modificação do precedente").[137] Isso significa que devem ser protegidos não apenas o exercício de direitos e os efeitos jurídicos a ele conectados que se verificaram antes da superação do precedente. A tutela jurídica, nesses casos, deve alcançar, como sustentado ao longo deste trabalho, também os atos de disposição de direitos e os seus respectivos efeitos, que se fundamentaram causalmente na base normativa modificada e que foram verificados somente após a modificação normativa ter ocorrido.

6.4.4 Aplicação da irretroatividade em caso de mudança de precedentes

Antes de examinar as questões específicas quanto à aplicação das normas da irretroatividade em face da mudança de precedentes, é preciso fazer um esclarecimento inicial importantíssimo. Tanto o STJ, quanto o STF têm tratado do problema envolvendo a retroeficácia da superação de precedentes como se ele fosse igual àquele que diz respeito aos efeitos com que o STF declara a inconstitucionalidade de lei ou de ato normativo.[138]

Tais Tribunais, para definirem se a modificação de entendimento judicial terá ou não eficácia retroativa, avaliam fundamentalmente a presença dos pressupostos que autorizam a "modulação de efeitos" das decisões judiciais proferidas em sede de controle concentrado de constitucionalidade, conforme estabelecido pelo art. 27 da Lei 9.868/1999. Essa prática foi reconhecida pelo STF no julgamento do RE 637.485/RJ, no qual a Corte Suprema analisou um caso envolvendo a virada jurisprudencial ocorrida no âmbito do Tribunal Superior Eleitoral:

> *Em casos como este, em que se altera jurisprudência longamente adotada*, parece sensato considerar seriamente a necessidade de se modular os efeitos da decisão, com base em razões de segurança jurí-

---

137. Gribnau e Pauwels, 2013b, p. 334.
138. Com relação ao entendimento do STF: HC 82.959/SP, Rel. Min. Marco Aurélio, Tribunal Pleno, *DJU* 1.9.2006; com relação ao entendimento do STJ: EREsp 738.689/PR, 1ª Seção, *DJU* 22.7.2007, p. 187.

dica. *Essa tem sido a praxe neste Supremo Tribunal Federal, quando há modificação radical de jurisprudência* (destaque nosso).[139]

Em razão dessa prática, a tutela do indivíduo nas situações em que há retroatividade da modificação de jurisprudência acaba tornando-se, por assim dizer, dependente da solução oferecida pela norma jurídica reconduzida ao mencionado dispositivo legal. Em outras palavras: na maioria dos casos, a proteção em face da referida retroatividade está relacionada a uma discussão que gira em torno dos pressupostos para a modulação da eficácia temporal da declaração de inconstitucionalidade, não dos requisitos relacionados à aplicação da irretroatividade (proteção da confiança, exercício de direitos fundamentais). Contudo, os problemas acima referidos são diferentes e exigem, como se passa a demonstrar, soluções igualmente distintas para o seu enfrentamento.[140]

Com relação à declaração de inconstitucionalidade de lei ou de ato normativo, o STF, ao pronunciá-la, os invalida com efeitos, em regra, para o passado. A decisão judicial exarada pelo Tribunal apresenta eficácia declaratória (*ex tunc*), de tal modo que a nulidade da lei ou do ato é proclamada desde a sua origem. Excepcionalmente, porém, é possível a Corte Suprema restringir os efeitos da referida declaração ou decidir que ela só tenha eficácia a partir de seu trânsito em julgado ou de outro momento que venha a ser fixado pelo STF.[141] Isso porque, apesar de a lei ser incompatível com a Constituição, há razões "de segurança jurídica ou de excepcional interesse social" que autorizam a preservação ou a continuidade dos seus efeitos produzidos no passado.

Mais precisamente, o exame envolvendo a modulação de efeitos considera a ausência de inconstitucionalidade manifesta da lei (os cidadãos, em geral, não podiam saber da invalidade da lei declarada inconstitucional) e a excepcionalidade do caso enfrentado (irrepetibilidade do caso como fator que não incentiva a violação da Constituição). São levadas em conta, igualmente, as consequências que a decretação de nulidade *ab initio* causaria para a "credibilidade do ordenamento jurídico". É consi-

---

139. RE 637.485/RS, Min. Rel. Gilmar Mendes, Tribunal Pleno, *DJe* 21.5.2013, p. 25 do acórdão.

140. Mitidiero, 2013, pp. 124-125.

141. Lei 9.868/1999. "Art. 27. Ao declarar a inconstitucionalidade de lei ou ato normativo, e tendo em vista razões de segurança jurídica ou de excepcional interesse social, poderá o Supremo Tribunal Federal, por maioria de dois terços de seus membros, restringir os efeitos daquela declaração ou decidir que ela só tenha eficácia a partir de seu trânsito em julgado ou de outro momento que venha a ser fixado".

derada, ainda, a incapacidade de essa decretação restaurar o estado de constitucionalidade, de tal modo que a opção pelos efeitos prospectivos acaba por contribuir mais intensamente para a preservação dos valores constitucionais.[142]

Os objetivos imediatos dos efeitos prospectivos são, portanto, os seguintes: promover a segurança jurídica em seu sentido objetivo e restaurar o mencionado estado de constitucionalidade. Sob o ponto de vista dos destinatários da tutela jurídica, a modulação de efeitos serve de instrumento para proteção, principalmente, de interesses coletivos. E a sua atuação se dá num nível de concretização normalmente abstrato. Ou seja, a atribuição de efeitos prospectivos à declaração de inconstitucionalidade de lei ou de ato normativo envolve a preservação dos atos ou de seus efeitos contrários ao Direito, sem a necessária investigação de todas as particularidades individuais e concretas referentes ao exercício pretérito de direitos fundamentais.[143]

Por outro lado, a aplicação do princípio da irretroatividade material sob o influxo da proteção da confiança leva em consideração, principalmente, razões subjetivas relacionadas à tutela individual da confiança. O aludido princípio atua precipuamente num nível concreto de aplicação. A proteção do cidadão passa, especialmente, pela análise do exercício efetivo de direitos fundamentais com base no precedente judicial superado. Passa, também, pela consideração particularizada dos prejuízos suportados pelo contribuinte que dispôs dos seus direitos com base no mencionado precedente. É decisiva, igualmente, a análise quanto à irreversibilidade da conduta humana diante da nova disciplina jurídica, conforme foi visto ao longo deste trabalho. São investigadas, ainda, as questões subjetivas inerentes à aptidão de uma base normativa (o precedente) para induzir o comportamento humano individualmente considerado.

Com relação às finalidades a serem promovidas, o princípio da irretroatividade visa não à restauração do estado de constitucionalidade e à segurança jurídica em seu sentido objetivo, mas à intangibilidade do exercício orientado de direitos por parte do contribuinte. Isso não significa que a confiabilidade, como elemento objetivo da segurança jurídica, deixe de atuar na aplicação do princípio da irretroatividade. Ela atua, sim, conforme foi visto anteriormente. Porém, a sua atuação está relacionada à pretensão de tutela jurídica não de uma disposição concre-

---

142. Sobre os pressupostos para a modulação de efeitos e sobre as finalidades por ela visadas, vide: Ávila, 2014b, pp. 513-594.

143. Ibid., p. 515.

ta e individualizada de direitos, mas da credibilidade do ordenamento jurídico como um todo. Tal critério cumpre, pois, um papel relevante na promoção da confiabilidade com relação à generalidade de destinatários, não com relação a um indivíduo em particular. Por outro lado, também é preciso destacar que os efeitos prospectivos atribuídos à decisão que declara a inconstitucionalidade pode acabar intangibilizando, indiretamente, o exercício passado e individual da liberdade. Porém, como se disse acima, essa é apenas uma finalidade indireta que a modulação dos efeitos visa a alcançar.

Essas considerações revelam, portanto, que, embora em ambos os casos (de declaração de incompatibilidade de lei com a Constituição e de superação de precedentes) os problemas analisados envolvam, de algum modo, a segurança jurídica e os direitos fundamentais, os pressupostos de aplicação das normas jurídicas que visam a solucioná-los são diferentes. As finalidades diretas buscadas por elas também são diversas, como visto acima. A decisão judicial com relação aos efeitos prospectivos nos casos de inconstitucionalidade da lei não leva em conta a confiança exercida pelo cidadão. Nesse sentido, são oportunas as palavras de Marinoni:

> O mais importante, entretanto, é que certamente não se pensa em confiança justificada para se dar efeitos prospectivos na hipótese de decisão de inconstitucionalidade. Só há razão para investigar se a confiança é justificada em se tratando de revogação de precedente.[144]

E prossegue o autor:

> De modo que, nesta situação, tutela-se o passado em nome da confiança que se depositou nas decisões judiciais, enquanto, no caso de decisão de inconstitucionalidade, tutelam-se excepcionalmente as situações que se formaram na vigência da lei declarada inconstitucional. Em verdade, os fundamentos para se dar efeitos prospectivos, em cada um dos casos, são diferentes.[145]

Em que pese isso, a "modulação de efeitos" é impropriamente apontada como "o" instrumento para tutelar a confiança dos cidadãos nos casos de retroatividade da mudança de precedentes no âmbito tributário.

No Canadá, por exemplo, Loomer registra que a modulação de efeitos é denominada de "declaração de invalidade suspensa" (*suspended*

---

144. Marinoni, 2011, p. 435.
145. Ibid., pp. 435-436.

declaration invalidity). O efeito prospectivo é utilizado nas hipóteses em que a retroatividade do "novo precedente" "representar um perigo ao interesse público" ou "uma ameaça ao Estado de Direito" ou, ainda, se ela resultar em "caos fiscal".[146] Critérios subjetivos e particularizados com relação ao exercício da confiança não são indicados como sendo decisivos para a tutela do contribuinte em tais situações. Relatos semelhantes são feitos por Yalti e Peeters e Puncher com relação à Turquia e à Bélgica, respectivamente.[147] Contudo, nos termos da tese defendida neste trabalho, a tutela do indivíduo nos casos de retroatividade deve ter como critério fundamental o exercício juridicamente orientado da liberdade. De tal modo, nas situações de superação de precedentes, a solução jurídica deve ser buscada, principalmente, a partir da consideração dos critérios de aplicação do princípio da irretroatividade, e não unicamente por meio da modulação de efeitos.

A diferenciação feita acima é de fundamental importância. Sua constatação visa a evitar que haja uma redução do sentido prático da proibição de retroatividade no ordenamento jurídico brasileiro. Os casos cujas circunstâncias ensejam a aplicação do princípio em estudo podem ficar sem solução, na medida em que o problema "individual" acaba sendo tratado por meio da modulação de efeitos em caráter "geral". Em razão dessas diferenças, mesmo nas situações em que as Cortes Supremas não puderem avaliar, em determinado processo, a existência de atos concretos de disposição alicerçados no precedente alterado, a proteção do indivíduo deve ser buscada por outros meios. As decisões judiciais que implicarem superação de precedentes devem contemplar, por exemplo, a criação de regras de transição capazes de ressalvar os casos em que houve o exercício planejado da confiança por parte de um indivíduo ou de um grupo de indivíduos. Ainda assim, independentemente da adoção desses mecanismos para ressalva de determinadas situações, as diferenças expostas anteriormente indicam, também, que a atuação da norma jurídica reconduzida ao art. 27 da Lei 9.868/1999 não pré-exclui a aplicação da irretroatividade material. Por serem aplicadas segundo pressupostos diferentes e por visarem a finalidades diversas, tais normas jurídicas podem até mesmo atuar nos casos de modificação gravosa de precedentes, independentemente uma da outra. Em outras palavras: o pronunciamento judicial que decide sobre aplicar ou não a regra jurídica que possibilita a modulação de efeitos não afasta a atuação das regras e do princípio da irretroatividade.

146. Loomer, 2013, p. 208.
147. Yalti, 2013, pp. 384-385; Peeters e Puncher, 2013, pp. 189-190.

Quer, por exemplo, a decisão que supera o precedente tenha eficácia geral e *ex tunc,* quer ela apresente eficácia *pro futuro* (total ou parcial; com disposição provisória ou definitiva de prolongamento de validade[148]), a proibição de retroatividade poderá ser utilizada para a proteção individual do contribuinte. De um lado, se, por exemplo, tal decisão judicial for dotada de eficácia *ex tunc,* ainda assim a regra da irretroatividade reconstruída a partir do art. 5º, XXXVI, da CF/1988, poderá proteger a *coisa julgada,* tornando a liberdade e a propriedade intangíveis para determinado sujeito. O princípio da irretroatividade e os seus critérios de aplicação também poderão ser invocados em tal caso. De outro lado, mesmo que a superação do precedente apresente eficácia *pro futuro,* ainda assim a aplicação do princípio da irretroatividade material poderá ser necessária para tutelar o contribuinte com relação aos efeitos futuros dos seus atos de disposição de direitos havidos no passado. Isso significa, concretamente, que, havendo ou não, em caráter geral, a modulação dos efeitos da decisão judicial que supere determinado precedente, o contribuinte pode vir a ser tutelado, em caráter individual, com base nas normas jurídicas que proíbem a retroatividade.

Um bom exemplo disso é a decisão proferida pelo STF no RE 590.809/RS. Nesse processo, o tribunal vedou a rescisão de acórdão que havia assegurado ao contribuinte o creditamento de IPI nas hipóteses de aquisição de insumo não tributado, isento ou sujeito à alíquota zero. Ocorre que a decisão rescindenda, datada de 2.3.2004, fora proferida com base no entendimento dominante do STF à época. Esse entendimento era, conforme examinado anteriormente, no sentido de que havia direito à utilização dos créditos de IPI nas hipóteses acima referidas.[149] Com a reversão de posicionamento do STF quanto ao tema, haja vista as decisões proferidas nos RE 353.657/PR e 370.682/SC, datadas de 25.6.2007, a União ajuizou o mencionado pedido rescisório. As razões alinhadas para rescindir a coisa julgada diziam respeito à incompatibilidade da decisão judicial estabilizada em 2004 com o precedente do STF criado em 2007. Lembre-se que, com relação à eficácia no tempo desse precedente, o tribunal, ao apreciar a proposta de modulação dos efeitos da decisão, entendeu incabível a produção dos efeitos prospectivos. Ou seja, a decisão foi tomada com eficácia também para o passado. Em que pese isso, o

148. Sobre os referidos casos de declaração de incompatibilidade, vide: Ávila, 2014b, pp. 543-553.

149. Processos nos quais o entendimento favorável ao mencionado creditamento foi conformado: RE 350.446/PR, Rel. Min. Nelson Jobim, Tribunal Pleno, *DJU* 6.6.2003. Vide, ainda: RE 353.668/PR e RE 357.277/RS.

STF tutelou o interesse individual do contribuinte diante da mencionada pretensão rescisória exercida pela União. A coisa julgada em exame, mesmo incompatível com a CF/1988 por força do "novo" precedente, foi protegida. Segundo afirmou o Min. Marco Aurélio, relator do processo, a decisão rescindenda foi gerada ao tempo em que

> o Supremo sinalizou com cores fortes a uniformização do entendimento atinente às três hipóteses de desoneração: assentou o direito ao crédito não apenas no caso de aquisição de insumos isentos, mas também de não tributados e sujeitos à alíquota zero.[150]

A coisa julgada foi produzida com base no entendimento que predominava no Tribunal até então. Como afirmou o Min. Marco Aurélio, a decisão judicial que estabilizou a relação jurídica estava alicerçada em uma "interpretação possível segundo manifestações do próprio Plenário do Supremo Tribunal Federal".[151] Portanto, além da presença, neste caso, do critério formal e objetivo referente à consumação de atos, como a *coisa julgada,* o alinhamento da decisão ao posicionamento do STF dominante à época reforçou a confiança quanto à estabilidade daquele pronunciamento judicial. O tribunal entendeu que é vedado ao "novo" precedente prejudicar retroativamente a coisa julgada que foi gerada com base no precedente modificado.[152] Por tudo isso, embora sem citar expressamente a regra fundamentada no art. 5º, XXXVI, da CF/1988, o STF impediu que a decisão judicial já estabilizada no tempo fosse prejudicada retroativamente.

Essa decisão, além de demonstrar a atuação da regra da irretroatividade em caso de modificação de entendimento por parte do Poder

---

150. RE 590.809/RS, Rel. Min. Marco Aurélio, Tribunal Pleno, *DJe* 24.11.2014, voto do Relator, p. 13.

151. Ibid., p. 15.

152. No mesmo sentido: Rabel-Ehrke, 2013, p. 175; Deak, 2013, p. 292; com relação à Espanha, Herrera e Belén Macho relatam que as decisões proferidas pela Corte Constitucional espanhola não autorizam a quebra da coisa julgada. Vide: Herrera e Belén Macho, 2013, p. 354. Em sentido contrário, Karwat relata que, no ordenamento jurídico polonês, é permitida a reabertura de casos já encerrados se a decisão transitada em julgado fundou-se em um dispositivo legal posteriormente declarado inconstitucional pela Corte Constitucional daquele país (Karwat, 2013, p. 344). Pela aplicação do art. 5º, XXXVI, da CF/1988, à retroatividade das decisões judiciais, vide: Betina Trieger Grupenmacher, "Interpretação constitucional. Conflitos e efeitos das decisões no âmbito dos Tribunais Superiores", in Sacha Calmon Navarro Coêlho (Coord.), *Segurança Jurídica: Irretroatividade das Decisões Judiciais Prejudiciais aos Contribuintes*, Rio de Janeiro: Forense, 2013. pp. 207-230, p. 230.

Judiciário, atesta o que foi afirmado acima: o contribuinte pode ser tutelado em nível individual independentemente da eficácia temporal (geral) apresentada pela decisão que supera um precedente. É preciso, porém, advertir que a solução de tal caso seria, evidentemente, diversa se a coisa julgada incompatível com o precedente fosse, por hipótese, constituída após a formação deste e se ela fosse produzida perante os Tribunais inferiores. Isso porque não haveria, a rigor, retroatividade. A regra jurídica fundamentada no art. 5º, XXXVI, da CF/1988 não poderia ser invocada. Essa "coisa julgada" "contrária" ao precedente representaria, isso sim, afronta à vinculação às decisões do STF e, consequentemente, implicaria violação à igualdade e à segurança jurídica, de tal modo que a sua desconstituição seria devida.[153] Nem o enunciado da Súmula 343 do STF poderia ser invocado com sucesso numa hipótese como essa, haja vista a incompatibilidade de tal enunciado com o sistema de precedentes vinculantes que foi estabelecido pela CF/1988.[154]

Feitos tais esclarecimentos e apresentado o funcionamento da regra da irretroatividade com relação ao tema da superação dos precedentes, cumpre passar à análise da aplicação do princípio da irretroatividade em tais casos. Nesse aspecto, é preciso haver uma base normativa capaz de induzir o exercício da liberdade. Trata-se dos precedentes elaborados pelas Cortes Supremas, conforme analisado anteriormente. Podem ser citados como mecanismos por meio dos quais os precedentes do STF são exteriorizados e, por isso, como bases normativas para o exercício da confiança: as decisões proferidas em sede de controle concentrado de constitucionalidade (ação direta de inconstitucionalidade e ação declaratória de constitucionalidade); as súmulas com eficácia geral e vinculante; as decisões proferidas no controle de constitucionalidade difuso; as decisões cuja prolação foi precedida do teste da repercussão geral (estabelecido pelos arts. 543-A, § 3º, do CPC/1973 e 1.035 do CPC/2015).

São bases também capazes de induzir o exercício da confiança as medidas cautelares proferidas no bojo do controle de constitucionalidade, por meio das quais é suspensa a eficácia de determinada norma jurídica.

153. Mitidiero, 2013, p. 121.
154. Súmula 343 do STF: "Não cabe ação rescisória por ofensa a literal disposição de lei, quando a decisão rescindenda se tiver baseado em texto legal de interpretação controvertida nos tribunais" (RE 328.812-ED, Rel. Min. Gilmar Mendes, j. 6.3.2008, Tribunal Pleno, DJe de 2.5.2008). No mesmo sentido: AI 703.485-AgR, Rel. Min. Dias Toffoli, j. 11.12.2012, 1ª Turma, DJe de 8.2.2012; RE 564.425-AgR, Rel. Min. Joaquim Barbosa, j. 5.6.2012, 2ª Turma, DJe de 22.6.2012; AR 1.409, Rel. Min. Ellen Gracie, j. 26.3.2009, Tribunal Pleno, DJe de 15.5.2009.

Trata-se de decisões judiciais que, embora apresentem baixo grau de pretensão de permanência, podem permanecer eficazes por longos anos, até que o STF aprecie o mérito da causa *sub judice*. Sendo assim, ainda que o indivíduo deva contar com a possibilidade de mudança, tais decisões, dotadas de eficácia *erga omnes,* acabam contribuindo para a cognoscibilidade do Direito no período em que elas são eficazes.

Com relação ao grau de vinculatividade dessas bases, umas apresentam força normativa formal e outras, força normativa material.[155]

A *formal*, de um lado, é a força vinculativa específica atribuída por normas do ordenamento jurídico. Segundo estabelecem determinados enunciados normativos da CF/1988 e da Lei 9.868/1999, as decisões proferidas no controle concentrado de constitucionalidade, as súmulas vinculantes, as decisões prolatadas no controle difuso de constitucionalidade, cuja lei objeto de análise judicial foi alvo de resolução do Senado Federal suspendendo a sua eficácia, e as medidas cautelares concedidas também no bojo do controle de constitucionalidade possuem essa eficácia formal vinculativa (vide arts. 102, 103 e 103-A da CF/1988 e art. 11, § 1º, da Lei 9.868/1999).[156] Trata-se de decisões cuja força decorre da possibilidade de executoriedade que lhes é atribuída pelo ordenamento jurídico. Elas devem ser obrigatoriamente observadas pelo Poder Judiciário, pela Administração Pública e pela sociedade em geral.

A força normativa *material*, de outro lado, é estabelecida a partir do conteúdo da decisão ou do órgão que a proferiu.[157] A possibilidade de haver a universalização da *ratio decidendi* do julgado visando à sua aplicação para outros casos futuros faz com que a decisão apresente força *material* vinculante. Vale dizer, sua pretensão de permanência no ordenamento jurídico como precedente emitido por uma Corte Suprema cria, para o Poder Judiciário, o dever de manutenção do mesmo tratamento para os casos futuros que apresentem o mesmo objeto do que foi julgado. Em face da confiança nessa uniformidade de tratamento ao longo do tempo, a liberdade de configuração da conduta por parte do contribuinte diminui. Ele tende a guiar seu comportamento com base nas normas jurídicas reconstruídas pelas decisões judicias. Essa circunstância faz com que o Estado tenha de respeitar, no futuro, as escolhas feitas pelo contribuinte no passado.

155. Conforme Ávila, 2014b, p. 498.
156. Nesse sentido, vide: STF, RE 370.682-9/SC, Tribunal Pleno, Rel. Min. Ilmar Galvão, *DJU* 19.12.2007, voto do Min. Joaquim Barbosa, p. 546.
157. Ibidem.

São exemplos de decisões com força normativa material: os pronunciamentos proferidos pelo Plenário do STF em processos que passaram pelo exame da repercussão geral; as decisões prolatadas no controle difuso de constitucionalidade, ainda que desacompanhadas de Resolução do Senado Federal; as súmulas não vinculantes do STF; as decisões do STJ prolatadas pelo Órgão Especial e pela Seção competente para apreciar determinada matéria;[158] e as súmulas do SSTJ que consolidam entendimento do Tribunal nos processos em que ele exerce a competência final para solucionar determinado caso. Ainda, podem ser citadas como precedentes as decisões judiciais proferidas nos litígios cuja solução envolva a interpretação da legislação local. Nesses casos, nos termos da Súmula 280 do STF, compete aos Tribunais Estaduais dar a "última palavra" sobre os temas municipais. Todas essas decisões são vinculantes e indicam, pelo seu conteúdo e pelo órgão que a proferiu, que dificilmente serão alteradas, razão pela qual apresentam elevado grau de permanência.

Essas considerações demonstram, na realidade, o seguinte: a falta, no ordenamento jurídico brasileiro, de enunciados normativos atribuindo expressamente a força vinculante *formal* a determinadas manifestações das Cortes Supremas não significa dizer que não exista vinculação em relação a elas.[159] Há, sim, vinculação. E ela decorre de razões materiais construídas a partir do próprio ordenamento jurídico, conforme foi exposto acima.

O Sistema Jurídico brasileiro prevê, portanto, a vinculação do Poder Judiciário aos seus próprios precedentes, seja por razões formais, seja por razões materiais. A vinculação formal decorre de regras jurídicas reconduzidas diretamente a determinados dispositivos normativos que estabelecem expressamente a referida vinculatividade. E a vinculação material, por outro lado, é um pressuposto para a promoção dos estados ideais de coisas perseguidos por princípios como a igualdade, a liberdade e a segurança jurídica, ou seja, é um dever que tem a sua fundamentação suportada pelos referidos princípios jurídicos. O certo é que, nos dois casos, trata-se de bases com elevado grau de vinculação e, por isso, de fundamentos para a definição de planos comportamentais por parte dos contribuintes.

Com relação às decisões judiciais acima mencionadas, basta que haja uma delas para configurar um precedente e, portanto, uma base vinculante para o exercício da confiança. Não é decisivo o fato de não existir uma

---

158. Marinoni, 2011, p. 510.
159. Ibid., p. 138.

cadeia de decisões uniformes.[160] Se, por hipótese, houver apenas uma decisão judicial em determinado sentido e ela for do Tribunal Pleno do STF em sede de controle concentrado de constitucionalidade, então ela bastará para formar o precedente. Contudo, se o grau de vinculação da base diminuir, em razão de tratar-se de decisões de Turmas do STJ e de Turmas do STF que configuraram propriamente um precedente, então

> quanto maior for a inserção da decisão em uma cadeia de decisões uniformes, tanto maior deve ser a protetividade da confiança nela depositada pelo contribuinte.[161]

Com relação à existência da confiança, é importante destacar que não é preciso que o indivíduo, para ser tutelado com base no princípio da irretroatividade, prove o conhecimento concreto do precedente.[162] Basta que a decisão geradora da confiança esteja publicada, vale dizer, basta que esteja divulgada oficialmente. A capacidade de generalização da qual é dotada a decisão judicial formadora do precedente faz com que os indivíduos que se encontrem em situação idêntica àquela por ela tratada orientem-se a partir do seu conteúdo. A *confiança*, portanto, é *presumida* a partir da publicação da decisão universalizável, tal qual ocorre no caso das normas reconstruídas a partir do texto legal.

Quanto ao exercício da confiança, cabe ao indivíduo demonstrar que dispôs dos seus direitos e que a sua conduta não pode mais ser reorientada retroativamente. Nesse aspecto, conforme analisado ao longo deste trabalho, a intensidade e a extensão do comportamento do cidadão são relevantes.

O STF avaliou essas questões no julgamento do RE 637.485/RJ. O caso tratava da modificação de jurisprudência do Tribunal Superior Eleitoral. Certo indivíduo foi, por dois mandatos consecutivos, o prefeito do Município de Rio das Flores (RJ). No final do segundo mandato, ele transferiu o seu domicílio eleitoral e candidatou-se a prefeito em outro município do Rio de Janeiro. Segundo a jurisprudência do TSE na época, tal conduta não implicava a falta da condição de elegibilidade estabelecida pelo art. 14, § 5º, da CF/1988. Contudo, depois de transcorrer todo o pleito eleitoral com a vitória do referido candidato e estando ele na fase de diplomação, o TSE mudou radicalmente seu precedente com relação ao tema. O Tribunal passou a considerar tal hipótese vedada pelo men-

---

160. Derzi, 2009, p. 259.
161. Ávila, 2014b, p. 502.
162. Mitidiero, 2013, p. 127.

cionado enunciado normativo. E, por impugnação do Ministério Público e da coligação adversária, o "novo" precedente foi aplicado ao caso do aludido indivíduo. O STF, contudo, decidiu tutelar individualmente o referido candidato em face dos efeitos retroativos decorrentes da mudança de jurisprudência havida. Do voto do relator pode ser extraído um trecho elucidador quanto ao tema:

> O caso descrito, portanto, revela uma situação diferenciada, em que houve regular registro da candidatura, legitima participação e vitória no pleito eleitoral e efetiva diplomação do autor, tudo conforme as regras então vigentes e sua interpretação pela Justiça Eleitoral. *As circunstâncias levam a crer que a alteração repentina e radical dessas regras, uma vez o período eleitoral já praticamente encerrado, repercute drasticamente na segurança jurídica que deve nortear o processo eleitoral, mais especificamente na confiança não somente do cidadão candidato, mas também na confiança depositada no sistema pelo cidadão-eleitor* (destaque nosso).[163]

Note-se que o fato de o ciclo eleitoral estar quase encerrado contribuiu para que os efeitos do novo entendimento jurisprudencial fossem aplicados apenas *pro futuro*. Ou seja, o curso comportamental do indivíduo que confiou numa determinada base normativa apresentava elevado grau de completude. Desse modo, o correto era confiar que mudança alguma na disciplina jurídica daquele pleito poderia ocorrer em tal momento. Veja-se, também, que, além da proteção da confiança subjetiva do candidato, o Tribunal decidiu promover as "confianças" do cidadão-eleitor. Vale dizer, o princípio da irretroatividade foi aplicado ao presente caso tanto por força da atuação dos critérios subjetivos ligados ao princípio da proteção da confiança, quanto por força da presença da segurança jurídica em seu sentido objetivo.

Com relação, finalmente, à frustração da confiança e aos efeitos retroativos, o novo precedente deve produzir uma consequência gravosa ao indivíduo comparativamente ao precedente modificado. O sujeito age com base num precedente, porém acaba sendo regulado por outro, o qual desconhecia à época da sua ação.

Nesse aspecto, deve-se lembrar que as mudanças bruscas e drásticas tendem a causar um grau elevado de retroatividade, como, aliás, foi verificado na decisão judicial há pouco referida. O entendimento quanto à determinada condição de elegibilidade foi alterado drasticamente,

---

163. RE 637.485/RS, Rel. Min. Gilmar Mendes, Tribunal Pleno, *DJe* 21.5.2013.

situação esta que provocou um efeito retroativo intenso em relação ao exercício dos direitos políticos por parte do candidato prejudicado. Por todas essas razões, o Tribunal decidiu atribuir mais peso à irretroatividade que à norma jurídica constitucional.

7.
CONCLUSÕES

*"Combati o bom combate,
terminei minha corrida, conservei a fé"*
(II Timóteo 4,7-8)

1. A análise quanto à definição e às dimensões normativas da irretroatividade na CF/1988 precisa ser feita a partir do exercício dos direitos fundamentais, sobretudo do direito de liberdade.

Irretroatividade envolve um problema de ação humana e de Direito no tempo, de tal modo que não pode ser compreendida em sua inteireza apenas com base em critérios formais como o da consumação de situações jurídicas (fato gerador ocorrido). O foco da análise tem de estar principalmente na disposição irreversível e juridicamente orientada de direitos, não na consumação de fatos jurídicos. Mesmo diante de situações em que não há formalmente direito adquirido, ato jurídico perfeito, coisa julgada (art. 5º, XXXVI, da CF/1988) e fato gerador ocorrido (art. 150, III, "a", da CF/1988), pode haver exercício irreversível de direitos digno de tutela. Irretroatividade, nesse contexto, diz respeito à *proibição de restrição arbitrária de direitos fundamentais por parte de atos estatais que agravam as consequências jurídicas em razão das quais tais direitos foram exercidos.*

2. Retroatividade envolve, também, um problema de segurança jurídica em todos os seus elementos: cognoscibilidade, calculabilidade e confiabilidade.

Cognoscibilidade, porque o cidadão age com base em uma norma jurídica, mas acaba sendo regulado por outra, a qual inexistia ao tempo em que sua ação foi adotada. *Calculabilidade,* porque o ato retroativo torna imprevisível a atuação estatal. E *confiabilidade,* porque, além de violar a proteção da confiança, a norma jurídica retroativa diminui a confiabilidade que os indivíduos depositam na estabilidade do Direito.

3. A classificação dual da retroatividade como retroatividade *própria* e retroatividade *imprópria* (retrospectividade) não é adequada para enquadrar a casuística envolvendo o tema. Ela leva em conta não o exercício da liberdade, mas a eficácia da lei modificadora. Tal classificação está estruturada segundo a aptidão da nova lei para atingir fatos jurídicos consumados. Retroatividade, contudo, não é uma questão de qualidade do ato estatal, mas de intensidade dos seus efeitos sobre o passado. Ela é verificada segundo o grau de restrição que o novo ato do Estado causa aos direitos fundamentais exercidos antes do início da sua vigência. Quanto mais intensa for essa restrição, maior será o grau da retroatividade do ato. Há *efeitos retroativos* que devem ser proibidos também nas situações em que os atos estatais são rotulados de não genuinamente retroeficazes.

4. A classificação dual de retroatividade foi criada na Alemanha, a partir de ordenamento constitucional que não apresenta enunciados expressos com relação à proibição de retroatividade no âmbito tributário. Sua criação objetivou dar previsibilidade à tutela a ser prestada ao particular, mediante o agrupamento de casos em que haveria proteção do contribuinte. A solução alemã, contudo, não pode ser simplesmente importada à realidade brasileira. Adotá-la no Brasil é reduzir o espectro de proteção estabelecido pela CF/1988. Diferentemente da Constituição alemã, a CF/1988 estatuiu proteção enfática ao contribuinte e em diferentes níveis: há regras jurídicas (com fundamentos textuais expressamente previstos na CF) e há princípio jurídico (com fundamentos textuais indiretos na CF). A Constituição brasileira instituiu mecanismos de tutela do cidadão também nas situações que, na Alemanha, são intituladas como sendo de retroatividade imprópria.

5. A compreensão da irretroatividade na CF/1988 em toda sua complexidade exige a ampliação do espectro de análise por parte do intérprete. Passa-se do exame centrado unicamente nos elementos textuais dos arts. 5º, XXXVI, e 150, III, "a", da CF para a análise que considera também os elementos textuais relacionados aos direitos fundamentais, à segurança jurídica, ao Estado de Direito, à moralidade e à legalidade. Elementos extratextuais envolvidos na aplicação das normas jurídicas examinadas, tais como efeitos, finalidades, costumes, atos e fatos, também precisam fazer parte da investigação.

6. Essa ampliação do espectro de análise é resultado da mudança do paradigma epistemológico utilizado para investigar o tema. Deixa-se de lado o paradigma centrado na ideia de que, no Direito, o objeto do conhecimento é restrito aos enunciados normativos observáveis e de que as proposições emitidas pelo cientista são aquelas pelas quais ele descreve avalorativamente tal objeto. Em seu lugar, adota-se um paradigma no qual o conhecimento é obtido por meio do discurso interpretativo racional elaborado a partir da consideração de elementos textuais e não textuais, segundo a qual o jurista toma decisões interpretativas suportadas por argumentos.

7. A mudança de paradigma acima referida traz consequências marcantes. Ela permite a reconstrução da irretroatividade sob uma perspectiva de sistematização material, não apenas formal. Tal alteração possibilita que seja ultrapassado o padrão restritivo de análise atualmente praticado pelo STF com relação ao tema. O tribunal aplica a norma em estudo levando em conta tão somente as categorias *formais* do fato gerador ocorrido e da vigência da lei no tempo, estabelecidas pelo art. 150, III, "a", da CF/1988. Todavia, a irretroatividade é norma jurídica cujo conteúdo e cuja eficácia somente emergem na plenitude se for estabelecida sua combinação *material* argumentativamente estruturada com as normas constitucionais que a fundamentam (Estado de Direito, segurança jurídica, dignidade humana, liberdade, propriedade, igualdade, legalidade e moralidade). É com base nessa relação de coerência substancial que seu sentido normativo é delimitado.

Com alicerces em tal relacionamento material, passa-se *da intangibilidade das situações individuais por razões apenas formais e objetivas* para um modelo *de intangibilidade das situações individuais por razões fundamentalmente materiais e subjetivas*. A irretroatividade, antes concebida, por assim dizer, como *formal,* passa a ser identificada como *irretroatividade material.*

8. Os fundamentos da irretroatividade permitem afirmar que, na CF/1988, ela assume, pelo menos, duas qualidades normativas: regra jurídica e princípio jurídico. Como *regra,* ela intangibiliza situações individuais por razões preponderantemente objetivas e formais, como é o caso das normas jurídicas que estabelecem a tutela do indivíduo com base no direito adquirido, na coisa julgada, no ato jurídico perfeito e no fato gerador ocorrido (arts. 5º, XXXVI, e 150, III, "a", da CF/1988). Como *princípio geral de direito constitucional,* ela é reconstruída por indução e por dedução a partir de fundamentos constitucionais indiretos. Nessa qualidade normativa, a irretroatividade intangibiliza as situações individuais por razões preponderantemente materiais e subjetivas relacionadas à proteção da confiança e ao exercício de direitos fundamentais.

CONCLUSÕES

9. O princípio da irretroatividade *material* também atua como pressuposto do Direito. Ele cumpre o papel de critério interpretativo e de condição de validade para a edição de atos estatais gerais e abstratos. Tais atos devem dispor, em regra, *pro* futuro. Nessa função, a irretroatividade protege o exercício passado e orientado de direitos fundamentais por razões preponderantemente ligadas ao sentido objetivo da segurança jurídica (credibilidade e confiabilidade pela continuidade do ordenamento jurídico, cognoscibilidade e calculabilidade do Direito) e à generalidade da lei.

10. *Irretroatividade* significa a proibição de que os atos estatais emanados dos três Poderes de Estado estabeleçam consequências mais gravosas, relativamente à disciplina anterior, aos atos de disposição de direitos fundamentais realizados antes da sua entrada em vigor. A irretroatividade na CF/1988 pode ser conceituada como sendo *uma norma jurídica que impõe aos Poderes Legislativo, Executivo e Judiciário a adoção de determinadas condutas moderadas, descritivamente prescritas (como regra) e eficacialmente implicadas a determinados fins (como princípio), visando a tornar intangíveis os atos de disposição dos direitos fundamentais por meio da proibição de alteração, mais ou menos gravosa ao cidadão, das consequências jurídicas em razão das quais esses atos de disposição foram praticados no passado, permitindo, com isso, que o cidadão possa exercer, o mais intensamente possível, a liberdade de se autodeterminar e de planejar sua vida como pessoa humana digna.*

11. Irretroatividade não significa proibição de mudança do ordenamento jurídico. Ela não impede a alteração do Direito. Não proíbe que sejam engendradas as modificações dos atos estatais visando a adequá--los às finalidades protegidas pela CF. A irretroatividade proíbe, isto sim, que tais alterações sejam arbitrárias. Ela veda mudanças desrespeitosas à autonomia do cidadão que baseou sua conduta no Direito modificado.

12. No Direito Tributário, a irretroatividade *material* atua em sua inteireza, tanto como regra, quanto como princípio jurídico. A CF/1988, ao estabelecer o *subsistema* das limitações constitucionais ao poder de tributar, instituiu limites *formais* e *negativos* ao exercício do poder estatal. Um deles é a regra da irretroatividade tributária vinculada ao fato gerador, reconduzida ao art. 150, III, "a". A CF/1988, contudo, abriu expressamente tal sistema (art. 150, *caput*), conectando-o às limitações *materiais* e *positivas* estabelecidas pelos direitos fundamentais, pela proteção da confiança e, sendo assim, pelos princípios implícitos como o da *irretroatividade material*. Instituiu a irretroatividade como limitação: material, tendo em vista que tal norma atua na definição do conteúdo dos atos estatais produzidos no âmbito tributário; e positiva, na medida em que a norma jurídica em estudo impõe ao Estado a adoção de condutas preservadoras dos direitos fundamentais exercidos no passado. As regras e o princípio da irretroatividade integram, juntos, o Sistema Constitucional Tributário axiologicamente harmonizado e ordenado à promoção dos valores fundamentais.

13. A CF/1988 visou a instituir um sistema de "hiperproteção" dos direitos fundamentais diante dos atos estatais retroativos no âmbito tributário. Criou níveis diferentes de tutela. Há proteção em face das modificações normativas: I – que interferem restritivamente na aquisição de direitos por parte do indivíduo perante o Estado – *regra da irretroatividade fundamentada no art. 5º, XXXVI*; II – que restringem a liberdade e a propriedade exercidas no passado no que diz respeito à imposição de deveres por parte do Estado – *regra da irretroatividade fundamentada no art. 150, III, "a"*; e III – que afetam tanto a disposição da liberdade que visa à aquisição de direitos, quanto o exercício de direitos que é base para a imposição de deveres tributários, independentemente de configurarem fatos jurídicos *consumados – princípio da irretroatividade*.

Além desses níveis de proteção em âmbito, por assim dizer, "microjurídico", foi estabelecida a proteção no campo "macrojurídico". A CF/1988 instituiu o princípio da irretroatividade em sua função de pressuposto do Direito. Ele tutela os contribuintes em geral ao estabelecer a proibição de retroeficácia dos atos estatais como condição de validade para a produção normativa.

14. A regra da irretroatividade reconstruída a partir do art. 150, III, "a", da CF/1988 tem seu conteúdo definido pela eficácia do princípio da irretroatividade. As funções interpretativa e argumentativa deste atuam sobre o conteúdo daquela. Por essa atuação, a expressão "fato gerador ocorrido" significa *eventos por meio dos quais o contribuinte completou o comportamento necessário à realização do fato gerador previsto pela norma tributária de incidência*. Tal significado é mais fortemente suportado pelos direitos fundamentais da liberdade e da propriedade e pela proteção da confiança que aquele tradicionalmente adotado pelo STF.

15. A regra da irretroatividade fundamentada no art. 5º, XXXVI, da CF/1988 também atua no Direito Tributário. Ela opera, principalmente, nas situações envolvendo as causas de extinção e de exclusão do crédito tributário. A ela aplica-se, no que couber, o critério da *completude do comportamento do contribuinte* utilizado para redefinir a expressão "fato gerador ocorrido". Nesse sentido, se o *contribuinte completou o comportamento necessário à realização do fato jurídico previsto pela norma que disciplina a aquisição do direito e a perfectibilização do ato jurídico*, então há *direito assegurado* aos efeitos prescritos por tal norma jurídica.

16. O princípio da irretroatividade exerce papel importantíssimo no Direito Tributário. Ele tutela o contribuinte nos casos não cobertos pelas regras da irretroatividade. Com relação ao aumento e à criação de tributos, ele é aplicável nas situações em que há *ausência de simultaneidade* entre a consumação do fato gerador e a disposição dos direitos pelo contribuinte. Sua aplicação também se dá nos casos de atos estatais que suprimem ou que diminuem as vantagens fiscais das quais o contribuinte vinha fruindo no passado.

17. O âmbito de aplicação do princípio da irretroatividade é formado pela presença dos seguintes elementos: uma base normativa geradora de confiança e da confiança nessa base; o exercício de direitos fundamentais; e uma atuação estatal que modifique prejudicialmente ao contribuinte os efeitos tributários conectados a esse exercício passado de direitos.

18. Com relação ao seu aspecto finalístico, o referido princípio visa a promover um estado de coisas de intangibilidade dos atos de disposição de direitos fundamentais ocorridos no passado. Mais precisamente, ele visa a proteger: a liberdade de planejamento e de autodeterminação do contribuinte; a liberdade de exercício de atividade econômica e profissional; e a livre disposição planejada da propriedade. Visa, também, à promoção: da confiabilidade pela proteção da confiança, da confiabilidade (credibilidade) pela estabilidade do ordenamento jurídico; da cognoscibilidade com relação às normas tributárias que restringem o exercício de direitos; da calculabilidade com relação à intensidade dos efeitos interventivos provocados pelas normas tributárias que estabelecem as obrigações principal e acessória; da calculabilidade quanto às modalidades de extinção e de exclusão do crédito tributário; da calculabilidade com relação às modificações de interpretação das normas tributárias pelos Poderes Executivo e Judiciário; da calculabilidade relativamente às modificações gravosas da legislação tributária etc.

19. Quanto ao seu aspecto instrumental, o princípio da irretroatividade determina a adoção de condutas capazes de promover o estado de coisas acima mencionado. A definição quanto às condutas devidas em razão da aplicação do princípio passa pela análise de critérios relacionados: à confiança em ato estatal; ao exercício de direitos e à sua restrição; e à atuação do Poder Público.

20. Com relação à confiança em ato estatal, deverão ser considerados os seguintes subcritérios: base da confiança; confiança e exercício da confiança. Quanto à base da confiança, o metacritério que deverá ser levado em conta é a aptidão que essa base apresenta para encorajar o exercício dos direitos de liberdade e de propriedade por parte do contribuinte, não sua regularidade formal.

Influem na configuração da base da confiança parâmetros como: vinculação; aparência de legitimidade; pretensão de permanência; durabilidade; realização de finalidades da base; indutividade; individualidade; e onerosidade. Esses critérios são analisados em escala gradual de verificação. Para que haja proteção da confiança, a baixa intensidade de um deles deve ser compensada pela alta intensidade de outro, de tal modo que, considerados em seu conjunto, seja possível afirmar que há base normativa legítima para servir de fundamento ao exercício de direitos.

Exercício da confiança, por sua vez, pressupõe atuação planejada do contribuinte, que se pode configurar tanto pela ação, quanto pela inação individuais.

21. Com relação ao exercício de direitos e à sua restrição, é possível afirmar que quanto mais requisitos legais para adquirir um direito (ou para completar determinado ciclo comportamental) o particular tiver preenchido até o momento da modificação normativa, maior deverá ser a sua proteção em face dos atos estatais retro-operantes. E quanto mais gravosa for a reversibilidade dos atos de disposição de direitos e quanto maior for a dependência do particular quanto à continuidade do ato estatal modificado, mais peso terão as razões do contribuinte em favor da não retroatividade desse ato do Poder Público. No caso de criação ou de majoração de tributo, o exame da irreversibilidade do exercício de direitos deverá abranger todos os atos do particular que mantiverem *relação de referibilidade direta ou indireta* com a hipótese de incidência do tributo. No caso de majoração dos tributos periódicos por lei cuja vigência se inicie em meio ao ciclo de apuração, além da atuação dos demais critérios do princípio, deverá ser adotado, pelo menos, regime de transição, de tal modo que seja excluída da aplicação da nova lei a base de cálculo acumulada no passado.

22. Com relação à atuação estatal retroeficaz, é vedada a adoção de atos estatais cujos efeitos retroativos visem apenas à finalidade fiscal. Com relação às finalidades não fiscais, será vedado o efeito retroativo pela *inadequação* do ato estatal do qual ele emana sempre que, para promover, no futuro, a finalidade específica almejada, o Estado pretender, por meio de tal efeito, induzir a realização de comportamentos humanos já adotados no passado. Será, também, vedado o efeito retroativo pela sua *desnecessidade* sempre que a finalidade pública puder ser promovida sem afetar restritivamente os atos de disposição de direitos individualmente havidos no passado e sem restringir um conjunto de "confianças" com relação aos atos dos contribuintes em geral. Ainda, quanto mais drásticas e bruscas forem as modificações normativas realizadas com efeitos projetados para o passado, maior tende a ser a restrição ao direitos fundamentais do contribuinte e, por isso, mais peso terão as razões em favor da não retroatividade do ato estatal.

23. Caso os efeitos retroativos forem realmente adequados e necessários à promoção das finalidades estatais em um caso concreto, o princípio da irretroatividade deverá ser ponderado com a norma jurídica constitucional que suporta tais finalidades. Nessa ponderação, em que pese o princípio da irretroatividade possa ser eventualmente afastado por razões contrárias de maior peso, sua força normativa é diferenciada. A atuação da segurança jurídica em toda sua inteireza como fundamento do princípio em exame robustece o peso das razões a ele relacionadas. Sendo assim, o balanceamento entre as normas jurídicas é iniciado a partir, por assim dizer, de uma "supremacia" preliminar em favor da irretroatividade.

24. Na função de princípio-pressuposto do Direito, a irretroatividade é aplicada independentemente de ponderação. Sua eficácia é definitiva, mas não linear. Sua atuação em face de manifestações estatais gerais e abstratas não pré-exclui a aplicação do princípio da irretroatividade como norma que visa a tutelar o contribuinte com base na proteção da sua confiança.

25. O princípio da irretroatividade como um todo cumpre funções eficaciais de altíssima relevância no Direito Tributário, a saber: *interpretativa* de outras normas, determinando a escolha de significados mais fortemente suportados por seu conteúdo; *integrativa,* por atuar nos casos não cobertos pelas regras da irretroatividade; *seletiva* de fatos, por determinar que sejam escolhidos, no caso concreto, os eventos cuja representação factual identifique os bens jurídicos protegidos por suas finalidades;

valorativa dos fatos, por determinar que os fatos selecionados sejam avaliados *sob o ângulo* da tutela da confiança e do exercício da liberdade.

26. A lei tributária interpretativa deve ser submetida sem ressalvas à irretroatividade material tal como aqui defendida. O art. 106, I, do CTN deve, portanto, ser interpretado *conforme* as normas jurídicas constitucionais que estabelecem a proibição da retroeficácia legal. A circunstância de o legislador expressamente nomear determinado ato legal de *interpretativo* não o autoriza a prejudicar o direito adquirido, a coisa julgada, o ato jurídico perfeito e o fato gerador ocorrido. Tampouco permite que sejam restringidos os direitos fundamentais e que seja violada a proteção da confiança com relação aos comportamentos humanos adotados antes do início da vigência da referida lei.

27. As leis tributárias denominadas de "procedimentais" ou "formais" também se submetem ao controle determinado pela irretroatividade. O disposto no art. 144, § 1º, do CTN tem de ser interpretado *de acordo* com ela. É proibido, nesse contexto, que o "efeito imediato" dessas leis: I – altere requisitos referentes ao exercício de direitos já exercidos no curso de procedimento administrativo; II – modifique as regras sobre produção de provas e atinja restritivamente a atuação planejada da ampla defesa do particular no âmbito do procedimento administrativo tributário; III – crie regra atribuindo novo ônus probatório ao contribuinte com relação aos fatos geradores ocorridos antes do início da sua vigência.

A análise da irretroatividade no caso das leis procedimentais está centrada na restrição ao exercício planejado de direitos por parte do contribuinte, não na qualificação da lei como formal ou material.

28. O desfazimento, com efeitos retroativos, dos atos administrativos vantajosos ao contribuinte não pode ser definido apenas em razão da sua irregularidade formal, ainda que tal problema seja de conhecimento do contribuinte. Para decidir sobre tal anulação e sobre os seus efeitos, é necessária a consideração dos critérios de aplicação do princípio da irretroatividade em seu conjunto. Nesse sentido, a carência quanto à aparência de legitimidade do ato pode ser compensada pela presença, em grau elevado, de outros elementos, tais como a individualidade do ato estatal, a sua longa durabilidade no tempo, a sua onerosidade, bem como o elevado grau de dependência do contribuinte com relação à manutenção dos efeitos da manifestação estatal irregular.

29. A revisão do posicionamento administrativo e a revogação de atos pela Administração, por terem a aptidão de causarem os efeitos retroativos tal como definidos nesta monografia, submete-se aos limites estabelecidos pelo princípio da irretroatividade. Tal problema deve ser analisado sob o ponto de vista da indutividade do ato estatal modificado; da intensidade e da extensão do exercício de direitos pelo particular com base no ato revogado; e da restrição que o desfazimento do ato estatal causará aos direitos de liberdade e de propriedade do contribuinte.

O que não se pode conceber, nesse contexto, é a referida revogação dos atos administrativos ser realizada mediante o exame apenas dos critérios tradicionais de "conveniência" e de "oportunidade" administrativas.

30. As decisões judiciais estabilizam, por meio da coisa julgada, a relação jurídica das partes do processo em que elas foram proferidas. Criam, por isso, confiança na sua permanência por razões objetivas (coisa julgada). Além disso, os precedentes constituídos pelas Cortes Supremas (STF e STJ), além do efeito individual acima mencionado, configuram bases normativas: I – cognoscíveis quanto ao seu conteúdo normativo; II – calculáveis com relação aos seus efeitos futuros; e III – confiáveis quanto à sua permanência e observância pelo Poder Judiciário no futuro. Desse modo, elas se tornam fundamentos capazes de induzir os comportamentos dos indivíduos em geral nas situações por elas abrangidas e criam, para o Estado, o dever de respeitar a confiança desses indivíduos que agiram em razão de tais bases normativas.

31. A superação total ou parcial dos precedentes ocorre nos casos em que determinada Corte Superior emite, pelo mesmo órgão judicial, duas decisões contraditórias e definitivamente eficazes no tempo, sobre objetos iguais, sendo a segunda o precedente modificador e a primeira o precedente superado. Nesses casos, a proibição de retroatividade tutela os contribuintes que, no passado, dispuseram dos seus direitos por confiarem no precedente alterado. A confiança do contribuinte será protegida tanto por razões objetivas (coisa julgada), quanto por razões subjetivas (princípio da irretroatividade).

32. Relativamente à aplicação do princípio da irretroatividade, a confiança do contribuinte no precedente é presumida. Com relação aos seus critérios de aplicação, será relevante examinar, principalmente, a intensidade do exercício de direitos por parte do contribuinte com base no precedente superado; o elevado grau de irreversibilidade dessa disposição de direitos; e a intensidade dos efeitos retroativos (modificações bruscas e drásticas de posicionamento).

Quanto mais intensa for a atuação do contribuinte com base no precedente superado, quanto maior for o grau de irreversibilidade dessa atuação e quanto mais brusca e drástica for a modificação de posicionamento da Corte, mais peso terão as razões para proibir os efeitos retroativos emanados da decisão judicial modificadora.

33. Por serem aplicadas segundo pressupostos diferentes e por visarem a finalidades diversas, a irretroatividade e a norma jurídica que estabelece a possibilidade de modulação, pelo STF, dos efeitos da declaração de inconstitucionalidade podem atuar independentemente uma da outra.

REFERÊNCIAS BIBLIOGRÁFICAS

AARNIO, Aulis. *Essays on the Doctrinal Study of Law*. Dordrecht: Springer, 2011.

_____. *The Rational as Reasonable*. Dordrecht: Kluwer, 1987.

_____. *Reason and Authority: a Treatise on the Dynamic Paradigm of Legal Dogmatics*. Aldershot: Ashgate 1997.

ALEXY, Robert. *Direito, Razão, Discurso*: Estudos para a Filosofia do Direito. Trad. de Luís Afonso Heck. Porto Alegre: Livraria do Advogado, 2010.

_____. *Teoria da Argumentação Jurídica: a Teoria do Discurso Racional como Teoria da Justificação Jurídica*. Trad. de Zilda Hutchinson Schild Silva; revisão técnica da tradução Claudia Toledo. 2ª ed. São Paulo: Landy, 2005.

_____. *Teoría de los Derechos Fundamentales*. Madri: Centro de Estudios Constitucionales, 2001.

_____. *Teoria dos Direitos Fundamentais*. Trad. e notas de Virgílio Afonso da Silva. 2ª ed., 4ª tir. São Paulo: Malheiros Editores, 2015.

AMARO, Luciano. *Direito Tributário Brasileiro*. 11ª ed. São Paulo: Saraiva, 2005.

AMATUCCI, Fabrizio. *L'Efficacia nel Tempo dela Norma Tributaria*. Milão: Giuffrè, 2005.

_____. "National report: Italy". In: *Retroactivity of Tax Legislation*. EATLP International Tax Series, v. 9, 2013.

ARIÑO ORTIZ, Gaspar. *Principios Constitucionales de la Libertad de Empresa: Libertad de Comercio e Intervencionismo Administrativo*. Madri: Marcial Pons, 1995.

ATALIBA, Geraldo. *Sistema Constitucional Tributário*. São Paulo: Ed. RT, 1968.

AUSTIN, John. *Lectures on Jurisprudence or Philosophy of Positive Law*, v. 2. 8ª ed. Londres: Murray, 1904.

ÁVILA, Humberto. "Antecipação de receita de ICMS, alteração reiterada e momentânea do prazo de recolhimento e do período de apuração já iniciado por meio de decreto estadual: análise da constitucionalidade e da legalidade". *RDDT* 94/140-155, São Paulo, jul. 2003a.

_____. "Argumentação jurídica e a imunidade do livro eletrônico". *Revista Diálogo Jurídico*, v. 1, n. 5, ago. 2001.

_____. "Ciência do Direito Tributário e discussão crítica". *Revista Direito Tributário Atual* 32/159-197, São Paulo, 2014a.

_____. "Conteúdo, limites e intensidade dos controles de razoabilidade, de proporcionalidade e de excessividade das leis". *RDA* 236/369-384, Rio de Janeiro, abr./jun. 2004.

_____. "Função da Ciência do Direito Tributário: do formalismo epistemológico ao estruturalismo argumentativo". *Revista Direito Tributário Atual* 29/181-204, São Paulo, 2013.

_____. "Legalidade tributária multidimensional". In: FERRAZ, Roberto. *Princípios e Limites da Tributação*. São Paulo: Quartier Latin, 2005, pp. 279-291.

_____. "O princípio da isonomia em matéria tributária". In: TORRES, Heleno Taveira (Org.). *Estudos em Homenagem a Paulo de Barros Carvalho*. São Paulo: Saraiva, 2007, pp. 407-439.

_____. *Sistema Constitucional Tributário*. 5ª ed. São Paulo: Saraiva, 2012.

_____. *Teoria da Igualdade Tributária*. São Paulo: Malheiros Editores, 2008.

_____. *Teoria da Segurança Jurídica*. 3ª ed. São Paulo: Malheiros Editores, 2014b.

_____. *Teoria dos Princípios: da Definição à Aplicação dos Princípios Jurídicos*. 16ª ed. São Paulo: Malheiros Editores, 2015

_____. "Teoria giuridica dell'argomentazione". In: GUASTINI, Riccardo, e COMANDUCCI, Paolo (Orgs.). *Analisi e Diritto 2012*. Madri: Marcial Pons, 2012. pp. 11-40.

BALEEIRO, Aliomar. *Limitações Constitucionais ao Poder de Tributar.* 7ª ed. com notas de Misabel Abreu Machado Derzi. Rio de Janeiro: Forense, 2005; 8ª ed. 2010.

BAPTISTA, Patrícia. *Segurança Jurídica e Proteção da Confiança Legítima no Direito Administrativo: Análise Sistemática e Critérios de Aplicação no Direito Administrativo Brasileiro*. eBook Kindle Edition, 2015.

_____. "A tutela da confiança legítima como limite ao exercício do poder normativo da Administração Pública: a proteção às expectativas legítimas dos cidadãos como limite à retroatividade normativa". *RDE,* Rio de Janeiro, n. 3, 2006.

BARZOTTO, Luiz Fernando. "Justiça social: gênese, estrutura e aplicação de um conceito". *Revista da Presidência da República,* Brasília, n. 48, pp. 1-22. Disponível em: <http://www.planalto.gov.br/ccivil_03/revista/Rev_48/artigos/ART_LUIS.htm>. Acesso em 23.7.2014.

BATISTA JÚNIOR, Onofre Alves. "Aspectos essenciais da moralidade administrativa e sua aplicação no Direito Administrativo Tributário". In: COÊLHO, Sacha Calmon Navarro (Coord.). *Segurança Jurídica: Irretroatividade das Decisões Judiciais Prejudiciais aos Contribuintes*. Rio de Janeiro: Forense, 2013, pp. 589-630.

BECKER, Alfredo Augusto. *Teoria Geral do Direito Tributário*. São Paulo: Saraiva, 1963.

BELÉN MACHO, Ana, e HERRERA, Pedro M. "National report: Spain". In: *Retroactivity of Tax Legislation*. EATLP International Tax Series, v. 9, 2013.

BENDA, Ernest. "Dignidad humana y derechos de la personalidad". In: BENDA, Ernest, *et al. Manual de Derecho Constitucional.* Trad. de Antonio López Pina. Madri: Marcial Pons, 1996, pp. 117-144.

BORGES, José Souto Maior. *Lançamento Tributário.* 2ª ed. São Paulo: Malheiros Editores, 2001.

_____. "O princípio da segurança jurídica na criação e aplicação do tributo". *RDT* 63/206-210, 1995; *RDDT* 22/24-29, 1997.

BREYNER, Frederico Menezes. *Benefícios Fiscais Inconstitucionais e a Proteção da Confiança do Contribuinte.* Rio de Janeiro: Lumen Juris, 2013.

CANARIS, Claus-Wilhelm. *Pensamento Sistemático e Conceito de Sistema na Ciência do Direito.* 3ª ed. Trad. de A. Menezes Cordeiro. Lisboa: Calouste Gulbenkian, 2002.

CANOTILHO, J. J. Gomes. *Direito Constitucional.* 5ª ed. Coimbra: Almedina, 1991.

CARNAP, Rudolf. *An Introduction to the Philosophy of Science.* New York: Dover, 1995.

CARRAZZA, Roque Antonio. *Curso de Direito Constitucional Tributário.* 30ª ed. São Paulo: Malheiros Editores, 2015.

_____. "Segurança jurídica e eficácia temporal das alterações jurisprudenciais – Competência dos Tribunais Superiores para fixá-la – Questões conexas". In: FERRAZ JÚNIOR, Tercio Sampaio. *Efeitos "Ex Nunc" e as Decisões do STF.* São Paulo: Manole, 2008.

CARVALHO, Paulo de Barros. *Curso de Direito Tributário.* 23ª ed. São Paulo: Saraiva, 2011.

_____. "As normas interpretativas no Direito Tributário". In: *Derivação e Positivação no Direito Tributário.* São Paulo: Noeses, 2011.

_____. "O sobreprincípio da segurança jurídica e a revogação de normas tributárias". In: COÊLHO, Sacha Calmon Navarro (Coord.). *Segurança Jurídica: Irretroatividade das Decisões Judiciais Prejudiciais aos Contribuintes.* Rio de Janeiro: Forense, 2013, pp. 35-64.

CAVALCANTE, Sayonara de Medeiros. "A segurança jurídica em matéria tributária e sua interface com o princípio da proteção da confiança". *Revista CEJ,* Brasília, v. 13, n. 46, pp. 113-119, jul./set. 2009.

CHANG, Ruth. "Introduction". In: CHANG, Ruth. *Incommensurability, Incomparability and Practical Reason.* Cambridge: Harvard University, 1997, pp. 1-34.

CHIASSONI, Pierluigi. *Tecnica dell'Interpretazione Giuridica.* Bolonha: Il Mulino, 2007.

COELHO, Eduardo Junqueira. "Segurança jurídica e a proteção da confiança no Direito Tributário". In: MANEIRA, Eduardo, e TORRES, Heleno Taveira (Coords.). *Direito Tributário e a Constituição: Homenagem ao Professor Sacha Calmon Navarro Coêlho.* São Paulo: Quartier Latin, 2012, pp. 225-267.

COÊLHO, Sacha Calmon Navarro. *Curso de Direito Tributário Brasileiro.* 9ª ed. Rio de Janeiro: Forense, 2006.

_____. "Norma e lei – Mudança jurisprudencial – Segurança jurídica e irretroatividade da norma judicial". In: CÔELHO, Sacha Calmon Navarro (Coord.). *Segurança Jurídica: Irretroatividade das Decisões Judiciais Prejudiciais aos Contribuintes*. Rio de Janeiro: Forense, 2013, pp. 3-33.

_____, e LOBATO, Valter. "Reflexões sobre o art. 3º da Lei Complementar 118. Segurança jurídica e a boa-fé como valores constitucionais. As leis interpretativas no Direito Tributário brasileiro". *RDDT* 117/108, jun./2005.

COSTA, Mário Luiz Oliveira da. "Lei Complementar n. 118/2005: a pretendida interpretação retroativa acerca do disposto no art. 168, I do CTN". *RDDT* 115/97-107, abr./2005.

COUTO E SILVA, Almiro do. "O princípio da segurança jurídica (proteção à confiança) no Direito Público brasileiro e o direito da Administração Pública de anular os seus próprios atos: o prazo decadencial do art. 45 da Lei do Processo Administrativo da União (Lei n. 9.784/99)". *RDA*, Rio de Janeiro, n. 237, pp. 271- 315, 2004.

CRANE, Charlotte. "The law and economics approaches to retroactive tax legislation". In: *Retroactivity of Tax Legislation*. EATLP International Tax Series, v. 9, 2013.

CROUY-CHANEL. "National Report: France". In: *Retroactivity of Tax Legislation*. EATLP International Tax Series, v. 9, 2013.

DEAK, Daniel. "National report: Hungary". In: *Retroactivity of Tax Legislation*. EATLP International Tax Series, v. 9, 2013.

DENGO, Atílio. "Irretroatividade tributária e modo de aplicação das regras jurídicas". *RDDT* 124/26-35, São Paulo, jan./2006.

DERZI, Misabel de Abreu Machado. "A irretroatividade do Direito, a proteção da confiança, a boa-fé e o RE n. 370.682-SC". In: ROCHA, Valdir de Oliveira (Org.). *Grandes Questões Atuais do Direito Tributário*. São Paulo: Dialética, 2007, v. 11, pp. 299-325.

_____. *Modificações da Jurisprudência: Proteção da Confiança, Boa-fé Objetiva e Irretroatividade como Limitações Constitucionais ao Poder de Tributar*. São Paulo: Noeses, 2009.

_____. "Mutações jurisprudenciais em face da proteção da confiança e do interesse público no planejamento da receita e da despesa do Estado". *Revista Jurídica Empresarial*, v. 1, n. 3, pp. 91-111, jul.-ago./2008.

_____. "Mutações, complexidade, tipo e conceito, sob o signo da segurança e da proteção da confiança". In: TORRES, Heleno Taveira (Org.). *Estudos em Homenagem a Paulo de Barros Carvalho*. São Paulo: Saraiva, 2007, pp. 245-284.

DI PIETRO, Maria Sylvia Zanela. "Os princípios da proteção à confiança, da segurança jurídica e da boa-fé na anulação do ato administrativo". In: MOTTA, Fabrício (Org.). *Direito Público Atual: Estudos em Homenagem ao Professor Nélson Figueiredo*. Belo Horizonte: Fórum, 2008, pp. 295-316.

DWORKIN, Ronald. *Justice for Hedgehogs*. Cambridge: Belknap Press, 2011.

REFERÊNCIAS BIBLIOGRÁFICAS

ENTRENA CUESTA, Ramón. "El principio de libertad de empresa". In: GARRIDO FALLA, Fernando (Coord.). *El Modelo Económico en la Constitución Española.* Madri: Instituto de Estudios Económicos, 1981, v. 1, pp. 107-165.

FALCÃO, Amilcar de Araújo. *Fato Gerador da Obrigação Tributária.* 7ª ed. São Paulo: Noeses, 2013.

FALSITTA, Gaspare. *Giustizia Tributaria e Tirania Fiscale.* Milão: Giuffrè, 2008.

FALZEA, Angelo. *Ricerche di Teoria Generale del Diritto e di Dogmatica Giuridica.* Milão: Giuffrè, 1997.

FAST, Katarina, MELZ, Peter, e HULTQVIST, Anders. "National report: Sweden". In: *Retroactivity of Tax Legislation.* EATLP International Tax Series, v. 9, 2013.

FERRAZ JUNIOR. Tércio Sampaio. "Anterioridade e irretroatividade no campo tributário". In: TORRES, Heleno Taveira (Coord.). *Tratado de Direito Constitucional Tributário: Estudos em Homenagem a Paulo de Barros Carvalho.* São Paulo: Saraiva, 2005.

FERREIRA NETO, Arthur Maria. "Fundamentos materiais da tributação: comutação, restauração, distribuição, reconhecimento e participação". In: ÁVILA, Humberto (Org.). *Fundamentos do Direito Tributário.* São Paulo: Marcial Pons, 2012.

FIGUEIREDO, Lucia Valle. "Planejamento, Direito Tributário e segurança jurídica". *RTDP* 12, 1995.

FISCH, Jill E. "Retroactivity and legal change: an equilibrium approach". *Harward Law Review,* v. 110, pp. 1055-1123, 1997.

FOLLONI, André. *Ciência do Direito Tributário no Brasil.* São Paulo: Saraiva, 2013.

FRANK, Philipp. *Philosophy of Science: the Link between Science e Philosophy.* New York: Dover, 2004.

FULLER, Lon L. *The Morality of Law.* New Heaven-Londres: Yale University, 1969.

GIACOMUZZI, José Guilherme. *A Moralidade Administrativa e a Boa-Fé da Administração Pública – O Conteúdo Dogmático da Moralidade Administrativa.* 2ª ed. São Paulo: Malheiros Editores, 2013.

GIGANTE, Marina. *Mutamenti nella Regolazione dei Raporti Giuridici e Legittimo Affidamento: Tra Diritto Comunitário e Diritto Interno.* Milão: Giuffrè, 2008.

GRAETZ, Michael. "Legal transitions: the case of retroactivity in income tax revision. (1977)". *Yale Law School Legal Scholarship Repository,* 1977, pp. 54 e ss. Disponível em: <http://digitalcommons.law.yale.edu/fss_papers/1635>.

GRAU, Eros Roberto. *A Ordem Econômica na Constituição de 1988.* 17ª ed. São Paulo: Malheiros Editores, 2015.

GRIBNAU, Hans. "Equality, legal certainty and tax legislation in the Netherlands: fundamental legal principles as checks on legislative power: a case study". *Utrecht Law Review,* v. 2, mar./2013a. Disponível em: <http://www.utrechtlawreview.org>.

_____. "Legal certainty: a matter of principle". In: *Retroactivity of Tax Legislation.* EATLP International Tax Series, v. 9, 2013b.

GRIBNAU, Hans, e PAUWELS, Melvin. "General report". In: *Retroactivity of Tax Legislation.* EATLP International Tax Series, v. 9, 2013a.

_____. "National report: Netherlands". In: *Retroactivity of Tax Legislation.* EATLP International Tax Series, v. 9, 2013b.

GRUPENMACHER, Betina Trieger. "Interpretação constitucional. Conflitos e efeitos das decisões no âmbito dos Tribunais Superiores". In: COÊLHO, Sacha Calmon Navarro (Coord.). *Segurança Jurídica: Irretroatividade das Decisões Judiciais Prejudiciais aos Contribuintes.* Rio de Janeiro: Forense, 2013.

GUASTINI, Riccardo. "Concetti e criteri di validita". *Rivista Trimestrale di Diritto e Procedura Civile,* Milão, v. 43, n. 4, 1984, pp. 867-878.

_____. *Distinguiendo: Estúdios de Teoría y Metateoría del Derecho.* Trad. de Jordi Ferrer i Beltrán. Barcelona: Gedisa, 1999.

_____. *Le Fonti del Diritto e l'Interpretazione.* Milão: Guiffrè, 1993.

_____. *Il Diritto come Linguaggio.* Turim: Giappichelli, 2001.

_____. *Interpretare e Argomentare.* Milão: Giuffrè, 2011.

_____. *L'Interpretazione dei Documenti Normativi.* Milão: Giuffrè, 2004.

_____. *Teoria del Diritto: Approccio Metodologico.* Modena: Mucchi, 2012.

_____. *Teoria e Dogmatica delle Fonti.* Milão: Giuffrè, 1998.

HÄBERLE, Peter. *La Garantía del Contenido Esencial de los Derechos Fundamentales en la Ley Fundamental de Bonn: una Contribución a la Concepción de los Derechos Fundamentales y a la Teoría de la Reserva de la Ley.* Trad. de Joaquín Brage Camazano. Madri: Dykinson, 2003.

HAHN, Hans. *Empiricism, Logic and Mathematics.* Dordrecht: Vienna Circle Collection, Reidel, 1980.

HEINEN, Juliano, SPARAPANI, Priscila, e MAFFINI, Rafael. *Comentários à Lei Federal do Processo Administrativo: Lei n. 9.784/99.* Porto Alegre: Livraria do Advogado, 2015.

HERNANDEZ BERENGUEL, Luis. "La irretoactividad de las leyes y la seguridad jurídica". *Revista del Instituto Peruano de Derecho Tributario* 23/43-63, Lima, dez./1992.

HERRERA, Pedro M., e BELÉN MACHO, Ana. "National report: Spain". In: *Retroactivity of Tax Legislation.* EATLP International Tax Series, v. 9, 2013.

HEY, Johanna. "National report: Germany". In: *Retroactivity of Tax Legislation.* EATLP International Tax Series, v. 9, 2013.

HULTQVIST, Anders, e FAST, Katarina, MELZ, Peter. "National report: Sweden". In: *Retroactivity of Tax Legislation.* EATLP International Tax Series, v. 9, 2013.

REFERÊNCIAS BIBLIOGRÁFICAS

IZQUIERDO, Beatriz Verdera. *La Irretroactividad: Problemática General.* Madri: Dykinson, 2006.

JURATOWITCH, Ben. *Retroactivity and the Common Law.* Oxford: Hart, 2008.

KANT, Emmanuel. *Fundamentação da Metafísica dos Costumes.* Trad. de Paulo Quintela. Coimbra: Coimbra, 1960.

KARWAT, Piotr. "National report: Poland". In: *Retroactivity of Tax Legislation.* EATLP International Tax Series, v. 9, 2013, p. 337.

KELSEN. Hans. *Pure Theory of Law.* Trad. de Max Knight. Berkeley: University of California, 1967.

KIRCHHOF, Paul. "A influencia de la Constitución Alemana en su legislación tributaria". In: *Garantías Constitucionais del Contribuyente.* Trad. de Cesar García Novoa. Valência: Tirant Lo Blanch, 1998, pp. 25-49.

KLOEPFER, Michael. "Vida e dignidade da pessoa humana". In: SARLET, Ingo Wolfgang (Org.). *Dimensões da Dignidade: Ensaios de Filosofia do Direito e Direito Constitucional.* Porto Alegre: Livraria do Advogado, 2005, pp. 153-184.

LANG, Joachim, e TIPKE, Klaus. *Direito Tributário (Steuerrecht).* Trad. Luiz Dória Furquim. 18ª ed. Porto Alegre: Fabris, 2008.

LARENZ, Karl. *Metodologia da Ciência do Direito.* 3ª ed. Trad. de José Lamego. Lisboa: Calouste Gulbenkian, 1997.

LEONI, Bruno. *La Libertà e la Legge.* Trad. de Maria Chiara Pievatolo. 5ª ed. Macerata: Liberilibri, 2010.

LOBATO, Valter, e COÊLHO, Sacha Calmon Navarro. "Reflexões sobre o art. 3º da Lei Complementar 118. Segurança jurídica e a boa-fé como valores constitucionais. As leis interpretativas no Direito Tributário brasileiro". *RDDT* 117/108, jun./2005.

LOOMER, Geoffrey. "National report: Canada". In: *Retroactivity of Tax Legislation.* EATLP International Tax Series, v. 9, 2013.

LUNEBURG, William V. "Retroactivity and administrative rulemaking". *Duke Law Journal,* pp. 106-165, 1991. Disponível em: <http://scholarship.law.duke.edu/dlj/vol40/iss1/3>.

MACCORMICK, Neil. *Legal Reasoning and Legal Theory* (1978). Oxford: Oxford University, 2003.

_____. *Rhetoric and the Rule of Law: a Theory of Legal Reasoning.* Oxford: Oxford University, 2005.

MACHADO, Hugo de Brito. "A irretroatividade da lei tributária como garantia do contribuinte". In: COÊLHO, Sacha Calmon Navarro (Coord.). *Segurança Jurídica: Irretroatividade das Decisões Judiciais Prejudiciais aos Contribuintes.* Rio de Janeiro: Forense, 2013, pp. 231-245.

_____. *Curso de Direito Tributário*. 36ª ed. São Paulo: Malheiros Editores, 2015.

_____. "Os princípios da anterioridade e da irretroatividade das leis tributárias e a publicação da lei". *Cadernos de Direito Tributário e Finanças Públicas* 8/107-112, São Paulo, 1994.

_____, e MACHADO SEGUNDO, Hugo de Brito. "Imposto de Renda. Omissão de receita. Regime jurídico. Aplicação imediata da lei tributária. Retroatividade da lei punitiva benéfica". *RDDT* 107/84, São Paulo, ago./2007.

MAFFINI, Rafael. *O Princípio da Proteção Substancial da Confiança no Direito Administrativo Brasileiro*. Porto Alegre: Verbo Jurídico, 2007.

_____, HEINEN, Juliano, e SPARAPANI, Priscila. *Comentários à Lei Federal do Processo Administrativo: Lei n. 9.784/99*. Porto Alegre: Livraria do Advogado, 2015.

MÄHÖNEN, Jukka. "National report: Finland". In: *Retroactivity of Tax Legislation*. EATLP International Tax Series, v. 9, 2013.

MANZONI, Ignacio, e VANZ, Giuseppe. *Il Diritto Tributario: Profili Teorici e Sistematici*. 2ª ed. Turim: Giappichelli, 2008.

MARINONI, Luiz Guilherme. *Precedentes Obrigatórios*. 2ª ed. São Paulo: Ed. RT, 2011.

MARONGIU, Gianni. *Lo Statuto dei Diritti del Contribuente*. 2ª ed. Turim: Giappichelli, 2010.

MARTINS, Ives Gandra da Silva. "Processo administrativo: decisão que anula outra anterior, com base na lei complementar – Irretroatividade da lei ordinária". *RDDT* 171/165-185, São Paulo, dez./2009.

MARTINS-COSTA, Judith. "A proteção da legítima confiança nas relações obrigacionais entre Administração e os particulares". *Revista da Faculdade de Direito da Universidade Federal do Rio Grande do Sul* 22/228-255, Porto Alegre, 2002.

_____. "A re-significação do princípio da segurança jurídica na relação entre o Estado e os cidadãos: a segurança como crédito de confiança". *Revista CEJ* 27/110-120, Brasília, out.-dez./2004.

MASTROIACOVO, Valeria. *I Limiti alla Retroattività nel Diritto Tributário*. Milão: Giuffrè, 2005a.

MELISSINOS, Panagiotis G., THEOCHAROPOLOU, Eleni, e REMELIS, Konstantinos. "National report: Greece". In: *Retroactivity of Tax Legislation*. EATLP International Tax Series, v. 9, 2013.

MELONCELLI, Alessandro. "Affidamento e buona fede nel rapporto tributario". In: FANTOZZI, Augusto e FEDELE, Andrea (Orgs.). *Statuto dei Diritti del Contribuente*. Milão: Giuffrè, 2005, pp. 531-559.

MENDES, Gilmar Ferreira. *Direitos Fundamentais e Controle de Constitucionalidade*. 3ª ed. São Paulo: Saraiva, 2006.

MENDONÇA, Maria Luiza Vianna Pessoa de. "A consorciação entre os princípios constitucionais da irretroatividade e da anterioridade da lei tributária". *Revista da Escola Paulista da Magistratura*, v. 1, São Paulo, jan.-abr./1997.

REFERÊNCIAS BIBLIOGRÁFICAS

MENKE, Cassiano. *A Proibição aos Efeitos de Confisco no Direito Tributário*. São Paulo: Malheiros Editores, 2009.

MESSINEO, Donato. *Garanzia del Contenuto Essenziale e Tutela Multilivello dei Diritto Fondamentali*. [s.l.]: Edizioni Simple, 2010.

MICHAELSEN, Aage, e NIELSEN, Jacob Graff. "National report: Denmark". In: *Retroactivity of Tax Legislation*. EATLP International Tax Series, v. 9, 2013.

MITIDIERO, Daniel. *Cortes Superiores e Cortes Supremas: do Controle à Interpretação, da Jurisprudência ao Precedente*. São Paulo: Ed. RT, 2013.

NIELSEN, Jacob Graff, e MICHAELSEN, Aage. "National report: Denmark". In: *Retroactivity of Tax Legislation*. EATLP International Tax Series, v. 9, 2013.

PAPIER, Hans-Jürgen. "Ley Fundamental y orden económico". In: BENDA, Ernest, *et al*. *Manual de Derecho Constitucional*. Trad. de Antonio López Pina. Madri: Marcial Pons, 1996, pp. 561-612.

PAUWELS, Melvin. "Retroactive and retrospective tax legislation: a principle--based approach; a theory of priority principles of transitional law and the method of the catalogue of circumstances". In: *Retroactivity of Tax Legislation*. EATLP International Tax Series, v. 9, 2013.

PAUWELS, Melvin, e GRIBNAU, Hans. "General report". In: *Retroactivity of Tax Legislation*. EATLP International Tax Series, v. 9, 2013a.

_____. "National report: Netherlands". In: *Retroactivity of Tax Legislation*. EATLP International Tax Series, v. 9, 2013b.

PECZENIK, Aleksander. *On Law and Reason*. 2ª ed. Dordrecht: Springer, 2009.

_____. *Scientia Juris: Legal Doctrine as Knowledge of Law and as a Source of Law*. Dordrecht: Springer, 2005.

PEETERS, Bruno, e POPELIER, Patricia. "Retroactive interpretative statues and validation statues in tax law: an assessment in the light of legal certainty separation of powers, and the right to a fair trial". In: *Retroactivity of Tax Legislation*. EATLP International Tax Series, v. 9, 2013.

PEETERS, Bruno, e PUNCHER, Ethel. "National report: Belgium". In: *Retroactivity of Tax Legislation*. EATLP International Tax Series, v. 9, 2013.

PESSOA, Adriano Monte. "A irretroatividade da norma tributária e o fato gerador do Imposto de Renda: uma abordagem de principio". *Revista Tributária e de Finanças Públicas* 49/80-144, São Paulo, 2003.

PONTES DE MIRANDA, Francisco Cavalcanti. *Comentários à Constituição de 1967, com a Emenda n. 1, de 1969*. 3ª ed. Rio de Janeiro: Forense, 1987.

_____. *Tratado de Direito Privado: Parte Geral*. v. 6. São Paulo: Ed. RT, 2013.

POPELIER, Patricia, e PEETERS, Bruno. "Retroactive interpretative statues and validation statues in tax law: an assessment in the light of legal certainty separation of powers, and the right to a fair trial". In: *Retroactivity of Tax Legislation*. EATLP International Tax Series, v. 9, 2013.

PORTO, Sérgio Gilberto. *Comentários ao Código de Processo Civil*. v. 6: *Do Processo de Conhecimento, arts. 444 a 495*. São Paulo: Ed. RT, 2000.

QUINTELA, Guilherme Camargos. *Segurança Jurídica e Proteção da Confiança: a Justiça Prospectiva na Estabilização das Expectativas no Direito Tributário Brasileiro*. Belo Horizonte: Fórum, 2013.

RABEL-EHRKE, Tina. "National report: Austria". In: *Retroactivity of Tax Legislation*. EATLP International Tax Series, v. 9, 2013.

RAZ, Joseph. *The Authority of Law*. 2ª ed. Oxford: Oxford University Press, 2009.

_____. *Between Authority and Interpretation*. New York: Oxford University Press, 2010.

_____. "Incommensurability and agency". In CHANG, Ruth. *Incommensurability, Incomparability an Practical Reason*. Cambridge: Harvard University, 1997, pp. 110-128.

_____. *The Morality of Freedom*. Oxford: Clarendon, 1986.

_____. "The rule of Law and its virtue (1977)". In: *The Authority of Law: Essays on Law and Morality*. Oxford: Oxford University Press, 2005.

_____. *A Theory of Justice*. Oxford: Oxford University Press, 1999.

REMELIS, Konstantinos, THEOCHAROPOLOU, Eleni, e MELISSINOS, Panagiotis G. "National report: Greece". In: *Retroactivity of Tax Legislation*. EATLP International Tax Series, v. 9, 2013.

RIBEIRO, Ricardo Lodi. "O princípio da irretroatividade tributária". *Revista Tributária e de Finanças Públicas*, v. 16, n. 79, pp. 234-255, São Paulo, mar./2008.

_____. "O princípio da proteção à confiança legítima no Direito Tributário". In: SOUZA NETO, Cláudio Pereira de, SARMENTO, Daniel Antônio de Moraes, e BINENBOJM, Gustavo (Coords.). *Vinte Anos da Constituição Federal de 1988*. Rio de Janeiro: Lumen Juris, 2009.

RODRÍGUEZ-BEREIJO, Álvaro. "Jurisprudencia constitucional y principios de la imposición". In: *Garantías Constitucionales del Contribuyente*. Trad. de Cesar García Novoa. Valência: Tirant Lo Blanch, 1998, pp. 127-180.

ROSITO, Francisco. *Teoria dos Precedentes Judiciais*. Curitiba: Juruá, 2012.

RUBINSTEIN, Flávio. *Boa-fé Objetiva no Direito Financeiro e Tributário*. São Paulo: Quartier Latin, 2010.

RUSSO, Gianluca. "La disaplicazione dele sanzioni per l'obiettiva incertezza della norma tributaria". In: FANTOZZI, Augusto, e FEDELE Andrea (Orgs.). *Statuto dei Diritti del Contribuente*. Milão: Giuffrè, 2005, pp. 560-582.

SAMPFORD, Charles. *Retrospectivity and the Rule of Law*. Oxford: Oxford University Press, 2006.

SANTOS, Aline Nunes dos, e SCHOUERI, Luís Eduardo. "Reflexões sobre a modulação dos efeitos das decisões judiciais a partir da jurisprudência recente do Supremo Tribunal Federal". In: COÊLHO, Sacha Calmon Navarro (Coord.). *Segurança Jurídica: Irretroatividade das Decisões Judiciais Prejudiciais aos Contribuintes*. Rio de Janeiro: Forense, 2013, pp. 107-126.

SPARAPANI, Priscila, HEINEN, Juliano, e MAFFINI, Rafael. *Comentários à Lei Federal do Processo Administrativo: Lei n. 9.784/99*. Porto Alegre: Livraria do Advogado, 2015.

SARAIVA FILHO, Oswaldo Othon de Pontes. "A aplicação da lei tributária no tempo: a irretroatividade da lei". *Revista Jurídica Tributária*, v. 2, n. 7, pp. 11-35, Porto Alegre, out.-dez./2009.

SARLET, Ingo Wolfgang. "As dimensões da dignidade da pessoa humana: construindo uma compreensão jurídico-constitucional necessária e possível". In: SARLET, Ingo Wolfgang (Org.). *Dimensões da Dignidade: Ensaios de Filosofia do Direito e Direito Constitucional*. Porto Alegre: Livraria do Advogado, 2005ª, pp. 13-43.

_____. *A Eficácia dos Direitos Fundamentais*. 5ª ed. Porto Alegre: Livraria do Advogado, 2005b.

SCHAUER, Frederich. *Playing by Rules: a Philosophical Examination of Rule--Based Decision-Making in Law and in Life*. Oxford: Clarendon, 1991.

_____. *Thinking Like a Lawyer – A New Introduction to Legal Reasoning*. Cambridge: Harvard University, 2009. eBook Kindle Edition.

SCHOUERI, Luís Eduardo. *Direito Tributário*. 3ª ed. São Paulo: Saraiva, 2013.

_____. *Normas Tributárias Indutoras e Intervenção Econômica*. Rio de Janeiro: Forense, 2005.

_____. "Segurança jurídica e normas tributárias indutoras". In: RIBEIRO, Maria de Fátima (Org.). *Direito Tributário e Segurança Jurídica*. São Paulo: MP, 2008.

_____, e SANTOS, Aline Nunes dos. "Reflexões sobre a modulação dos efeitos das decisões judiciais a partir da jurisprudência recente do Supremo Tribunal Federal". In: COÊLHO, Sacha Calmon Navarro (Coord.). *Segurança Jurídica: Irretroatividade das Decisões Judiciais Prejudiciais aos Contribuintes*. Rio de Janeiro: Forense, 2013, pp. 107-126.

SILTALA, Raimo. *Law, Truth, and Reason: a Treatise on Legal Argumentation*. [s.l.]: Springer, 2011.

SILVA, Mauro. "Retroatividade da lei tributária formal: os efeitos intertemporais da Lei Complementar 105/2001 e da Lei 10.174/2001". *RDDT* 85/88-98, São Paulo, out./2002.

SILVA, Ovídio A. Baptista da. *Curso de Processo Civil*, v. 1: *Processo de Conhecimento*. 5ª ed. São Paulo: Ed. RT, 2000.

STADLER, Friedrich. *El Círculo de Viena: Empirismo Lógico, Ciencia, Cultura y Política*. Trad. de Luis Felipe Segura Martínez. Mexico: Universidade Autnónoma Metropolitana/Fondo de Cultura Económica, 2010.

SUÁREZ COLLÍA, José María. *La Retroactividad: Normas Jurídicas Retroactivas e Irretroactivas*. Madri: Editorial Universitaria Ramón Areces, 2005.

TAMANAHA, Brian Z. *On the Rule of Law: History, Politics, Theory*. Cambridge: Cambridge University Press, 2004.

TEIXEIRA, Glória. "National report: Portugal". In: *Retroactivity of Tax Legislation*. EATLP International Tax Series, v. 9, 2013.

THAGARD, Paul. *Coherence in Thought and Action*. [s.l.]: Bradford Book, 2002.

THEOCHAROPOLOU, Eleni, REMELIS, Konstantinos, e MELISSINOS, Panagiotis G. "National report: Greece". In: *Retroactivity of Tax Legislation*. EATLP International Tax Series, v. 9, 2013.

TIPKE, Klaus. *Moral Tributaria del Estado y de los Contribuyentes: Besteuerungsmoral und Steuermoral*. Trad. de Pedro M. Herrera Molina. Madri: Marcial Pons, 2002.

_____. "La retroattività nel Diritto Tributário". In: AMATUCCI, A. (Org.). *Trattato di Diritto Tributario*. v. I, t. II. Padova: Cedam, 1994, pp. 437-447.

_____, e LANG, Joachim. *Direito Tributário (Steuerrecht)*. Trad. de Luiz Dória Furquim. 18ª ed. Porto Alegre: Fabris, 2008.

TORRES, Heleno Taveira. "Imunidade do papel destinado à produção de livros, jornais e periódicos: cabimento de limites e controles na importação". In: COÊLHO, Sacha Calmon Navarro (Coord.), *Segurança Jurídica: Irretroatividade das Decisões Judiciais Prejudiciais aos Contribuintes*. Rio de Janeiro: Forense, 2013, pp. 261- 293.

_____. "Temporalidade e segurança jurídica: irretroatividade e anterioridade tributárias". *Revista da Procuradoria-Geral da Fazenda Nacional*, v. 1, n. 1, pp. 45-62, jan.-jun./2011.

TORRES, Ricardo Lobo. "O princípio da tipicidade no Direito Tributário". *Revista Eletrônica de Direito Administrativo Econômico*, Salvador, n. 5, fev./abr. 2006, p. 21. Disponível em: <http://www.direitodoestado.com/revista/REDAE-5-FEVEREIRO-2006-RICARDO%20LOBO.pdf>. Acesso em: 29.6.2014.

_____. *Tratado de Direito Constitucional Financeiro e Tributário*. v. 2: *Valores e Princípios Constitucionais Tributários*. 3ª ed. Rio de Janeiro: Renovar, 2005.

TOSCANO, Attillio. *Chiarezza, Omogeneità e Retroattività della Legge: Alcune Riflessioni su Forma di Stato e Fonti del Diritto*. Milão: Guiffrè, 2012.

VALENTINO, Alessia. "Il principio d'irretroativittà della legge civile nei recenti sviluppi della giurisprudenza costituzionale e della Corte Europea dei Diritti dell'Uomo". *Revista Telematica dell'Associazone Italiana dei Costitucionalisti*, n. 3, 2012.

VANZ, Giuseppe, e MANZONI, Ignacio. *Il Diritto Tributario: Profili Teorici e Sistematici*. 2ª ed. Turim: Giappichelli, 2008.

VARAZI, Filippo. "Contributi alla certezza della norma tributaria". In: FANTOZZI, Augusto, e FEDELE, Andrea (Orgs.). *Statuto dei Diritti del Contribuente*. Milão: Giuffrè, 2005, pp. 65-91.

VELLOSO, Carlos Mário da Silva. "A irretroatividade da lei tributária – Irretroatividade e anterioridade – Imposto de Renda e Empréstimo Compulsório". *Revista Jurídica* 133/5-16, nov./1988.

VILANOVA, Lourival. *Lógica Jurídica.* São Paulo: Bushatsky, 1976.

———. "Lógica, Ciência do Direito e Direito". *Justitia,* v. 35, n. 81, pp. 191-211, 1973.

WEINBERGER, Ota. "The expressive conception of norms: an impasse for the logic of norms". *Law and Philosophy*, v. 4, n. 2, pp. 165-198, ago./1985.

WRÓBLEWSKI, Jerzy. *The Judicial Application of Law.* Dordrecht: Kluwer, 1992.

YALTI, Billur. "National report: Turkey". In: *Retroactivity of Tax Legislation.* EATLP International Tax Series, v. 9, 2013.

* * *